U0152842

千華 **50**th 築夢踏實

千華公職資訊網

f 千華粉絲團

棒學校線上課程

郵局外勤法規何時改版呢？

我在思考要考三等還是四等？

請問我要買教師資格檢定考試的套書，可以去哪裡買得到？

沒問題…知道您們的回覆很即時，無疑是對購買書籍的消費者最大的回饋。

請問監獄管理員有哪些書呢？

別擔心，讓我來幫您解答！

前往官網　考試日程表　即將報名

千華數位文化

折價券　當期促銷　棒

選單▪

真人客服 · 最佳學習小幫手

- 真人線上諮詢服務
- 提供您專業即時的一對一問答
- 報考疑問、考情資訊、產品、
  優惠、職涯諮詢

盡在 千華LINE@

加入好友
千華為您線上服務

千華數位文化
Chien Hua Learning Resource Network

證券商業務員
資格測驗

完整考試資訊
立即了解更多

📋 測驗依據

(一)「證券商負責人與業務人員管理規則」。

(二)「期貨商負責人與業務員管理規則」、「中華民國期貨業商業同業公會辦理期貨商業務員資格測驗辦法」、「中華民國期貨業商業同業公會辦理期貨交易分析人員資格測驗辦法」及「中華民國期貨業商業同業公會辦理期貨信託基金銷售機構銷售人員資格測驗辦法」。

(三)「證券投資顧問事業負責人與業務人員管理規則」及「中華民國證券投資信託暨顧問商業同業公會辦理證券投資信託事業證券投資顧問事業業務人員資格測驗及認可辦法」。

📋 報名資格

報考資格（擇一）
1.教育行政主管機關認可之高中或高職以上學校畢業者。
2.普通考試或相當普通考試以上之特種考試及格者。
3.教育行政機關認可之高中、高職學力鑑定考試及格並取得資格證明書者。

📋 報名費用

(一) 筆試：680元。

(二) 電腦應試：1,080元。

📋 報名方式

一律採個人網路報名方式辦理。

📋 測驗日期及考區：

(一) 測驗日期：依金融研訓院公告日期為主。

(二) 臺北、臺中及高雄等三考區辦理，請擇一考區報考。

■ 測驗科目、測驗時間、題型及方式

節次	專業科目	測驗題數	預備時間	測驗時間	作答方式
第1節	證券交易相關法規與實務	50題	07:50	08:00～09:00	2B鉛筆劃卡
第2節	證券投資與財務分析	50題	09:20	09:30～11:00	

■ 合格標準

2科總分合計達140分為合格，惟其中有任何1科分數低於50分者即屬不合格。

■ 測驗範圍

(一) 證券交易相關法規與實務之「證券法規」、「證券法規概論」：

1.證券交易法。

2.證券交易法施行細則。

3.公司法－總則、股份有限公司及關係企業專章。

4.發行人募集與發行有價證券處理準則。

5.外國發行人募集與發行有價證券處理準則。

6.公司募集發行有價證券公開說明書應行記載事項準則。

7.公開發行公司年報應行記載事項準則。

8.發行人募集與發行海外有價證券處理準則。

9.公開發行公司取得或處分資產處理準則。

10.公開發行公司建立內部控制制度處理準則。

11.證券發行人財務報告編製準則。

12.會計師查核簽證財務報表規則。

13.證券商管理規則。

14.公開發行股票公司股務處理準則。

15.公開發行公司出席股東會使用委託書規則。

16.公開收購公開發行公司有價證券管理辦法。

17.證券商營業處所買賣有價證券管理辦法。

18.證券投資信託基金管理辦法。

19.有價證券集中保管帳簿劃撥作業辦法。

20.其他主管機關頒訂之法令。

(二) 證券交易相關法規與實務之「證券交易實務」：

1.發行市場。2.交易市場。3.稅賦與必要費用。

千華數位文化股份有限公司

新北市中和區中山路三段136巷10弄17號

TEL: 02-22289070　FAX: 02-22289076

目次

第三篇　證券投資

第四篇　財務分析

第五篇　歷屆試題與解析

法規簡稱與三大得分密技

法規簡稱

本書第一篇為證券交易相關法規，部分法規名稱較為繁瑣，為有效加速記憶，課文中所引用法規名稱均以簡稱來呈現，請參考下列表格：

法規全名	法規簡稱
發行人募集與發行有價證券處理準則	募發準則
公開發行公司獨立董事設置及應遵循事項辦法	獨立董事設置辦法
公開發行公司審計委員會行使職權辦法	職權辦法
證券交易法	證交法
證券交易法施行細則	證交法施行細則
公司募集發行有價證券公開說明書應行記載事項準則	記載事項準則
公開發行股票公司股務處理準則	股務處理準則
公開發行公司董事監察人股權成數及查核實施規則	查核實施規則
證券商設置標準	證商設置標準
臺灣證券交易所股份有限公司營業細則	證交所營業細則
中華民國證券商業同業公會證券商承銷或再行銷售有價證券處理辦法	再行銷售辦法
中華民國證券商業同業公會承銷商會員輔導發行公司募集與發行有價證券自律法規	自律規則
財團法人中華民國證券櫃檯買賣中心證券商營業處所買賣有價證券業務規則	買賣有價證券業務規則

法規全名	法規簡稱
臺灣證券交易所股份有限公司證券經紀商受託契約準則	受託契約準則
證券商負責人與業務人員管理規則	人員管理規則
證券投資信託及顧問法	投信投顧法
證券投資顧問事業設置標準	投顧事業設置標準
證券投資信託事業設置標準	投信事業設置標準
證券投資信託事業管理規則	投信事業管理規則
證券投資顧問事業管理規則	投顧事業管理規則
證券投資信託基金管理辦法	基金管理辦法
證券投資信託事業募集證券投資信託基金處理準則	募集基金處理準則
證券投資信託事業證券投資顧問事業經營全權委託投資業務管理辦法	全權委託管理辦法
臺灣證券交易所股份有限公司有價證券上市審查準則	有價證券上市審查準則

三大得分密技

在證券商業務員測驗中，「證券交易相關法規與實務」與「證券投資與財務分析」各占50題。兼具有「法規記憶題」及「觀念題」。由歷屆試題分析可知，證券交易法、證券交易實務法規、效率市場、股票評價、債券評價、投資組合管理、證券基本分析與技術分析方法等衍生性商品的觀念，都是每年命題的焦點，且重複命題的可能性亦不低，準備時應反覆演練近年歷屆試題，即足以應付任何可能出現的變化題。

以下為各位歸納證券營業員的三大得分密技：

(一) 擬定計畫表

擬定讀書計畫表，配合本書，循序漸進。準備考試這條路真的像馬拉松競賽一樣，要比誰有耐力、有恆心，一定要擬定計畫表，持之以恆，相信成功一定會到來的！

(二) 試題演練

演算題目是測量自己是否吸收的一個很好的方式，所以本書在每個重點後面，均附有牛刀小試，幫助各位熟悉題型外，更可以慢慢累積解題的方法、速度等，對於考試都是很有幫助。最後每個章節念完後，本書在部分偏重記憶與觀念（如法規等）章節後，有收錄較大範圍「精選範題」，這些章節雖然不是考試中最難的部分，但卻是必須得掌握的基本題，所以建議在考前可再針對這些「精選範題」做練習，把握基本分數，離上榜的機會也就不遠了！

(三) 考前複習及模擬

參加任何考試皆然，一定要在考前一個半月的時間內，挪出一至二星期的時間，快速的複習重點，並配合試題來模擬演練，以讓自己的記憶保持在最佳狀態。

總而言之，只有計畫性的讀書，並持之以恆，才能得到勝利的甜美果實，祝各位金榜題名。

參考資料來源
1. 證券交易所。
2. 證券市場 - 理論與實務，財團法人中華民國證券暨期貨市場發展基金會，臺北。

第一篇

證券交易相關法規

近年公司法、證券交易法雖大幅調整，所考法規仍集中在證券商與市場管理部分，可於考前集中火力記熟證券商與市場管理相關比率的考題，法規對考證券營業員證照的人而言，無疑是必拿的分數，一定要掌握。

Chapter 01

公司法

依據出題頻率區分，屬：**B** 頻率中

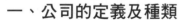

重點 **1** 總則 ✎

一、公司的定義及種類

(一) **公司的定義：**

所稱公司，謂以營利為目的，依照公司法組織、登記、成立之社團法人。公司經營業務，應遵守法令及商業倫理規範，得採行增進公共利益之行為，以善盡其社會責任。公司主管機關：在中央為經濟部；在直轄市為直轄市政府。公司以其本公司所在地為住所。

(二) **公司的種類：**

公司分為下列四種：（公司名稱均應標示公司之種類）

無限 公司	二人以上股東所組織，負連帶**無限**清償責任
有限 公司	一人以上股東，就其出資額負**有限**責任
兩合 公司	一人以上**無限**責任股東＋一人以上**有限**責任股東，負連帶**無限**清償責任＋就其出資額負**有限**責任
股份 有限公司	二人以上股東或**政府、法人**股東一人所組織，就其所認**股份**，對公司負其責任

知識補給站

1. 無限公司：
   (1) 股東負無限責任。 (2) 難移轉。(3) 經營與所有合一。
2. 兩合公司：
   (1)無限責任，股東是公司重心。
   (2)有限責任，股東僅有監督權與盈餘分派請求權。
3. 股份有限公司：
   (1) 股東負有限責任。(2) 股份轉讓自由。(3) 經營與所有分離。

二、公司設立方式與流程

(一)設立方式：

1. **發起設立：**

   發起人全體認足公司之資本，不對外招募之設立方式。四種公司型態（無限、有限、兩合、股份有限公司）均可採發起設立。

2. **募集設立：**

   指全體發起人不認足第一次發行之股份，關於未認足之部分對外向公眾公開募集而設立之方式，發起人所認股份，不得少於第一次發行股份四分之一。僅股份有限公司均可採募集設立。

(二)設立流程：

三、公司成立要件

公司非在中央主管機關登記後，不得成立。公司設立登記後所產生之效力：

(一)**對抗他人之效力：**

   公司設立登記後，有應登記之事項而不登記，或已登記之事項有變更而不為變更之登記者，不得以其事項對抗第三人。亦即公司設立登記後，即可以所登記事項對抗第三人。

(二)取得法人人格之效力：

我國公司法對公司設立登記採「設立要件主義」，公司法第6條規定：
「公司非在中央主管機關登記後，不得成立」。

(三)使用公司名義之效力：

未經設立登記，不得以公司名義經營業務或為其他法律行為。

(四)取得公司名稱權：

公司經由設立登記後，方能使用登記之公司名稱，且排除他人使用相同或
類似名稱。有關「公司名稱」規定有下列幾項：

1. 應標明公司種類：

公司名稱應標明公司種類。如此使人一望可知公司的性質及信用等狀
況，俾與之交易時有所斟酌。

2. 禁止使用相同名稱：

公司名稱，不得與他公司名稱相同。二公司名稱中標明不同業務種類
或可資區別文字者，視為不相同。

**3. 禁止使用易於使人誤認為與政府機關、公益團體有關或有妨害公序良俗
之名稱：**

公司不得使用易於使人誤認為與政府機關、公益團體有關或有妨害公
共秩序或善良風俗之名稱。

四、公司負責人

(一)負責人種類：

1. 當然負責人：

在無限公司、兩合公司為執行業務或代表公司
之股東；在有限公司、股份有限公司為董事。

2. 職務負責人：

此種負責人僅於執行職務範圍內，始得視為
公司負責人。公司之經理人、清算人或臨時
管理人，股份有限公司之發起人、監察人、檢查人、重整人或重整監
督人，在執行職務範圍內，亦為公司負責人。

3. 實質董事：

公司之非董事，而實質上執行董事業務或實質控制公司之人事、財務
或業務經營而實質指揮董事執行業務者，與本法董事同負民事、刑事

> **考點速攻**
>
> **公司負責人可以分為**
> 1. 當然負責人。
> 2. 職務負責人。
> 3. 影子董事（實質董事）。

及行政罰之責任。但政府為發展經濟、促進社會安定或其他增進公共
利益等情形，對政府指派之董事所為之指揮，不適用之。

(二) **負責人之義務與責任：**

1. **應忠實執行業務並盡善良管理人之注意義務：**

   公司負責人應忠實執行業務並盡善良管理人之注意義務，如有違反致
   公司受有損害者，負損害賠償責任。公司負責人違反規定，為自己或
   他人為該行為時，股東會得以決議，將該行為之所得視為公司之所
   得。但自所得產生後逾一年者，不在此限。

2. **負連帶賠償之責：**

   公司負責人對於公司業務之執行，如有違反
   法令致他人受有損害時，對他人應與公司負
   連帶賠償之責。

> **考點速攻**
>
> 股份有限公司，每位董
> 事均為公司負責人，並
> 非只有董事長是公司負
> 責人，發生法律責任時，
> 每位董事均有責任。

五、公司經理人

(一) **經理人定義：**

稱經理人者，為由商號之授權，為其管理事務及簽名之人。經理人之職
權，除章程規定外，並得依契約之訂定。經理人在公司章程或契約規定授
權範圍內，有為公司管理事務及簽名之權。

(二) **經理人資格限制：**

有下列情事之一者，不得充經理人，其已充任者，當然解任：

1. 曾犯組織犯罪防制條例規定之罪，經有罪判決確定，尚未執行、尚未執
   行完畢，或執行完畢、緩刑期滿或赦免後未逾五年。
2. 曾犯詐欺、背信、侵占罪經宣告有期徒刑一年以上之刑確定，尚未執行、
   尚未執行完畢，或執行完畢、緩刑期滿或赦免後未逾二年。
3. 曾犯貪污治罪條例之罪，經判決有罪確定，尚未執行、尚未執行完畢，
   或執行完畢、緩刑期滿或赦免後未逾二年。
4. 受破產之宣告或經法院裁定開始清算程序，尚未復權。
5. 使用票據經拒絕往來尚未期滿。
6. 無行為能力或限制行為能力。
7. 受輔助宣告尚未撤銷。

(三) **經理人之任免：**

公司得依章程規定置經理人，其委任、解任及報酬，依下列規定定之。但公司章程有較高規定者，從其規定：

1. 無限公司、兩合公司須有全體無限責任股東過半數同意。

2. 有限公司須有全體股東表決權過半數同意。

3. 股份有限公司應由董事會以董事過半數之出席，及出席董事過半數同意之決議行之。

> **考點速攻**
>
> 公司不得以其所加於經理人職權之限制，對抗善意第三人。

(四) **經理人之義務：**

競業之禁止之義務	經理人不得兼任其他營利事業之經理人，並不得自營或為他人經營同類之業務。但經依第29條第1項規定之方式同意者，不在此限。
遵守決議之義務	經理人不得變更董事或執行業務股東之決定，或股東會或董事會之決議，或逾越其規定之權限。
損害賠償義務	經理人因違反法令、章程或公司第33條之規定，致公司受損害時，對於公司負賠償之責。

六、公司之相關限制

(一) **無限責任轉投資之禁止：**

公司不得為他公司無限責任股東或合夥事業之合夥人。但倘若違反，則效果為「無效」，蓋因交易相對人應明之其不得接受公司之投資，故無保障交易安全之必要。

(二) **有限責任轉投資之限制：**

1. 公開發行股票之公司為他公司**有限責任股東時**，其所有投資總額，除以投資為專業或公司章程另有規定或經代表已發行股份總數三分之二以上股東出席，以出席股東表決權過半數同意之股東會決議者外，不得超過本公司**實收股本百分之四十**。

2. 出席股東之股份總數不足前項定額者，得以有代表已發行股份總數過半數股東之出席，出席股東表決權三分之二以上之同意行之。

3. 前二項出席股東股份總數及表決權數，章程有較高之規定者，從其規定。

4. 公司因接受被投資公司以盈餘或公積增資配股所得之股份，不計入第二項投資總額。

5. 公司負責人違反第一項或第二項規定時，應賠償公司因此所受之損害。

(三) **貸款之限制：**

1. 公司之資金，除有下列各款情形外，不得貸與股東或任何他人：

   (1) 公司間或與行號間有業務往來者。

   (2) 公司間或與行號間有短期融通資金之必要者。融資金額不得超過貸與企業淨值的百分之四十。

2. 公司負責人違反前項規定時，應與借用人連帶負返還責任；如公司受有損害者，亦應由其負損害賠償責任。

(四) **保證之限制：**

公司除依其他法律或公司章程規定得為保證者外，不得為任何保證人。公司負責人違反前項規定時，應自負保證責任，如公司受有損害時，亦應負賠償責任。

> **考點速攻**
>
> 公司多角化經營本為企業經營的常態，且為了達到「大小分流」的立法目的，故轉投資的限制：
> 1. 絕對不得為公司不得為他公司無限責任股東或合夥事業之合夥人。
> 2. 除公開發行股票之公司外之其他種類公司，不受轉投資他公司有限責任股東 40% 之限制。

七、公司之監督管理

(一) **命令解散之事由：**

公司有下列情事之一者，主管機關得依職權或利害關係人之申請，命令解散之：

1. 公司設立登記後六個月尚未開始營業。但已辦妥延展登記者，不在此限。

2. 開始營業後自行停止營業六個月以上。但已辦妥停業登記者，不在此限。

3. 公司名稱經法院判決確定不得使用，公司於判決確定後六個月內尚未辦妥名稱變更登記，並經主管機關令其限期辦理仍未辦妥。

4. 未於申請設立登記時或設立登記後三十日內，檢送經會計師查核簽證之文件者。但於主管機關命令解散前已檢送者，不在此限。

(二) **裁定解散之事由：**

公司之經營，有顯著困難或重大損害時，法院得據股東之聲請，於徵詢主管機關及目的事業中央主管機關意見，並通知公司提出答辯後，裁定解散。在股份有限公司，應有繼續六個月以上持有已發行股份總數百分之十以上股份之股東提出之。

(三) **廢止登記：**

業務之許可，經目的事業主管機關撤銷或廢止確定者，應由各該目的事業主管機關，通知中央主管機關，撤銷或廢止其公司登記或部分登記事項。公司之經營有違反法令受勒令歇業處分確定者，應由處分機關通知中央主管機關，廢止其公司登記或部分登記事項。

八、政府或法人股東

政府或法人為股東時，得當選為董事或監察人。但須指定自然人代表行使職務。政府或法人為股東時，亦得由其代表人當選為董事或監察人。代表人有數人時，得分別當選，但不得同時當選或擔任董事及監察人。政府或法人為股東之代表人，得依其職務關係，隨時改派補足原任期。且政府或法人對代表權所加之限制，不得對抗善意第三人。

牛刀小試

(　) **1** 公開發行股票之公司轉投資其他公司為有限責任股東時，所有投資總額，原則上不得超過本公司實收股本百分之多少？　(A)30 (B)40　(C)50　(D)60。

(　) **2** 下列關於公司法上經理人職權之敘述，何者正確？　(A)公司得以其所加於經理人職權之限制，對抗善意第三人　(B)在公司章程或契約規定授權範圍內，有為公司管理事務及簽名之權 (C)應依總經理之指示行使職權，而非依董事會或股東會之決議 (D)經理人之權限範圍，應依董事長決定之。

( ) **3** 依公司法規定,股份有限公司經理人的委任、解任及報酬應由下列何者決定? (A)股東會 (B)董事會 (C)董事長 (D)監察人。

( ) **4** 二人以上股東或政府、法人股東一人所組織,全部資本分為股份;股東就其所認股份,對公司負其責任之公司,上述公司為公司法所規定之何種公司? (A)股份有限公司 (B)無限公司 (C)有限公司 (D)兩合公司。

解答與解析

1 (B)。公司法第192條規定:「……公開發行股票之公司為他公司有限責任股東時,其所有投資總額,除以投資為專業或公司章程另有規定或經代表已發行股份總數三分之二以上股東出席,以出席股東表決權過半數同意之股東會決議者外,不得超過本公司實收股本百分之四十……」

2 (B)。(A)公司法第36條規定,公司不得以其所加於經理人職權之限制,對抗善意第三人。錯誤。(B)公司法第31條規定,經理人在公司章程或契約規定授權範圍內,有為公司管理事務及簽名之權。正確。(C)公司法第33條規定,經理人不得變更董事或執行業務股東之決定,或股東會或董事會之決議,或逾越其規定之權限。錯誤。(D)公司法第31條規定,經理人之職權,除章程規定外,並得依契約之訂定。經理人在公司章程或契約規定授權範圍內,有為公司管理事務及簽名之權。錯誤。

3 (B)。公司法第29條規定:「公司得依章程規定置經理人,其委任、解任及報酬,依下列規定定之。但公司章程有較高規定者,從其規定:一、無限公司、兩合公司須有全體無限責任股東過半數同意。二、有限公司須有全體股東表決權過半數同意。三、股份有限公司應由董事會以董事過半數之出席,及出席董事過半數同意之決議行之。……」

4 (A)。根據公司法第2條,股份有限公司:指二人以上股東或政府、法人股東一人所組織,全部資本分為股份;股東就其所認股份,對公司負其責任之公司。

重點2 股份有限公司 ✦✦✦

一、股份有限公司之設立

(一)設立條件：

股份有限公司應有二人以上為發起人。無行為能力人、限制行為能力人或受輔助宣告尚未撤銷之人，不得為發起人。政府或法人均得為發起人。但法人為發起人者，以下列情形為限：

1. 公司或有限合夥。
2. 以其自行研發之專門技術或智慧財產權作價投資之法人。
3. 經目的事業主管機關認屬與其創設目的相關而予核准之法人。

(二)設立之方式：

1. **發起設立：**

發起人認足第一次應發行之股份時，應即按股繳足股款並選任董事及監察人。發起人之出資，除現金外，得以公司事業所需之財產、技術抵充之。

2. **募集設立：**

發起人不認足第一次發行之股份時，應募足之。

(三)成立創立會：

募集設立於股款繳足後，發起人應於二個月內召開創立會。創立會應選任董事、監察人、為公司設立事項之調查及修改公司章程等決議。

二、董事

(一)董事人數： 原則上公司董事會，應設置董事不得少於三人，由股東會就有行為能力人選任之。但公司得依章程規定不設董事會，置董事一人或二人。置董事一人者，以其為董事長，董事會之職權並由該董事行使，不適用本法有關董事會之規定；置董事二人者，準用有關董事會之規定。

考點速攻

非公開發行股份有限公司

可於章程訂立董事一人或二人或更多席次。（即1董1監、2董1監或常見的3董1監）。

若為政府或法人股東一人所組織之股份有限公司，可選擇設置1董0監。

(二)**董事之產生**：

1. **累積投票**：股東會對於董事之選舉，採累積投票制，每一股份有與應選出董事人人數相同之選舉權，得集中選舉一人，或分配選舉數人。

2. **候選人提名**：

    (1) 公司董事選舉，採候選人提名制度者，應載明於章程，股東應就董事候選人名單中選任之。但公開發行股票之公司，符合證券主管機關依公司規模、股東人數與結構及其他必要情況所定之條件者，應於章程載明採董事候選人提名制度。公司應於股東會召開前之停止股票過戶日前，公告受理董事候選人提名之期間、董事應選名額、其受理處所及其他必要事項，受理期間不得少於十日。

    (2) 持有已發行股份總數百分之一以上股份之股東，得以書面向公司提出董事候選人名單，提名人數不得超過董事應選名額；董事會提名董事候選人之人數，亦同。

3. **董事名單公告**：公司應於股東常會開會二十五日前或股東臨時會開會十五日前，將董事候選人名單及其學歷、經歷公告。但公開發行股票之公司應於股東常會開會四十日前或股東臨時會開會二十五日前為之。

(三)**董事之任期**：董事任期不得逾三年，但得連選連任。董事任期屆滿而不及改選時，延長其執行職務至改選董事就任時為止。但主管機關得依職權限期令公司改選；屆期仍不改選者，自限期屆滿時，當然解任。

(四)**董事之權利**：

1. **代表公司**：董事為股份有限公司之負責人，對外代表公司業務之執行，公司設有董事會者，由董事三人以上組成，董事會執行職務應依照法令章程及股東會之決議。

2. **參與公司事務權**：出席董事會參與各種公司事務之決議。

3. **行使受任人權利**：董事與公司之法律關係為民法中關於委任之規定，得就受委任事務為一切必要行為之權。

4. **報酬請求權**：董事為公司業務執行職務，依法必須給付報酬，有關董事之報酬，應依章程之規定，董事之報酬，未經章程訂明者，應由股東會議定，不得事後追認。但股東會或章程不妨決定全體董事之報酬，至於各個董事、常務董事或董事長之報酬額則委由董事會自行決定，彼此間數額不必一致。

※ 補充：基於「企業經營與企業所有分離原則」，除股份有限公司外，其他三種型態公司的業務執行者均由「股東」中選任；在有限公司、無限公司、兩合公司下，因執行者（董事）同時是股東，若公司發展前景越佳亦符合自身利益，故原則上不得請求報酬。而股份有限公司的董事可能不是股東，又要承擔相同責任，故應允其請求報酬。

(五) 董事之義務：

1. **忠實義務與善良管理人之注意義務**：董事有忠實執行公司業務，並盡善良管理人的注意義務，如有違反致公司受有損害者，負損害賠償責任。董事若於執行業務時，意圖為自己或第三人不法的利益，或損害公司的利益，而為違背其任務的行為，致生損害於公司的財產或其他利益者，將成立背信罪，最重可處以五年以下有期徒刑。

2. **不為競業之義務**：為保障公司之權益，若董事為自己或他人為屬於公司營業範圍內之行為，應對股東會說明其行為之重要內容並取得其許可。董事違反前述競業之規定，為自己或他人為該行為時，股東會得以決議，將該行為之所得視為公司之所得。但自所得產生後逾一年者，不在此限。此一股東會決議後，應由監察人代表公司對為競業之董事通知，此即為「歸入權」之行使。

3. **於公司發行之股票及債券簽章之義務**：公司發行之股票或公司債的債券應由董事三人以上簽名或蓋章，並經主管機關核定之簽證機構簽證後發行之。

4. **申報持股之義務**：董事經選任後，應向主管機關申報其選任當時所持有之公司股份數額；公開發行股票之公司董事在任期中轉讓超過選任當時所持有之公司股份數額二分之一時，其董事當然解任。董事在任期中其股份有增減時，應向主管機關申報並公告之。

5. **設立事項報告之義務**：公司募股設立時，董事經選任後，應即就設立事項為確實的調查，並向創立會報告。

6. **代表公司對監察人起訴之義務**：股東會決議，對於監察人提起訴訟時，公司應自決議之日起三十日內提起之。

考點速攻

民法亦規定董事有為公司計算之義務，董事因處理事務所收的金錢、物品及孳息，及所取得的權利，應交付或移轉於公司。如為自己的利益，使用應交付於公司的金錢或使用應為公司利益而使用的金錢，應支付利息、損害賠償等。董事因處理前述義務有過失，或因逾越權限的行為所生的損害，對於公司應負賠償之責。

7. **應立即向監察人報告的義務**：當董事發現公司有受重大損害之虞時，應立即向監察人報告的義務。

(六) **董事長**：

1. **重要性**：董事長對內為股東會、董事會及常務董事會主席，對外代表公司。

2. **設立程序**：

   (1) **董事會設有常務董事者**：

   常務董事名額至少三人，最多不得超過董事人數三分之一。董事長或副董事長由常務董事三分之二以上董事之出席，及出席董事過半數之同意，互選一人為董事長，並得依章程規定，以同一方式互選一人為副董事長。

   (2) **董事會未設常務董事者**：

   董事會未設常務董事者，應由三分之二以上董事之出席，及出席董事過半數之同意，互選一人為董事長，並得依章程規定，以同一方式互選一人為副董事長。

3. **代行董事長職權**：

   董事會不為或不能行使職權，致公司有受損害之虞時，法院因利害關係人或檢察官之聲請，得選任一人以上之臨時管理人，代行董事長及董事會之職權。但不得為不利於公司之行為。臨時管理人，法院應囑託主管機關為之登記。臨時管理人解任時，法院應囑託主管機關註銷登記。

(七) **董事會召集**：

1. **召集人**：

   (1) **董事長**：

   董事會由董事長召集之。

   (2) **過半數之董事**：

   過半數之董事得以書面記明提議事項及理由，請求董事長召集董事會。前項請求提出後十五日內，董事長不為召開時，過半數之董事得自行召集。

   (3) **選票代表選舉權最多之董事**：

   每屆第一次董事會，由所得選票代表選舉權最多之董事召開之。

> **考點速攻**
> 過半董事可要求董事長召開董事會，董事長15日未召開則可自行召開。

2. **召集時間：**
   (1) 每屆第一次董事會，由所得選票代表選舉權最多之董事於改選後十五日內召開之。但董事係於上屆董事任滿前改選，並決議自任期屆滿時解任者，應於上屆董事任滿後十五日內召開之。
   (2) 第一次董事會之召開，出席之董事未達選舉常務董事或董事長之最低出席人數時，原召集人應於十五日內繼續召開，並得適用第206條決議方法選舉之。

3. **通知時間：**
   董事會之召集，應於三日前通知各董事及監察人。但章程有較高之規定者，從其規定。

(八) **董事會決議：**
公司業務之執行，除公司法或章程規定應由股東會決議之事項外，均應由董事會決議行之。董事會之決議，除公司法另有規定外，應有過半數董事之出席，出席董事過半數之同意行之。

知識補給站

股東制止請求權	監察人制止請求權
董事會決議，為違反法令或章程之行為時，繼續一年以上持有股份之股東，「**得**」請求董事會停止其行為。	董事會或董事執行業務有違反法令、章程或股東會決議之行為者，監察人「**應**」即通知董事會或董事停止其行為。

(九) **董事會出席：**
1. **親自出席：**董事會開會時，董事應親自出席。
2. **代理出席：**公司章程訂定得由其他董事代理者，不在此限。董事委託其他董事代理出席董事會時，應於每次出具委託書，並列舉召集事由之授權範圍。代理人，以受一人之委託為限。
3. **親訊出席：**董事會開會時，如以視訊會議為之，其董事以視訊參與會議者，視為親自出席。
4. **書面出席：**公司章程得訂明經全體董事同意，董事就當次董事會議案以書面方式行使其表決權，而不實際集會。前項情形，視為已召開董事會；以書面方式行使表決權之董事，視為親自出席董事會。但公開發行股票之公司，不適用之。

三、監察人

(一)**監察人人數**：公司監察人，由股東會選任之，監察人中至少須有一人在國內有住所。公開發行股票之公司之監察人須有二人以上。

(二)**監察人任期**：監察人任期不得逾三年。但得連選連任。

(三)**兼職之禁止**：監察人不得兼任公司董事、經理人或其他職員。

(四)**公司代表權**：董事為自己或他人與公司為買賣、借貸或其他法律行為時，由監察人為公司之代表。

(五)**適用民法委任之規定**：公司與監察人間之關係，從民法關於委任之規定。

(六)**監察權**：

　　1. 監察人各得單獨行使監察權。

　　2. 監察人得列席董事會陳述意見。

　　3. 董事會或董事執行業務有違反法令、章程或股東會決議之行為者，監察人應即通知董事會或董事停止其行為。

(七)**監察人全體解任**：監察人全體均解任時，董事會應於三十日內召開股東臨時會選任之。但公開發行股票之公司，董事會應於六十日內召開股東臨時會選任之。

四、股東會

(一)**股東會種類**：

　　1. **股東常會**：公司法第 170 條規定應於每會計年度終了後六個月內召開。但有正當事由經報請主管機關核准者，不在此限。

　　　※上述規定是非公開發行公司適用；若公開發行公司則適用證交法第36條，差別在公發公司不得延後，一定要在會計年度終了後六個月內召開。

　　2. **股東臨時會**：於必要時召集之。

(二)**召集股東會**：

　　1. **原則**：股東會除公司法另有規定外，由董事會召集之。

　　2. **例外**：

　　　(1) **董事會未依股東請求召集**：

　　　　　繼續一年以上，持有已發行股份總數百分之三以上股份之股東，得以書面記明提議事項及理由，請求董事會召集股東臨時會。請求提

出後十五日內，董事會不為召集之通知時，股東得報經主管機關許
可，自行召集。

(2) **董事會不為或不能召集**：

董事因股份轉讓或其他理由，致董事會不為召集或不能召集股東會
時，得由持有已發行股份總數百分之三以上股份之股東，報經主管
機關許可，自行召集。

(3) **自行召集**：繼續三個月以上持有已發行股份總數過半數股份之股東，
得自行召集股東臨時會。

(三) 股東會召集通知：

1. 股東常會之召集，應於二十日前通知各股東。股東臨時會之召集，應於
十日前通知各股東。

2. 公開發行股票之公司股東常會之召集，應於三十日前通知各股東；股東
臨時會之召集，應於十五日前通知各股東。

3. 通知應載明召集事由；其通知經相對人同意者，得以電子方式為之。

(四) 股東會出席：

1. **出席率**：股東會之決議，除公司法另有規定外，應有代表已發行股份
總數過半數股東之出席。

2. **委託出席**：

(1) 股東得於每次股東會，出具委託書，載明授權範圍，委託代理人，
出席股東會。但公開發行股票之公司，證券主管機關另有規定者，
從其規定。

(2) 除信託事業或經證券主管機關核准之股務代理機構外，一人同時受
二人以上股東委託時，其代理之表決權不得超過已發行股份總數表
決權之百分之三，超過時其超過之表決權，不予計算。

(3) 一股東以出具一委託書，並以委託一人為限，應於股東會開會五日
前送達公司，委託書有重複時，以最先送達者為準。但聲明撤銷前
委託者，不在此限。

(4) 委託書送達公司後，股東欲親自出席股東會或欲以書面或電子方式
行使表決權者，應於股東會開會二日前，以書面向公司為撤銷委託
之通知；逾期撤銷者，以委託代理人出席行使之表決權為準。

(五)**股東會決議：**

1. **普通決議：**股東會之決議，除公司法另有規定外，應有代表已發行股份總數過半數股東之出席，以出席股東表決權過半數之同意行之。

2. **假決議：**出席股東不足前條定額，而有代表已發行股份總數三分之一以上股東出席時，得以出席股東表決權過半數之同意，為假決議，並將假決議通知各股東，於一個月內再行召集股東會。對於假決議，如仍有已發行股份總數三分之一以上股東出席，並經出席股東表決權過半數之同意，視同意該決議。

3. **特別決議：**公司法並無明文何謂「特別決議」，通說認為只要與第174條之決議方法不同者，即稱特別決議。比較常見的是「代表已發行股份總數三分之二以上股東之出席，以出席股東表決權過半數之同意行之」這種型態。

知識補給站	
須經三分之二以上股東同意的事項	**須經股東過二分之一（半數）同意的事項**
1. 董事的選任。 2. 董事競業的許可。	1. 增資。 2. 清算人的選任及解任。

(六)**股東會議案提出：**

1. **提案資格：**持有已發行股份總數百分之一以上股份之股東，得向公司提出股東常會議案。但以一項為限，提案超過一項者，均不列入議案。

2. **提案程序及範圍：**公司應於股東常會召開前之停止股票過戶日前，公告受理股東之提案、書面或電子受理方式、受理處所及受理期間；其受理期間不得少於十日。股東所提議案以三百字為限；提案股東應親自或委託他人出席股東常會，並參與該項議案討論。

3. **提案排除事由：**除有下列情事之一者外，股東所提議案，董事會應列為議案：

   (1) 該議案非股東會所得決議。

   (2) 提案股東於公司停止股票過戶時，持股未達百分之一。

   (3) 該議案於公告受理期間外提出。

   (4) 該議案超過三百字或提案超過一項之情事。

考點速攻

股東會議案提案限制
1. 只有持有 1% 股份才能提案。
2. 只能提一項，超過者不列入。
3. 以 300 字為限。

五、股份

(一) 股份與資本：

1. 股份有限公司之資本，應分為股份，擇一採行票面金額股或無票面金額股。
2. 公司採行票面金額股者，每股金額應歸一律；採行無票面金額股者，其所得之股款應全數撥充資本。公司股份之一部分得為特別股；其種類，由章程定之。
3. 公司章程所定股份總數，得分次發行；同次發行之股份，其發行條件相同者，價格應歸一律。但公開發行股票之公司，其股票發行價格之決定方法，得由證券主管機關另定之。
4. 股東之出資，除現金外，得以對公司所有之貨幣債權、公司事業所需之財產或技術抵充之；其抵充之數額需經董事會決議。

(二) 股票之發行：

1. **發行時間**：公開發行股票之公司，應於設立登記或發行新股變更登記後三個月內發行股票。
2. **印製股票**：
   (1) 發行股票之公司印製股票者，股票應編號，載明相關事項，由代表公司之董事簽名或蓋章，並經依法得擔任股票發行簽證人之銀行簽證後發行之。
   (2) 發行股票之公司，其發行之股份得免印製股票。未印製股票之公司，應洽證券集中保管事業機構登錄其發行之股份，並依該機構之規定辦理。
3. **發行價格**：採行票面金額股之公司，其股票之發行價格，不得低於票面金額。但公開發行股票之公司，證券主管機關另有規定者，不在此限。採行無票面金額股之公司，其股票之發行價格不受限制。
4. **發行股票之限制**：公司非經設立登記或發行新股變更登記後，不得發行股票。但公開發行股票之公司，證券管理機關另有規定者，不在此限。違反規定發行股票者，其股票無效。但持有人得向發行股票人請求損害賠償。

(三) 員工認股權證：

1. **發行程序**：公司除法律或章程另有規定者外，得經董事會以董事三分之二以上之出席及出席董事過半數同意之決議，與員工簽訂認股權契

約，約定於一定期間內，員工得依約定價格認購特定數量之公司股份，訂約後由公司發給員工認股權憑證。

2. **轉讓之禁止**：員工認股權憑證發給對象包括符合一定條件之控制或從屬公司員工。員工取得認股權憑證，不得轉讓。但因繼承者，不在此限。

(四) **共有股份**：

1. **股東權利**：股份為數人共有者，其共有人應推定一人行使股東之權利。

2. **繳納股款**：股份共有人，對於公司負連帶繳納股款之義務。

(五) **股份之轉讓**：

1. **轉讓之要件**：公司股份之轉讓，除公司法另有規定外，不得以章程禁止或限制之。但非於公司設立登記後，不得轉讓。

2. **背書轉讓**：股票由股票持有人以背書轉讓之，並應將受讓人之姓名或名稱記載於股票。

(六) **特別股股份之收回、收買及收質**：

1. 公司除下列情況外，不得自將股份收回、收買或收為質物。但於股東清算或受破產之宣告時，得按市價收回其股份，抵償其於清算或破產宣告前結欠公司之債務：

(1) 公司發行之特別股，得收回之；但不得損害特別股股東按照章程應有之權利。

(2) 公司除法律另有規定者外，得經董事會以董事三分之二以上之出席及出席董事過半數同意之決議，於不超過該公司已發行股份總數百分之五之範圍內，收買其股份；收買股份之總金額，不得逾保留盈餘加已實現之資本公積之金額。公司收買之股份，應於三年內轉讓於員工，屆期未轉讓者，視為公司未發行股份，並為變更登記。公司依第一項規定收買之股份，不得享有股東權利。

(3) 公司締結、變更或終止關於出租全部營業，委託經營或與他人經常共同經營之契約、讓與全部或主要部分之營業或財產、受讓他人全部營業或財產，對公司營運有重大影響之股東會決議前，已以書面通知公司反對該項行為之意思表示，並於股東會已為反對者，得請求公司以當時公平價格，收買其所有之股份。但股東會決議，同時決議解散時，不在此限。

> **考點速攻**
>
> **股票回籠之禁止原則**
> 為防止因公司取得自己股份而威脅公司資本之充實，或防止公司炒作自己之股票，故於學理上有提出公司不得自將股份收回、收買或收為質物之說法，此即所謂的股票回籠之禁止原則。

(4) 公司分割或與他公司合併時，董事會應就分割、合併有關事項，作成分割計畫、合併契約，提出於股東會；股東在集會前或集會中，以書面表示異議，或以口頭表示異議經紀錄者，得放棄表決權，而請求公司按當時公平價格，收買其持有之股份。

(5) 股東清算或受破產之宣告時，得按市價收回其股份，抵償其於清算或破產宣告前結欠公司之債務。

2. **從屬公司收回之禁止**：被持有已發行有表決權之股份總數或資本總額超過半數之從屬公司，不得將控制公司之股份收買或收為質物。

3. **收回股份再出售**：收回或收買之股份，應於六個月內，按市價將其出售，屆期未經出售者，視為公司未發行股份，並為變更登記。

(七) **停止過戶期間**：股東名簿記載之變更，於股東常會開會前三十日內，股東臨時會開會前十五日內，或公司決定分派股息及紅利或其他利益之基準日前五日內，不得為之。公開發行股票之公司辦理股東名簿記載之變更，於股東常會開會前六十日內，股東臨時會開會前三十日內，不得為之。

(八) **特別股股東決議**（公司法§159）：公司已發行特別股者，其章程之變更如有損害特別股股東之權利時，除應有代表已發行股份總數三分之二以上股東出席之股東會，以出席股東表決權過半數之決議為之外，並應經特別股股東會之決議。公開發行股票之公司，出席股東之股份總數不足前項定額者，得以有代表已發行股份總數過半數股東之出席，出席股東表決權三分之二以上之同意行之，並應經特別股股東會之決議。

六、公司債

(一) **募集程序**（公司法§246）：
1. **董事會決議**：公司經董事會決議後，得募集公司債。但須將募集公司債之原因及有關事項報告股東會。
前項決議，應由三分之二以上董事之出席，及出席董事過半數之同意行之。

2. **撤銷核准**（公司法§251）：公司發行公司債經核准後，如發現其申請事項，有違反法令或虛偽情形時，證券管理機關得撤銷核准。為前項撤銷核准時，未發行者，停止募集；已發行者，即時清償。其因此所發生之損害，公司負責人對公司及應募人負連帶賠償責任。

(二) **總額之限制**（公司法§247）：

1. 公開發行股票公司之公司債總額，不得逾公司現有全部資產減去全部負債後之餘額。

2. 無擔保公司債之總額，不得逾前項餘額二分之一。

(三) **發行之限制**（公司法§249、250）：

1. **公司債發行之禁止（包含擔保及無擔保公司債）**：公司有左列情形之一者，不得發行公司債：

    (1) 對於前已發行之公司債或其他債務有違約或遲延支付本息之事實，尚在繼續中者。

    (2) 最近三年或開業不及三年之開業年度課稅後之平均淨利，未達原定發行之公司債應負擔年息總額之百分之一百者。但經銀行保證發行之公司債不受限制。

2. **無擔保公司債發行之禁止：**

    公司有下列情形之一者，不得發行無擔保公司債：

    (1) 對於前已發行之公司債或其他債務，曾有違約或遲延支付本息之事實已了結，自了結之日起三年內。

    (2) 最近三年或開業不及三年之開業年度課稅後之平均淨利，未達原定發行之公司債，應負擔年息總額之百分之一百五十。

(四) **公司債之轉讓**（公司法§260）：記名式之公司債券，得由持有人以背書轉讓之。但非將受讓人之姓名或名稱，記載於債券，並將受讓人之姓名或名稱及住所或居所記載於公司債存根簿，不得以其轉讓對抗公司。

(五) **公司債之私募**（公司法§248-2～248-4、250）：

1. **私募公司債程序**：普通公司債、轉換公司債或附認股權公司債之私募於發行後十五日內檢附發行相關資料，向證券主管機關報備；私募之發行公司不以上市、上櫃、公開發行股票之公司為限。

> **考點速攻**
> 非公開發行公司亦可私募公司債。

2. **私募人數**：私募人數不得超過三十五人。但金融機構應募者，不在此限。

3. **受託人**：得擔任公司債債人之受託人，以金融或信託事業為限。公司為發行公司債所設定之抵押權或質權，得由受託人為債權人取得，並得於公司債發行前先行設定。

(六) **公司債債權人會議** (公司法§263-1、263-2、264)：

1. **會議召集**：
   (1) 發行公司債之公司，公司債債權人之受託人，或有同次公司債總數百分之五以上之公司債債權人，得為公司債債權人之共同利害關係事項，召集同次公司債債權人會議。
   (2) 債權人會議之決議，應製成議事錄，由主席簽名，經申報公司所在地之法院認可並公告後，對全體公司債債權人發生效力，由公司債債權人之受託人執行之。但債權人會議另有指定者，從其指定。

2. **會議決議**：會議之決議，應有代表公司債債權總額四分之三以上債權人之出席，以出席債權人表決權三分之二以上之同意行之，並按每一公司債券最低票面金額有一表決權。

七、發行新股

(一) **發行程序** (公司法§266-2)：公司發行新股時，應由董事會以董事三分之二以上之出席，及出席董事過半數同意之決議行之。

(二) **公開發行新股之禁止** (公司法§270)：
公司有左列情形之一者，不得公開發行新股：

1. 最近連續二年有虧損者。但依其事業性質，須有較長準備期間或具有健全之營業計畫，確能改善營利能力者，不在此限。

2. 資產不足抵償債務者。

(三) **發行特別股之限制** (公司法§269)：公司有左列情形之一者，不得公開發行具有優先權利之特別股：

1. 最近三年或開業不及三年之開業年度課稅後之平均淨利，不足支付已發行及擬發行之特別股股息者。

2. 對於已發行之特別股約定股息，未能按期支付者。

(四) **新股優先認購權**（公司法§267）：

	員工新股優先認購權	原有股東新股優先認購權
認股比例	公司發行新股時，除經目的事業中央主管機關專案核定者外，應保留發行新股總數百分之十至十五之股份由公司員工承購。公營事業經該公營事業之主管機關專案核定者，得保留發行新股由員工承購；其保留股份，不得超過發行新股總數百分之十。	公司發行新股時，除員工新股優先認購權保留者外，應公告及通知原有股東，按照原有股份比例儘先分認，並聲明逾期不認購者，喪失其權利；原有股東持有股份按比例不足分認一新股者，得合併共同認購或歸併一人認購；原有股東未認購者，得公開發行或洽由特定人認購。
轉讓限制	得限制在一定期間內不得轉讓。但其期間最長不得超過二年。	新股認購權利，除保留由員工承購者外，得與原有股份分離而獨立轉讓。

八、會計表冊

(一) **會計表冊編造**（公司法§228-1）：每會計年度終了，董事會應編造下列表冊，於股東常會開會三十日前交監察人查核：
1. 營業報告書。
2. 財務報表。
3. 盈餘分派或虧損撥補之議案。

(二) **表冊之備置**（公司法§229）：董事會所造具之各項表冊與監察人之報告書，應於股東常會開會十日前，備置於本公司，股東得隨時查閱，並得偕同其所委託之律師或會計師查閱。

(三) **會計表冊經承認之效果**（公司法§231）：各項表冊經股東會決議承認後，視為公司已解除董事及監察人之責任。但董事或監察人有不法行為者，不在此限。

九、股利

(一) **股利分派之限制**（公司法§232、234）：公司非彌補虧損及依本法規定提出法定盈餘公積後，不得分派股息及紅利。公司無盈餘時，不得分派股息及

紅利。公司依其業務之性質，自設立登記後，如需二年以上之準備，始能開始營業者，經主管機關之許可，得依章程之規定，於開始營業前分派股息。分派股息之金額，應以預付股息列入資產負債表之股東權益項下，公司開始營業後，每屆分派股息及紅利超過實收資本額百分之六時，應以其超過之金額扣抵沖銷之。

(二) **股利分派之比率**（公司法§235）：股息及紅利之分派，除本法另有規定外，以各股東持有股份之比例為準。

(三) **股利分派程序**（公司法§240、240-2）：
　　1. **一般公司**：公司得由有代表已發行股份總數三分之二以上股東出席之股東會，以出席股東表決權過半數之決議，分派股息及紅利。若出席股東股份總數及表決權數，章程有較高規定者，從其規定。
　　2. **公開發行公司**：公開發行股票之公司，出席股東之股份總數不足前項定額者，得以有代表已發行股份總數過半數股東之出席，出席股東表決權三分之二以上之同意行之。公開發行股票之公司，得以章程授權董事會以三分之二以上董事之出席，及出席董事過半數之決議，將應分派股息及紅利之全部或一部，以發放現金之方式為之，並報告股東會。

十、公司重整

(一) **聲請重整之依據**（公司法§282）：公司為重整之聲請，應經董事會以董事三分之二以上之出席及出席董事過半數同意之決議行之。

(二) **聲請重整主體**（公司法§282）：公開發行股票或公司債之公司，因財務困難，暫停營業或有停業之虞，而有重建更生之可能者，得由公司或下列利害關係人之一向法院聲請重整：
　　1. 繼續六個月以上持有已發行股份總數百分之十以上股份之股東。
　　2. 相當於公司已發行股份總數金額百分之十以上之公司債權人。
　　3. 工會。
　　4. 公司三分之二以上之受僱員工。

(三) **重整之裁定**（公司法§285、285-1）：
　　1. **檢查人之選任**：法院得就對公司業務具有專門學識、經營經驗而非利害關係人者，選任為檢查人，於選任後三十日內調查完畢報告法院。
　　2. **裁定之執行**：法院依檢查人之報告，並參考目的事業中央主管機關、證券管理機關、中央金融主管機關及其他有關機關、團體之意見，應

於收受重整聲請後一百二十日內，為准許或駁回重整之裁定，並通知各有關機關。一百二十日之期間，法院得以裁定延長之，每次延長不得超過三十日。但以二次為限。

(四) **重整人**（公司法§290、302、313）：

1. **重整人之選派**：公司重整人由法院就債權人、股東、董事、目的事業中央主管機關或證券管理機關推薦之專家中選派之。關係人會議，依分組行使表決權之結果，有二組以上主張另行選定重整人時，得提出候選人名單，聲請法院選派之。

2. **重整事務之執行**：重整人有數人時，關於重整事務之執行，以其過半數之同意行之。

3. **重整人員之報酬與責任**：檢查人、重整監督人或重整人，應以善良管理人之注意，執行其職務，其報酬由法院依其職務之繁簡定之。檢查人、重整監督人或重整人，執行職務違反法令，致公司受有損害時，對於公司應負賠償責任。

(五) **重整監督人**（公司法§289）：

1. **重整監督人之選任**：法院為重整裁定時，應就對公司業務，具有專門學識及經營經驗者或金融機構，選任為重整監督人，應受法院監督，並得由法院隨時改選。

2. **重整監督人決定事項**：

   (1) 債權及股東權之申報期日及場所，其期間應在裁定之日起十日以上三十日以下。

   (2) 所申報之債權及股東權之審查期日及場所，其期間應在第(1)項之申報期間屆滿後十日以內。

   (3) 第一次關係人會議期日及場所，其期日應在第(1)項之申報期間屆滿後三十日以內。

(六) **重整關係人會議**（公司法§200、300～302、311、312）：

1. **會議主席**：關係人會議由重整監督人為主席，並召集除第一次以外之關係人會議。重整監督人，依規定召集會議時，於五日前訂明會議事由，以通知及公告為之。一次集會未能結束，經重整監督人當場宣告連續或展期舉行者，得免為通知及公告。

2. **列席備詢者**：關係人會議開會時，重整人及公司負責人應列席備詢。

3. **重整關係人**：重整債權人及股東，為公司重整之關係人，出席關係人會議，因故不能出席時，得委託他人代理出席。

4. **重整關係人會議任務**：

關係人會議之任務如下：

(1) 聽取關於公司業務與財務狀況之報告及對於公司重整之意見。

(2) 審議及表決重整計劃。

(3) 決議其他有關重整之事項。

5. **重整關係人會議決議**：關係人會議，應分別按權利人分組行使其表決權，其決議以經各組表決權總額二分之一以上之同意行之。公司無資本淨值時，股東組不得行使表決權。

6. **重整效力**：公司重整完成後，有下列效力：

(1) 已申報之債權未受清償部分，除依重整計畫處理，移轉重整後之公司承受者外，其請求權消滅；未申報之債權亦同。

(2) 股東股權經重整而變更或減除之部分，其權利消滅。

(3) 重整裁定前，公司之破產、和解、強制執行及因財產關係所生之訴訟等程序，即行失其效力。

(4) 公司債權人對公司債務之保證人及其他共同債務人之權利，不因公司重整而受影響。

(5) 公司之重整債務，優先於重整債權而為清償，不因裁定終止重整而受影響。

> **知識補給站**
>
> 1. 公司重整之目的在於拯救陷於窘境之公司，使其免於破產之厄運，以達公司企業之再生。公司破產之目的，在於清算陷於窘境之公司，處分其財產，使債權人能平均獲得清償，結束公司之業務。
> 2. 得為公司重整者，以公開發行股票或公司債之股份有限公司為限。

十一、公司解散

(一) **解散之法定原因**（公司法§315）：

股份有限公司，有下列情事之一者，應予解散：

1. 章程所定解散事由。

2. 公司所營事業已成就或不能成就。

3. 股東會為解散之決議。

4. 有記名股票之股東不滿二人。但政府或法人股東一人者，不在此限。

5. 與他公司合併。

6. 分割。

7. 破產。

8. 解散之命令或裁判。

(二) **解散或合併之程序** (公司法§316)：

1. **一般公司**：股東會對於公司解散、合併或分割之決議，應有代表已發行股份總數三分之二以上股東之出席，以出席股東表決權過半數之同意行之。

2. **公開發行股份公司**：公開發行股票之公司，出席股東之股份總數不足一般公司定額者，得以有代表已發行股份總數過半數股東之出席，出席股東表決權三分之二以上之同意行之。

(三) **解散之通知**：公司解散時，除破產外，董事會應即將解散之要旨，通知各股東。

十二、清算

(一) **普通清算** (公司法§322、323、325～327、331、332)：

1. **清算人之選任**：公司之清算，以董事為清算人。但本法或章程另有規定或股東會另選清算人時，不在此限。不能依規定定清算人時，法院得因利害關係人之聲請，選派清算人。

2. **清算人之解任**：清算人除由法院選派者外，得由股東會決議解任。法院因監察人或繼續一年以上持有已發行股份總數百分之三以上股份股東之聲請，得將清算人解任。

3. **清算人之報酬**：清算人之報酬，非由法院選派者，由股東會議定；其由法院選派者，由法院決定之。清算費用及清算人之報酬，由公司現存財產中儘先給付。

4. **檢查財之處置**：清算人就任後，應即檢查公司財產情形，造具財務報表及財產目錄，送經監察人審查，提請股東會承認後，並即報法院。表冊送交監察人審查，應於股東會集會十日前為之。

5. **催報債權**：清算人於就任後，應即以三次以上之公告，催告債權人於三個月內申報其債權，並應聲明逾期不申報者，不列入清算之內。但為清算人所明知者，不在此限。其債權人為清算人所明知者，並應分別通知之。

6. **催報債權**：

(1) 清算完結時，清算人應於十五日內，造具清算期內收支表、損益表、連同各項簿冊，送經監察人審查，並提請股東會承認。簿冊經股東會承認後，視為公司已解除清算人之責任。但清算人有不法行為者，不在此限。

(2) 公司應自清算完結聲報法院之日起，將各項簿冊及文件，保存十年。

(二) **特別清算**（公司法§335）：清算之實行發生顯著障礙時，法院依債權人或清算人或股東之聲請或依職權，得命令公司開始特別清算；公司負債超過資產有不實之嫌疑者亦同。但其聲請，以清算人為限。

> **考點速攻**
>
> **清算的目的**
> 變賣債務人的財產，分配給債權人，為鼓勵債務人能努力重生。

(三) **清算人之解任與增補**（公司法§337）：有重要事由時，法院得解任清算人。清算人缺額或有增加人數之必要時，由法院選派之。

(四) **債權人會議**（公司法§341、345～347、350、352）：

1. **召集程序**：

(1) 清算人於清算中，認有必要時，得召集債權人會議。

(2) 占有公司明知之債權總額百分之十以上之債權人，得以書面載明事由，請求清算人召集債權人會議。

2. **選任監理人**：債權人會議，得經決議選任監理人，並得隨時解任之。

3. **對清算人之限制**：

(1) 清算人為下列各款行為之一者，應得監理人之同意，不同意時，應召集債權人會議決議之。但其標的在資產總值千分之一以下者，不在此限：

A. 公司財產之處分。　　　　　B. 借款。

C. 訴之提起。　　　　　　　　D. 成立和解或仲裁契約。

E. 權利之拋棄。

(2) 應由債權人會議決議之事項，如迫不及待時，清算人經法院之許可，得為第(1)項所列之行為。

(3) 清算人違反第(1)項及第(2)項規定時，應與公司對於善意第三人連帶負其責任。

4. **會議協議：**
   (1) **協定之建議：**清算人得徵詢監理人之意見，對於債權人會議提出協定之建議。
   (2) **協定之同意程序：**協定之可決，應有得行使表決權之債權人過半數之出席，及得行使表決權之債權總額四分之三以上之同意行之，決議應得法院之認可。
5. **股東檢查權：**依公司財產之狀況有必要時，法院得據清算人或監理人，或繼續六個月以上持有已發行股份總數百分之三以上之股東，或曾為特別清算聲請之債權人，或占有公司明知之債權總額百分之十以上債權人之聲請，或依職權命令檢查公司之業務及財產。

牛刀小試

( )　**1** 股東會之議決事項，應作成議事錄，由主席簽名蓋章，並應於會後多少日內，將議事錄分發給各股東？　(A)十五日內　(B)二十日內　(C)三十日內　(D)並無特殊期限規定。　【107年第3次普業】

( )　**2** 關於股東提案權，下列何者正確？　(A)提案股東不得委託他人出席股東常會　(B)持有已發行股份總數百分之一以上股份之股東，得以書面向公司提出股東常會議案　(C)股東提案件數不受限制　(D)議案於公告受理期間外提出者可酌情納入議案。　【107年第3次普業】

( )　**3** 「公司法」所稱之股份有限公司，提出法定盈餘公積分配前，必須先完成下列何事項？　(A)先償還債務　(B)先彌補公司虧損　(C)先分派股東股息　(D)先分派董監紅利。　【107年第2次普業】

( )　**4** 依「公司法」規定，股份有限公司董事會，設置董事之人數有何限制？　(A)不得少於二人　(B)不得少於三人　(C)不得少於五人　(D)不得少於七人。　【106年第2次普業】

( )　**5** 股份有限公司董事選任後，應向主管機關申報，其選任當時所持有之公司股份數額，如董事在任期中轉讓持股超過二分之一時，其董事席位：

　　　　　(A)僅股東會可將之解任　　(B)僅監察人可將之解任
　　　　　(C)僅法院可將之解任　　　(D)當然解任。　【105年第1次普業】

解答與解析

1 (B)。公司法第183條規定：「股東會之議決事項，應作成議事錄，由主席簽名或蓋章，並於會後二十日內，將議事錄分發各股東。……」

2 (B)。公司法第172-1條規定：「持有已發行股份總數百分之一以上股份之股東，得向公司提出股東常會議案。但以一項為限，提案超過一項者，均不列入議案。……」

3 (B)。公司法第232條規定：「公司非彌補虧損及依本法規定提出法定盈餘公積後，不得分派股息及紅利。……」

4 (B)。公司法第192條規定：「公司董事會，設置董事不得少於三人，由股東會就有行為能力之人選任之。……」

5 (D)。公司法第197條規定：「董事經選任後，應向主管機關申報，其選任當時所持有之公司股份數額；公開發行股票之公司董事在任期中轉讓超過選任當時所持有之公司股份數額二分之一時，其董事當然解任。……」

重點3 關係企業 ✦

一、關係企業之定義

關係企業的判定主要應以公司間是否存在著指揮監督關係為準。至於此種指揮監督關係不論是藉由控制公司對從屬公司之控制或透過持股等方式來達成，如已達到指揮監督之程度，皆屬於關係企業之一種類型。公司法所稱關係企業，指獨立存在而相互間具有下列關係之企業：

(一) 有控制與從屬關係之公司（公司法§369-1）。

(二) 相互投資公司（公司法§369-2、369-4、369-6～369-9、369-12）。

	有控制與從屬關係之公司	相互投資公司
定義	1. 公司持有他公司有表決權之股份或出資額，超過他公司已發行有表決權之股份總數或資本總額半數者為控制公司，該他公司為從屬公司。 2. 公司直接或間接控制他公司之人事、財務或業務經營者亦為控制公司，該他公司為從屬公司。 3. 有下列情形之一者，推定為有控制與從屬關係： (1) 公司與他公司之執行業務股東或董事有半數以上相同者。 (2) 公司與他公司之已發行有表決權之股份總數或資本總額有半數以上為相同之股東持有或出資者。	1. 公司與他公司相互投資各達對方有表決權之股份總數或資本總額三分之一以上者，為相互投資公司。 2. 相互投資公司各持有對方已發行有表決權之股份總數或資本總額超過半數者，或互可直接或間接控制對方之人事、財務或業務經營者，互為控制公司與從屬公司。
權利及義務	1. 控制公司及其負責人之義務： (1) 控制公司直接或間接使從屬公司為不合營業常規或其他不利益之經營，而未於會計年度終了時為適當補償，致從屬公司受有損害者，應負賠償責任。 (2) 控制公司負責人使從屬公司為第(1)項之經營者，應與控制公司就前項損害負連帶賠償責任。 (3) 控制公司未為第(1)項之賠償，從屬公司之債權人或繼續一年以上持有從屬公司已發行有表決權股份總數或資本總額百分之一以上之股東，得以自己名義行使從屬公司之權利，請求對從屬公司為給付。	1. 投資狀況之公開：公司轉投資雖為法所原則允許，但公司間相互投資每有虛增公司資本之弊端，而應藉由公司公開相互投資之事實，使利害關係人週知： (1) 初次通知之義務：公司持有他公司有表決權之股份或出資額，超過該他公司已發行有表決權之股份總數或資本總額三分之一者，應於事實發生之日起一個月內以書面通知該他公司。 (2) 再次通知：公司為第(1)項通知後，有下列變動之一者，應於事實發生之日起五日內以書面再為通知：

	有控制與從屬關係之公司	相互投資公司
權利及義務	(4) 前述第(3)項權利之行使，不因從屬公司就該請求賠償權利所為之和解或拋棄而受影響。 2. 控制公司權利行使之限制：為預防控制公司使從屬公司為不合營業常規或其他不利益之經營，引進美國判例法上之「深石原則」（Deep-Rock Doctrine），以限制控制公司行使其抵銷權、別除權及優先權等權利，以免對從屬公司之債權人不公平。有鑑於此，公司法規定，控制公司直接或間接使從屬公司為不合營業常規或其他不利益之經營者，如控制公司對從屬公司有債權，在控制公司對從屬公司應負擔之損害賠償限度內，不得主張抵銷。前述債權無論有無別除權或優先權，於從屬公司依破產法之規定為破產或和解，或依本法之規定為重整或特別清算時，應次於從屬公司之其他債權受清償。 3. 損害賠償請求權時效：為免控制公司及其負責人或受有利益從屬公司之責任久懸未決，損害賠償請求權，自請求權人知控制公司有賠償責任及知有賠償義務人時起，二年間不行使而消滅。自控制公司賠償責任發生時起，逾五年者亦同。	A. 有表決權之股份或出資額低於他公司已發行有表決權之股份總數或資本總額三分之一時。 B. 有表決權之股份或出資額超過他公司已發行有表決權之股份總數或資本總額二分之一時。 C. 前述B.之有表決權之股份或出資額再低於他公司已發行有表決權之股份總數或資本總額二分之一時。 2. 受通知公司之公告義務：受通知之公司，應於收到前述通知五日內公告之，公告中應載明通知公司名稱及其持有股份或出資額之額度。 3. 各項書表之編製：公開發行股票公司之從屬公司應於每會計年度終了，造具其與控制公司間之關係報告書，載明相互間之法律行為、資金往來及損益情形。公開發行股票公司之控制公司應於每會計年度終了，編製關係企業合併營業報告書及合併財務報表。

二、子公司與分公司

子公司為獨立法人，在法律上具有法人格，可直接用子公司為主體與銀行借款。分公司不具有獨立法人格，因此不能以此為主體與銀行融資，為母公司分支機構，若未來分公司有財務糾紛，母公司須負擔連帶責任。

	子公司	分公司
定義	子公司為獨立法人	不具備法人資格，不能為權利義務的主體
投審會	需投審會許可	向經濟部設立許可
資本	有自有資本	無自有資本
營業稅	開立發票5%	開立發票5%
營利事業所得稅	結算申報17%	結算申報17%
盈餘匯回	盈餘分配給母公司時，需扣繳20%	盈餘匯回總公司時，無需扣繳
公開發行	可	不可

牛刀小試

(　　) **1** 下列對於關係企業之敘述，何者錯誤？　(A)關係企業包括控制與從屬公司以及相互投資公司　(B)控制公司使從屬公司為不合營業常規之經營，應於會計年度終了時為適當補償　(C)控制公司使從屬公司為不利益之經營者，如控制公司對從屬公司有債權，在控制公司對從屬公司應負擔之損害賠償限度內，不得主張抵銷　(D)相互投資公司得行使之表決權，不得超過被投資公司已發行有表決權股份總數二分之一。

(　　) **2** 下列何者依現行公司法規定非為關係企業？　(A)有控制與從屬關係之公司　(B)公司與他公司相互投資各達對方有表決權之股份總數三分之一以上者之公司　(C)A公司持有B公司有表決權之股份超過半數　(D)設有總管理處之企業集團。

(　) **3** 為確定控制公司對從屬公司之法律責任，必須使雙方財務及業務
關係以書表加以揭露，故每年必須編製所謂關係企業三書表。
關於關係企業之資訊揭露制度，下列何者敘述錯誤？ (A)公開
發行股票公司之控制公司應於每年會計年度終了，編製關係企
業合併營業報告書及關係企業合併財務報表 (B)公開發行股
票公司之從屬公司應於每年會計年度終了，造具關係報告書
(C)若從屬公司為控制公司100%持股，例外免除編製關係報告
書之義務 (D)關係報告書中應載明相互間之法律行為、資金
往來及損益情形。

解答與解析

1 (D)。公司法第369-10條規定：「相互投資公司知有相互投資之事實者，
其得行使之表決權，不得超過被投資公司已發行有表決權股份總數或資
本總額之三分之一。但以盈餘或公積增資配股所得之股份，仍得行使表
決權。……」

2 (D)。
(1)公司法第369-1條所稱關係企業，指獨立存在而相互間具有下列關係之
企業：一、有控制與從屬關係之公司（選項(A)）。二、相互投資之公
司（選項(B)）。
(2)同法第369-3條，有下列情形之一者，推定為有控制與從屬關係：一、
公司與他公司之執行業務股東或董事有半數以上相同者。二、公司與
他公司之已發行有表決權之股份總數或資本總額有半數以上為相同之
股東持有或出資者（選項(C)）。

3 (C)。公司法第369-12條規定：「從屬公司為公開發行股票之公司者，
應於每會計年度終了，造具其與控制公司間之關係報告書，載明相互間
之法律行為、資金往來及損益情形。控制公司為公開發行股票之公司
者，應於每會計年度終了，編製關係企業合併營業報告書及合併財務報
表。……」

精選範題

( )　**1**　公司應收之股款，股東並未實際繳納，而以申請文件表明收足，或股東雖已繳納而於登記後將股款發還股東，或任由股東收回者，為資本不實，公司法對此設有相關之規範，惟不包括下列何者？ (A)對於公司負責人可處刑責　(B)公司負責人應與各該股東連帶賠償公司或第三人因此所受之損害　(C)資本不實之裁判確定後，由檢察機關通知中央主管機關撤銷或廢止其登記　(D)於資本不實之裁判確定後、撤銷或廢止登記前已為補正者，主管機關不得撤銷或廢止其登記。

( )　**2**　依公司法規定，公司每屆會計年度終了，應將下列何文件提請股東同意或股東常會承認？①營業報告書 ②財務報表 ③主要財產之財產目錄 ④盈餘分派或虧損撥補之議案　(A)①②③　(B)①②④　(C)①③④　(D)②③④。

( )　**3**　公司之下列登記事項，何者目前仍無法在主管機關之資訊網站查閱？　(A)所營事業　(B)董事、監察人姓名及持股　(C)公司章程　(D)資本總額或實收資本額。

( )　**4**　股份有限公司於彌補虧損完納一切稅捐後，分派盈餘時，除了法定盈餘公積，已達資本總額時外，依法應提出多少法定盈餘公積？ (A)百分之十　(B)百分之二十　(C)百分之三十　(D)百分之五十。

( )　**5**　根據公司法第10條規定，下列何者非屬由主管機關得依職權或利害關係人之申請，命令解散之事由？　(A)公司設立登記後6個月尚未開始營業，且未辦妥延展登記者　(B)公司名稱經法院判決不得使用，依期限規定辦理名稱變更登記仍未辦妥者　(C)公司未於期限內，檢送經會計師查核簽證之申請設立登記資本額的文件　(D)公司負責人拒絕主管機關派員檢查公司業務及財務狀況。

( )　**6**　下列有關有限公司之敘述，何者正確？　(A)至少2人以上股東所組織　(B)股東就其出資額為限對公司負其責任　(C)執行業務股東為當然負責人　(D)可經全體股東同意為他公司無限責任股東。

(　) **7** 依據我國公司法之規定，公開發行股票之公司不得為他公司無限責任股東或合夥事業之合夥人；如為他公司有限責任股東時，其所有投資總額，除以投資為專業或公司章程另有規定或經依相關規定，取得股東同意或股東會決議者外，不得超過本公司實收股本之多少比例？　(A)百分之十　(B)百分之二十　(C)百分之四十　(D)百分之五十。

(　) **8** 依公司法規定，有限公司經理人之報酬應由下列何者決定？　(A)董事長　(B)全體股東過半數同意　(C)全體股東同意　(D)監察人。

(　) **9** 公司組織停止經營業務時，依公司法規定應辦理何種登記？　(A)解散登記　(B)註銷登記　(C)停業登記　(D)歇業登記。

解答與解析

1 (D)。
(1)公司法第9條規定：「公司應收之股款，股東並未實際繳納，而以申請文件表明收足，或股東雖已繳納而於登記後將股款發還股東，或任由股東收回者，公司負責人各處五年以下有期徒刑、拘役或科或併科新臺幣五十萬元以上二百五十萬元以下罰金。有前項情事時，公司負責人應與各該股東連帶賠償公司或第三人因此所受之損害。第一項經法院判決有罪確定後，由中央主管機關撤銷或廢止其登記。但判決確定前，已為補正者，不在此限。公司之負責人、代理人、受僱人或其他從業人員以犯刑法偽造文書印文罪章之罪辦理設立或其他登記，經法院判決

有罪確定後，由中央主管機關依職權或依利害關係人之申請撤銷或廢止其登記。」
(2)選項(D)有誤，於資本不實之裁判確定後、撤銷或廢止登記前已為補正者，主管機關仍得撤銷或廢止其登記。

2 (B)。公司法第20條規定：「公司每屆會計年度終了，應將營業報告書、財務報表及盈餘分派或虧損撥補之議案，提請股東同意或股東常會承認。……」

3 (C)。
(1)公司法第393條規定：「各項登記文件，公司負責人或利害關係人，得聲敘理由請求查閱、抄錄或複製。但主管機關認為必要時，得拒絕或限制其範圍。下列事項，主管機關應

予公開，任何人得向主管機關申請查閱、抄錄或複製：一、公司名稱；章程訂有外文名稱者，該名稱。二、所營事業。三、公司所在地；設有分公司者，其所在地。四、執行業務或代表公司之股東。五、董事、監察人姓名及持股。六、經理人姓名。七、資本總額或實收資本額。八、有無複數表決權特別股、對於特定事項具否決權特別股。九、有無第一百五十七條第一項第五款、第三百五十六條之七第一項第四款之特別股。十、公司章程。前項第一款至第九款，任何人得至主管機關之資訊網站查閱；第十款，經公司同意者，亦同。」

(2) 公司章程目前仍無法在主管機關之資訊網站查閱。

4 (A)。根據公司法第237條，公司於完納一切稅捐後，分派盈餘時，應先提出百分之十為法定盈餘公積。

5 (D)。公司法第10條規定：「公司有下列情事之一者，主管機關得依職權或利害關係人之申請，命令解散之：一、公司設立登記後六個月尚未開始營業。但已辦妥延展登記者，不在此限。二、開始營業後自行停止營業六個月以上。但已辦妥停業登記者，不在此限。三、公司名稱經法院判決確定不得使

用，公司於判決確定後六個月內尚未辦妥名稱變更登記，並經主管機關令其限期辦理仍未辦妥。四、未於第七條第一項所定期限內，檢送經會計師查核簽證之文件者。但於主管機關命令解散前已檢送者，不在此限。」

6 (B)。有限公司係由一人以上股東所組織，就其出資額為限，對公司負其責任之公司。選項(B)正確。

7 (C)。公司法第13條規定：「……公開發行股票之公司不得為他公司無限責任股東或合夥事業之合夥人。公開發行股票之公司為他公司有限責任股東時，其所有投資總額，除以投資為專業或公司章程另有規定或經代表已發行股份總數三分之二以上股東出席，以出席股東表決權過半數同意之股東會決議者外，不得超過本公司實收股本百分之四十。……」

8 (B)。

(1) 公司法第29條規定：「公司得依章程規定置經理人，其委任、解任及報酬，依下列規定定之。但公司章程有較高規定者，從其規定：一、無限公司、兩合公司須有全體無限責任股東過半數同意。二、有限公司須有全體股東表決權過半數同意。三、股份有限公司應由董事會以董事過半數之出席，及出席董事過半數同意之決議行之。……」

(2) 依公司法規定，有限公司經理人之報酬應由全體股東過半數同意決定。

9 (A)。

(1) 公司法第397條規定：「公司之解散，不向主管機關申請解散登記者，主管機關得依職權或據利害關係人申請，廢止其登記。……」

(2) 公司法第10條規定：「公司組織停止經營業務時，依公司法規定應辦理解散登記。」

重點 1 總則 ✧✧

一、立法宗旨及名詞定義

(一) **立法宗旨**：為發展國民經濟，並保障投資，特制定證券交易法。

(二) **名詞定義**：

1. **主管機關**：所稱主管機關，為金融監督管理委員會。

2. **公司**：公司，謂依公司法組織之股份有限公司。

3. **外國公司**：所稱外國公司，謂以營利為目的，依照外國法律組織登記之公司。

4. **發行人**：所稱發行人，謂募集及發行有價證券之公司，或募集有價證券之發起人。

5. **有價證券**：所稱有價證券，指政府債券、公司股票、公司債券及經主管機關核定之其他有價證券。新股認購權利證書、新股權利證書及前項各種有價證券之價款繳納憑證或表明其權利之證書，視為有價證券。前二項規定之有價證券，未印製表示其權利之實體有價證券者，亦視為有價證券。

6. **募集**：稱募集，謂發起人於公司成立前或發行公司於發行前，對非特定人公開招募有價證券之行為。

7. **私募**：所稱私募，謂已依證券交易法發行股票之公司，對特定人招募有價證券之行為。

8. **發行**：所稱發行，謂發行人於募集後製作並交付，或以帳簿劃撥方式交付有價證券之行為。以帳簿劃撥方式交付有價證券之發行，得不印製實體有價證券。

9. **承銷**：所稱承銷，謂依約定包銷或代銷發行人發行有價證券之行為。

10. **證券交易所**：所稱證券交易所，謂依證券交易之規定，設置場所及設備，以供給有價證券集中交易市場為目的之法人。

11. **有價證券集中交易市場**：所稱有價證券集中交易市場，謂證券交易所為供有價證券之競價買賣所開設之市場。

12. **公開說明書**：所稱公開說明書，謂發行人為有價證券之募集或出賣，依證券交易之規定，向公眾提出之說明文書。

13. **財務報告**：所稱財務報告，指發行人及證券商、證券交易所依法令規定，應定期編送主管機關之財務報告。前項財務報告之內容、適用範圍、作業程序、編製及其他應遵行事項之財務報告編製準則，由主管機關定之，不適用商業會計法第四章、第六章及第七章之規定。

財務報告應經董事長、經理人及會計主管簽名或蓋章，並出具財務報告內容無虛偽或隱匿之聲明。股票已在證券交易所上市或於證券櫃檯買賣中心上櫃買賣之公司，編製年度財務報告時，應另依主管機關規定揭露公司全體員工平均薪資及調整情形等相關資訊。

> **考點速攻**
>
> 所稱財務報告，指合併財務報告，發行人若無子公司者，則為個別財務報告。

14. **營業日**：指證券市場交易日（募發準則§3）。

15. **上櫃公司**：所稱上櫃公司，指股票已依財團法人中華民國證券櫃檯買賣中心證券商營業處所買賣有價證券審查準則規定核准在證券商營業處所買賣者。

牛刀小試

( ) **1** 「證券交易法」所稱募集及發行有價證券之公司或募集有價證券之發起人，稱之為： (A)應募人 (B)發行人 (C)委託人 (D)認股人。 【108年第1次普業】

( ) **2** 依「證券交易法」第6條規定，下列何者視為有價證券？ (A)利率交換契約 (B)匯票 (C)支票 (D)新股權利證書。

解答與解析

1 (B)。證券交易法第5條規定：「本法所稱發行人，謂募集及發行有價證券之公司，或募集有價證券之發起人。」

2 (D)。根據證券交易法第6條第2項：「新股認購權利證書、新股權利證書及前項各種有價證券之價款繳納憑證或表明其權利之證書，視為有價證券。」

二、獨立董事

(一) **獨立董事之設置**：

	自願設置	強制設置
對象	公開發行公司	公開發行之金融事業（含金控公司、銀行、票券保險及上市櫃或金控公司子公司之綜合普業）及資本額500億元以上非屬金融業之上市櫃公司。
席次	依公司章程規定自願設置，其設置人數不予以規範。	獨立董事之人數不得少於2人且不得少於董事席次1/5。

(二) **獨立董事的資格**：

1. **積極資格**：獨立董事應具備專業知識，其持股及兼職應予限制，且於執行業務範圍內應保持獨立性，不得與公司有直接或間接之利害關係。

2. **消極資格**：有下列情事之一者，不得充任獨立董事，其已充任者，當然解任：

   (1) 有公司法第30條所列情事之一。

   (2) 依公司法第27條規定以政府、法人或其代表人當選。

   (3) 違反獨立董事之積極資格。

(三) **排除獨立董事持股轉讓之限制**：獨立董事持股轉讓，不適用公司法第197條第1項後段及第3項當然解任規定。

(四) **獨立董事因故解任補選**：實際在任人數不足證交法或章程規定者，應於最近一次股東會補選之。獨立董事均解任時，公司應自事實發生之日起六十日內，召開股東臨時會補選之。

(五) **設置獨立董事應注意事項**（獨立董事設置辦法§2）：

1. **專業性**：獨立董事需具備商務、法務、財務、會計或公司業務所需專業之一，並具備五年以上工作經驗。

2. **獨立性**：選任前二年及任職期間必須與該公司維持一定的獨立關係。

3. **專注度**：兼任其他公開發行公司獨立董事不得逾三家。

4. **提名制度**：獨立董事選舉應採候選人提名制度，並載明於章程。

5. 修改公司章程與選任獨立董事須分兩次股東會進行。

6. 所列事項若獨立董事有反對或保留意見，應於董事會議事錄載明。

牛刀小試

( ) **1** 有關獨立董事之敘述，下列何者為錯誤？ (A)獨立董事應採候選人提名制，並載明於章程 (B)公開發行公司之獨立董事兼任其他公開發行公司之獨立董事不得逾四家 (C)獨立董事應於選任前二年及任職期間，不得為公司或其關係企業之受僱人 (D)公開發行公司亦可由董事會提出獨立董事之候選人名單。

( ) **2** 公開發行公司之獨立董事兼任其他公開發行公司獨立董事不得逾多少家？ (A)1家 (B)2家 (C)3家 (D)5家。

( ) **3** 獨立董事表彰的是： (A)公司管理的精神 (B)公司治理的精神 (C)公司經理的精神 (D)公司自律的精神。 【102年自來水】

( ) **4** 下列有關上市上櫃公司獨立董事之選任，何者有誤？ (A)應依「公司法」規定採候選人提名制度，並載明於章程 (B)獨立董事與非獨立董事應依「公司法」規定一併進行選舉，分別計算當選名額 (C)獨立董事因故解任，致人數不足2人或章程規定者，應於最近一次股東會補選之 (D)獨立董事均解任時，應自事實發生之日起30日內，召開股東臨時會補選。

( ) **5** 下列有關獨立董事之敘述何者較為適當？ (A)獨立董事應由小股東中選任，以制衡大股東 (B)獨立董事應由主要法人股東擔任或指派，以制衡自然人股東 (C)獨立董事以自然人擔任為限 (D)獨立董事宜由外部人士或機構擔任之。

解答與解析

1 (B)。公開發行公司獨立董事設置及應遵循事項辦法第4條規定，公開發行公司之獨立董事兼任其他公開發行公司獨立董事不得逾三家。金融控股公司或上市上櫃投資控股公司之獨立董事兼任該公司百分之百持有之

公開發行子公司獨立董事，兼任超過一家者，其超過之家數計入前項兼任家數。

2 **(C)**。公開發行公司獨立董事設置及應遵循事項辦法第4條規定，公開發行公司之獨立董事兼任其他公開發行公司獨立董事不得逾三家……。

3 **(B)**。所謂獨立董事（independent director），是指獨立於公司股東且不在公司中內部任職，並與公司或公司經營管理者沒有重要的業務聯繫或專業聯繫，並對公司事務做出獨立判斷的董事，獨立董事表彰的是公司治理的精神。

4 **(D)**。證券交易法14-1條，獨立董事因故解任，致人數不足第一項或章程規定者，應於最近一次股東會補選之。獨立董事均解任時，公司應自事實發生之日起六十日內，召開股東臨時會補選之。

5 **(D)**。所謂獨立董事（independent director），是指獨立於公司股東且不在公司中內部任職，並與公司或公司經營管理者沒有重要的業務聯繫或專業聯繫，並對公司事務做出獨立判斷的董事，獨立董事宜由外部人士或機構擔任之。

三、審計委員會

(一)**審計委員會之功能**：藉由審計委員會之專業分工功能及獨立超然立場，協助董事會進行決策，如證券交易法第14-5條各款所列明之事項；並為落實公司內控制度，特增審計委員會考核公司內部控制制度之有效性權利，排除證券交易法第14-3條之規定，以使其有效發揮功能。

(二)**設置審計委員會**：公開發行公司應擇一設置審計委員會或監察人，但主管機關得視公司規模、業務性質及其他必要情況，命令設置審計委員會替代監察人。

實務上，已依「公開發行公司審計委員會行使職權辦法」發行股票之金融控股公司、銀行、票券公司、保險公司、證券投資信託事業、綜合證券商及上市（櫃）期貨商，及實收資本額達新臺幣一百億元以上非屬金融業之上市（櫃）公司，應自本令發布日起設置審計委員會替代監察人；實收資本額新臺幣二十億元以上未滿新臺幣一百億元之非屬金融業之上市（櫃）公司，應自106年1月1日起設置審計委員會替代監察人。但前開金融業如為金融控股公司持股100%者，得自行依法選擇設置審計委員會或監察人。

(三)**審計委員會組成**：審計委員會應由全體獨立董事組成，其人數不得少於三人，其中一人為召集人，且至少一人應具備會計或財務專長。

(四)**應經審計委員會同意事項**：

1. 依證券交易法第14-1條規定訂定或修正內部控制制度。

2. 內部控制制度有效性之考核。

3. 依證券交易法第36-1條規定訂定或修正取得或處分資產、從事衍生性商品交易、資金貸與他人、為他人背書或提供保證之重大財務業務行為之處理程序。

4. 涉及董事自身利害關係之事項。

5. 重大之資產或衍生性商品交易。

6. 重大之資金貸與、背書或提供保證。

7. 募集、發行或私募具有股權性質之有價證券。

8. 簽證會計師之委任、解任或報酬。

9. 財務、會計或內部稽核主管之任免。

10. 由董事長、經理人及會計主管簽名或蓋章之年度財務報告及須經會計師查核簽證之第二季財務報告。

11. 其他公司或主管機關規定之重大事項。

> **考點速攻**
>
> 公司設置審計委員會者，不適用財務報告應經監察人承認之規定。

(五)**決議程序**：

1. 上述1.～9.及11.項之決議，應有審計委員會全體成員二分之一以上之同意，並提董事會決議。

2. 上述各款事項除第10.款外，如未經審計委員會全體成員二分之一以上同意者，得由全體董事三分之二以上同意行之，並應於董事會議事錄載明審計委員會之決議。

牛刀小試

( ) **1** 公開發行公司已設置審計委員會者，對於公司財務業務有重大影響之事項，應經審計委員會全體成員中之多少之同意？ (A)四分之三 (B)三分之二 (C)二分之一 (D)全體。

( ) **2** 有關審計委員會相關事項，下列何者是錯誤的？ (A)審計委員會應由全體獨立董事組成，其人數不得少於三人 (B)公司重大資產或衍生性商品交易，應經審計委員會全體成員三分之二以上同意，並

提董事會決議　(C)審計委員會應至少每季召開一次　(D)審計委員會開會過程應全程錄音或錄影存證。　　　　【107年企業內控】

(　) **3** 下列關於審計委員會設置之說明，何者錯誤？　(A)審計委員會應由全體獨立董事組成，其人數不得少於三人　(B)全體審計委員其中一人為召集人，且至少一人應具備會計或財務專長　(C)公司設置審計委員會者，證券交易法、公司法及其他法律對於監察人之規定，於審計委員會準用之　(D)審計委員會之決議，應有審計委員會全體成員二分之一以上之出席，出席委員過半數之同意。

解答與解析

1 (C)。根據證券交易法第14-5條規定，公開發行公司已設置審計委員會者，對於公司財務業務有重大影響之事項，應經審計委員會全體成員二分之一同意。

2 (B)。證券交易法第14-5條規定：「已依本法發行股票之公司設置審計委員會者，下列事項應經審計委員會全體成員二分之一以上同意，並提董事會決議，不適用第十四條之三規定：……」

3 (D)。證券交易法第14-5條規定：「已依本法發行股票之公司設置審計委員會者，下列事項應經審計委員會全體成員二分之一以上同意，……」

重點**2** 有價證券之募集、發行、私募 ✿✿✿

一、有價證券之募集、私募

(一)有價證券範圍（證交法§6）：

　　1. **列舉之有價證券**：政府債券、公司股票、公司債券。

　　2. **經金管會核定之其他有價證券**：受益憑證、認購（售）權證、存託憑證。在我國境內募集、發行、買賣、投資服務之外國有價證券。

　　3. **擬制有價證券**：新股認購權利證書、新股權利證書、前述未印製表示其權利之實體有價證券。

(二) **私募**（證交法§7、43-6～43-8）：

1. **私募之定義**：所稱私募，係指公開發行公司依證券交易法規定向特定人招募有價證券之行為。依證券交易法規定進行有價證券私募，除普通公司債之私募，得於董事會決議之日起一年內分次辦理外，已依規定於該次股東會議案中列舉及說明分次私募相關事項者，得於該股東會決議之日起一年內，分次辦理，次數尚無限制，惟頻率不宜過高。

2. **私募之特定對象**：

   私募之特定對象包括：

   (1) 銀行業、票券業、信託業、保險業、證券業或其他經主管機關核准之法人或組織。（應募人數無限制）

   (2) 符合主管機關所定條件之自然人、法人或基金。（不得超過35人）

   (3) 該公司或其關係企業之董事、監察人及經理人。（不得超過35人）

   > **考點速攻**
   >
   > **私募之對象**
   > 1. 金融機構（應募人數無限制）。
   > 2. 具專業知識且資歷豐厚者(不得超過35人)。
   > 3. 公司或關係人之內部人(不得超過35人)。

3. **私募程序**：公開發行股票之公司私募有價證券，除普通公司債之私募，得於董事會決議後辦理，無須經由股東會決議外，須有代表已發行股份總數過半數股東之出席，出席股東表決

   > **考點速攻**
   >
   > 私募之主體為公開發行股票之公司。

   權三分之二以上之同意，始得對特定對象進行有價證券之私募。另應在股東會召集事由中列舉並說明下列事項，並不得以臨時動議提出：

   (1) 價格訂定之依據及合理性。

   (2) 特定人選擇之方式；其已洽定應募人者，並說明應募人與公司之關係。

   (3) 辦理私募之必要理由。

4. **轉售的限制**：私募股票有流通轉讓之限制，且該私募股票須於交付日滿三年並補辦公開發行後，才得據以申請上市（櫃）掛牌交易。

5. **罰則**：違反股東決議程序規定者，處行為之負責人二年以下有期徒刑、拘役或科或併科新臺幣一百八十萬元以下罰金。違反證券交易法第43-6條第6項、第7項及公開發行公司辦理私募有價證券應注意事項應於股東會召集事由中列舉並說明相關事項規定或以臨時動議提出者，處為行為之負責人新臺幣二十四萬元以上二百四十萬元以下罰鍰。

(三) **募集**（證交法§7、8）：

1. **募集之定義**：所稱募集，謂發起人於公司成立前或發行公司於發行前，對非特定人公開招募有價證券之行為。對非特定人招募有價證券之行為，應先經金融監督管理委員會申報生效，始得為之。

2. **募集後發行**：所稱發行，謂發行人於募集後製作並交付，或以帳簿劃撥方式交付有價證券之行為。以帳簿劃撥方式交付有價證券之發行，得不印製實體有價證券。

牛刀小試

(　) **1** 下列何者不得為有價證券私募之對象？ 　(A)保險公司 　(B)符合主管機關所定條件之自然人 　(C)為該私募行為之公司之關係企業之經理人 　(D)受監護宣告之人。

(　) **2** 有關發行市場「私募」制度，何者正確？ 　(A)招募對象不受限制 　(B)招募人數不受限制 　(C)必須向特定人招募 　(D)私募發行的成本通常高於公開發行的成本。

解答與解析

1 (D)。私募之特定對象包括：
 (1) 銀行業、票券業、信託業、保險業、證券業或其他經主管機關核准之法人或組織。（應募人數無限制）
 (2) 符合主管機關所定條件之自然人、法人或基金。（不得超過35人）
 (3) 該公司或其關係企業之董事、監察人及經理人。（不得超過35人）

2 (C)。發行市場「私募」制度，必須向特定人招募。

二、公開說明書

(一) **公開說明書**（證交法§13）：所稱公開說明書，謂發行人為有價證券之募集或出賣，依本法之規定，向公眾提出之說明文書。

(二) **應編製公開說明書之情形**（證交法§22、30、42、43-4）：
1. **募集、發行有價證券時**：公司募集、發行有價證券，於申請審核時，除依公司法所規定記載事項外，應另行加具公開說明書。
2. **申請上市、上櫃或興櫃時**：公司申請其有價證券在證券交易所上市或於證券商營業處所買賣者，應另行加具公開說明書；其公開說明書應記載事項之準則，分別由證券交易所與證券櫃檯買賣中心擬訂，報請主管機關核定。
3. **補辦公開發行時**：未依本法發行之股票，擬在證券交易所上市或於證券商營業處所買賣者，應先向主管機關申請補辦本法規定之有關發行審核程序（包括加具公開說明書）。
4. **公開招募時**：出售所持有之有價證券或其價款繳納憑證、表明其權利之證書或新股認購權利證書、新股權利證書，而公開招募者，準用發行審核程序（包括加具公開說明書）。
5. **公開收購時**：公開收購人除買回本公司股份者外，應於應賣人請求時或應賣人向受委任機構交存有價證券時，交付公開收購說明書。

(三) **應記載內容**（記載事項準則§6）：最近二年內之公司概況、營運概況、發行計畫及執行情形、財務概況、重要決議等。

(四) **未交付公開說明書之責任**（證交法§31）：違規定未交付公開說明書者，對於善意之相對人因而所受之損害，應負賠償責任。

(五) **公開說明書主要記載事項虛偽隱匿責任：**
1. **民事責任**（證交法§32）：公開說明書，其應記載之主要內容有虛偽或隱匿之情事者，下列各款之人，對於善意之相對人，因而所受之損害，應就其所應負責部分與公司負連帶賠償責任：
(1) 發行人及其負責人。
(2) 發行人之職員，曾在公開說明書上簽章，以證實其所載內容之全部或一部者。
(3) 該有價證券之證券承銷商。

考點速攻
證券承銷商有代理發行人交付公開說明書之義務並負責任之義務。

考點速攻
應編製公開說明書之情形
1. 募集、發行有價證券（§30①）。
2. 申請上市、上櫃或興櫃（§30③）。
3. 補辦公開發行（§42①）。
4. 公開招募（§22③）。
5. 公開收購（§43-4）。

(4) 會計師、律師、工程師或其他專門職業或技術人員，曾在公開說明書上簽章，以證實其所載內容之全部或一部，或陳述意見者。

前項(1)至(3)之人，除發行人外，對於未經(4)之人簽證部分，如能證明已盡相當之注意，並有正當理由確信其主要內容無虛偽、隱匿情事或對於簽證之意見有正當理由確信其為真實者，免負賠償責任；前項(4)之人，如能證明已經合理調查，並有正當理由確信其簽證或意見為真實者，亦同。

2. **刑事責任**（證交法 §174）：

前項(1)至(3)之人，公開說明書主要記載事項虛偽表達者，處一年以上七年以下有期徒刑，得併科新臺幣二千萬元以下罰金。前項(4)之人，處五年以下有期徒刑，得科或併科新臺幣一千五百萬元以下罰金。

牛刀小試

(　) **1** 公開說明書之財務報告應載明，發行人申報募集發行有價證券時最近幾年度之財務報告？ 　(A)一年度　(B)二年度　(C)三年度　(D)四年度。 　　　　　　　　　　　　　　　【104年第4次高業】

(　) **2** 公開說明書有關公司組織事項之記載，何者有誤？ 　(A)列明公司之組織結構　(B)應記載董事、監察人之持股　(C)應揭露合併報表內所有公司給付監察人酬金總額　(D)設立滿三年時應揭露股權比例占前十名之發起人之有關資料。 　　【104年投信業】

(　) **3** 依證券交易法之規定，發行人何時需向公眾提出說明文書（公開說明書）？ 　(A)募集或出賣有價證券　(B)財務預測公告　(C)財務報告公告　(D)重大資產處分公告。 　【111年第2次普業】

(　) **4** 對公開說明書之重要內容記載，能證明已經合理調查，並有正當理由確認其簽證或意見為真實者，而不負賠償責任，係： 　(A)發行人　(B)職員　(C)證券承銷商　(D)專門職業或技術人員。

解答與解析

1 (B)。公司募集發行有價證券公開説明書應行記載事項準則規定，公開説明書之財務報告應載明，發行人申報募集發行有價證券時最近二年度之財務報告。

2 **(D)**。公司募集發行有價證券公開說明書應行記載事項準則第10條紀載，
　公司設立未滿一年者，比照前款規定，揭露持股比例占前十名之發起人
　之有關資料。

3 **(A)**。「證券交易法」第13條：本法所稱公開說明書，謂發行人為有價證
　券之募集或出賣，依本法之規定，向公眾提出之說明文書。

4 **(D)**。根據證券交易法第32條，前條之公開說明書，其應記載之主要內容
　有虛偽或隱匿之情事者，左列各款之人，對於善意之相對人，因而所受
　之損害，應就其所應負責部分與公司負連帶賠償責任：
　一、發行人及其負責人。
　二、發行人之職員，曾在公開說明書上簽章，以證實其所載內容之全部
　　　或一部者。
　三、該有價證券之證券承銷商。
　四、會計師、律師、工程師或其他專門職業或技術人員，曾在公開說明
　　　書上簽章，以證實其所載內容之全部或一部，或陳述意見者。
　前項第一款至第三款之人，除發行人外，對於未經前項第四款之人簽證部
　分，如能證明已盡相當之注意，並有正當理由確信其主要內容無虛偽、隱匿
　情事或對於簽證之意見有正當理由確信其為真實者，免負賠償責任；前項
　第四款之人，如能證明已經合理調查，並有正當理由確信其簽證或意見為真
　實者，亦同。

三、現金增資對外發行新股比例

(一) **上市、上櫃公司**（公司法§267）：提撥發行新股總額之百分之十以時價對外
公開發行，不受公司法原股東儘先分認之限制。

(二) **未上市（櫃）公開發行公司**（證交法§28-1）：股票未在證券交易所上市或
未於證券商營業處所買賣之公開發行股票公司，其股權分散未達主管機關
之股權分散標準者（持股一千以上記名股東未達三百人），於現金發行新
股時，除主管機關認為無須或不適宜對外公開發行者外，提撥發行新股總
額之百分之十以時價對外公開發行，不受公司法原股東儘先分認之限制。

牛刀小試

( )　　　第一上市（櫃）公司辦理現金增資發行新股，至少應提撥發行新股總額之多少比率，對外公開發行？　(A)百分之一　(B)百分之三　(C)百分之十　(D)百分之五十。

解答與解析

(C)。證券交易法第28-1條規定，上市（櫃）公司辦理現金增資發行新股，至少應提撥發行新股總額之百分之十，以時價對外公開發行，不受公司法原股東儘先分認之限制。

四、資訊公開

(一)**定期報告**（證交法§36）：

1. **年度、半年度、季財務報告**：已依本法發行有價證券之公司，除情形特殊，經主管機關另予規定者外，應公告並向主管機關申報：

   (1) 於每會計年度終了後三個月內，公告並申報由董事長、經理人及會計主管簽名或蓋章，並經會計師查核簽證、董事會通過及監察人承認之年度財務報告。

   (2) 於每會計年度第一季、第二季及第三季終了後四十五日內，公告並申報由董事長、經理人及會計主管簽名或蓋章，並經會計師核閱及提報董事會之財務報告。

2. **每月營運情形報告**：於每月十日以前，公告並申報上月份營運情形。

(二)**重大事項公開**（證交法§36）：公司有下列情事之一者，應於事實發生之日起二日內公告並向主管機關申報：

1. 股東常會承認之年度財務報告與公司先前申報公告之內容不一致。

2. 發生對股東權益或證券價格有重大影響之事項。發生對股東權益或證券價格有重大影響之事項，指下列情形之一：

   (1) 存款不足之退票、拒絕往來或其他喪失債信情事者。

   (2) 因訴訟、非訟、行政處分、行政爭訟、保全程序或強制執行事件，對公司財務或業務有重大影響者。

(3) 嚴重減產或全部或部分停工、公司廠房或主要設備出租、全部或主要部分資產質押，對公司營業有影響者。

(4) 有公司法第185條第1項所定各款情事之一者。

(5) 經法院依公司法第287條第1項第5款規定其股票為禁止轉讓之裁定者。

(6) 董事長、總經理或三分之一以上董事發生變動者。

(7) 變更簽證會計師者。但變更事由係會計師事務所內部調整者，不包括在內。

(8) 重要備忘錄、策略聯盟或其他業務合作計畫或重要契約之簽訂、變更、終止或解除、改變業務計畫之重要內容、完成新產品開發、試驗之產品已開發成功且正式進入量產階段、收購他人企業、取得或出讓專利權、商標專用權、著作權或其他智慧財產權之交易，對公司財務或業務有重大影響者。

(9) 其他足以影響公司繼續營運之重大情事者。

(三)**年報**（證交法§36）：已依證券交易法發行有價證券之公司，應編製年報，於股東常會分送股東；其應記載事項、編製原則及其他應遵行事項之準則，由主管機關定之。

牛刀小試

(　) **1** 上市上櫃之公司，應於每會計年度第一季、第二季及第三季終了後多久內，公告並申報經會計師核閱之季財務報告？　(A)二十日　(B)四十五日　(C)六十日　(D)三個月。　【104年普業】

(　) **2** 已依證券交易法發行有價證券之公司，發生對股東權益或證券價格有重大影響之事項時，應於事實發生之日起幾日內公告並向主管機關申報？　(A)五日　(B)三日　(C)二日　(D)一日。

(　) **3** 公開發行股票之公司，應於每會計年度終了後幾個月內，公告並申報經會計師查核簽證、董事會通過及監察人承認之年度財務報告？　(A)一個月　(B)二個月　(C)三個月　(D)四個月。

解答與解析

1 (B)。證券交易法第36條規定：「已依本法發行有價證券之公司，除情形特殊，經主管機關另予規定者外，應依下列規定公告並向主管機關申

報：……二、於每會計年度第一季、第二季及第三季終了後四十五日內，公告並申報由董事長、經理人及會計主管簽名或蓋章，並經會計師核閱及提報董事會之財務報告。……」

2 **(C)**。證券交易法第36條規定：「……第一項之公司有下列情事之一者，應於事實發生之日起二日內公告並向主管機關申報：一、股東常會承認之年度財務報告與公告並向主管機關申報之年度財務報告不一致。二、發生對股東權益或證券價格有重大影響之事項。……」

3 **(C)**。證券交易法第36條規定：「已依本法發行有價證券之公司，除情形特殊，經主管機關另予規定者外，應依下列規定公告並向主管機關申報：一、於每會計年度終了後三個月內，公告並申報由董事長、經理人及會計主管簽名或蓋章，並經會計師查核簽證、董事會通過及監察人承認之年度財務報告。……」

五、股東會

(一)**股東常會、股東臨時會召開時間**（公司法§170）：股東常會，每年至少召集一次，於每會計年度終了後六個月內召開。股東臨時會，於必要時召集之。

(二)**股東會召集通知及公告**（公司法§172）：

1. 股東常會之召集，應於二十日前通知各股東。

2. 股東臨時會之召集，應於十日前通知各股東。

3. 公開發行股票之公司股東常會之召集，應於三十日前通知各股東；股東臨時會之召集，應於十五日前通知各股東。

(三)**股東會出席方式**（公司法§177）：

1. 親自出席。

2. **委託出席**：

(1) **一般受託代理人**：股東得於每次股東會，出具委託書，載明授權範圍，委託代理人，出席股東會。但公開發行股票之公司，證券主管機關另有規定者，從其規定。除信託事業或經證券主管機關核准之股務代理機構外，一人同時受二人以上股東委託時，其代理之表決權不得超過已發行股份總數表決權之百分之三，超過時其超過之表決權，不予計算。

(2) **受三人以上委託**（公開發行公司出席股東會使用委託書規則§21）：受三人以上股東委託之受託代理人，其代理之股數除不得超過其本身持有股數之四倍外，亦不得超過公司已發行股份總數之百分之三。

(3) **股務代理機構**：股務代理機構亦得經由公開發行公司之委任，擔任該公開發行公司股東之受託代理人，其所代理之股數不受已發行股份總數百分之三之限制。股務代理機構受委任擔任委託書之受託代理人者，不得接受股東全權委託；並應於各該公開發行公司股東會開會完畢五日內，將委託出席股東會之委託明細、代為行使表決權之情形，契約書副本及其他本會所規定之事項，製作受託代理出席股東會彙整報告備置於股務代理機構。

3. **以書面或電子方式行使表決權**（公開發行公司出席股東會使用委託書規則§14）：以書面或電子方式行使表決權之股東，視為親自出席股東會。股東以書面或電子方式行使表決權者，其意思表示應於股東會開會二日前送達公司，意思表示有重複時，以最先送達者為準。但聲明撤銷前意思表示者，不在此限。

牛刀小試

(　　) **1** 有關公開發行公司股東常會及臨時股東會之召集，下列敘述何者錯誤？　(A)股東常會，每年至少召集一次　(B)股東臨時會，於必要時召集之　(C)股東常會之召集，應於二十日前通知各股東　(D)臨時股東會之召集，應於十五日前通知各股東。　　　　　　　　　　　　　　　【110年第3次普業】

(　　) **2** 股東倘於股東會未能親自出席，則可以書面載明授權範圍，請他人代理出席，此種表決權行使之方式稱為：　(A)親自表決　(B)委託書表決　(C)使者表決　(D)遠距表決。

(　　) **3** 有關股份有限公司股東會之敘述，下列何者錯誤？　(A)股東常會，每年至少召集一次　(B)公開發行股票之公司股東常會之召集，應於三十日前通知各股東　(C)公司召開股東會時，不得採行以電子方式行使其表決權　(D)股東得於每次股東會，出具公司印發之委託書，載明授權範圍，委託代理人，出席股東會。

解答與解析

1 (C)。公司法第170條：股東常會，每年至少召集一次。股東臨時會，於
必要時召集之。

第172條之3：公開發行股票之公司股東常會之召集，應於三十日前通知
各股東；股東臨時會之召集，應於十五日前通知各股東。

2 (B)。股東倘於股東會未能親自出席，則可以書面載明授權範圍，請他人
代理出席，此種表決權行使之方式稱為「委託書表決」。

3 (C)。公司法第177-2條規定，股東以書面或電子方式行使表決權者，其
意思表示應於股東會開會二日前送達公司，意思表示有重複時，以最先
送達者為準。但聲明撤銷前意思表示者，不在此限。

六、內部人持股限制

(一)**內部人股權申報（事先申報）**（證交法§22-2、25、165-1）：已依證券交易法
發行股票公司之董事、監察人、經理人或持有公司股份超過股份總額百分
之十之股東，其股票之轉讓，應依左列方式之一為之：

　1. 經主管機關核准或自申報主管機關生效日後，向非特定人為之。

　2. 依主管機關所定持有期間及每一交易日得轉讓數量比例，於向主管機關
申報之日起三日後，在集中交易市場或證券商營業處所為之。但每一交
易日轉讓股數未超過一萬股者，免予申報。

　3. 於向主管機關申報之日起三日內，向符合主管機關所定條件之特定人為之。

　經由前項3.受讓之股票，受讓人在一年內欲轉讓其股票，仍須依前述第
1.～3.項所列方式之一為之。

(二)**內部人股權變動申報（事後申報）**（股務處理準則§45、46）：

　1. **初次申報**：公開發行股票之公司於登記後，
應即將其董事、監察人、經理人及持有股
超過股份總額百分之十之股東，所持有之本
公司股票種類及股數，向主管機關申報並公
告之。

> **考點速攻**
> 內部人持有之股票，包
> 括其配偶、未成年子女
> 及利用他人名義者。

　2. **變動或設置申報**：其董事、監察人、經理人及持有股份超過股份總額
百分之十之股東，應於每月五日以前將上月份持有股數變動之情形，
向公司申報，公司應於每月十五日以前，彙總向主管機關申報。必要

時，主管機關得命令其公告之。股票經設定質權者，出質人應即通知公司；公司應於其質權設定後五日內，將其出質情形，向主管機關申報並公告之。

(三) **全體董監最低持股比例規定**（查核實施規則§2）：

公開發行公司全體董事及監察人持有之記名股票，各不得少於公司已發行股份總額一定成數。

公司實收資本	全體董事應持有股數總額比例或股數	全體監察人應持有股數總額比例或股數
3億元以下	15%	1.5%
超過3億元在10億以下	10%（最低4,500千股）	1%（最低450千股）
超過10億元在20億元以下	7.5%（最低1萬千股）	0.75%（最低1,000千股）
超過20億元在40億元以下	5%（最低1.5萬千股）	0.5%（最低1,500千股）
超過40億元在100億元以下	4%（最低2萬千股）	0.4%（最低2,000千股）
超過100億元在500億以下	3%（最低4萬千股）	0.3%（最低4,000千股）
超過500億元在1,000億元以下	2%（最低15萬千股）	0.2%（最低1.5萬千股）
超過1,000億元	1%（最低20萬千股）	0.1%（最低2萬千股）

牛刀小試

(　　) **1** 董事、監察人或經理人等公司內部人股權之轉讓，證券交易法第25條主要規定：　(A)應於轉讓前取得主管機關之核准或向主管機關申報　(B)應於轉讓後向主管機關申報　(C)應於轉讓前向公司申報，再由公司彙總向主管機關申請核准或申報　(D)應於轉讓後向公司申報，每月再由公司彙總向主管機關申報。　【106年股務人員】

(　) **2** 下列有關公開發行公司內部人持股轉讓及申報之敘述，何者錯誤？　(A)內部人持有之股票，包括其配偶、未成年子女及利用他人名義持有者，均應辦理持股申報　(B)內部人自取得其身分之日起六個月內，不得在集中交易市場或證券商營業處所轉讓持股　(C)內部人依證交所及櫃買中心規定，採盤後定價交易方式轉讓持股者，不受每一交易得轉讓數量比例之限制　(D)內部人應於向主管機關申報之日起三日後，始得轉讓持股予符合主管機關所定條件之特定人。　　　　　　　　【105年股務人員】

(　) **3** 公開發行股票之公司於登記後，應即將其董事、監察人、經理人及持有股份超過股份總額百分之十之股東，所持有之本公司股票種類及股數，向主管機關申報並公告之。該等人之股票經設定質權者，出質人應於何時通知公司？　(A)立刻通知　(B)三日內　(C)五日內　(D)十日內。　　　　　　　　【107證券分析】

解答與解析

1 (D)。證券交易法第25條規定，董事、監察人或經理人等公司內部人股權之轉讓，應於轉讓後向公司申報，每月再由公司彙總向主管機關申報。

2 (D)。證券交易法第22-2條，內部人應於向主管機關申報之日起三日內，始得轉讓持股予符合主管機關所定條件之特定人。

3 (A)。證券交易法第25條規定：「……股票經設定質權者，出質人應即通知公司；……。」

七、庫藏股票制度（證交法§28-2）

(一)**適用對象**：上市、上櫃公司。

(二)**買回目的**：

　1. 轉讓股份予員工。

　2. 配合可轉換公司債等發行，作為股權轉換之用。

　3. 維護公司信用及股東權益所必要而買回。

(三)**方式**：

　1. 在集中市場或店頭市場買回。

　2. 對非特定人公開收購。

(四) **執行程序**：經董事會三分之二以上董事之出席及出席董事超過二分之一同意，於有價證券集中交易市場或證券商營業處所或依公開收購法於集中交易市場或店頭市場外收購買回其股份。

(五) **數量及金額限制**：買回股份之數量比例，不得超過該公司已發行股份總數百分之十；收買股份之總金額，不得逾保留盈餘加發行股份溢價及已實現之資本公積之金額。

(六) **買回股份之處理**：

1. 為維護公司信用及股東權益所必要而買回之股份，應於買回之日起六個月內辦理變更登記。

2. 為轉讓股份予員工及配合可轉換公司債等發行，作為股權轉換之用而買回之股份，應於買回之日起五年內將其轉讓；逾期未轉讓者，視為公司未發行股份，並應辦理變更登記。

(七) **內部人及關係企業不得賣出**：公司於有價證券集中交易市場或證券商營業處所買回其股份者，該公司依公司法第369-1條規定之關係企業或董事、監察人、經理人、持有該公司股份超過股份總額百分之十之股東所持有之股份，於該公司買回之期間內不得賣出。

(八) **買回股份之限制**：買回之股份，不得質押；於未轉讓前，不得享有股東權利。

> **考點速攻**
>
> 公司每日買回股份之數量，不得超過計畫買回總數量之三分之一（公司每日買回股份之數量不超過二十萬股者，得不受買回數量之限制。）且不得於交易時間開始前報價，並應委任二家以下證券經紀商辦理。

牛刀小試

( ) **1** 上市櫃公司執行庫藏股於市場買回股份，下列何者非為法律所允許之買回目的？ (A)轉讓股份給員工 (B)配合可轉讓公司債之發行，作為股權轉換之用 (C)為維護公司信用及股東權益，並辦理銷除股份者 (D)預計日後公司營運需求做抵押用。 【111年第1次普業】

( ) **2** X上市公司為提升員工對公司的向心力，決定透過集中交易市場買回公司股份，作為轉讓員工之用。依證券交易法之規定，下列敘述，何者正確？ (A)X公司買回自己公司股份須經股東會有代表已發行股份總數過半數股東之出席，出席股東表決權三分之二以上之同意 (B)X公司買回股份之數量比例，不得超過

該公司已發行股份總數百分之十 (C)X公司買回之股份,不得質押;於未轉讓前,得享有股東權利 (D)X公司買回之股份應於買回之日起3年內將其轉讓;逾期未轉讓者,視為公司未發行股份,並應辦理變更登記。

( ) **3** A為股票已在證券交易所上市之公司,擬實施庫藏股制度,於有價證券集中交易市場買回其股份,其應遵守之程序,下列之敘述何者錯誤? (A)A公司應於董事會決議之即日起算2日內公告,並向主管機關申報後,始得買回其股份 (B)A公司收買股份之總金額,不得逾保留盈餘加發行股份溢價及已實現之資本公積之金額 (C)A公司買回之股份,不得質押;但於未轉讓前,得享有分配盈餘等股東權利 (D)A公司買回其股份之目的在於轉讓股份予員工者,應於買回之日起5年內將其轉讓;逾期未轉讓者,視為公司未發行股份,並應辦理變更登記。

解答與解析

1 (D)。「證券交易法」第28-2條:股票已在證券交易所上市或於證券商營業處所買賣之公司,有下列情事之一者,得經董事會三分之二以上董事之出席及出席董事超過二分之一同意,於有價證券集中交易市場或證券商營業處所或依第四十三條之一第二項規定買回其股份,不受「公司法」第一百六十七條第一項規定之限制:
一、轉讓股份予員工。
二、配合附認股權公司債、附認股權特別股、可轉換公司債、可轉換特別股或認股權憑證之發行,作為股權轉換之用。
三、為維護公司信用及股東權益所必要而買回,並辦理銷除股份。

2 (B)。
(A)經董事會三分之二以上董事之出席及出席董事超過二分之一同意。
(B)公司買回股份之數量比例,不得超過該公司已發行股份總數百分之十。
(C)買回之股份,不得質押;於未轉讓前,不得享有股東權利。
(D)公司買回之股份應於買回之日起5年內將其轉讓;逾期未轉讓者,視為公司未發行股份,並應辦理變更登記。

3 (C)。證券交易法第28-2條規定,買回之股份,不得質押;於未轉讓前,不得享有股東權利。

八、員工認股權（募發準則§55、56）

(一) **申報生效日**：發行人發行員工認股權憑證應檢具發行員工認股權憑證申報書，載明其應記載事項，連同應檢附書件，向金融監督管理委員會申報生效後，始得為之。提出申報，於金融監督管理委員會及金融監督管理委員會指定之機構收到發行員工認股權憑證申報書即日起屆滿七個營業日生效。但金融控股、銀行、票券金融、信用卡及保險等事業，申報生效期間為十二個營業日。

(二) **發行程序**：

1. 募集、發行認股權憑證、附認股權特別股或附認股權公司債之公開發行公司，於認股權人依公司所定認股辦法行使認股權時，有核給股份之義務。

2. 發行人申報發行員工認股權證，得經董事會三分之二以上董事之出席及出席董事超過二分之一同意。

3. **存續期間**：員工認股權憑證之存續期間不得超過十年。

4. **轉讓之禁止**：員工認股權憑證不得轉讓。但因繼承者不在此限。

牛刀小試

(　　) **1** 股份有限公司經董事會特別決議後，得與員工簽訂認股權契約，公司發給員工認股權憑證。請問，員工除繼承外，得否轉讓此一認股權憑證？　(A)可以，蓋基於股份自由轉讓原則，不得限制之　(B)可以，蓋員工係支付對價取得員工認股權憑證，自不得限制其轉讓　(C)不可以，蓋為使員工持有公司股份，增加員工向心力　(D)不可以，蓋為保護投資人，自不得任由員工轉讓權利義務不明確之認股權憑證。

(　　) **2** 關於員工認股權憑證之發行，下列敘述何者正確？　(A)員工認股權憑證不得轉讓，包括贈與及繼承　(B)未上市或未在證券商營業處所買賣之公司發行員工認股權憑證，其認股價格得低於最近期經會計師查核簽證或核閱之財務報告每股淨值　(C)員工認股權憑證自發行日起屆滿三年後，持有人始得請求履約　(D)員工認股權憑證之存續期間不得超過十年。　【106年證券分析】

(　) **3**　工認股權憑證自發行日起屆滿幾年後,持有人除依法暫停過戶
期間外,得依發行公司所定之認股辦法請求履約? 　(A)一年
(B)二年　(C)三年　(D)四年。　　　　　　　　【104年證券分析】

解答與解析

1 (C)。發行人募集與發行有價證券處理準則第52條規定,員工認股權憑證
不得轉讓,蓋為使員工持有公司股份,增加員工向心力。但因繼承者不
在此限。

2 (D)。
(A)員工認股權憑證不得轉讓。但因繼承者不在此限。
(B)未上市或未在證券商營業處所買賣之公司發行員工認股權憑證,其
認股價格不得低於最近期經會計師查核簽證或核閱之財務報告每股淨
值,並應洽會計師對發行價格之合理性表示意見。
(C)員工認股權憑證自發行日起屆滿二年後,持有人除依法暫停過戶期間
外,得依發行人所定之認股辦法請求履約。
(D)員工認股權憑證之存續期間不得超過十年。

3 (B)。發行人募集與發行有價證券處理準則第54條規定,員工認股權憑證
自發行日起屆滿二年後,持有人除依法暫停過戶期間外,得依發行人所
定之認股辦法請求履約。

九、公司債

(一)**發行限額**（證交法§28-4）:發行股票之公司,募集與發行公司債,其發行
總額,除經主管機關徵詢目的事業中央主管機關同意者外,依下列規定辦
理,不受公司法第247條規定之限制:
1. 有擔保公司債、轉換公司債或附認股權公司債,其發行總額,不得逾全
部資產減去全部負債餘額之百分之二百。
2. 前款以外之無擔保公司債,其發行總額,不得逾全部資產減去全部負債
餘額之二分之一。
(二)**生效期間**（募發準則§21）:公開發行公司發行普通公司債應向主管機關提
出申報,自申報之日起屆滿三個營業日生效。但金融控股、票券金融及信
用卡等事業,申報生效期間為十二個營業日。

(三) 擔保公司債（募發準則§25）：發行人申報募集與發行以持有其他公司股票作為擔保品之有擔保公司債案件，除法令另有規定者外，應符合下列規定：

1. 擔保品應以持有滿一年以上之其他上市公司股票或在證券商營業處所買賣之公開發行公司股票為限，且該擔保品不得有設定質權、限制上市或上櫃買賣、變更交易方式或屬停止買賣等之任何限制。

2. 申報時擔保品價值不得低於原定發行之公司債應負擔本息之百分之一百五十。

3. 應將擔保品設定抵押權或質權予債權人之受託人，並於受託契約明訂，於公司債存續期間，由受託人每日以該擔保品之收盤價進行評價。擔保品發生跌價損失致擔保維持率低於原定發行之公司債應負擔本息之一定成數時，受託人應即通知發行人補足差額。發行人除應於收到受託人通知日起二個營業日內補足差額外，並應於受託契約中載明發行人未能於期限內補足差額之處置方法及受託人應負擔之責任。

(四) 轉換公司債（募發準則§27、30～34）：

1. **生效期間**：公開發行公司發行轉換公司債應向主管機關提出申報，上市或上櫃公司有第 13 條第 1 項第 2 款情事之一者，於本會及本會指定之機構收到發行轉換公司債申報書即日起屆滿二十個營業日生效。上市或上櫃公司除依前項規定提出申報者外，於本會及本會指定之機構收到發行轉換公司債申報書即日起屆滿十二個營業日生效。

   興櫃股票公司、未上市或未在證券商營業處所買賣之公司依第1項規定提出申報，於本會及本會指定之機構收到發行轉換公司債申報書即日起屆滿七個營業日生效。但金融控股、銀行、票券金融及信用卡等事業，申報生效期間為十二個營業日。

2. **轉換期間**：轉換公司債自發行日後屆滿一定期間起至到期日前十日止，除依法暫停過戶期間外，其持有人得依發行人所定之轉換辦法隨時請求轉換。上市、上櫃公司或興櫃股票公司發行轉換公司債不受到期日前十日不得轉換之限制。

   轉換公司債持有人請求轉換者，除本會另有規定外，應填具轉換請求書，並檢同債券或登載債券之存摺，向發行人或其代理機構提出，於送達時生轉換之效力；發行人或其代理機構於受理轉換之請求後，其以已發行股票轉換者，應於次一營業日交付股票，其以發行新股轉換者，除應登載於股東名簿外，並應於五個營業日內發給新股或債券換股權利證書。

3. **面額**：轉換公司債面額限採新臺幣十萬元或為新臺幣十萬元之倍數，償還期限不得超過十年，且同次發行者，其償還期限應歸一律。

4. **轉換價格**：轉換公司債轉換股份時，不受公司法關於股票發行價格不得低於票面金額規定之限制。興櫃股票公司發行轉換公司債之轉換價格，不得低於定價日前一段時間普通股加權平均成交價格，且不得低於最近期經會計師查核簽證或核閱之財務報告每股淨值，並應洽推薦證券商對發行價格之合理性表示意見。

考點速攻

發行轉換公司債時之轉換價格，發行人應於該轉換公司債銷售前公告之。

未上市或未在證券商營業處所買賣之公司發行轉換公司債之轉換價格不得低於最近期經會計師查核簽證或核閱之財務報告每股淨值，並應洽會計師對發行價格之合理性表示意見。

考點速攻

轉換公司債及依規定請求換發之債券換股權利證書或股票，除不印製實體者外，應一律為記名式。

5. **公開承銷禁止**：轉換公司債發行時，除上市或上櫃公司應全數委託證券承銷商包銷者外，不得對外公開承銷。

牛刀小試

(　　) **1** 轉換公司債面額限採多少元或為其之倍數？　(A)百元　(B)千元　(C)萬元　(D)十萬元。

(　　) **2** 下列有關公開發行股票之公司發行轉換公司債之敘述，何者錯誤？　(A)面額限採新臺幣十萬元或為新臺幣十萬元之倍數　(B)償還期限不得超過十年　(C)轉換公司債除不印製實體者外，可為無記名式　(D)發行時，除上市或上櫃公司應全數委託證券承銷商包銷者外，不得對外公開承銷。　【104年證券分析】

(　　) **3** 可轉換公司債為證券交易法第6條所定之有價證券。公開發行公司得發行可轉換公司債，依現行法令之規定，下列敘述何者錯誤？　(A)上市、上櫃公司與興櫃股票公司、未上市或未在證券商營業處所買賣之公司，發行可轉換公司債，皆採行於向證券交易法之主管機關或其指定之機構申報起屆滿一定期間後生

效之申報生效制　(B)可轉換公司債之面額限採新臺幣10萬元或為新臺幣10萬元之倍數，償還期限不得超過10年，且同次發行者，其償還期限應歸一律　(C)無論上市、上櫃公司與興櫃股票公司、未上市或未在證券商營業處所買賣之公司，於發行可轉換公司債時，應全數委託證券承銷商包銷　(D)可轉換公司債時之轉換價格，發行人應於該可轉換公司債銷售前公告之。

(　) **4** 募集無擔保公司債之總額，不得逾公司現有全部資產減去全部負債及無形資產餘額的多少？　(A)二分之一　(B)三分之一　(C)四分之一　(D)五分之一。

解答與解析

1 (D)。發行人募集與發行有價證券處理準則第30條規定，轉換公司債面額限採新臺幣十萬元或為新臺幣十萬元之倍數，償還期限不得超過十年，且同次發行者，其償還期限應歸一律。

2 (C)。發行人募集與發行有價證券處理準則第35條規定，轉換公司債及依規定請求換發之債券換股權利證書或股票，除不印製實體者外，應一律為記名式。

3 (C)。發行人募集與發行有價證券處理準則第31條規定，轉換公司債發行時，除上市或上櫃公司應全數委託證券承銷商包銷者外，不得對外公開承銷。

4 (A)。公司法第247條規定，無擔保公司債，其發行總額，不得逾全部資產減去全部負債餘額之二分之一。

十、公積

(一) **提列公積**（公司法§237）：

1. 公司於完納一切稅捐後，分派盈餘時，應先提出百分之十為法定盈餘公積。

2. 除前項法定盈餘公積外，公司得以章程訂定或股東會議決，另提特別盈餘公積。

(二) 公積撥充資本之限制（公司法§239、241）：

1. **先填補虧損：**已依證券交易法發行有價證券之公司，申請以法定盈餘公積或資本公積撥充資本時，應先填補虧損；其以資本公積撥充資本者，應以其一定比率為限。

> **考點速攻**
>
> 資本公積及法定盈餘公積，除法律另有規定外，以填補虧損為限。

2. **撥充資本之限額：**公司無虧損者，得依股東會決議之方法，將法定盈餘公積及下列資本公積之全部或一部，按股東原有股份之比例發給新股或現金：
   (1) 超過票面金額發行股票所得之溢額。
   (2) 受領贈與之所得。
   以法定盈餘公積發給新股或現金者，以該項公積超過實收資本額百分之二十五之部分為限。

牛刀小試

( )　**1**　A公司實收資本額為新臺幣10億元，以經營太陽能周邊商品為主要業務，獲利穩定，其資本公積有新臺幣1億元，累計已提撥法定盈餘公積新臺幣6億元。對於法定盈餘公積之提撥、運用或發給，下列何者敘述正確？　(A)A公司於完納一切稅捐後，分派盈餘時，應先提出百分之二十為法定盈餘公積。但法定盈餘公積，已達資本總額時，不在此限　(B)若A公司本年度虧損新臺幣5,000萬元，應先以資本公積填補資本虧損　(C)A公司本年度損益兩平，並無盈餘，但因法定盈餘公積已超過實收資本額百分之五十，仍得經董事會之決議，以其超過部分派充股息及紅利　(D)A公司本年度損益兩平，並無盈餘，得經股東會之特別決議，以法定盈餘公積發給股東新股或現金，但以該法定盈餘公積超過實收資本額百分之二十五之部分為限。　　　　　　　　　　　【105年會計師】

( )　**2**　有關法定盈餘公積與資本公積之規定，以下何者為正確？　(A)填補虧損時，先以資本公積填補，無資本公積或不足時得使用法定盈餘公積填補　(B)公司有虧損時，得將議價發行股票所得溢額之資本公積撥充資本　(C)資本公積及法定盈餘公積，除法律另有規定外，以填補虧損為限　(D)公司有虧損時，得由董事會提案經股東會決議，選擇以資本公積或法定盈餘公積來填補虧損。

解答與解析

1 (D)。
(A)公司於完納一切稅捐後，分派盈餘時，應先提出10%為法定盈餘公積。
(B)先以法定盈餘公積彌補虧損，不足時再以資本公積。
(C)公司法第232條，公司無盈餘時，不得分派股息及紅利。

2 (C)。公司法第239條，資本公積及法定盈餘公積，除法律另有規定外，以填補虧損為限。

十一、有價證券買賣之交付

(一)**交付期限**（公司法§34）：發行人應於依公司法得發行股票或公司債券之日起三十日內，對認股人或應募人憑前條之繳納憑證，交付股票或公司債券，並應於交付前公告之。

(二)**交付方式**（募發準則§10）：有價證券之發行，不印製實體者，免依公開發行公司發行股票及公司債券簽證規則辦理簽證。以帳簿劃撥方式交付有價證券者，於發行或註銷時，應依證券集中保管事業相關規定辦理。

在證券交易所上市或證券商營業處所買賣之有價證券之給付或交割應以現款、現貨為之。其交割期間及預繳買賣證據金數額，得由主管機關以命令定之。

證券集中保管事業保管之有價證券，其買賣之交割，得以帳簿劃撥方式為之；其作業辦法，由主管機關定之。有價證券為設質標的之設質交付，得以帳簿劃撥方式為之。

牛刀小試

(　　) 有關在證券交易所上市或證券商營業處所買賣之有價證券之給付及交割，下列敘述何者錯誤？　(A)在證券交易所上市或證券商營業處所買賣之有價證券，其給付及交割原則上應以現款、現貨為之　(B)證券集中保管事業保管之有價證券，其買賣之交割，得以帳簿劃撥方式為之　(C)證券集中保管事業以混合保管方式保管之有價證券，採擬制人名義，由所有人按其送存之種類數量分別共有；領回時，並得以同種類、同數量之有價證券返還之　(D)以證券集中保管事業保管之有價證券為設質標的

者，其設質之交付，由於必須過戶登記，故不得以帳劃撥方式為之。

解答與解析

(D)。發行人募集與發行有價證券處理準則第10條規定，上市、上櫃及興櫃股票公司發行股票或公司債應採帳簿劃撥交付，不印製實體方式為之。

重點**3** 證券商

一、證券商種類與設置

(一)**證券商種類**（證交法§15、16）：

1. **證券承銷商**：有價證券之承銷及其他經主管機關核准之相關業務。
2. **證券自營商**：有價證券之自行買賣及其他經主管機關核准之相關業務。
3. **證券經紀商**：有價證券買賣之行紀、居間、代理及其他經主管機關核准之相關業務。

考點速攻

1. 證券商必定為股份有限公司。
2. 營業保證金，應以現金、政府債券或金融債券提存。

(二)**證券商之設置**：

1. **設置相關規定**：

(1) **許可制**（證交法§44、證券商設置標準§19、24、25-1）：證券商須經主管機關之許可及發給許可證照，方得營業；非證券商不得經營證券業務。許可設置之證券商，開始營業屆滿一年者得申請設置分支機構。開始營業屆滿三年者得申請設置國外分支機構。

證券商申請設置分支機構經許可後，應於六個月內依法辦妥分支機構設立登記，證券商未於期間內申請分支機構許可證照者，撤銷其許可。但有正當理由，在期限屆滿前，得申請本會延展，延展期限不得超過六個月，並以一次為限。

(2) **設置營業處所**（證交法施行細則§20）：證券商應在其所在地設置營業處，並不得與其他證券商共同使用同一營業處所。但證券商因發生

重大不可抗力事故，致其營業場所無法正常營運，得另覓臨時營業
處所，向本公司申請繼續營業，其使用期間不得超過三個月，且應
於期限屆滿前，覓妥固定營業處所，並須符合本公司證券商及證券
交易輔助人營業處所場地及設備標準，及依規定辦理變更登記後始
得使用。

(3) **變更登記**（證交所營業細則§16、21-1）：證券商之資本額、公司章程、
營業處所或董事長如有變更，應於五日內填具變更登記申請書三份，
連同有關證明文件及變更登記費，送由本公司加具意見書後轉報主
管機關核准變更登記。

證券商國外分支機構或代表人辦事處之營業處所、經理人或代表人
如有變更，應於十日內填具變更登記申請書三份，連同有關證明文
件送交本公司轉報主管機關。

(三)**營業保證金及最低資本額**（證商設置標準§3、7）：

	最低實收資本額	營業保證金
證券承銷商	新臺幣四億元	新臺幣四千萬元
證券自營商	新臺幣四億元，僅經營自行買賣具證券性質之虛擬通貨業務者為新臺幣一億元	新臺幣一千萬元
證券經紀商	新臺幣二億元，僅經營股權性質群眾募資業務或僅經營基金受益憑證買賣及互易之居間業務者為新臺幣五千萬元	新臺幣五千萬元，僅經營股權性質群眾募資業務或僅經營基金受益憑證買賣及互易之居間業務者為新臺幣一千萬元
綜合證券商	新臺幣十億元	經營二種以上證券業務者：按其經營種類依前三款規定併計之
分支機構	證券商每設置一家分支機構，其最低實收資本額，應增加新臺幣三千萬元	每設置一家增提新臺幣五百萬元

牛刀小試

(　　) **1** 證券經紀商所扮演的角色為：　(A)對新發行的證券提供評估的價格　(B)根據其本身持有特定證券的部位進行買賣造市　(C)受理委託執行買賣雙方之間的交易　(D)以本身的帳戶來買賣證券。

(　　) **2** 若證券自營商僅經營自行買賣具證券性質之虛擬通貨業務者，其最低實收資本額應為新臺幣（沒有分支機構）：　(A)1億元　(B)3億元　(C)5億元　(D)10億元。　　　　【110年第2次普業】

(　　) **3** 僅經營基金受益憑證買賣及互易之居間業務的證券經紀商實收資本額與提存營業保證金之金額，分別為新臺幣多少？　(A)二億元與四千萬元　(B)五千萬元與一千萬元　(C)一千萬元與五千萬元　(D)二億元與二千萬元。　　　　【111年第1次普業】

解答與解析

1 (C)。證券經紀商所扮演的角色為受理委託執行買賣雙方之間的交易。

2 (A)。「證券商設置標準」第3條：
證券商須為股份有限公司；其最低實收資本額如下：
一、證券承銷商：新臺幣四億元。
二、證券自營商：新臺幣四億元，僅經營自行買賣具證券性質之虛擬通貨業務者為新臺幣一億元。
三、證券經紀商：新臺幣二億元。但經營下列業務者為新臺幣五千萬元：
(一)僅經營股權性質群眾募資業務。
(二)僅經營基金受益憑證買賣及互易之居間業務。

3 (B)。根據「證券商設置標準」第3條，僅經營基金受益憑證買賣及互易之居間業務的證券經紀商，最低實收資本額為新臺幣五千萬元。
根據「證券商管理規則」第9條，僅經營基金受益憑證買賣及互易之居間業務的證券經紀商，向金融監督管理委員會所指定銀行提存營業保證金為新臺幣一千萬元。

二、證券承銷商

(一)**承銷之定義**（證交法§71）：依約定包銷或代銷發行人發行有價證券之行為。承銷可分為包銷及代銷，分述如下：

1. **包銷**：證券承銷商包銷有價證券，於承銷契約所訂定之承銷期間屆滿後，對於約定包銷之有價證券，未能全數銷售者，其賸餘數額之有價證券，應自行認購之。

2. **代銷**：證券承銷商包銷有價證券，得先行認購後再行銷售或於承銷契約訂明保留一部分自行認購。

(二) **交付公開說明書**（證交法§79）：證券承銷商出售其所承銷之有價證券，代理發行人交付公開說明書。

(三) **承銷案件保存期限**（證券商管理規則§29-1）：證券商承銷有價證券應將銷售情形及自己取得之數量等資料，證券商於承銷期間結束後應至少保存五年。

(四) **禁止事項**（證交法§74）：承銷期間內，不得為自己取得所包銷或代銷之有價證券。

(五) **承銷價格決定方式**（再行銷售辦法§4）：證券承銷商辦理有價證券之承銷，其承銷價格以下列方式之一為之：

1. 競價拍賣。

2. 詢價圈購。

3. 與發行公司、發行機構或有價證券持有人議定。

(六) **有價證券包銷**：

1. **包銷的報酬與代銷手續費**：證券承銷商包銷報酬或代銷手續費之比率上限規定，包銷之報酬最高不得超過包銷有價證券總金額之百分之十。代銷之手續費最高不得超過代銷有價證券總金額之百分之五。

2. **包銷之限制**（證券商管理規則§22）：證券商包銷有價證券者，其包銷之總金額，不得超過其流動資產減流動負債後餘額之十五倍。其中證券商國外分支機構包銷有價證券之總金額，不得超過其流動資產減流動負債後餘額之五倍。

   證券商自有資本適足比率低於百分之一百二十者，前項包銷有價證券總金額倍數得調整為十倍，其國外分支機構包銷總金額倍數得調整為三倍；低於百分之一百者，包銷有價證券總金額倍數得調整為五倍，且其國外分支機構不得包銷有價證券。

3. **保留自行認購**（再行銷售辦法§4-1）：證券承銷商包銷有價證券，除其他法令另有規定外，應依下列各款所定之比例先行保留自行認購，但於承銷期間屆滿後，就未能全數銷售之有價證券應自行認購部分，得不受該比例之限制：

(1) 已上市（櫃）公司、創新板上市公司辦理現金增資、可轉（交）換公司債、非採洽商銷售之普通公司債、非採洽商銷售之金融債券及發行臺灣存託憑證承銷案件，應保留承銷總數之百分之五至百分之十五自行認購。

(2) 未經登錄興櫃交易之股票申請創新板初次上市案件應保留承銷總數之百分之五至百分之十五自行認購。

(3) 初次上市（櫃）承銷案件外之興櫃公司現金增資承銷案件，應保留承銷總數之百分之十至百分之二十自行認購。

(4) 未上市（櫃）之公開發行公司辦理現金增資承銷案件，得自行認購比例上限為承銷總數之百分之十五。

(5) 公開發行公司發行特別股承銷案件，得自行認購比例上限為承銷總數之百分之十五。

(6) 已上市、上櫃公司、創新板上市公司發行特別股與認股權分離之附認股權特別股（簡稱分離型附認股權特別股）、公司債與認股權分離之附認股權公司債（簡稱分離型附認股權公司債），得分別訂定自行認購比例，惟不得超過承銷總數之百分之十五。

> **考點速攻**
>
> 承銷案件承銷總數全數採詢價圈購方式辦理者，每一承銷商先行保留自行認購數量不得超過承銷總數之百分之十。

(7) 受託機構公開招募受益證券及特殊目的公司公開招募資產基礎證券非採洽商銷售之承銷案件，得自行認購比例上限為承銷總數之百分之十五。

(8) 受託機構募集不動產資產信託受益證券，非採洽商銷售之承銷案件，得自行認購比例上限為承銷總數之百分之十五。

(七) **有價證券配售**（再行銷售辦法§5～7、21、22、31、32、56、72、74）：證券承銷商除依前條先行保留自行認購部分外，辦理有價證券之承銷，其配售以下列方式為之：

1. **競價拍賣：**

(1) **適用原則：**以已發行股票或現金增資發行新股辦理股票初次上市、上櫃前之承銷案件（櫃（市）轉市（櫃）案件除外）、已上市、上櫃公司辦理現金增資全數提出承銷案件及股票申請創新板初次上市案件，如未採詢價圈購辦理承銷者，應以競價拍賣為之。但公營事

業、依台灣證券交易所股份有限公司（以下簡稱證交所）「有價證券上市審查準則」第 6 條、第 6-1 條或櫃買中心「參與公共建設之民間機構申請股票上櫃之補充規定」及其他法令規定申請股票初次上市、上櫃者不在此限。

股票申請創新板初次上市案件依第7條、第21-4條之規定、創新板上市公司轉列上市、上櫃公司之承銷案件應依第7條規定辦理。

已上市、上櫃公司辦理轉（交）換公司債、附認股權公司債承銷案件及依證券交易法第22條第3項規定辦理之公開招募案件（以下簡稱公開招募案件）得以競價拍賣為之。創新板公司辦理前揭案件應依第22-1條規定辦理。

(2) **適用條件**：依規定辦理競價拍賣之承銷案件，除公營事業及其他法令另有規定者外，其對外公開銷售部分應依下列規定辦理：

一、股票初次上市、上櫃案件、股票申請創新板初次上市案件，得全數辦理競價拍賣，或部分競價拍賣部分公開申購配售，惟公開申購配售部分不得超過對外公開銷售股數之百分之二十。

二、轉（交）換公司債、分離型附認股權特別股與分離型附認股權公司債其分離後之認股權及已上市、上櫃公司辦理現金增資全數提出承銷案件，應全數辦理競價拍賣。

三、附認股權公司債、公開招募案件得全數辦理競價拍賣，或部分競價拍賣部分公開申購配售。

四、創新板上市公司轉列上市、上櫃公司之承銷案件，應以部分競價拍賣部分公開申購配售，並應提撥對外公開銷售股數之百分之二十辦理公開申購配售。

2. **詢價圈購**：

(1) **適用原則**：以已發行股票或現金增資發行新股辦理股票初次上市、上櫃前之承銷案件，如未採競價拍賣辦理承銷者，應同時以詢價圈購及公開申購配售方式辦理承銷。但公營事業、依證交所「有價證券上市審查準則」第 6 條、第 6-1 條或櫃買中心「參與公共建設之民間機構申請股票上櫃之補充規定」及其他法令規定申請股票初次上市、上櫃者不在此限。

(2) **適用條件**：下列承銷案件，得以對外公開銷售部分全數辦理詢價圈購或部分詢價圈購部分公開申購配售方式辦理：

A. 已上市、上櫃公司辦理現金增資發行特別股。

B. 分離型附認股權特別股。

C. 分離型附認股權公司債。

D. 募集公司債及金融債券。

E. 募集臺灣存託憑證。

F. 公開招募案件。

3. **公開申購配售**：

(1) **適用原則**：申購人就每一種有價證券之公開申購僅能選擇一家經紀商辦理申購，不得重複申購，且每一申購人限申購一銷售單位。

(2) **適用條件**（自律規則 §6）：承銷商輔導上市（櫃）公司辦理現金增資發行普通股如採公開申購配售辦理承銷，其發行價格之訂定，於向金管會申報案件及除權交易日前五個營業日，皆不得低於其前一、三、五個營業日擇一計算之普通股收盤價簡單算術平均數扣除無償配股除權（或減資除權）及除息後平均股價之七成。

4. **洽商銷售**：

(1) **適用原則**：證券承銷商洽商銷售有價證券，應於承銷期間內為之。證券承銷商以洽商銷售辦理承銷，應於認購人認購前交付公開說明書。

(2) **適用條件**：採洽商銷售之承銷案件，除經證券主管機關核准者外，每一認購人認購數量規定如下：

A. 普通公司債、未涉及股權之金融債券每一認購人認購數量不得超過該次承銷總數之百分之五十，惟認購人為保險公司且認購做為投資型保險商品所連結投資標的者不在此限；認購人僅限櫃檯買賣中心外幣計價國際債券管理規則所定之專業投資人者每一認購人認購數量不得超過該次承銷總數之百分之八十，惟認購人為政府基金者，不在此限。

B. 分離型附認股權公司債其分離後之公司債承銷案件每一認購人認購數量不得超過該次承銷總數之百分之五十。

C. 不動產資產信託受益證券、受託機構公開招募受益證券或特殊目的公司公開招募資產基礎證券承銷案件每一認購人認購數量不得超過該次承銷總數之百分之二十，但持有人為獨立專業投資者，不在此限。

D. 認購（售）權證、指數投資證券、附認股權公司債案件每一認購人認購數量不得超過該次承銷總數之百分之十。

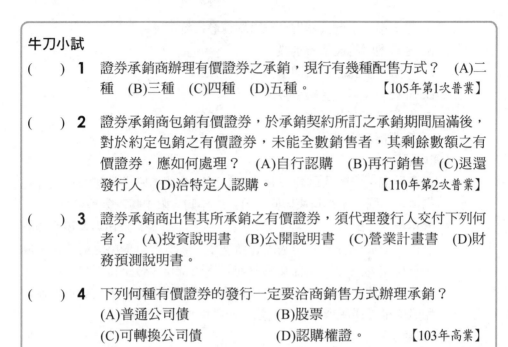

牛刀小試

( ) **1** 證券承銷商辦理有價證券之承銷,現行有幾種配售方式? (A)二種 (B)三種 (C)四種 (D)五種。 【105年第1次普業】

( ) **2** 證券承銷商包銷有價證券,於承銷契約所訂之承銷期間屆滿後,對於約定包銷之有價證券,未能全數銷售者,其剩餘數額之有價證券,應如何處理? (A)自行認購 (B)再行銷售 (C)退還發行人 (D)洽特定人認購。 【110年第2次普業】

( ) **3** 證券承銷商出售其所承銷之有價證券,須代理發行人交付下列何者? (A)投資說明書 (B)公開說明書 (C)營業計畫書 (D)財務預測說明書。

( ) **4** 下列何種有價證券的發行一定要洽商銷售方式辦理承銷?
(A)普通公司債 (B)股票
(C)可轉換公司債 (D)認購權證。 【103年高業】

( ) **5** 證券商受理公開申購配售時,下列敘述何者為真? (A)每件處理費新臺幣二十元 (B)每一申購人限申購一銷售單位 (C)每一種有價證券之公開申購,申購人僅能選擇一家經紀商辦理申購 (D)以上皆正確。

解答與解析

1 (C)。證券承銷商除依前條先行保留自行認購部分外,辦理有價證券之承銷,其配售以下列方式為之:一、競價拍賣。二、詢價圈購。三、公開申購配售。四、洽商銷售。

2 (A)。「證券交易法」第71條:證券承銷商包銷有價證券,於承銷契約所訂之承銷期間屆滿後,對於約定包銷之有價證券,未能全數銷售者,其膡餘數額之有價證券,應自行認購之。

3 (B)。證券交易法79條規定,證券承銷商出售其所承銷之有價證券,應依第31條第1項之規定,代理發行人交付公開說明書。

4 (D)。發行人發行認購(售)權證處理準則第13條,認購權證的發行一定要洽商銷售方式辦理承銷。

5 (D)。申購人就每一種有價證券之公開申購僅能選擇一家經紀商辦理申購，不得重複申購，且每一申購人限申購一銷售單位。每件處理費新臺幣二十元。

三、證券自營商

(一)**資格**（證交法§83）：

證券自營商得為公司股份之認股人或公司債之應募人。

(二)**限制**（證交所營業細則§96、97、99，證券商管理規則§19）：

1. 證券自營商不得直接或間接受他人之委託在本公司市場買賣證券。

2. 證券自營商除得為公司股份之認股人或公司債之應募人外，其自行買賣上市證券限於在本公司市場為之，除經主管機關許可者外，不得委託證券經紀商代為買賣。

3. 證券自營商為發行認購（售）權證或衍生性金融商品交易之避險需要、為擔任認購（售）權證之流動量提供者、為擔任指數股票型基金受益憑證之流動量提供者、為申購或買回指數股票型基金受益憑證而買賣有價證券，應另設專戶買賣申報。

4. 證券商除由金融機構兼營者依有關法令規定外，其經營自行買賣有價證券業務者，應依下列規定辦理：

   (1) 持有任一本國公司股份之總額不得超過該公司已發行股份總額之百分之十；持有任一本國公司所發行有價證券之成本總額，並不得超過該證券商淨值之百分之二十。

   (2) 持有任一外國公司股份之總額，不得超過該公司已發行股份總額之百分之五；持有任一外國公司所發行有價證券之成本總額，不得超過該證券商淨值之百分之二十，但涉及股權性質有價證券之成本總額，不得超過該證券商淨值之百分之十。

   (3) 持有單一關係人所發行股權性質有價證券之投資成本總額，不得超過證券商淨值之百分之五；持有所有關係人所發行股權性質有價證券之投資成本總額，不得超過該證券商淨值之百分之十。但辦理認購（售）權證及於營業處所經營衍生性金融商品交易業務之履約與避險操作，以及指數股票型證券投資信託基金之受益憑證及該受益憑證所表彰股票組合之避險者，不在此限。

(4) 持有單一證券商所發行普通公司債之投資成本總額，不得超過該證券商淨值之百分之五；持有所有證券商所發行普通公司債之投資成本總額，不得超過該證券商淨值之百分之十。

牛刀小試

(　　)　　證券自營商主要從事何種業務？　(A)自行買賣有價證券　(B)受他人委託買賣證券　(C)包銷公司所發行之證券　(D)代理證券結算交割。

解答與解析

(A)。(A)證券自營商主要從事自行買賣有價證券業務。正確。(B)受他人委託買賣證券者為證券經紀商。錯誤。(C)包銷公司所發行之證券者為證券承銷商。錯誤。(D)代理證券結算交割主要係證券經紀商。錯誤。

四、證券經紀商

(一)**定義**（證交法§85，買賣有價證券業務規則§46-6）：證券經紀商受託於證券集中交易市場，買賣有價證券，其向委託人收取手續費之費率，由證券交易所申報主管機關核定之。

證券商總分公司得以自己名義各開立二個綜合交易帳戶，分別接受本國委託人及外國委託人（含華僑及外國人）買賣有價證券。但大陸地區委託人不得使用綜合交易帳戶。

(二)**受託買賣之限制**（證交法§159、160，證交所營業細則§28）：

1. **全權委託之禁止**：證券經紀商不得接受對有價證券買賣代為決定種類、數量、價格或買入、賣出之全權委託。

2. **委託場所之限定**：證券經紀商不得於其本公司或分支機構以外之場所，接受有價證券買賣之委託。

3. **自有資金投資之限制**：證券經紀商未經主管機關許可，不得以其自有資金投資非上市有價證券；以自有資金投資上市有價證券者，其投資額度不得超逾主管機關之規定。證券經紀商自有資本適足比率低於百分之一百時，其自有資金不得買入上市（櫃）股票，僅得為賣出交易之處置。

證券經紀商不得以其自有資金或證券，或向他人借入資金或證券而為其委託人買賣證券辦理交割，但本公司另有規定者，不在此限。

(三)**受理開戶之程序**（證券商管理規則§35，證交所營業細則§76）：

1. **評估客戶投資能力**：證券商受託買賣有價證券，應依據前條之資料及往來狀況評估客戶投資能力；客戶之委託經評估其信用狀況如有逾越其投資能力，除提供適當之擔保者外，得拒絕受託買賣。

2. **拒絕開戶的情形**：證券經紀商發現委託人有下列各款情事之一者，應拒絕接受開戶，已開戶者應拒絕接受委託買賣或申購有價證券：

   (1) 無行為能力人或限制行為能力人未經法定代理人之代理者。

   (2) 主管機關之證券期貨局員工未檢具其機關同意書者。

   (3) 本公司員工未檢具本公司同意書者。

   (4) 受破產之宣告未經復權者。

   (5) 受監護宣告未經撤銷者。但監護人為受監護人之利益而處分有價證券者，不在此限。

   (6) 受輔助宣告未經撤銷者。但受輔助宣告之人經輔助人同意或法院許可者，不在此限。

   (7) 法人委託開戶未能提出該法人授權開戶之證明者。

   (8) 證券自營商未經主管機關許可者。

   (9) 委託證券商之董事、監察人及受僱人，代理或代表其在該證券商開戶。

   (10)委託人申請將原開立之全權委託投資帳戶，轉換為自行買賣之委託買賣帳戶者。

(四)**限價委託**（證交所營業細則§79）：所謂限價委託，是指投資者要求經紀商在執行委託指令時必須按限定的價格或比限定價格更有利的價格買賣證券，投資者向券商發出買賣某種股票的指令時，投資者不反對買賣的數量作出限定，而且對買賣的價格作出限定，即在買入股票時，限定一個最高價，只允許券商按其規定的最高價或低於最高價的價格成交；在賣出股票時，限定一個最低價，只允許券商按其規定的最低價或高於最低價的價格成交。即必須以限定價格或低於限定價格買進證券，以限定價格或高於限定價格賣出證券。

(五)**委託書之保存**（證交法§87，受託契約準則§7，營業細則§75）：

1. 證券經紀商應備置有價證券購買及出售之委託書，以供委託人使用。

2. 證券經紀商接受委託時，應依據委託書所載委託事項及其編號順序執行之。

3. 若買賣有爭議時,應保留至爭議消除為止,若無爭議則依下列規定保存:
　(1) 未成交者,一週後自行銷毀;惟以書面方式填具委託書者,應加蓋未成交戳記。
　(2) 成交者,若無爭議應併同其他業務憑證保存五年。

(六) **買賣報告書之保存**(證券商管理規則§42、29-1):
　1. 證券商受託買賣有價證券,應於客戶成交後,製作買賣報告書,交由客戶簽章。但金融機構兼營之證券商,對客戶買賣證券價款之收付,因客戶設有存款專戶可資查對者,得免製作買賣報告書。
　2. 買賣報告書保存期限不得少於五年。

(七) **設立專用活儲帳戶**(證券商管理規則§38):證券商受託買賣有價證券,應於銀行設立專用之存款帳戶辦理對客戶交割款項之收付,該帳戶款項不得流用。

(八) **交割時間**(受託契約準則§12):
　1. **普通交割之買賣委託**:證券經紀商接受普通交割之買賣委託,應於委辦時,或成交日後第二營業日上午十時前,向委託人收取買進證券之價金或賣出之證券。
　2. **信用交割之買賣委託**:證券經紀商接受信用交易之買賣委託,應於成交日後第二營業日上午十時前,向委託人依規定收取融資自備價款或融券保證金。

(九) **違約及違約金規定**(證交所營業細則§91,受託契約準則§19):
　1. 委託人不如期履行交割義務,即為違約,證券經紀商應依規定申報違約,並同時通知委託人。
　2. 委託人不按期履行交割代價或交割證券者,即為違約,受託證券經紀商應依規定申報違約,並代辦交割手續,證券經紀商得以相當成交金額之百分之七為上限收取違約金。
　3. 全權委託投資帳戶之受任人不如期履行其因越權交易所應負之履行責任者,證券經紀商得向該受任人收取相當成交金額百分之二之違約金。

牛刀小試

( ) 1 證券經紀商所扮演的角色為: (A)對新發行的證券提供評估的價格 (B)根據其本身持有特定證券的部位進行買賣造市 (C)受理委託執行買賣雙方之間的交易 (D)以本身的帳戶來買賣證券。

(　) **2** 客戶何種委託買賣方式，證券經紀商不得受理？　(A)全權決定
選擇證券種類　(B)全權決定買賣數量　(C)全權決定買賣價格
(D)選項ABC不得受理。　　　　　　　　　　　　　　【102年普業】

(　) **3** 證券經紀商對委託人帳戶，所編製對帳單應多久編製一次？
(A)每日　(B)每週　(C)每月　(D)每季。

解答與解析

1 (C)。證券經紀商所扮演的角色為受理委託執行買賣雙方之間的交易。

2 (D)。證券交易法第159條規定，證券經紀商不得接受對有價證券買賣代
為決定種類、數量、價格或買入、賣出之全權委託。

3 (C)。證券交易法第86條，證券經紀商對委託人帳戶，所編製對帳單應每
月編製一次。證券經紀商受託買賣有價證券，應於成交時作成買賣報告
書交付委託人，並應於每月底編製對帳單分送各委託人。

五、證券商合併

(一) **申請合併資格**（證券商管理規則§46）：

證券商申請合併應具備下列條件：

1. 合併前六個月之自有資本適足比率，均達百分之二百以上。

2. 申請前一個月之擬制性合併自有資本適足比率，應達百分之二百。

3. 最近六個月未曾受本會依本法第 66 條第 2 款至第 4 款、期貨交易法第
100 條第 1 項第 2 款至第 4 款或證券投資信託及顧問法第 103 條第 2 款
至第 5 款規定之處分者。

4. 最近一年證券交易所及證券櫃檯買賣中心對其總、分公司內部控制執行
情形所為內部稽核之查核，其評分結果情況良好達本會規定標準者。

證券商申請合併，如有未符合前項規定者，本會得基於促進證券市場健全
發展及提昇證券商競爭力等綜合考量，予以專案核准。

(二) **專案審查**（證券商管理規則§48）：合併後存續之證券商為上市或上櫃證券商
者，應於合併後六個月內委託會計師專案審查其內部控制制度，並取具三
份專案審查報告，分別送交證券交易所或證券櫃檯買賣中心審查後報金融
監督管理委員會備查。

牛刀小試

(　) **1** 證券商申請合併其他證券商者，申請前一個月之擬制性合併自有資本適足比率，應達多少比例？　(A)百分之五十　(B)百分之百　(C)百分之二百　(D)百分之十。　【101年投信投顧】

(　) **2** 證券商申請合併其他證券商，合併前六個月之自有資本適足比率應達多少比例？　(A)百分之五十　(B)百分之百　(C)百分之一百五十　(D)百分之二百。

解答與解析

1 (C)。證券商管理規則第46條規定，證券商申請前一個月之擬制性合併自有資本適足比率，應達百分之二百。

2 (D)。根據「證券商管理規則」第46條：證券商申請合併應具備合併前六個月之自有資本適足比率，均達百分之二百以上之條件。

六、證券商同業公會

(一) **加入公會始得開業**（證交法§89）：證券商非加入同業公會，不得開業。

(二) **主管機關對公會之管理**（證交法§90～92）：

1. 證券商同業公會章程之主要內容，及其業務之指導與監督，由主管機關以命令定之。

2. 主管機關為保障有價證券買賣之公正，或保護投資人，必要時得命令證券商同業公會變更其章程、規則、決議或提供參考、報告之資料，或為其他一定之行為。

3. 證券商同業公會之理事、監事有違反法令怠於實施該會章程、規則，濫用職權，或違背誠實信用原則之行為者，主管機關得予糾正，或命令證券商同業公會予以解任。

牛刀小試

(　)　　對從事有價證券之承銷、自行買賣及經紀業務之自律規則，係由下列何者單位負責擬定？　(A)證券商業同業公會　(B)臺灣證券交易所　(C)證券櫃檯買賣中心　(D)臺灣集中保管結算所。　【107年普業】

解答與解析

(A)。對從事有價證券之承銷、自行買賣及經紀業務之自律規則，係由證券商業同業公會負責擬定。

七、證券商財務及業務規範

(一)**財務規範**（證券商管理規則§13、14、16、63，證券所營業細則§28-1）：

1. **負債總額之限額**：證券商除有特殊需要經專案核准者或由金融機構兼營者另依有關法令規定辦理外，其對外負債總額不得超過其淨值之六倍。其流動負債總額不得超過其流動資產總額。但經營受託買賣有價證券或自行買賣有價證券業務，除本會另有規定者外，其對外負債總額不得超過其淨值。

2. **不動產投資限額**：證券商除由金融機構兼營者另依銀行法規定外，不得購置非營業用之不動產；其營業用之不動產及設備總額及非營業用不動產總額合計不得超過其資產總額百分之六十。

3. **當日買賣限額**：證券商當日輸入委託或自行買賣申請總金額超逾其可動用資金淨額二十倍者，證券交易所得即停止其輸入買賣申報。證券商淨值低於實收資本額而高於其二分之一者，前項倍數得調整為十倍，淨值低於實收資本額二分之一者，得調整為五倍，連續三個月低於實收資本額二分之一者，得調整為二倍。證券商以減資而提高淨值占實收資本額比例者，須連續三個月維持欲恢復受託買賣倍數之規定條件，始得依上開規定調整其倍數。

4. **強制提列公積**：證券商除由金融機構兼營者另依有關法令規定外，已發行有價證券者，應依規定，於每年稅後盈餘項下，提存百分之二十特別盈餘公積。但金額累積已達實收資本額者，得免繼續提存。未依本法發行有價證券者，應於每年稅後盈餘項下，提存百分之二十特別盈餘公積。但金額累積已達實收資本額者，得免繼續提存。前二項比例，本會得因業務需要，規定增加或減少之。前三項特別盈餘公積，除填補公司虧損，或特別盈餘公積累積已達實收資本百分之二十五，得以超過實收資本額百分之二十五之部分撥充資本者外，不得使用之。

5. **資本適足申報**：證券商除由金融機構兼營及經本會核准免適用本章規定之外國證券商外，應依其適用之計算方式每月填製證券商自有資本適足明細申報表，並於次月十日前，依規定之方式申報。

(二) 業務規範（證券商管理規則§4、10、19-1～19-4、41、53）：

1. **經營衍生性金融商品之規範：**

   (1) **資格限制：**

   A. 於其營業處所經營，應依櫃檯買賣中心規定辦理。

   B. 須為同時經營證券經紀、承銷及自營業務之證券商。

   C. 最近期經會計師查核或核閱之財務報告淨值不低於實收資本額。

   D. 最近六個月每月申報之自有資本適足比率均須符合本會規定。

   (2) **申報規定：**

   A. 證券商經營衍生性外匯商品交易業務，應於每月營業終了後五個營業日內向外匯主管機關及證券櫃檯買賣中心申報營業月報表。

   B. 證券商經營連結國外金融商品之結構型商品交易業務，應於每月營業終了後五個營業日內向外匯主管機關及證券櫃檯買賣中心申報連結國外金融商品之結構型商品交易業務之營業月報表。

2. **證券商申報規範：**

   (1) **事先申報：**

   證券商經本會核准之投資事項有下列情事之一者，應檢具事由及相關資料向本會申報：

   A. 營業項目或重大營運政策變更。

   B. 證券商或其海外子公司原持有股份比率變動。

   C. 解散或停止營業。

   D. 變更機構名稱。

   E. 與其他金融機構合併、讓與或受讓全部或重要部分之資產或營業。

   F. 發生重整、清算或破產之情事。

   G. 已發生或可預見之重大虧損案件。

   H. 重大違規案件或海外地區主管機關撤銷或廢止其營業許可。

   I. 其他重大事件。

   (2) **知悉後五日內申報：**

   下列事項證券商應於知悉或事實發生之日起五個營業日內申報：

   A. 證券商或其董事、監察人及受僱人因經營或從事證券業務，發生訴訟、仲裁或為強制執行之債務人，或證券商為破產人、有銀行退票或拒絕往來之情事。

   B. 董事、監察人及經理人有本法第53條所定之情事。

　　C. 董事、監察人及受僱人，有違反本法或本會依照本法所發布之命
　　　令之行為。

(3) **次月彙總申報**：董事、監察人、經理人及持有公司股份超過百分之
　　十之股東，持有股份變動。證券商應於次月十五日以前彙總申報。

(4) **知悉後三日內申報**：下列事項證券商應於知悉或事實發生之日起三
　　個營業日內申報：

　　A. 已發生或可預見之重大虧損案件。

　　B. 重大違規案件或海外地區主管機關撤銷或廢止其營業許可。

　　C. 其他重大事件。

3. **交割結算基金提存**：

(1) **繳交交割結算基本基金**：證券商經營在集中交易市場受託買賣有價
　　證券業務者，依下列規定，向證券交易所繳存交割結算基金：

　　A. 開始營業前，應繳基本金額新臺幣一千五百萬元，並於開始營業
　　　後，按受託買賣上市有價證券成交淨收淨付金額一定比率，於每
　　　季終了後十日內繼續繳存至當年底，其比率由本會另訂之。

　　B. 開業次一年起，其原繳之基本金額減為新臺幣三百五十萬元，並
　　　逐年按前一年受託買賣上市有價證券成交淨收淨付金額依前揭比
　　　率併計，於每年一月底前就已繳存基金不足或多餘部分向證券交
　　　易所繳存或領回。

(2) **繳交買賣交割結算基金**：證券商經營在集
　　中交易市場自行買賣有價證券業務者，於
　　開始營業前，應一次向證券交易所繳存交
　　割結算基金新臺幣五百萬元。

(3) **增設分支機構繳交割結算基金**：證券商每
　　增設一國內分支機構，應於開業前，向證
　　券交易所一次繳存交割結算基金新臺幣
　　三百萬元，但自開業次一年起，其原繳之
　　金額減為新臺幣五十萬元。

4. **繳存給付結算基金**：證券商經營在其營業處所
　　受託及自行買賣有價證券業務者，向證券櫃
　　檯買賣中心繳存之給付結算基金，應依證券櫃
　　檯買賣中心之相關規定辦理。

> **考點速攻**
>
> 1. 會員制證券交易所，
>   除左列各款外，非經
>   主管機關核准，不得
>   以任何方法運用交割
>   結算基金：
>   (1)政府債券之買進。
>   (2)銀行存款或郵政
>   　 儲蓄。
> 2. 證券商繳存之交割結
>   算基金為共同責任
>   制，並設置基金特別
>   管理委員會。

牛刀小試

（　　）**1** 我國現行交割結算基金係採何種制度？　(A)個別責任制　(B)共同責任制　(C)折衷制　(D)兼採個別責任與共同責任制。

（　　）**2** 下列何者非證券商經營衍生性金融商品交易業務，應符合之資格條件？　(A)於其營業處所經營，應依櫃檯買賣中心規定辦理　(B)最近期經會計師查核之財務報告淨值不低於實收資本額　(C)最近3個月每月申報之自有資本適足比率符合金融監督管理委員會規定　(D)同時經營證券經紀、承銷及自營業務。　　　　　　　　　　　　　　　　【111年第1次普業】

解答與解析

1 (B)。證券商管理規則第10條規定，證券商繳存之交割結算基金為共同責任制，並設置基金特別管理委員會；其管理辦法由證券交易所洽商證券商業同業公會擬訂，函報本會核定；修正時亦同。

2 (C)。根據「證券商管理規則」第19-3條，(C)應是最近六個月每月申報之自有資本適足比率符合金融監督管理委員會規定。

八、證券商內部人員規範

(一)主管與負責人資格（公司法§8，人員管理規則§2、4、11-2）：

1. 公司負責人在股份有限公司為董事。
2. 證券商之主管及分支機構負責人、擔任受託買賣與結算交割部門之主管，除由金融機構兼營者，應具高級業務員資格條件。
3. 證券商之負責人或其配偶有擔任公開發行公司之董事、監察人、經理人或為持有已發行股份總數百分之五以上股份之股東者，於證券商從事與該公開發行公司有關業務時，不得參與決策之訂定。持有之股份，包括其配偶、未成年子女及利用他人名義持有者。

(二)董事監及經理人資格（證交法§53）：

1. 有下列情事之一者，不得充任證券商之董事、監察人或經理人；其已充任者，解任之，並由主管機關函請經濟部撤銷其董事、監察人或經理人登記：

(1) 有公司法第30條各款情事之一者。

(2) 曾任法人宣告破產時之董事、監察人、經理人或其他地位相等之人，其破產終結未滿三年或調協未履行者。

(3) 最近三年內在金融機構有拒絕往來或喪失債信之紀錄者。

(4) 依本法之規定，受罰金以上刑之宣告，執行完畢、緩刑期滿或赦免後未滿三年者。

(5) 違反證券商之董事、監察人及經理人，不得兼任其他證券商之任何職務之規定。

(6) 受解除職務之處分，未滿三年者。

2. 證券商之董事、監察人及經理人，不得兼任其他證券商之任何職務。但因投資關係，並經主管機關核准者，得兼任被投資證券商之董事或監察人。

(三) **主管與負責人資格**（證交法§54）：證券商僱用對於有價證券營業行為直接有關之業務人員，應成年，並具備有關法令所規定之資格條件，且無下列各款情事之一：

1. 受破產之宣告尚未復權、受監護宣告或受輔助宣告尚未撤銷。

2. 兼任其他證券商之職務。但因投資關係，並經主管機關核准兼任被投資證券商之董事或監察人者，不在此限。

3. 曾犯詐欺、背信罪或違反工商管理法律，受有期徒刑以上刑之宣告，執行完畢、緩刑期滿或赦免後未滿三年。

4. 有證交法第 53 條第 2 款至第 4 款或第 6 款情事之一。

5. 違反主管機關依本法所發布之命令。

(四) **負責人及業務人員異動**（人員管理規則§13）：證券商負責人及業務人員有異動者，證券商應於異動後五日內依下列規定，向證券交易所、證券商業同業公會或證券櫃檯買賣中心申報登記。

牛刀小試

(　　) **1** 證券商之董事、監察人及經理人發生不得擔任董事、監察人與經理人之消極資格情事時：
(A)應立即向證券主管機關申報
(B)該券商應於知悉或事實發生之日起五個營業日內申報
(C)應於知悉或事實發生之日起十五日內申報
(D)應於次月五日前申報。　　　　　　　　　　【107年普業】

(　　) **2** 依證券交易法規定，受罰金以上刑之宣告者，其執行完畢、緩刑期滿或赦免未滿幾年者，不得充任證券商之董事、監察人或經理人？　(A)一年　(B)三年　(C)五年　(D)七年。

解答與解析

1 (B)。證券商管理規則第4條規定，證券商之董事、監察人及經理人發生不得擔任董事、監察人與經理人之消極資格情事時，該證券商應於知悉或事實發生之日起五個營業日內申報。

2 (B)。證券交易法第53條規定：「有左列情事之一者，不得充任證券商之董事、監察人或經理人；其已充任者，解任之，並由主管機關函請經濟部撤銷其董事、監察人或經理人登記：一、有公司法第三十條各款情事之一者。二、曾任法人宣告破產時之董事、監察人、經理人或其他地位相等之人，其破產終結未滿三年或調協未履行者。三、最近三年內在金融機構有拒絕往來或喪失債信之紀錄者。四、依本法之規定，受罰金以上刑之宣告，執行完畢、緩刑期滿或赦免後未滿三年者。……」

九、證券商禁止規範

(一)**證券商禁止業務之範圍**（證交法§60）：證券商非經主管機關核准，不得為下列之業務：

1. 有價證券買賣之融資或融券。
2. 有價證券買賣融資融券之代理。
3. 有價證券之借貸或為有價證券借貸之代理或居間。
4. 因證券業務借貸款項或為借貸款項之代理或居間。
5. 因證券業務受客戶委託保管及運用其款項。

(二)**證券商或其分支機構禁止行為**（證交所營業細則§89）：

證券商或其分支機構不得為下列行為：

1. 以全部或一部相同之上市證券之買入委託與賣出委託在場外私相抵算。
2. 與他證券商相互間在場外為對敲買賣。
3. 未經主管機關許可買賣非在本公司上市之證券。

(三)**兼營禁止**（證交法§45）：證券商應依規定，分別依其種類經營證券業務，不得經營其本身以外之業務。但經主管機關核准者，不在此限。證券商不得由他業兼營。但金融機構得經主管機關之許可，兼營證券業務。

(四)**證券商負責人及業務人員禁止行為**（人員管理規則§18）：證券商負責人及業務人員執行業務應本誠實及信用原則。證券商之負責人及業務人員，除其他法令另有規定外，不得有下列行為：

1. 為獲取投機利益之目的，以職務上所知悉之消息，從事上市或上櫃有價證券買賣之交易活動。

2. 非應依法令所為之查詢，洩漏客戶委託事項及其他職務上所獲悉之秘密。

3. 受理客戶對買賣有價證券之種類、數量、價格及買進或賣出之全權委託。

4. 對客戶作贏利之保證或分享利益之證券買賣。

5. 約定與客戶共同承擔買賣有價證券之交易損益，而從事證券買賣。

6. 接受客戶委託買賣有價證券時，同時以自己之計算為買入或賣出之相對行為。

7. 利用客戶名義或帳戶，申購、買賣有價證券。

8. 以他人或親屬名義供客戶申購、買賣有價證券。

9. 與客戶有借貸款項、有價證券或為借貸款項、有價證券之媒介情事。

10. 辦理承銷、自行或受託買賣有價證券時，有隱瞞、詐欺或其他足以致人誤信之行為。

11. 挪用或代客戶保管有價證券、款項、印鑑或存摺。

12. 受理未經辦妥受託契約之客戶，買賣有價證券。

13. 未依據客戶委託事項及條件，執行有價證券之買賣。

14. 向客戶或不特定多數人提供某種有價證券將上漲或下跌之判斷，以勸誘買賣。

15. 向不特定多數人推介買賣特定之股票。但因承銷有價證券所需者，不在此限。

16. 接受客戶以同一或不同帳戶為同種有價證券買進與賣出或賣出與買進相抵之交割。但依法令辦理信用交易資券相抵交割及接受客戶以同一帳戶於同一營業日為現款買進有價證券成交後，以現券賣出同種類有價證券，就相同數量部分相抵交割者，不在此限。

17. 代理他人開戶、申購、買賣或交割有價證券。但為委託人之法定代理人，不在此限。

18. 受理本公司之董事、監察人、受僱人代理他人開戶、申購、買賣或交割有價證券。

19. 受理非本人開戶。但本會另有規定者，不在此限。

20. 受理非本人或未具客戶委任書之代理人申購、買賣或交割有價證券。但證券商依其與客戶及證券投資顧問事業共同簽訂之三方契約，接受證券投資顧問事業由電腦系統自動為客戶執行自動再平衡交易者，不在此限。

21. 知悉客戶有利用公開發行公司尚未公開而對其股票價格有重大影響之消息或有操縱市場行為之意圖，仍接受委託買賣。

22. 辦理有價證券承銷業務之人員與發行公司或其相關人員間有獲取不當利益之約定。

23. 招攬、媒介、促銷未經核准之有價證券或其衍生性商品。

24. 其他違反證券管理法令或經本會規定不得為之行為。

牛刀小試

（　　）1 下列交易行為何者為證券商或其分支機構所禁止？
　　(A)以全部或部分相同之上市證券之買入委託與賣出委託在場外私相抵算
　　(B)與他證券商相互在場外為對敲之買賣
　　(C)未經主管機關許可買賣未上市股票
　　(D)選項(A)(B)(C)皆是。

（　　）2 證券商經核准可經營之業務不包括？
　　(A)有價證券之融資或融券
　　(B)有價證券之借貸或其代理或居間
　　(C)有價證券之印製與交付
　　(D)因證券業務受客戶委託保管及運用其款項。

解答與解析

1 **(D)**。臺灣證券交易所股份有限公司營業細則第89條，證券商或其分支機構不得為下列行為：
　(1) 以全部或一部相同之上市證券之買入委託與賣出委託在場外私相抵算。
　(2) 與他證券商相互間在場外為對敲買賣。
　(3) 未經主管機關許可買賣非在本公司上市之證券。

2 **(C)**。有價證券之印製與交付係由發行公司為之。

重點**4** 證券交易所 ✦

一、證券交易所組織

證券交易所，謂依本法之規定，設置場所及設備，以供給有價證券集中交易市場為目的之法人。證券交易所之設立，應於登記前先經主管機關之特許或許可，證券交易所之組織分會員制及公司制，分述如下：

(一)**會員制**（證交法§11、93、103、104、113、115、116、122、153、154）：

1. **組織**：會員制證券交易所，為非以營利為目的之社團法人，除依本法規定外，適用民法之規定。

2. **資格**：證券交易所之會員，以證券自營商及證券經紀商為限。

3. **人數**：會員制證券交易所之會員，不得少於七人。

4. **董監事及經理人**：

(1) 會員制證券交易所至少應置董事三人，監事一人，依章程之規定，由會員選任之。但董事中至少應有三分之一，監事至少應有一人就非會員之有關專家中選任之。

(2) 董事、監事之任期均為三年，連選得連任。

(3) 董事應組織董事會，由董事過半數之同意，就非會員董事中選任一人為董事長。

(4) 董事長應為專任。但交易所設有其他全權主持業務之經理人者，不在此限。

(5) 會員制證券交易所之董事、監事或經理人，不得為他證券交易所之董事、監事、監察人或經理人。

(6) 會員制證券交易所之會員董事或監事之代表人，不得為自己用任何名義自行或委託他人在證券交易所買賣有價證券。

(7) 會員制證券交易所之會員董事或監事之代表人，不得對該證券交易所之會員供給資金，分擔盈虧或發生營業上之利害關係。

5. **解散事由**：

(1) 會員制證券交易所因左列事由之一而解散：

A. 章程所定解散事由之發生。　　B. 會員大會之決議。

C. 會員不滿七人時。　　D. 破產。

E. 證券交易所設立許可之撤銷。

(2) 會員大會之決議解散，非經主管機關核准，不生效力。

6. **優先受償**：證券交易所之會員或證券經紀商、
   證券自營商在證券交易所市場買賣證券，買
   賣一方不履行交付義務時，證券交易所應指
   定其他會員或證券經紀商或證券自營商代為
   交付。其因此所生價金差額及一切費用，證
   券交易所應先動用交割結算基金代償之；如

有不足，再由證券交易所代為支付，均向不履行交割之一方追償之。
因有價證券集中交易市場買賣所生之債權，就交割結算基金有優先受
償之權，其順序如下：

(1) 證券交易所。

(2) 委託人。

(3) 證券經紀商、證券自營商。

(二) **公司制**（證交法§124～126、128～130、132）：

1. **組織**：公司制證券交易所之組織，以股份有限公司為限。存續期間，
   不得逾十年。但得視當地證券交易發展情形，於期滿三個月前，呈請
   主管機關核准延長之。

2. **股票發行規範**：公司制證券交易所不得發行無記名股票；其股份轉讓
   之對象，以依證券交易法許可設立之證券商為限。每一證券商得持有
   證券交易所股份之比率，由主管機關定之。

3. **內部人員規範**：證券商之董事、監察人、股東或受僱人不得為公司制
   證券交易所之經理人。公司制證券交易所之董事、監察人至少應有三
   分之一，由主管機關指派非股東之有關專家任之。

4. **供給使用契約簽訂**：在公司制證券交易所交易之證券經紀商或證券自
   營商，應由交易所與其訂立供給使用有價證券集中交易市場之契約，
   並檢同有關資料，申報主管機關核備。所訂之契約，除因契約所訂事
   項終止外，因契約當事人一方之解散或證券自營商、證券經紀商業務
   特許之撤銷或歇業而終止。

5. **繳存交割結算基金及繳付證券交易經手費**：公司制證券交易所於其供給
   使用有價證券集中交易市場之契約內，應訂立由證券自營商或證券經
   紀商繳存交割結算基金，及繳付證券交易經手費。前項交割結算基金
   金額標準，由主管機關以命令定之。

二、證券交易所營業規定

(一)**交易時間**（證交所營業細則§3）：證券交易所有價證券集中交易市場，除另有規定外，其交易時間為上午九時至下午一時三十分。但本公司認為必要時，或應證券商業同業公會之建議，得報請主管機關變更之。

(二)**交易種類**（證交所營業細則§57）：有價證券之買賣，分下列三種：

  1. **普通交割之買賣**：普通交割之買賣於成交日後第二營業日辦理交割。

  2. **成交日交割之買賣**：成交日交割之買賣，應經買賣雙方以書面表示，於當日辦理交割。

  3. **特約日交割之買賣**：特約日交割之買賣，其辦法由本公司擬訂，報請主管機關核定後實施。

(三)**交易資格**（證交法§151）：於有價證券集中交易市場為買賣者，在會員制證券交易所限於會員；在公司制證券交易所限於訂有使用有價證券集中交易市場契約之證券自營商或證券經紀商。

(四)**買賣申報**（證交所營業細則§58、60、61）：

  1. **電腦自動交易申報**：

    (1) 電腦自動交易之買賣申報，限當市有效。除另有規定外，得自市場交易時間開始前之三十分鐘起輸入。

    (2) 證券經紀商應輸入之前項委託書編號，應依委託先後依序編定；證券自營商之買賣申報編號，應依申報先後依序編定之。

    (3) 買賣申報價格得在證券每日市價升降幅度之規定限度內為之。

    (4) 證交所開市（即交易時間開始）前之三十分鐘及收市（即交易時間結束）前一段時間，即時揭示試算成交價格與數量及試算未成交之最高五檔買進及最低五檔賣出申報價格與數量；另交易時間內即時揭示成交價格與數量，及未成交之最高五檔買進及最低五檔賣出申報價格與數量。

    (5) 證券商申請變更當日有效買賣申報時，除下列情形外，應先撤銷原買賣申報，再重新申報：

      A. 減少申報數量。

      B. 變更限價買賣申之價格，變更後買賣申報時序以變更時輸入時序為準。但本公司另有規定者，不適用之。

2. **申報買賣數量**：申報買賣之數量，必須為一交易單位或其整倍數，股票以一千股為一交易單位，公債及公司債以面額十萬元為一交易單位。公債及公司債如已經分期還本者，以還本後餘值計算其交易單位。

3. **申報買賣價格**：申報買賣之價格，股票以一股為準，公債及公司債以面額百元為準。債券買賣除申報時聲明連息或另有規定者外，一律為除息交易。前項利息之計息，應以本期起息之日算至成交日止，按實際天數計算。

(五) **成交順序決定原則** (證交所營業細則§58-2)：

1. **價格優先原則**：較高買進申報優先於較低買進申報，較低賣出申報優先於較高賣出申報。同價位之申報，依時間優先原則決定優先順序。

2. **時間優先原則**：開市前輸入之申報，依電腦隨機排列方式決定優先順序；開市後輸入之申報，依輸入時序決定優先順序。

(六) **集合競價之成交價格決定原則** (證交所營業細則§58-3)：

集合競價之成交價格依下列原則決定：

1. 滿足最大成交量成交，高於決定價格之買進申報與低於決定價格之賣出申報須全部滿足。

2. 決定價格之買進申報與賣出申報至少一方須全部滿足。

3. 合乎前二項原則之價位有二個以上時，採接近當市最近一次成交價格之價位，如當市尚無成交價格者，採接近當市開盤競價基準之價位。

(七) **結算** (證交所營業細則§103)：證交所市場買賣成交之有價證券，以同一營業日成交者為一結算期。

(八) **交割** (證交所營業細則§104、118、121)：

1. 證券商及證券金融事業與證交所間，關於有價證券買賣應收付價款、有價證券之交割時限如下：

> **考點速攻**
>
> 1. 買賣申報之競價方式，分為集合競價及逐筆交易。當市第一次撮合採集合競價，其後至收市前一段時間採逐筆交易，收市彙集一段時間所有買賣申報採集合競價。
> 2. 在證交所所為之買賣，依款券對付原則，辦理集中交割。

種類	交割時限	
A.對證交所應付之有價證券	成交日後第二營業日	上午十時前
B.對證交所應付之價款		上午十一時前
C.對證交所應收之有價證券		上午十一時後
D.證交所應收之價款		

2. 證券商應依主管機關之規定，向證交所繳存交割結算基金，並以繳存現金為限，其管理辦法另訂之。

3. 證交所於每月終依據各證券商當月買賣金額按前條費率計算應收經手費金額開具帳單分送各證券商，各證券商應於次月十日前繳清。

牛刀小試

(　) **1** 證券商因代為履行交付所發生的價金差額及相關費用，證券交易所應先動用下列何者代償之？　(A)賠償準備金　(B)營業保證金　(C)交割結算基金　(D)投資人保護基金。

(　) **2** 會員制證券交易所之會員，以下列何者為限？　(A)證券自營商及證券經紀商　(B)證券承銷商及證券自營商　(C)證券承銷商及證券經紀商　(D)證券承銷商。

(　) **3** 公司制證券交易所與證券經紀商或證券自營商間之法律關係為何？　(A)社團與會員關係　(B)契約關係　(C)代理權授與關係　(D)無因管理之法律關係。

解答與解析

1 (C)。依證券交易法第153規定，證券商因代為履行交付所發生的價金差額及相關費用，證券交易所應先動用交割結算基金代償之。

2 (A)。證券交易法第103條規定，會員制證券交易所之會員，以證券自營商及證券經紀商為限。

3 (B)。公司制證券交易所與證券經紀商或證券自營商間之法律關係為契約關係。

重點 **5** 仲裁、不法交易及裁罰

一、仲裁

(一)**適用原則**（證交法§166）：優先適用證券交易法規定，除外可依仲裁法之規定。

(二)**仲裁的種類**（證交法§166）：

　　1. **約定仲裁**：依證券交易法所為有價證券交易所生之爭議，當事人得依約定進行仲裁。

　　2. **強制仲裁**：證券商與證券交易所或證券商相互間，不論當事人間有無訂立仲裁契約，均應進行仲裁。

(三)**證交法仲裁之特別規定**（證交法§167～170）：

　　1. **防訴抗辯**：爭議當事人之一造違反前述仲裁規定，另行提起訴訟時，他造得據以請求法院駁回其訴。

　　2. **選定第三仲裁人**：爭議當事人之仲裁人不能依協議推定另一仲裁人時，由主管機關依申請或以職權指定之。

　　3. **不履行仲裁判斷之處分**：證券商對於仲裁之判斷，或依仲裁法成立之和解，延不履行時，除有仲裁法第40條情形，經提起撤銷判斷之訴者外，在其未履行前，主管機關得以命令停止其業務。

　　4. **應訂明仲裁事項**：證券商同業公會及證券交易所應於章程或規則內，訂明有關仲裁之事項。但不得牴觸證券交易法及仲裁法。

二、不法交易

(一)**禁止不法交易之目的**：為保障證券市場交易之公正與公平。

(二)**不法交易之類型**（證交法§155、157、157-1）：

　　1. **市場操縱**：對於在證券交易所上市之有價證券，不得有下列各款之行為：

> **考點速攻**
>
> **市場操縱的禁止行為**
> 1. 不履行交割。
> 2. 相對委託。
> 3. 抬高或壓低有價證券交易價格。
> 4. 自行連續委託買賣而相對成交。
> 5. 散布流言或不實資料。
> 6. 其他操縱情事。

　　　(1) 在集中交易市場委託買賣或申報買賣，業經成交而不履行交割，足以影響市場秩序。

　　　(2) 意圖抬高或壓低集中交易市場某種有價證券之交易價格，與他人通謀，以約定價格於自己出售，或購買有價證券時，使約定人同時為購買或出售之相對行為。

　　　(3) 意圖抬高或壓低集中交易市場某種有價證券之交易價格，自行或以他人名義，對該有價證券，連續以高價買入或以低價賣出，而有影響市場價格或市場秩序之虞。

　　　(4) 意圖造成集中交易市場某種有價證券交易活絡之表象，自行或以他人名義，連續委託買賣或申報買賣而相對成交。

(5) 意圖影響集中交易市場有價證券交易價格，而散布流言或不實資料。

(6) 直接或間接從事其他影響集中交易市場有價證券交易價格之操縱行為。

2. **內線交易**：下列各款之人，實際知悉發行股票公司有重大影響其股票價格之消息時，在該消息明確後，未公開前或公開後十八小時內，不得對該公司之上市或在證券商營業處所買賣之股票或其他具有股權性質之有價證券，自行或以他人名義買入或賣出：

(1) 該公司之董事、監察人、經理人及依公司法規定受指定代表行使職務之自然人。

(2) 持有該公司之股份超過百分之十之股東。

(3) 基於職業或控制關係獲悉消息之人。

(4) 喪失前三項身分後，未滿六個月者。

(5) 從前四項所列之人獲悉消息之人。

> **考點速攻**
>
> 所稱有重大影響其股票價格之消息，指涉及公司之財務、業務或該證券之市場供求、公開收購，其具體內容對其股票價格有重大影響，或對正當投資人之投資決定有重要影響之消息。

違反前項規定者，對於當日善意從事相反買賣之人買入或賣出該證券之價格，與消息公開後十個營業日收盤平均價格之差額，負損害賠償責任；其情節重大者，法院得依善意從事相反買賣之人之請求，將賠償額提高至三倍；其情節輕微者，法院得減輕賠償金額。

第(5)項之人，對於前項損害賠償，應與第(1)項至第(4)項提供消息之人，負連帶賠償責任。但(1)項至第(4)項提供消息之人有正當理由相信消息已公開者，不負賠償責任。

3. **短線交易**：

(1) 發行股票公司董事、監察人、經理人或持有公司股份超過百分之十之股東，對公司之上市股票，於取得後六個月內再行賣出，或於賣出後六個月內再行買進，因而獲得利益者，公司應請求將其利益歸於公司。

(2) 歸入權行使。

A. 公司應請求將其利益歸於公司：發行股票公司董事會或監察人不為公司行使前項請求權時，股東得以三十日之限期，請求董事或監察人行使之；逾期不行使時，請求之股東得為公司行使前項請求權。董事或監察人不行使請求以致公司受損害時，對公司負連帶賠償之責。請求權，自獲得利益之日起二年間不行使而消滅。

B. 利益之計算：最高價減最低價。

三、刑罰 （證交法§171、172、174）

(一)處三年以上十年以下有期徒刑，得併科新臺幣一千萬元以上二億元以下罰金，其因犯罪獲取之財物或財產上利益金額達新臺幣一億元以上者，處七年以上有期徒刑，得併科新臺幣二千五百萬元以上五億元以下罰金。此種類型有：

1. 違反有價證券之募集、發行、私募或買賣，不得有虛偽、詐欺或其他足致他人誤信之行為之規定。
2. 違反發行人申報或公告之財務報告及財務業務文件，其內容不得有虛偽或隱匿之情事規定。
3. 違反市場操縱行為之禁止規定。
4. 違反內線交易之禁止規定。
5. 已依證券交易法發行有價證券公司之董事、監察人、經理人或受僱人，以直接或間接方式，使公司為不利益之交易，且不合營業常規，致公司遭受重大損害。
6. 已依證券交易法發行有價證券公司之董事、監察人或經理人，意圖為自己或第三人之利益，而為違背其職務之行為或侵占公司資產，致公司遭受損害達新臺幣五百萬元。致公司遭受損害未達新臺幣五百萬元者，依刑法第336條及第342條規定處罰。

於犯罪後自首，如自動繳交全部犯罪所得者，減輕或免除其刑；並因而查獲其他正犯或共犯者，免除其刑。在偵查中自白，如自動繳交全部犯罪所得者，減輕其刑；並因而查獲其他正犯或共犯者，減輕其刑至二分之一。

犯1.～5.之罪，其因犯罪獲取之財物或財產上利益超過罰金最高額時，得於犯罪獲之財物或財產上利益之範圍內加重罰金；如損及證券市場穩定者，加重其刑至二分之一。

(二)處五年以下有期徒刑、拘役或科或併科新臺幣二百四十萬元以下罰金：
證券交易所之董事、監察人或受僱人，對於職務上之行為，要求期約或收受不正利益者。

(三)處七年以下有期徒刑，得併科新臺幣三百萬元以下罰金：證券交易所之董事、監察人或受僱人，對於違背職務之行為，要求期約或收受不正利益者。對於前條人員關於違背職務之行為，行求期約或交付不正利益者，處三年以下有期徒刑、拘役或科或併科新臺幣一百八十萬元以下罰金。犯前項之罪而自首者，得免除其刑。

(四)處一年以上七年以下有期徒刑，得併科新臺幣二千萬元以下罰金。此種類型有：

1. 公司募集、發行有價證券，於申請審核時應具備之文書為虛偽記載者。

2. 對於營業之許可及分支機構設立之許可或證交所設立許可之申請事項為虛偽記載者。

3. 對有價證券之行情或認募核准之重要事項為虛偽之記載而散布於眾。

4. 發行人或其負責人、職員對於公開說明書為虛偽之記載，而無免責事由。

5. 發行人、公開收購人或其關係人、證券商或其委託人、證券商同業公會、證券交易所或第18條所定之事業，對於主管機關命令提出之帳簿、表冊、文件或其他參考或報告資料之內容有虛偽之記載。

6. 發行人、公開收購人、證券商、證券商同業公會、證券交易所或第18條所定之事業，於依法或主管機關基於法律所發布之命令規定之帳簿、表冊、傳票、財務報告或其他有關業務文件之內容有虛偽之記載。

7. 於財務報告上簽章之經理人或會計主管，為財務報告內容虛偽之記載。但經他人檢舉、主管機關或司法機關進行調查前，已提出更正意見並提供證據向主管機關報告者，減輕或免除其刑。

8. 就發行人或特定有價證券之交易，依據不實之資料，作投資上之判斷，而以報刊、文書、廣播、電影或其他方法表示之。

9. 發行人之董事、經理人或受僱人違反法令、章程或逾越董事會授權之範圍，將公司資金貸與他人、或為他人以公司資產提供擔保、保證或為票據之背書，致公司遭受重大損害。

10. 意圖妨礙主管機關檢查或司法機關調查，偽造、變造、湮滅、隱匿、掩飾工作底稿或有關紀錄、文件。

(五)處五年以下有期徒刑，得科或併科新臺幣一千五百萬元以下罰金。此種類型有：

1. 律師對公司、外國公司有關證券募集、發行或買賣之契約、報告書或文件，出具虛偽或不實意見書。

2. 會計師對公司、外國公司申報或公告之財務報告、文件或資料有重大虛偽不實或錯誤情事，未善盡查核責任而出具虛偽不實報告或意見；或會計師對於內容存有重大虛偽不實或錯誤情事之公司、外國公司之財務報告，未依有關法規規定、一般公認審計準則查核，致未予敘明。

3. 違反第 22 條第 1 項至第 3 項規定。

如有嚴重影響股東權益或損及證券交易市場穩定者，得加重其刑至二分之一。

四、行政罰 （證交法§56、57、59、66、163、178）

(一) **對證券所之行政罰**：證券交易所之行為，有違反法令或本於法令之行政處分，或妨害公益或擾亂社會秩序時，主管機關得為下列之處分：

1. 解散證券交易所。

2. 停止或禁止證券交易所之全部或一部業務。但停止期間，不得逾三個月。

3. 以命令解任其董事、監事、監察人或經理人。

4. 糾正。

(二) **對證券商之行政罰**：

1. 主管機關發現證券商之董事、監察人及受僱人，有違背本法或其他有關法令之行為，足以影響證券業務之正常執行者，除得隨時命令該證券商停止其一年以下業務之執行或解除其職務外，並得視其情節之輕重，對證券商處以第 66 條所定之處分。

2. 證券商違反本法或依本法所發布之命令者，除依本法處罰外，主管機關得視情節之輕重，為下列處分，並得命其限期改善：

   (1) 警告。

   (2) 命令該證券商解除其董事、監察人或經理人職務。

   (3) 對公司或分支機構就其所營業務之全部或一部為六個月以內之停業。

   (4) 對公司或分支機構營業許可之撤銷或廢止。

   (5) 其他必要之處置。

3. 證券商取得經營證券業務之特許，或設立分支機構之許可後，經主管機關發覺有違反法令或虛偽情事者，得撤銷其特許或許可。

4. 證券商自受領證券業務特許證照，或其分支機構經許可並登記後，於三個月內未開始營業，或雖已開業而自行停止營業連續三個月以上時，主管機關得撤銷其特許或許可。

> **考點速攻**
>
> 經撤銷證券業務特許之證券商，於了結前條之買賣或受託之事務時，就其了結目的之範圍內，仍視為證券商；因命令停業之證券商，於其了結停業前所為有價證券之買賣或受託事務之範圍內，視為尚未停業。

(三)**有下列情事之一者，處新臺幣二十四萬元以上四百八十萬元以下罰鍰，並得命其限期改善；屆期未改善者，得按次處罰：**

1. 違反董事、監察人等股票之轉讓方式、召集股東會應列舉主要內容以臨時動議提出，或外國公司所發行之股票，首次經證券交易所或證券櫃檯買賣中心同意上市、上櫃買賣或登錄興櫃時，其股票未在國外證券交易所交易者，除主管機關另有規定外，其有價證券之募集、發行、私募及買賣之管理、監督重要內部人持股申報之規定。

2. 違反財務報告須經內部人簽名或蓋章及聲明內容無虛偽或隱匿之規定、內部控制制度之建立、獨立董事設置及資格、獨立董事反對意見或保留意見於董事會議事錄載明、審計委員會設置及同意事項、國際條約或協定不妨礙或拒絕提供、董事、監察人持股申報、交付公開說明書、財務報告公告及申報期限、提列盈餘公積、公開收購有價證券之申報、公開收購說明書之規定、有價證券及公司債私募之規定等規定。

3. 發行人、公開收購人或其關係人、證券商之委託人，對於主管機關命令提出之帳簿、表冊、文件或其他參考或報告資料，屆期不提出，或對於主管機關依法所為之檢查予以規避、妨礙或拒絕。

4. 發行人、公開收購人，於依本法或主管機關基於本法所發布之命令規定之帳簿、表冊、傳票、財務報告或其他有關業務之文件，不依規定製作、申報、公告、備置或保存。

5. 審計委員會、所定辦法有關作業程序、職權之行使或議事錄應載明事項之規定。

6. 違反未設置薪資報酬委員會未依所定辦法有關成員之資格條件、組成、作業程序、職權之行使、議事錄應載明事項或公告申報之規定。

7. 違反有關徵求人、受託代理人與代為處理徵求事務者之資格條件、委託書徵求與取得之方式、召開股東會公司應遵守之事項及對於主管機關要求提供之資料拒絕提供之規定。

8. 違反主管機關所定公開發行公司董事監察人股權成數及查核實施規則有關通知及查核之規定。

9. 違反有關主要議事內容、作業程序、議事錄應載明事項或公告之規定。

10. 違反有關買回股份之程序、價格、數量、方式、轉讓方法或應申報公告事項之規定。

11. 違反所定準則有關取得或處分資產、從事衍生性商品交易、資金貸與他人、為他人背書或提供保證及揭露財務預測資訊等重大財務業務行為之適用範圍、作業程序、應公告或申報之規定。

12. 違反有關收購有價證券之範圍、條件、期間、關係人或申報公告事項之規定。

牛刀小試

( ) 1 有關董事、監察人持有股票之申報,其立法目的除實現公開原則外,係在輔助證券交易法何種法律規定之執行? (A)內線交易 (B)短線交易 (C)場外交易 (D)公開交易。

( ) 2 依「證券交易法」規定從事內線交易者,應負何種法律責任? (A)僅有刑事責任 (B)僅有民事責任 (C)僅有行政責任 (D)刑事責任及民事責任。 【105年普業】

( ) 3 下列何者為短線交易歸入權行使之對象? (A)董事 (B)經理 (C)持有公司股份超過百分之十之股東 (D)以上皆是。

( ) 4 證券交易法禁止操縱市場行為,其中意圖造成集中交易市場某種有價證券交易活絡之表象,自行或以他人名義,連續委託買賣或申報買賣而相對成交,一般稱為何種行為? (A)沖洗買賣 (B)相對委託 (C)拉抬股價 (D)詐欺買賣。 【104年會計師】

( ) 5 證券交易法原則上對操縱市場行為之刑事處罰為: (A)三年以下有期徒刑 (B)一年以上七年以下有期徒刑 (C)五年以下有期徒刑 (D)三年以上十年以下有期徒刑。 【100年普業】

解答與解析

1 **(B)**。有關董事、監察人持有股票之申報,其立法目的除實現公開原則外,係在輔助證券交易法短線交易禁止規定之執行。

2 **(D)**。依「證券交易法」規定從事內線交易者,應負刑事責任及民事責任。

3 (D)。證券交易法第157條規定：「發行股票公司董事、監察人、經理人或持有公司股份超過百分之十之股東，對公司之上市股票，於取得後六個月內再行賣出，或於賣出後六個月內再行買進，因而獲得利益者，公司應請求將其利益歸於公司。發行股票公司董事會或監察人不為公司行使前項請求權時，股東得以三十日之限期，請求董事或監察人行使之；逾期不行使時，請求之股東得為公司行使前項請求權。……」

4 (A)。證券交易法禁止操縱市場行為，其中意圖造成集中交易市場某種有價證券交易活絡之表象，自行或以他人名義，連續委託買賣或申報買賣而相對成交，一般稱為「沖洗買賣」。

5 (D)。證券交易法原則上對操縱市場行為之刑事處罰為三年以上十年以下有期徒刑。

重點**1** 證券投資信託事業

一、名詞定義

(一)證券投資信託（投信投顧法§3）：所稱證券投資信託，指向不特定人募集證券投資信託基金發行受益憑證，或向特定人私募證券投資信託基金交付受益憑證，從事於有價證券、證券相關商品或其他經主管機關核准項目之投資或交易。

(二)證券投資信託事業（投信投顧法§3）：所稱證券投資信託事業，指經主管機關許可，以經營證券投資信託為業之機構。證券投資信託事業經營之業務種類如下：

1. 證券投資信託業務。
2. 全權委託投資業務。
3. 其他經主管機關核准之有關業務。

二、設立要件

(一)應先經主管機關核准（投信投顧法§6）：要經營哪種業務性質必須先報經主管機關核准。

(二)事業組織以股份有限公司為限（投信投顧法§67，投信事業設置標準§7）：證券投資信託事業及證券投資顧問事業之組織，以股份有限公司為限。發起人應於發起時一次認足證券投資信託事業或證券投資顧問事業之最低實收資本額；其金額，由主管機關定之。其實收資本額不得少於新臺幣三億元。

(三)發起人資格（投信投顧法§74，投信事業設置標準§8）：經營證券投資信託事業之發起人應具備一定資格條件；發起人中應有基金管理機構、銀行、保險公司、金融控股公司、證券商或其他經主管機關認可之機構，且其所認股份，合計不得少於第一次發行股份之百分之二十；其轉讓持股時，證券投資信託事業應於發起人轉讓持股前申報主管機關金管會備查。又可分為以下幾種事業類型：

1. **基金管理機構：**
   (1) 成立滿三年，且最近三年未曾因資金管理業務受其本國主管機關處分。
   (2) 具有管理或經營國際證券投資信託基金業務經驗。
   (3) 該機構及其控制或從屬機構所管理之資產中，以公開募集方式集資投資於證券之共同基金、單位信託或投資信託之基金資產總值不得少於新臺幣六百五十億元。
2. **銀行：**
   (1) 成立滿三年，且最近三年未曾因資金管理業務受其本國主管機關處分。
   (2) 具有國際金融、證券或信託業務經驗。
   (3) 最近一年於全球銀行資產或淨值排名居前一千名內。
3. **保險公司：**
   (1) 成立滿三年，且最近三年未曾因資金管理業務受其本國主管機關處分。
   (2) 具有保險資金管理經驗。
   (3) 持有證券資產總金額在新臺幣八十億元以上。
4. **證券商：**
   (1) 成立滿三年，並為綜合經營證券承銷、自營及經紀業務滿三年之證券商。
   (2) 最近三年未曾受證券交易法第66條第2款至第4款規定之處分；其屬外國證券商者，未曾受其本國主管機關相當於前述之處分。
   (3) 實收資本額達新臺幣八十億元以上，且最近期經會計師查核簽證之財務報告，每股淨值不低於面額。
5. **金融控股公司：**該公司控股百分之五十以上之子公司應有符合前1.～4.項所定資格條件之一者。

(四) **持股限制**（投信投顧法§75）：證券投資信託事業之股東，除符合前條資格條件者外，每一股東與其關係人及股東利用他人名義持有股份合計，不得超過該公司已發行股份總數百分之二十五。

三、管理規範

(一)**資金運用之限制**（投信事業管理規則§12）：證券投資信託事業之資金，不得貸與他人、購置非營業用之不動產或移作他項用途。非屬經營業務所需者，其資金運用以下列為限：

1. 國內之銀行存款。
2. 購買國內政府債券或金融債券。
3. 購買國內之國庫券、可轉讓之銀行定期存單或商業票據。
4. 購買符合本會規定條件及一定比率之證券投資信託基金受益憑證。
5. 其他經本會核准之用途。

(二)**不得為保證、背書、或提供財產供他人設定擔保**（投信事業管理規則§12）：證券投資信託事業除符合公司法第16條第1項規定，並經金管會核准者外，不得為保證、票據之背書、或提供財產供他人設定擔保。

(三)**證券投資信託基金交由基金保管機構保管**（投信事業管理規則§15）：證券投資信託事業應將證券投資信託基金交由基金保管機構保管，不得自行保管。信託業兼營證券投資信託業務，符合下列規定之一者，得自行保管證券投資信託基金：

1. 私募之證券投資信託基金。
2. 募集之每一證券投資信託基金設有信託監察人，且能踐行有關基金保管機構之相關義務。

(四)**不得對公眾或受益人有虛偽詐欺或其他足致他人誤信之行為**（投信投顧法§105）：經營證券投資信託業務或基金保管業務，對公眾或受益人有虛偽詐欺或其他足致他人誤信之行為者，處三年以上十年以下有期徒刑，得併科新臺幣一千萬元以上二億元以下罰金。

牛刀小試

(　　) 1 以下有關證券投資信託基金之描述，何者為非？　(A)基金資產交由證券投資信託事業保管　(B)基金資產應分散投資　(C)股票型基金係指投資股票達淨資產價值70%以上之基金　(D)指數股票型基金（ETF）可上市或上櫃，投資人可透過證券商從事買賣。

(　　) 2 經營證券投資信託業務或基金保管業務，對公眾或受益人有虛偽、詐欺或其他足致他人誤信之行為者，其有期徒刑之刑

度為何？ (A)一年以下有期徒刑 (B)一年以上七年以下有期徒刑 (C)三年以下有期徒刑 (D)三年以上十年以下有期徒刑。 【106年投信投顧】

(　　) **3** 有關證券投資信託事業之自有資金運用之原則，下列何者錯誤？ (A)不得貸與他人 (B)購買政府債券或金融債券 (C)購買國庫券、可轉讓之銀行定期存單或商業票據 (D)不能購買期貨信託基金。 【105年投信投顧】

解答與解析

1 (A)。證券投資信託事業管理規則第15條規定，證券投資信託事業應將證券投資信託基金交由基金保管機構保管，不得自行保管。

2 (D)。證券投資信託及顧問法第105條規定，經營證券投資信託業務或基金保管業務，對公眾或受益人有虛偽詐欺或其他足致他人誤信之行為者，處三年以上十年以下有期徒刑，得併科新臺幣一千萬元以上二億元以下罰金。

3 (D)。投信事業管理規則第12條規定，證券投資信託事業之資金，不得貸與他人、購置非營業用之不動產或移作他項用途。非屬經營業務所需者，其資金運用以下列為限：「
(1) 國內之銀行存款。
(2) 購買國內政府債券或金融債券。
(3) 購買國內之國庫券、可轉讓之銀行定期存單或商業票據。
(4) 購買符合本會規定條件及一定比率之證券投資信託基金受益憑證。
(5) 其他經本會核准之用途。」

重點**2** 證券投資顧問事業

一、名詞定義

(一)**證券投資顧問**（投信投顧法§4）：證券投資顧問，指直接或間接自委任人或第三人取得報酬，對有價證券、證券相關商品或其他經主管機關核准項目之投資或交易有關事項，提供分析意見或推介建議。

(二)**證券投資顧問事業**（投信投顧法§4）：所稱證券投資顧問事業，指經主管機關許可，以經營證券投資顧問為業之機構。證券投資顧問事業經營之業務種類如下：

1. 證券投資顧問業務。
2. 全權委託投資業務。
3. 其他經主管機關核准之有關業務。

二、設立要件

(一)**應先經主管機關核准**（投顧事業設置標準§8，投信事業管理規則§13）：要經營哪種業務性質必須先報經主管機關核准。證券經紀商或期貨經紀商申請兼營證券投資顧問事業辦理證券投資顧問業務，應自金管會許可之日起六個月內，填具申請書，向金管會申請換發營業執照。

(二)**事業組織以股份有限公司為限**（投顧事業設置標準§5）：證券投資顧問事業之組織，以股份有限公司為限，其實收資本額不得少於新臺幣二千萬元最低實收資本額，發起人應於發起時一次認足。

(三)**加入投信投顧同業公會**（投顧事業設置標準§8）：證券投資顧問事業非加入同業公會，不得開業。

(四)**兼營投顧事業限制**（投顧事業設置標準§10）：證券經紀商或期貨經紀商得申請兼營證券投資顧問事業辦理證券投資顧問業務或全權委託投資業務。但由他業兼營證券經紀商或期貨經紀商者，不得為之。僅經營股權性質群眾募資業務之證券經紀商申請兼營證券投資顧問事業，辦理業務以於其募資平臺辦理股權募資之公司股票為限。

三、管理規範

(一)**應訂定書面證券投資顧問契約**（投信投顧法§83）：證券投資顧問事業接受客戶委任，對證券投資或交易有關事項提供分析意見或推介建議時，應訂定書面證券投資顧問契約，載明雙方權利義務。於前項情形，客戶得自收受書面契約之日起七日內，以書面終止契約。

(二)**應作成投資分析報告**（投顧事業管理規則§11）：證券投資顧問事業提供證券投資分析建議時，應作成投資分析報告，載明合理分析基礎及根據。投資分析報告之副本、紀錄，應自提供之日起，保存五年，並得以電子媒體形

式儲存。證券投資顧問事業依前條訂定之證券投資顧問契約，應自契約之權利義務關係消滅之日起，保存五年。證券投資顧問事業在各種傳播媒體提供投資分析者，應將節目錄影及錄音存查，並至少保存一年。

(三)**證券投資顧問事業從事廣告，不得有誇大或偏頗之情事**（投顧事業管理規則§12）：證券投資顧問事業從事廣告、公開說明會及其他營業促銷活動時，不得有誇大或偏頗之情事。證券投資顧問事業為廣告、公開說明會及其他營業促銷活動，應於事實發生後十日內向同業公會申報。

(四)**宣傳資料、廣告物應保存**（投顧事業管理規則§11、12）：從事廣告、公開說明會及其他營業促銷活動製作之宣傳資料、廣告物及相關紀錄應保存二年；從事公開說明會及其他營業促銷活動之內容應錄影及錄音存查，並至少保存一年。

(五)**財務狀況申報**（投信投顧法§99）：證券投資信託事業及證券投資顧問事業，應於每會計年度終了後三個月內，公告並向主管機關申報經會計師查核簽證、董事會通過及監察人承認之年度財務報告。

牛刀小試

(　) **1** 投資顧問事業應於每會計年度終了後幾個月內，公告並向金管會申報經會計師查核簽證、董事會通過及監察人承認之年度財務報告？
(A)四個月　　　　　　　　(B)二個月
(C)三個月　　　　　　　　(D)六個月。　　　【104年投信投顧】

(　) **2** 證券投資顧問事業從事公開說明會及其他營業促銷活動之內容應錄影及錄音存查，並至少保存幾年？　(A)1年　(B)2年　(C)3年　(D)5年。　　　　　　　　　　　【107投資型保險商品】

解答與解析

1 (C)。證券投資顧問事業管理規則第8條規定，證券投資信託事業及證券投資顧問事業，應於每會計年度終了後三個月內，公告並向主管機關申報經會計師查核簽證、董事會通過及監察人承認之年度財務報告。

2 (A)。證券投資顧問事業管理規則第12條規定，證券投資顧問事業從事公開說明會及其他營業促銷活動之內容應錄影及錄音存查，並至少保存1年。

重點3 基金募集、發行與全權委託業務 ☆☆

一、基金募集、發行

(一)**受益憑證**（投信投顧法§5、32、36）：受益憑證：指為募集或私募證券投資信託基金而發行或交付，用以表彰受益人對該基金所享權利之有價證券。受益憑證應為記名式。發行受益憑證得不印製實體，而以帳簿劃撥方式交付之。受益憑證，除不印製實體者外，由證券投資信託事業依主管機關所定格式，載明其應記載事項，經基金保管機構簽署後發行之。

(二)**基金保管機構**（投信投顧法§5）：基金保管機構係指本於信託關係，擔任證券投資信託契約受託人，依證券投資信託事業之運用指示從事保管、處分、收付證券投資信託基金，並依本法及證券投資信託契約辦理相關基金保管業務之信託公司或兼營信託業務之銀行。

(三)**基金之私募集資格**（基金管理辦法§51）：證券投資信託事業得向下列對象進行受益憑證之私募：

　　1. 銀行業、票券業、信託業、保險業、證券業、金融控股公司或其他經金融監督管理委員會核准之法人或機構。

　　2. 符合本會所定條件之自然人、法人或基金。

　　前項第二款之應募人總數，不得超過九十九人。

(四)**基金募集之限制**（募集基金處理準則§7，投信投顧法§15、112）：證券投資信託事業申請（報）募集證券投資信託基金經核准或生效後，應於申請核准或申報生效通知函送達日起六個月內開始募集，三十日內募集成立該基金。但有正當理由無法於六個月內開始募集者，於期限屆滿前，得向本會申請展延一次，並以六個月為限。證券投資信託基金最低成立金額為新臺幣二十億元。開放式證券投資信託基金自成立日後滿三個月，受益人始得申請買回。

　　證券投資信託事業募集證券投資信託基金，應依主管機關規定之方式，向申購人交付公開說明書，違者處新臺幣三十萬元以上一百五十萬元以下罰鍰，並責令限期改善；屆期不改善者，得按次連續處二倍至五倍罰鍰至改善為止。

(五)**基金投資之限制**（基金管理辦法§8）：證券投資信託事業募集基金，應依基金之種類及性質投資有價證券，其投資國內有價證券之種類及範圍以下列為限：

1. 上市有價證券。
2. 經本會公告於證券商營業處所買賣之有價證券。
3. 經本會核准或申報生效承銷有價證券。
4. 政府債券及募集發行之公司債或金融債券。
5. 證券投資信託事業發行之基金受益憑證。
6. 經本會核准之國際金融組織債券。
7. 其他經本會核准得投資項目。

(六) **運用基金資金之限制**（基金管理辦法§10）：證券投資信託事業募集基金，應依本辦法及證券投資信託契約之規定，運用基金資產，除本辦法或本會另有規定外，並應遵守下列規定：

1. 不得投資於未上市、未上櫃股票或私募之有價證券。
2. 不得為放款或提供擔保。但符合第 10-1 條規定者，不在此限。
3. 不得從事證券信用交易。
4. 不得與本證券投資信託事業經理之其他各基金、共同信託基金、全權委託帳戶或自有資金買賣有價證券帳戶間為證券或證券相關商品交易行為。但經由集中交易市場或證券商營業處所委託買賣成交，且非故意發生相對交易之結果者，不在此限。
5. 不得投資於本證券投資信託事業或與本證券投資信託事業有利害關係之公司所發行之證券。
6. 不得運用基金買入本基金之受益憑證。但經受益人請求買回或因基金全部或一部不再存續而收回受益憑證者，不在此限。
7. 除投資正向浮動利率債券外，不得投資於結構式利率商品。但以投資於結構式利率商品為主要投資標的，並以此為名者，不在此限。
8. 每一基金投資於任一上市或上櫃公司股票及公司債或金融債券之總金額，不得超過本基金淨資產價值之百分之十。
9. 每一基金投資於任一上市或上櫃公司股票之股份總額，不得超過該公司已發行股份總數之百分之十；所經理之全部基金投資於任一上市或上櫃公司股票之股份總額，不得超過該公司已發行股份總數之百分之十。
10. 每一基金投資於任一上市或上櫃公司承銷股票之總數，不得超過該次承銷總數之百分之三；所經理之全部基金投資同一次承銷股票之總數，不得超過該次承銷總數之百分之十。
11. 每一基金投資於基金受益憑證之總金額，不得超過本基金淨資產價值之百分之二十。但組合型基金或符合規定之指數股票型基金，不在此限。

12. 除指數股票型基金以外，每一基金投資於任一基金之受益權單位總數，不得超過被投資基金已發行受益權單位總數之百分之十；所經理之全部基金投資於任一基金之受益權單位總數，不得超過被投資基金已發行受益權單位總數之百分之二十。

13. 每一基金投資於任一公司所發行無擔保公司債之總額，不得超過該公司所發行無擔保公司債總額之百分之十。

14. 不得將基金持有之有價證券借予他人。但符合第 14 條及第 14-1 條規定者，不在此限。

15. 不得轉讓或出售基金所購入股票發行公司股東會之委託書。

16. 每一基金委託單一證券商買賣股票金額，不得超過本基金當年度買賣股票總金額之百分之三十。但基金成立未滿一個完整會計年度者，不在此限。

17. 每一基金投資於任一公司發行、保證或背書之短期票券及有價證券總金額，不得超過本基金淨資產價值之百分之十。但投資於基金受益憑證者，不在此限。

18. 每一基金投資於任一經本會核准於我國境內募集發行之國際金融組織所發行之國際金融組織債券之總金額，不得超過本基金淨資產價值之百分之十，亦不得超過該國際金融組織於我國境內所發行國際金融組織債券總額之百分之十。

19. 不得從事不當交易行為而影響基金淨資產價值。

20. 不得為經本會規定之其他禁止事項。

(七) **請求權時效**（投信投顧法§37）：

受益人之收益分配請求權，自收益發放日起五年間不行使而消滅，因時效消滅之收益併入該證券投資信託基金。受益人買回受益憑證之價金給付請求權，自價金給付期限屆滿日起，十五年間不行使而消滅。基金清算時，受益人之賸餘財產分配請求權，自分配日起，十五年間不行使而消滅。受益人於本條所定消滅時效完成前行使前三項之權利時，不得請求加計遲延利息。

二、 全權委託業務

(一) **定義**（投信投顧法§5）：所稱全權委託投資業務，指證券投資信託事業或證券投資顧問事業對客戶委任交付或信託移轉之委託投資資產，就有價證券、

證券相關商品或其他經金融監督管理委員會核准項目之投資或交易為價值分析、投資判斷，並基於該投資判斷，為客戶執行投資或交易之業務。

(二)**證券投資信託事業經營代客操作之資格**（全權委託管理辦法§4）：證券投資信託事業申請經營全權委託投資業務，應具備下列條件：

1. 已募集成立證券投資信託基金。

2. 最近期經會計師查核簽證之財務報告每股淨值不低於面額。但取得營業執照未滿一個完整會計年度者，不在此限。

3. 最近半年未曾受本法第 103 條第 1 款、期貨交易法第 100 條第 1 項第 1 款或證券交易法第 66 條第 1 款之處分。

4. 最近二年未曾受本法第 103 條第 2 款至第 5 款、期貨交易法第 100 條第 1 項第 2 款至第 4 款或證券交易法第 66 條第 2 款至第 4 款之處分。

5. 曾受前二款之處分，且命令其改善，已具體改善。

6. 其他經本會規定應具備之條件。

(三)**證券投資顧問事業經營代客操作之資格**（全權委託管理辦法§5）：證券投資顧問事業申請經營全權委託投資業務，應具備下列條件：

1. 實收資本額達新臺幣五千萬元；已兼營期貨顧問業務之證券投資顧問事業申請或同時申請經營全權委託投資業務及兼營期貨顧問業務者，實收資本額應達新臺幣七千萬元。

2. 最近期經會計師查核簽證之財務報告每股淨值不低於面額。但取得營業執照未滿一個完整會計年度者，不在此限。

3. 最近三個月未曾因從事證券投資分析或期貨研究分析受中華民國證券投資信託暨顧問同業公會或中華民國期貨業商業同業公會依自律規章為警告、處以違約金、停止會員應享有之部分或全部權益、撤銷或暫停會員資格之處置。

4. 最近半年未曾受本法第 103 條第 1 款、期貨交易法第 100 條第 1 項第 1 款或證券交易法第 66 條第 1 款之處分。

5. 最近二年未曾受本法第 103 條第 2 款至第 5 款、期貨交易法第 100 條第 1 項第 2 款至第 4 款或證券交易法第 66 條第 2 款至第 4 款之處分。

6. 曾受前三項之處分或處置，且命令其改善，已具體改善。

7. 其他經本會規定應具備之條件。

(四) **營業保證金** (全權委託管理辦法§10)：證券投資信託事業或證券投資顧問事業應依下列規定，向得辦理保管業務，並符合本會所定條件之金融機構提存營業保證金：

1. 實收資本額未達新臺幣一億元者，提存新臺幣一千萬元。

2. 實收資本額新臺幣一億元以上而未達新臺幣二億元者，提存新臺幣一千五百萬元。

3. 實收資本額新臺幣二億元以上而未達新臺幣三億元者，提存新臺幣二千萬元。

4. 實收資本額新臺幣三億元以上者，提存新臺幣二千五百萬元。

前述營業保證金應以現金、銀行存款、政府債券或金融債券提存，不得設定質權或以任何方式提供擔保，且不得分散提存於不同金融機構；提存金融機構之更換或營業保證金之提取，應函報本會核准後始得為之。

(五) **業務規範** (全權委託管理辦法§21、13、12)：

1. 證券投資信託事業或證券投資顧問事業與客戶簽訂全權委託投資契約前，應有七日以上之期間，供客戶審閱全部條款內容。

2. 證券投資顧問事業經營全權委託投資業務，接受委託投資之總金額，不得超過其淨值之二十倍。但其實收資本額達新臺幣三億元者，不在此限。

3. 證券投資信託事業或證券投資顧問事業經營全權委託投資業務，其接受單一客戶委託投資資產之金額不得低於新臺幣五百萬元。

精選範題

( ) **1** 股份有限公司之股東繼續六個月以上，最少應持有已發行股份總數多少，始得聲請法院選派檢查人？ (A)百分之一 (B)百分之五 (C)百分之七 (D)百分之十。 【107年普業】

( ) **2** 依「公司法」規定，公司資產不足抵償債務者，對該公司之影響，下列何者為真？ (A)不得向銀行融資 (B)得公開發行新股，但不得公開發行具有優先權利之特別股 (C)得公開發行具有優先權利之特別股 (D)不得公開發行新股。 【107年普業】

( ) **3** 股份有限公司虧損達實收資本額多少比率時，董事會應於最近一次股東會報告？ (A)二分之一 (B)五分之一 (C)三分之一 (D)四分之一。 【107年普業】

( ) **4** 依「證券交易法」規定，公開發行公司召開股東會，對持有記名股票未滿一千股股東： (A)應寄發開會通知 (B)股東常會須寄通知，而臨時會則以公告方式為之 (C)得於開會前一定時日以公告方式為之 (D)以電子郵件寄發開會通知。 【107年普業】

( ) **5** 公開發行公司設置審計委員會者，依法應如何作成決議？ (A)應由審計委員會成員二分之一以上同意 (B)應由審計委員會成員三分之二以上同意 (C)應由審計委員會成員四分之三以上同意 (D)應由審計委員會成員五分之三以上同意。 【107年普業】

( ) **6** 公開發行有價證券之公司，應於每會計年度終了後多久內公告並申報年度財務報告？
(A)二個月 (B)三個月
(C)五個月 (D)六個月。 【107年普業】

( ) **7** 會計師辦理公開發行公司財務報告之查核簽證，應經何機關之核准？ (A)金融監督管理委員會 (B)財政部 (C)證券交易所 (D)會計師公會。 【107年普業】

(　　) **8** 證券主管機關審核有價證券之募集與發行係採用何種制度？　(A)採申報生效制　(B)兼採申報生效及申請核准制　(C)採實質審查及申請核准制　(D)採申請核准制。　【107年普業】

(　　) **9** 試問下列何種方式符合「證券交易法」第一百五十七條之一第六項，有重大影響公司支付本息能力之消息的公開方式？　(A)兩家以上的地方性報紙　(B)一家以上全國性電視新聞　(C)公司輸入公開資訊觀測站　(D)揭示於公司網頁。　【107年普業】

(　　) **10** 「證券交易法」對「短線交易」期間之定義，為取得公司上市股票幾個月內再行賣出，因而獲有利益之行為？　(A)十二個月內　(B)六個月內　(C)三個月內　(D)一個月內。　【107年普業】

(　　) **11** 下列何種人非「證券交易法」第一百五十七條之一，禁止利用未公開重大影響股票價格之消息所列之「內部人」？　(A)該公司之董事　(B)持股超過百分之十之股東　(C)由公司經理人獲悉內部消息的協力廠主管　(D)透過媒體報導知悉公司虧損遂賣出持股一萬股之股東。　【107年普業】

(　　) **12** 上市有價證券之發行公司發生有虛偽不實或違法情事，足以影響其證券價格，而有損害公益之虞時，下列何者非主管機關得為之措施？　(A)命令停止一部份之買賣　(B)命令停止全部買賣　(C)限制證券經紀商之買賣數量　(D)解散公司。　【107年普業】

(　　) **13** 依「公司法」規定，下列關於庫藏股之敘述何者正確？　(A)庫藏股不得轉讓於員工　(B)數量不超過該公司已發行股份總數百分之二十　(C)得享有股東權利　(D)公司得經董事會特別決議實施庫藏股。　【107年普業】

(　　) **14** 依「證券交易法」規定發行股票之公司，於增資發行新股時，主管機關得規定其：　(A)股權統一標準　(B)股權保管標準　(C)股權集中標準　(D)股權分散標準。　【107年普業】

(　　) **15** 違反內線交易規定，損害賠償額度之計算標準，就消息未公開前或公開後多少小時內，其買入或賣出該股票之價格與消息公開後十個營業日收盤平均價格的差額？　(A)十二　(B)二十四　(C)十八　(D)十三。　【107年普業】

(　　) **16** 私人間直接讓受上市有價證券，其數量不得超過一個成交單位，且前後兩次之讓受行為相隔不少於多少期間？　(A)二個月　(B)三個月　(C)四個月　(D)六個月。　【107年普業】

(　　) **17** 公開發行公司股東常會承認之年度財務報告，若與已經公告並向主管機關申報之年度財務報告不一致時，應如何處理？　(A)於事實發生之日起二日內公告並向主管機關申報　(B)於事實發生之日起三日內公告並向主管機關申報　(C)於事實發生之日起五日內公告並向主管機關申報　(D)不必申報。　【107年普業】

(　　) **18** 有價證券買賣之融資融券之額度、期限及融資比率、融券保證金成數，應由主管機關商經下列何者同意後定之？　(A)臺灣銀行　(B)中央銀行　(C)國稅局　(D)財政部。　【107年普業】

(　　) **19** 股東會之議決事項，應作成議事錄，由主席簽名蓋章，並應於會後多少日內，將議事錄分發給各股東？　(A)十五日內　(B)二十日內　(C)三十日內　(D)並無特殊期限規定。　【107年普業】

(　　) **20** 下列那一種不是「證券交易法」第十八條所稱證券服務事業？　(A)證券商　(B)證券金融公司　(C)證券投資信託公司　(D)證券集中保管公司。　【107年普業】

(　　) **21** 發行人為有價證券之募集或出賣，依「證券交易法」規定，向公眾提出之說明文書稱為：　(A)財務報告　(B)股東報告書　(C)公開說明書　(D)出售報告書。　【107年普業】

(　　) **22** 「證券交易法」與「公司法」之適用關係為：　(A)「公司法」所指之公司為股份有限公司　(B)「公司法」優先適用　(C)「證券交易法」為「公司法」之特別法　(D)「證券交易法」規範範圍及於合夥契約。　【107年普業】

(　　) **23** 上市或上櫃公司應於每月十日申報並公告之上月份營運情形，不包括下列何者？　(A)為他人背書之金額　(B)合併營業收入額　(C)為他人保證之金額　(D)資產淨額。　【107年普業】

(　　) **24** 公開發行公司應將董事會之開會過程全程錄音或錄影存證，並至少保存幾年？　(A)六個月　(B)一年　(C)三年　(D)五年。　【107年普業】

(　)25 公開說明書，應記載之主要內容有虛偽或隱匿之情事時，下列何
人，對於善意之相對人，因而所受之損害，負「絕對」賠償責任？
(A)發行人　(B)該有價證券承銷商　(C)會計師、律師、工程師或其
他專門職業或技術人員　(D)發行人之職員。　　　　【107年普業】

(　)26 公開發行公司之董事在喪失其身分後，未滿多久前仍受「證券交
易法」第一百五十七條之一（內線交易）的規範？　(A)三個月
(B)六個月　(C)九個月　(D)十二個月。　　　　　　【107年普業】

(　)27 公開發行公司應於每月何時前，彙總向主管機關申報持股變動之情
形？　(A)二日　(B)五日　(C)十日　(D)十五日。　　【107年普業】

(　)28 證券商須為依法設立之公司，則該所稱「公司」，係指下列那一種
公司？　(A)無限公司　(B)有限公司　(C)兩合公司　(D)股份有限
公司。　　　　　　　　　　　　　　　　　　　　　【107年普業】

(　)29 證券商之董事、監察人及經理人，有關兼任之規定下列敘述何者錯
誤？　(A)不得兼任其他證券投資信託公司之董事、監察人及經理
人職務　(B)不得兼任其他證券商之任何職務，但因投資關係，並經
主管機關核准者，得兼任被投資證券商之董事或監察人　(C)證券商
投資非金融機構之公開發行公司者，其負責人得兼任被投資公司董
事長　(D)不得兼任其他證券投資顧問公司之董事、監察人及經理
人職務。　　　　　　　　　　　　　　　　　　　　【107年普業】

(　)30 公司制證交所之董事、監察人至少應有多少是由主管機關指派非股
東之有關專家任之？　(A)四分之一　(B)三分之一　(C)二分之一
(D)三人。　　　　　　　　　　　　　　　　　　　　【107年普業】

(　)31 下列何者為股份有限公司章程絕對必要記載事項？　(A)特別股種類
及其權利義務　(B)解散之事由　(C)股份總額及每股金額　(D)董事
長學經歷。　　　　　　　　　　　　　　　　　　　【107年普業】

(　)32 關於股東提案權，下列何者正確？　(A)提案股東不得委託他人出
席股東常會　(B)持有已發行股份總數百分之一以上股份之股東，
得以書面向公司提出股東常會議案　(C)股東提案件數不受限制
(D)議案於公告受理期間外提出者可酌情納入議案。　【107年普業】

(　) **33** 「公司法」所稱之股份有限公司，提出法定盈餘公積分配前，必須先完成下列何事項？　(A)先償還債務　(B)先彌補公司虧損　(C)先分派股東股息　(D)先分派董監紅利。　　　　　　【107年普業】

(　) **34** 計算短線交易利益時，得自列入計算之差價利益扣除下列何者？　(A)借款購買股票之利息　(B)買賣股票所獲配之股息　(C)高價買進低價賣出之虧損部分　(D)買賣所支付之證券商手續費。　【107年普業】

(　) **35** 依「證券交易法」規定，受罰金以上刑之宣告者，其執行完畢、緩刑期滿或赦免未滿幾年者，不得充任證券商之董事、監察人或經理人？　(A)一年　(B)三年　(C)五年　(D)十年。　　　【107年普業】

(　) **36** 證券交易所與證券商之間，因有價證券交易所生之爭議，應採取何種方式解決？　(A)請投資人保護中心調處　(B)強制和解　(C)強制仲裁　(D)請求主管機關評議。　　　　　　　　　【107年普業】

(　) **37** 股票已上市上櫃之公司為了買回股票轉讓給員工之目的而實施庫藏股，則必須：　(A)召開股東會同意　(B)由董事長決定　(C)召開董事會，經董事會二分之一出席及出席董事二分之一同意　(D)召開董事會，經董事會三分之二出席及出席董事二分之一同意。　　【107年普業】

(　) **38** 股份有限公司業務之執行，由何機關決定之？　(A)股東會　(B)董事會　(C)董事　(D)審計委員會。　　　　　　　　【107年普業】

(　) **39** 持有已發行股份總數多少之股東得以書面向公司提出董事候選人名單？
(A)百分之一　　　　　　(B)百分之三
(C)百分之五　　　　　　(D)百分之十。　　　　　　【107年普業】

(　) **40** 公司召開股東會時，股東行使其表決權，下列敘述何者為非？　(A)得以書面或電子方式行使其表決權　(B)得以公告方式行使其表決權　(C)得親自出席股東會行使其表決權　(D)得委託出席股東會行使其表決權。　　　　　　　　　　　　　　　【107年普業】

(　) **41** 下列有關公開發行公司內部控制制度訂定過程之敘述何者錯誤？　(A)以書面訂定　(B)應申報主管機關　(C)由經理人設計，董事會通過　(D)含自行評估作業之程序及方法。　　　　　【107年普業】

(　) **42** 「公司法」所稱之股份有限公司，提出法定盈餘公積分配前，必須先完成下列何事項？　(A)先償還債務　(B)先彌補公司虧損　(C)先分派股東股息　(D)先分派董監紅利。　　　　　　　　【107年普業】

(　) **43** 依現行「證券交易法」之規定，公開發行公司設置審計委員會者，其獨立董事人數不得少於幾人？　(A)五人　(B)四人　(C)三人　(D)二人。　　　　　　　　【107年普業】

(　) **44** 內部人獲悉股票發行公司有重大影響股票價格時，在該消息未公開前，對該公司股票有買賣之行為稱為：　(A)內部人短線交易　(B)內線交易　(C)店頭交易　(D)合法交易。　　　　　　　　【107年普業】

(　) **45** 依「證券交易法」之規定，短線交易之利益歸入權行使之法定主體係下列何者？　(A)主管機關　(B)該發行股票公司　(C)證券投資人及期貨交易人保護中心　(D)消費者保護委員會。　　　　【107年普業】

(　) **46** 下列何者並非證券商得經營之業務？　(A)提供集中交易之場所及設備　(B)有價證券之承銷　(C)有價證券之自行買賣　(D)有價證券買賣之行紀。　　　　　　　　【107年普業】

(　) **47** 公開發行股票或公司債之公司，因財務困難，暫停營業或有停業之虞者，法院於受理重整之聲請時，並得選任下列何機關作調查報告？　(A)債權人　(B)公司　(C)監察人　(D)檢查人。　　　　【107年普業】

(　) **48** 依「證券交易法」規定，證券主管機關認為有必要時，得以命令規定公開發行公司於分派盈餘時，應另提一定比率之何種公積？　(A)法定盈餘公積　(B)資本公積　(C)特別盈餘公積　(D)特別營業公積。　　　　　　　　【107年普業】

(　) **49** 下列關於「證券承銷」之敘述何者正確？
(A)可有「包銷」或「代銷」兩種方式
(B)證券自營商須經證券主管機關專案許可，始能例外從事承銷業務
(C)可分為發行市場上之承銷與流通市場之承銷兩種層次
(D)證券承銷商與發行人之間，係特定法律關係，而非屬契約關係。　　　　　　　　【107年普業】

(　) **50** 已設置審計委員會之公開發行公司，依法應經審計委員會決議之特定事項，應得全體委員多少比例之同意？　(A)四分之三　(B)三分之二　(C)二分之一　(D)全體成員。　　　　　　【107年普業】

(　) **51** 上市或上櫃公司之董事、監察人、經理人及大股東，欲透過交易市場轉讓其持股，每一交易日轉讓股數未超過多少股，則免申報？(A)一千股　(B)二千股　(C)五千股　(D)一萬股。　　　【107年普業】

(　) **52** 下列何種人如取得或出售股票，公司應於每月十五日前，彙總內部人持有股數變動之情形向主管機關申報？　(A)公開發行公司之經理人　(B)公開發行公司基層職員　(C)持有公司已發行股份百分之三之人　(D)持有公司股份總額百分之五之人。　　　【107年普業】

(　) **53** 證券交易市場發生買賣一方不履行交付義務時，得指定代為交付，若因此而生價金差額及一切費用，臺灣證券交易所應先動用下列何者代償之？　(A)違約損失準備金　(B)交割結算基金　(C)買賣損失準備金　(D)提存營業保證金。　　　　　　【107年普業】

(　) **54** 公司買回股份之數量比例，不得超過該公司已發行股份總數的多少比例？　(A)百分之五　(B)百分之十　(C)百分之十五　(D)百分之二十五。　　　　　　　　　　　　　　　　【107年普業】

(　) **55** 公開發行公司停止辦理股票過戶之時點為何？
(A)公司於股東常會開會前六十日內
(B)股東臨時會前三十日內
(C)決定分派股息、紅利或其他利益之基準日前五日內
(D)選項(A)(B)(C)皆是。　　　　　　　　　　　【107年普業】

(　) **56** 「證券交易法施行細則」係由下列何機關所訂定？　(A)財政部(B)行政院　(C)金融監督管理委員會　(D)經濟部。　【107年普業】

(　) **57** 依「公司法」規定，董事任期不得超過幾年，但連選得連任？(A)一年　(B)二年　(C)三年　(D)四年。　　　　　　【107年普業】

(　) **58** 公開發行公司召開股東常會時，對於持有記名股票未滿一千股之股東，得以公告方式代替召集通知書之寄發，其意義何在？　(A)限

制小股東表決權之行使 (B)排除小股東出席股東會之權利 (C)減輕公開發行公司召開股東會時之人力、物力負擔 (D)避免出席股東人數過多,股東會場無法容納。 【107年普業】

( ) 59 已依「證券交易法」發行有價證券之公司發行新股時,如依「公司法」第二百七十三條公告之股款繳納期限在多久期間以上者,認股人逾期不繳納股款,即喪失其權利? (A)十五日 (B)一個月 (C)二個月 (D)三個月。 【107年普業】

( ) 60 下列何者非為內線交易之行為主體? (A)公司董事 (B)喪失公司董事身分三個月者 (C)持有公司股份百分之五的股東 (D)由公司董事獲悉內部消息的證券商營業員。 【107年普業】

( ) 61 證券商稅後盈餘所提列之特別盈餘公積,可做何種用途? (A)填補公司虧損 (B)撥充資本 (C)選項(A)、(B)皆是 (D)選項(A)、(B)皆非。 【107年普業】

( ) 62 得與證券交易所訂立使用有價證券集中交易市場契約之證券商為下列何者? (A)經紀商、承銷商 (B)自營商、經紀商 (C)承銷商、自營商 (D)僅限綜合證券商。 【107年普業】

( ) 63 因有價證券集中交易市場買賣所生之債權,就交割結算基金之優先受償順序,下列何者正確? (A)證券經紀商優先於委託人 (B)證券交易所優先於委託人 (C)證券經紀商優先於證券承銷商 (D)證券自營商優先於證券交易所。 【107年普業】

( ) 64 公司清算完結時,清算人應於幾日內,造具清算期內收支表、損益表、連同各項簿冊,送監察人審查並提請股東會承認? (A)五日 (B)十五日 (C)二十日 (D)三十日。 【107年普業】

( ) 65 下列何者為證券交易法之立法目的?
(A)發展國民經濟並保障投資
(B)促進金融市場發展
(C)提倡全民集資
(D)監督管理金融市場。 【107年普業】

( ) **66** 董事長選任及職權之敘述，下列何者有誤？
(A)未設常務董事者，應由三分之二以上董事之出席，及出席董事過半數之同意，互選一人為董事長
(B)設有常務董事者，由常務董事會特別決議互選一人為董事長
(C)董事長對內為股東會、董事會及常務董事會主席，對外代表公司
(D)董事長召集董事會應得常務董事同意。 【107年普業】

( ) **67** 除經主管機關核准者外，公開發行公司應於會計年度第二季終了後幾日內，公告並申報經會計師核閱及提報董事會之財務報告？
(A)六十日 (B)四十五日 (C)三十日 (D)二十日。 【107年普業】

( ) **68** 依「證券交易法」規定，從事內線交易者應負何種法律責任？
(A)僅有刑事責任 (B)僅有民事責任 (C)僅有行政責任 (D)刑事責任及民事責任。 【107年普業】

( ) **69** 因證券商特許業務所生債務之債權人，對於下列何者有優先受清償之權？
(A)證券商之資本全數
(B)證券商之資本半數
(C)證券商所提存營業保證金
(D)臺灣證券交易所所繳存之營業保證金。 【107年普業】

( ) **70** 公司制證券交易所與證券經紀商間之法律關係為何？
(A)社團與會員利用關係 (B)契約關係
(C)代理權授與關係 (D)行政助手關係。 【107年普業】

( ) **71** 下列何種處置並非主管機關依「證券交易法」第一百六十三條規定對臺灣證券交易所得為之處分？ (A)解散證券交易所 (B)解任其董事、監察人或經理人停止其全部或一部業務 (C)命其重整 (D)糾正其行為。 【107年普業】

( ) **72** 甲上市公司年度財務報告於公告並向主管機關申報之前，應先經會計師查核簽證，請問會計師查核簽證之會計師是指： (A)經考試院會計師考試合格者 (B)經考試院會計師考試合格並經登錄者 (C)經考試院會計師考試合格並經登錄且經加入會計師公會者

(D)經考試院會計師考試合格，並經登錄且加入經金融監督管理委員會核准辦理查核簽證之聯合會計師事務所者。　　【107年普業】

(　) **73** 上市公司之董事如欲經由集中交易市場轉讓其持股，若每一交易日轉讓股數未超過多少股，得免予申報？　(A)一萬股　(B)十萬股　(C)二十萬股　(D)一百萬股。　　【107年普業】

(　) **74** 下列何者為證券交易法之立法目的：　(A)發展國民經濟並保障投資　(B)促進資本形成及提升金融市場發展　(C)提倡全民投資　(D)監督管理金融市場。　　【106年普業】

(　) **75** 股份有限公司監察人之任期多久？　(A)不得逾一年，連選得連任　(B)不得逾二年，連選得連任　(C)不得逾三年，連選得連任　(D)不得逾三年，連選不得連任。　　【106年普業】

(　) **76** 上市、上櫃公司應於每月幾日以前，公告並申報上月份營運情形？　(A)十五日　(B)七日　(C)二日　(D)十日。　　【106年普業】

(　) **77** 公營事業經該公營事業之主管機關專案核定者，得保留發行新股由員工承購，其保留股份，不得超過新股總數之多少？　(A)百分之五　(B)百分之七　(C)百分之十　(D)百分之二十。　　【106年普業】

(　) **78** 任何人單獨或與他人共同取得任一公開發行公司已發行股份總額超過一定數額者，應於取得後十日內，向主管機關申報，該數額為？　(A)百分之一　(B)百分之三　(C)百分之五　(D)百分之十。　　【106年普業】

(　) **79** 有價證券得為融資融券標準係由下列那一機構訂定發布？　(A)金融監督管理委員會　(B)中央銀行　(C)證券交易所及櫃檯買賣中心　(D)財政部。　　【106年普業】

(　) **80** 公開發行公司除經主管機關核准者外，董事間應有超過多少比例之席次不得具有配偶或二親等以內之親屬關係？　(A)五分之一席　(B)四分之一席　(C)三分之一席　(D)二分之一席。　　【106年第4次普業】

(　) **81** 下列何者非「證券交易法」規範事項？　(A)有價證券之發行管理　(B)有價證券之買賣監督　(C)授權訂定相關募集與發行之子法　(D)公司之設立登記與組織。　　【106年普業】

(　) **82** 上市上櫃之公司，應於每會計年度第二季終了後多久內，公告
　　　　並申報經會計師核閱之季財務報告？　(A)二十日　(B)三十日
　　　　(C)四十五日　(D)六十日。　　　　　　　　　　　　【106年普業】

(　) **83** 依「證券交易法」規定發行股票之公司，於增資發行新股時，主管
　　　　機關得規定其：　(A)股權分散標準　(B)股權保管標準　(C)股權集
　　　　中標準　(D)股權統一標準。　　　　　　　　　　　【106年普業】

(　) **84** 發行股票公司董事會或監察人不為公司行使短線交易利益歸入
　　　　請求權時，股東得以幾日之期限，請求董事或監察人行使之？
　　　　(A)十五日　(B)三十日　(C)四十五日　(D)六十日。　【106年普業】

(　) **85** 證券商向證券交易所繳存之交割結算基金，第一順位優先受清償
　　　　者：　(A)投資人　(B)臺灣證券交易所　(C)證券商　(D)依請求先
　　　　後順序定之。　　　　　　　　　　　　　　　　　　【106年普業】

(　) **86** 下列何種處置並非主管機關依「證券交易法」第一百六十三條規定
　　　　對臺灣證券交易所得為之處分？　(A)解散證券交易所　(B)停止
　　　　其全部或一部業務　(C)命其重整　(D)解任其董事、監察人或經
　　　　理人。　　　　　　　　　　　　　　　　　　　　　【106年普業】

(　) **87** 證券經紀商與證券交易所因使用市場契約所生爭議，得以下列何方
　　　　式處理？　(A)須以訴訟解決　(B)得強制當事人和解　(C)應強制仲
　　　　裁　(D)申請金融消費評議中心調處。　　　　　　　　【106年普業】

(　) **88** 依證券交易法之規定，發行人何時需向公眾提出說明文書（公開說
　　　　明書）？　(A)募集或出賣有價證券　(B)財務預測公告　(C)財務
　　　　報告公告　(D)重大資產處分公告。　　　　　　　　　【106年普業】

(　) **89** 公開發行公司，對於持股未滿幾股之股東，其股東常會之召集通知
　　　　得於開會三十日前，以公告方式為之？　(A)一千股　(B)兩千股
　　　　(C)三千股　(D)四千股。　　　　　　　　　　　　　【106年普業】

(　) **90** 下列那一種不是「證券交易法」第十八條所稱證券服務事業？
　　　　(A)證券商　(B)證券金融公司　(C)證券投資信託公司　(D)證券集
　　　　中保管公司。　　　　　　　　　　　　　　　　　　【106年普業】

( ) **91** 股份有限公司監察人之任期多久？ (A)不得逾一年，連選得連任 (B)不得逾二年，連選得連任 (C)不得逾三年，連選得連任 (D)不得逾三年，連選不得連任。 【106年普業】

( ) **92** 下列何者為股份有限公司章程絕對必要記載事項？ (A)特別股種類及其權利義務 (B)解散之事由 (C)股份總額及每股金額 (D)董事長學經歷。 【106年普業】

( ) **93** 關於監察人之職權，以下敘述何者錯誤？ (A)監察人得隨時調查公司財務狀況 (B)得請求董事會和經理人對公司業務提出報告 (C)董事執行業務有違反法令行為時，監察人得請求董事停止其行為 (D)監察人不得列席董事會陳述意見。 【106年普業】

( ) **94** 公開發行公司獨立董事兼任其他公開發行公司獨立董事不得逾多少家？ (A)一家 (B)三家 (C)五家 (D)十家。 【106年普業】

( ) **95** 發行人交付之公開說明書因內容虛偽、隱匿而致生損害善意相對人者，其民事制度採下列何種責任？ (A)單獨賠償責任 (B)區別賠償責任 (C)連帶賠償責任 (D)懲罰性賠償責任。 【106年普業】

( ) **96** 下列有關仲裁之敘述，何者正確？ (A)對於現在或將來之爭議，當事人得訂立仲裁協議 (B)約定由仲裁人以判決解決紛爭 (C)仲裁協議得不以書面為之 (D)選項(A)(B)(C)皆是。 【106年普業】

( ) **97** 「證券交易法」所稱募集及發行有價證券之公司或募集有價證券之發起人，稱之為： (A)應募人 (B)發行人 (C)委託人 (D)認股人。 【106年普業】

( ) **98** 下列何者得於公開發行公司之股東會以臨時動議提出？ (A)選任董事、監察人、變更章程或公司解散或合併之事項 (B)公積轉增資發行新股 (C)董事競業禁止之許可 (D)提案要求公司對董事之不法行為起訴。 【106年普業】

( ) **99** 下列何者為對股東權益或股票價格有重大影響之事項？ (A)因訴訟對公司財務或業務產生重大影響 (B)存款不足遭退票 (C)取得專利權 (D)選項(A)(B)(C)皆是。 【106年普業】

(　)**100** 公開說明書應記載之主要內容有虛偽或隱匿之情事時，下列何者對於善意之相對人，因而所受之損害負「絕對」賠償責任？　(A)發行人　(B)該有價證券承銷商　(C)會計師、律師、工程師或其他專門職業或技術人員　(D)發行人之職員。　　　　　　　　　　【106年普業】

(　)**101** 除經主管機關核准者外，公開發行公司董事間應有超過多少比例席次，不得具有配偶之關係？　(A)二分之一　(B)三分之一　(C)三分之二　(D)五分之一。　　　　　　　　　　　　　　　【106年普業】

(　)**102** 計算短線交易利益時，得自列入計算之差價利益扣除下列何者？(A)借款購買股票之利息　(B)買賣股票所獲利之股息　(C)買賣高價買進低價賣出之虧損部分　(D)買賣所支付之證券商手續費。　　　　　　　　　　　　　　　　　　　　　　　　　【106年普業】

(　)**103** 證券商須經主管機關之許可及發給許可證照，方得營業，非證券商不得經營證券業務，故證券商之設立採何種制度？　(A)申報制(B)申請制　(C)許可制　(D)自動生效制。　　　　　　【106年普業】

(　)**104** 客戶若因證券交易偽造上市公司有價證券，經法院諭知有罪判決，應經滿幾年後證券商始得接受其委託買賣有價證券？　(A)一年(B)三年　(C)二年　(D)五年。　　　　　　　　　　　　　【106年普業】

解答與解析

1 (A)。 公司法第245條規定：「繼續六個月以上，持有已發行股份總數百分之一以上之股東，得檢附理由、事證及說明其必要性，聲請法院選派檢查人，於必要範圍內，檢查公司業務帳目、財產情形、特定事項、特定交易文件及紀錄。……」

2 (D)。 公司法第270條規定：「公司有左列情形之一者，不得公開發行新股：一、最近連續二年有虧損者。但依其事業性質，須有較長準備期間或具有健全之營業計畫，確能改善營利能力者，不在此限。二、資產不足抵償債務者。」

3 (A)。 公司法第211條規定：「公司虧損達實收資本額二分之一時，董事會應於最近一次股東會報告。公司資產顯有不足抵償其所負債務時，除得依第二百八十二條辦理者外，董事會應即聲請宣告破產。……」

4 (C)。證券交易法第26-2條規定：「已依本法發行股票之公司，對於持有記名股票未滿一千股股東，其股東常會之召集通知得於開會三十日前；股東臨時會之召集通知得於開會十五日前，以公告方式為之。」

5 (A)。證券交易法第14-5條規定：「已依本法發行股票之公司設置審計委員會者，下列事項應經審計委員會全體成員二分之一以上同意，並提董事會決議，不適用第十四條之三規定：……」

6 (B)。證券交易法第36條規定：「已依本法發行有價證券之公司，除情形特殊，經主管機關另予規定者外，應依下列規定公告並向主管機關申報：一、於每會計年度終了後三個月內，公告並申報由董事長、經理人及會計主管簽名或蓋章，並經會計師查核簽證、董事會通過及監察人承認之年度財務報告。……」

7 (A)。證券交易法第37條規定：「會計師辦理第三十六條財務報告之查核簽證，應經主管機關之核准；其準則，由主管機關定之。……」主管機關即為金融監督管理委員會。

8 (A)。證券主管機關審核有價證券之募集與發行係採申報生效制。

9 (C)。公司輸入公開資訊觀測站符合「證券交易法」第一百五十七條

之一第六項，有重大影響公司支付本息能力之消息的公開方式。

10 (B)。證券交易法第157條規定：「發行股票公司董事、監察人、經理人或持有公司股份超過百分之十之股東，對公司之上市股票，於取得後六個月內再行賣出，或於賣出後六個月內再行買進，因而獲得利益者，公司應請求將其利益歸於公司。……」

11 (D)。證券交易法第157-1條規定：「下列各款之人，實際知悉發行股票公司有重大影響其股票價格之消息時，在該消息明確後，未公開前或公開後十八小時內，不得對該公司之上市或在證券商營業處所買賣之股票或其他具有股權性質之有價證券，自行或以他人名義買入或賣出：一、該公司之董事、監察人、經理人及依公司法第二十七條第一項規定受指定代表行使職務之自然人。二、持有該公司之股份超過百分之十之股東。三、基於職業或控制關係獲悉消息之人。四、喪失前三款身分後，未滿六個月者。五、從前四款所列之人獲悉消息之人。……」

12 (D)。證券交易法第156條規定：「主管機關對於已在證券交易所上市之有價證券，發生下列各款情事之一，而有影響市場秩序或損害公益之虞者，得命令停止其一部或全部之買賣，或對證券自

營商、證券經紀商之買賣數量加以限制：一、發行該有價證券之公司遇有訴訟事件或非訟事件，其結果足使公司解散或變動其組織、資本、業務計畫、財務狀況或停頓生產。二、發行該有價證券之公司，遇有重大災害，簽訂重要契約，發生特殊事故，改變業務計畫之重要內容或退票，其結果足使公司之財務狀況有顯著重大之變更。三、發行該有價證券公司之行為，有虛偽不實或違法情事，足以影響其證券價格。……」

13 (D)。(A)根據公司法第167條之1第2項：「前項公司收買之股份，應於三年內轉讓於員工，屆期未轉讓者，視為公司未發行股份，並為變更登記。」(B)根據公司法第167條之1第1項後段：「收買股份之總金額，不得逾保留盈餘加已實現之資本公積之金額。」(C)根據公司法第167條之1第3項：「公司依第一項規定收買之股份，不得享有股東權利」。

14 (D)。證券交易法第22-1條規定：「已依本法發行股票之公司，於增資發行新股時，主管機關得規定其股權分散標準。……」

15 (C)。證券交易法第157-1條規定：「下列各款之人，實際知悉發行股票公司有重大影響其股票價格之消息時，在該消息明確後，未公開前或公開後十八小時

內，不得對該公司之上市或在證券商營業處所買賣之股票或其他具有股權性質之有價證券，自行或以他人名義買入或賣出：一、該公司之董事、監察人、經理人及依公司法第二十七條第一項規定受指定代表行使職務之自然人。二、持有該公司之股份超過百分之十之股東。三、基於職業或控制關係獲悉消息之人。四、喪失前三款身分後，未滿六個月者。五、從前四款所列之人獲悉消息之人。……」

16 (B)。證券交易法第150條規定：「上市有價證券之買賣，應於證券交易所開設之有價證券集中交易市場為之。但左列各款不在此限：一、政府所發行債券之買賣。二、基於法律規定所生之效力，不能經由有價證券集中交易市場之買賣而取得或喪失證券所有權者。三、私人間之直接讓受，其數量不超過該證券一個成交單位；前後兩次之讓受行為，相隔不少於三個月者。四、其他符合主管機關所定事項者。」

17 (A)。證券交易法第36條規定：「……第一項之公司有下列情事之一者，應於事實發生之日起二日內公告並向主管機關申報：一、股東常會承認之年度財務報告與公告並向主管機關申報之年度財務報告不一致。二、發生對股東權益或證券價格有重大影響之事項。……」

18 (B)。證券交易法第61條規定：「有價證券買賣融資融券之額度、期限及融資比率、融券保證金成數，由主管機關商經中央銀行同意後定之；有價證券得為融資融券標準，由主管機關定之。」

19 (B)。公司法第183條規定：「股東會之議決事項，應作成議事錄，由主席簽名或蓋章，並於會後二十日內，將議事錄分發各股東。……」

20 (A)。證券交易法第18條所稱證券服務事業有證券投資信託事業、證券投資顧問事業、證券金融事業、證券集中保管事業，證券商非屬證券服務事業。

21 (C)。證券交易法第13條規定：「本法所稱公開說明書，謂發行人為有價證券之募集或出賣，依本法之規定，向公眾提出之說明文書。」

22 (C)。「證券交易法」與「公司法」之適用關係為「證券交易法」為「公司法」之特別法。

23 (D)。證券交易法施行細則第5條規定：「本法第三十六條第一項第三款所定公告並申報之營運情形，指下列事項：一、合併營業收入額。二、為他人背書及保證之金額。三、其他主管機關所定之事項。」

24 (D)。公開發行公司董事會議事辦法第18條規定：「公司應將董事會之開會過程全程錄音或錄影存證，並至少保存五年，其保存得以電子方式為之。……」

25 (A)。根據證券交易法第32條，「前條之公開說明書，其應記載之主要內容有虛偽或隱匿之情事者，左列各款之人，對於善意之相對人，因而所受之損害，應就其所應負責部分與公司負連帶賠償責任：一、發行人及其負責人。二、發行人之職員，曾在公開說明書上簽章，以證實其所載內容之全部或一部者。三、該有價證券之證券承銷商。四、會計師、律師、工程師或其他專門職業或技術人員，曾在公開說明書上簽章，以證實其所載內容之全部或一部，或陳述意見者。
前項第一款至第三款之人，除發行人外，對於未經前項第四款之人簽證部分，如能證明已盡相當之注意，並有正當理由確信其主要內容無虛偽、隱匿情事或對於簽證之意見有正當理由確信其為真實者，免負賠償責任；前項第四款之人，如能證明已經合理調查，並有正當理由確信其簽證或意見為真實者，亦同。」
故發行人須負絕對賠償責任。

26 (B)。證券交易法第157-1條規定：「下列各款之人，實際知悉發行股票公司有重大影響其股票

價格之消息時，在該消息明確後，未公開前或公開後十八小時內，不得對該公司之上市或在證券商營業處所買賣之股票或其他具有股權性質之有價證券，自行或以他人名義買入或賣出：一、該公司之董事、監察人、經理人及依公司法第二十七條第一項規定受指定代表行使職務之自然人。二、持有該公司之股份超過百分之十之股東。三、基於職業或控制關係獲悉消息之人。四、喪失前三款身分後，未滿六個月者。五、從前四款所列之人獲悉消息之人。……」

27 (D)。證券交易法第25條規定：「公開發行股票之公司於登記後，應即將其董事、監察人、經理人及持有股份超過股份總額百分之十之股東，所持有之本公司股票種類及股數，向主管機關申報並公告之。前項股票持有人，應於每月五日以前將上月份持有股數變動之情形，向公司申報，公司應於每月十五日以前，彙總向主管機關申報。必要時，主管機關得命令其公告之。……」

28 (D)。證券商須為依法設立之公司，則該所稱「公司」，係指股份有限公司。

29 (C)。證券商負責人與業務人員管理規則第11-1條規定，證券商投資非金融機構之公開發行公司者，其負責人不得兼任被投資公司董事長。

30 (B)。證券交易法第113條規定：「會員制證券交易所至少應置董事三人，監事一人，依章程之規定，由會員選任之。但董事中至少應有三分之一，監事至少應有一人就非會員之有關專家中選任之。……」

31 (C)。公司法第129條規定：「發起人應以全體之同意訂立章程，載明下列各款事項，並簽名或蓋章：一、公司名稱。二、所營事業。三、採行票面金額股者，股份總數及每股金額；採行無票面金額股者，股份總數。四、本公司所在地。五、董事及監察人之人數及任期。六、訂立章程之年、月、日。」

32 (B)。公司法第172-1條規定：「持有已發行股份總數百分之一以上股份之股東，得向公司提出股東常會議案。但以一項為限，提案超過一項者，均不列入議案。……」

33 (B)。公司法第232條規定：「已依本法發行有價證券之公司，申請以法定盈餘公積或資本公積撥充資本時，應先填補虧損；其以資本公積撥充資本者，應以其一定比率為限。……」

34 (D)。計算短線交易利益時，得自列入計算之差價利益扣除買賣所支付之證券商手續費。

35 **(B)**。證券交易法第53條規定：
「有左列情事之一者，不得充任
證券商之董事、監察人或經理
人；其已充任者，解任之，並由
主管機關函請經濟部撤銷其董
事、監察人或經理人登記：一、
有公司法第三十條各款情事之一
者。二、曾任法人宣告破產時之
董事、監察人、經理人或其他地
位相等之人，其破產終結未滿三
年或調協未履行者。三、最近三
年內在金融機構有拒絕往來或喪
失債信之紀錄者。四、依本法之
規定，受罰金以上刑之宣告，執
行完畢、緩刑期滿或赦免後未滿
三年者。……」

36 **(C)**。證券交易法第166條規定：
「依本法所為有價證券交易所生
之爭議，當事人得依約定進行仲
裁。但證券商與證券交易所或證
券商相互間，不論當事人間有
無訂立仲裁契約，均應進行仲
裁。……」

37 **(D)**。證券交易法第28-2條規定：
「股票已在證券交易所上市或於
證券商營業處所買賣之公司，有
下列情事之一者，得經董事會三
分之二以上董事之出席及出席董
事超過二分之一同意，於有價證
券集中交易市場或證券商營業處
所或依第四十三條之一第二項規
定買回其股份，不受公司法第
一百六十七條第一項規定之限
制：一、轉讓股份予員工。二、

配合附認股權公司債、附認股權
特別股、可轉換公司債、可轉換
特別股或認股權憑證之發行，作
為股權轉換之用。三、為維護公
司信用及股東權益所必要而買
回，並辦理銷除股份。……」

38 **(B)**。股份有限公司業務之執行，
由董事會決定之。

39 **(A)**。公司法第192-1條規定：
「……持有已發行股份總數百分
之一以上股份之股東，得以書面
向公司提出董事候選人名單，提
名人數不得超過董事應選名額；
董事會提名董事候選人之人數，
亦同。……」

40 **(B)**。公司召開股東會時，股東行
使其表決權，不得以公告方式行使
其表決權。

41 **(B)**。公開發行公司內部控制制度
訂定過程無須申報主管機關。

42 **(B)**。公司法第232條規定：「已
依本法發行有價證券之公司，申
請以法定盈餘公積或資本公積撥
充資本時，應先填補虧損；其以
資本公積撥充資本者，應以其一
定比率為限。……」

43 **(C)**。證券交易法第14-4條規定：
「……審計委員會應由全體獨立董
事組成，其人數不得少於三人，其
中一人為召集人，且至少一人應具
備會計或財務專長。……」

44 **(B)**。內部人獲悉股票發行公司有
重大影響股票價格時，在該消息

未公開前，對該公司股票有買賣之行為稱為「內線交易」。

45 (B)。依「證券交易法」之規定，短線交易之利益歸入權行使之法定主體係該發行股票公司。

46 (A)。證券商得經營有價證券之承銷、自行買賣、行紀。

47 (D)。公司法第285條規定：「法院除為前條第一項徵詢外，並得就對公司業務具有專門學識、經營經驗而非利害關係人者，選任為檢查人，就左列事項於選任後三十日內調查完畢報告法院：……」

48 (C)。證券交易法第41條規定：「主管機關認為有必要時，對於已依本法發行有價證券之公司，得以命令規定其於分派盈餘時，除依法提出法定盈餘公積外，並應另提一定比率之特別盈餘公積。……」

49 (A)。證券交易法第10條規定：「本法所稱承銷，謂依約定包銷或代銷發行人發行有價證券之行為。」

50 (C)。證券交易法第14-5條規定：「已依本法發行股票之公司設置審計委員會者，下列事項應經審計委員會全體成員二分之一以上同意，並提董事會決議，不適用第十四條之三規定：……」

51 (D)。證券交易法第22-2條規定：「……二、依主管機關所定持有

期間及每一交易日得轉讓數量比例，於向主管機關申報之日起三日後，在集中交易市場或證券商營業處所為之。但每一交易日轉讓股數未超過一萬股者，免予申報。……」

52 (A)。證券交易法第25條規定：「公開發行股票之公司於登記後，應即將其董事、監察人、經理人及持有股份超過股份總額百分之十之股東，所持有之本公司股票種類及股數，向主管機關申報並公告之。前項股票持有人，應於每月五日以前將上月份持有股數變動之情形，向公司申報，公司應於每月十五日以前，彙總向主管機關申報。必要時，主管機關得命令其公告之。……」

53 (B)。證券交易法第153條規定：「證券交易所之會員或證券經紀商、證券自營商在證券交易所市場買賣證券，買賣一方不履行交付義務時，證券交易所應指定其他會員或證券經紀商或證券自營商代為交付。其因此所生價金差額及一切費用，證券交易所應先動用交割結算基金代償之；如有不足，再由證券交易所代為支付，均向不履行交割之一方追償之。」

54 (B)。證券交易法第28-2條規定：「……前項公司買回股份之數量比例，不得超過該公司已發行股份總數百分之十；收買股份之總

金額，不得逾保留盈餘加發行股份溢價及已實現之資本公積之金額。……」

55 (D)。公開發行公司停止辦理股票過戶之時點為：(A)公司於股東常會開會前六十日內。(B)股東臨時會前三十日內。(C)決定分派股息、紅利或其他利益之基準日前五日內。

56 (C)。證券交易法施行細則係由金融監督管理委員會所訂定。

57 (C)。公司法第195條規定：「董事任期不得逾三年。但得連選連任。……」

58 (C)。公開發行公司召開股東常會時，對於持有記名股票未滿一千股之股東，得以公告方式代替召集通知書之寄發，係為了減輕公開發行公司召開股東會時之人力、物力負擔。

59 (B)。證券交易法第33條規定：「……已依本法發行有價證券之公司發行新股時，如依公司法第二百七十三條公告之股款繳納期限在一個月以上者，認股人逾期不繳納股款，即喪失其權利，不適用公司法第二百六十六條第三項準用同法第一百四十二條之規定。」

60 (C)。證券交易法第157-1條規定：「下列各款之人，實際知悉發行股票公司有重大影響其股票價格之消息時，在該消息明確

後，未公開前或公開後十八小時內，不得對該公司之上市或在證券商營業處所買賣之股票或其他具有股權性質之有價證券，自行或以他人名義買入或賣出：一、該公司之董事、監察人、經理人及依公司法第二十七條第一項規定受指定代表行使職務之自然人。二、持有該公司之股份超過百分之十之股東。三、基於職業或控制關係獲悉消息之人。四、喪失前三款身分後，未滿六個月者。五、從前四款所列之人獲悉消息之人。……」

61 (C)。證券商稅後盈餘所提列之特別盈餘公積，可做填補公司虧損、撥充資本等。

62 (B)。證券交易法第151條規定：「於有價證券集中交易市場為買賣者，在會員制證券交易所限於會員；在公司制證券交易所限於訂有使用有價證券集中交易市場契約之證券自營商或證券經紀商。」

63 (B)。證券交易法第154條規定：「……因有價證券集中交易市場買賣所生之債權，就第一百零八條及第一百三十二條之交割結算基金有優先受償之權，其順序如左：一、證券交易所。二、委託人。三、證券經紀商、證券自營商。……」

64 (B)。公司法第331條規定：「清算完結時，清算人應於十五日內，造

具清算期內收支表、損益表、連同各項簿冊，送經監察人審查，並提請股東會承認。……」

65 (A)。證券交易法第1條規定：「為發展國民經濟，並保障投資，特制定本法。」

66 (D)。董事長召集董事不必得常務董事同意。

67 (B)。證券交易法第36條規定：「……二、於每會計年度第一季、第二季及第三季終了後四十五日內，公告並申報由董事長、經理人及會計主管簽名或蓋章，並經會計師核閱及提報董事會之財務報告。……」

68 (D)。依「證券交易法」規定，從事內線交易者應負刑事責任及民事責任。

69 (C)。證券交易法第55條規定：「證券商於辦理公司設立登記後，應依主管機關規定，提存營業保證金。因證券商特許業務所生債務之債權人，對於前項營業保證金，有優先受清償之權。」

70 (B)。證券交易法第151條規定：「於有價證券集中交易市場為買賣者，在會員制證券交易所限於會員；在公司制證券交易所限於訂有使用有價證券集中交易市場契約之證券自營商或證券經紀商。」公司制證券交易所與證券經紀商間之法律關係為契約關係。

71 (C)。證券交易法第163條規定：「證券交易所之行為，有違反法令或本於法令之行政處分，或妨害公益或擾亂社會秩序時，主管機關得為左列之處分：一、解散證券交易所。二、停止或禁止證券交易所之全部或一部業務。但停止期間，不得逾三個月。三、以命令解任其董事、監事、監察人或經理人。四、糾正。……」

72 (D)。會計師查核簽證之會計師是指經考試院會計師考試合格，並經登錄且加入經金融監督管理委員會核准辦理查核簽證之聯合會計師事務所者。

73 (A)。證券交易法第22-2條規定：「……二、依主管機關所定持有期間及每一交易日得轉讓數量比例，於向主管機關申報之日起三日後，在集中交易市場或證券商營業處所為之。但每一交易日轉讓股數未超過一萬股者，免予申報。……」

74 (A)。證券交易法第1條規定：「為發展國民經濟，並保障投資，特制定本法。」

75 (C)。監察人任期不得逾三年。但得連選連任。

76 (D)。已依本法發行有價證券之公司，除情形特殊，經主管機關另予規定者外，應公告並向主管機關申報：
(1)於每會計年度終了後三個月內，公告並申報由董事長、經

理人及會計主管簽名或蓋章，並經會計師查核簽證、董事會通過及監察人承認之年度財務報告。

(2)於每會計年度第一季、第二季及第三季終了後四十五日內，公告並申報由董事長、經理人及會計主管簽名或蓋章，並經會計師核閱及提報董事會之財務報告。

(3)於每月十日以前，公告並申報上月份營運情形。

77 **(C)**。公司發行新股時，除經目的事業中央主管機關專案核定者外，應保留發行新股總數百分之十至十五之股份由公司員工承購。公營事業經該公營事業之主管機關專案核定者，得保留發行新股由員工承購；其保留股份，不得超過發行新股總數百分之十。

78 **(D)**。任何人單獨或與他人共同取得任一公開發行公司已發行股份總額超過百分之十者，應於取得後十日內，向主管機關申報。

79 **(A)**。有價證券得為融資融券標準係由金融監督管理委員會訂定發布。

80 **(D)**。公開發行公司除經主管機關核准者外，董事間應有超過二分之一席次不得具有配偶或二親等以內之親屬關係。

81 **(D)**。公司之設立登記與組織係「公司法」規範事項。

82 **(C)**。已依本法發行有價證券之公司，除情形特殊，經主管機關另予規定者外，應公告並向主管機關申報：

(1)於每會計年度終了後三個月內，公告並申報由董事長、經理人及會計主管簽名或蓋章，並經會計師查核簽證、董事會通過及監察人承認之年度財務報告。

(2)於每會計年度第一季、第二季及第三季終了後四十五日內，公告並申報由董事長、經理人及會計主管簽名或蓋章，並經會計師核閱及提報董事會之財務報告。

83 **(A)**。依「證券交易法」規定發行股票之公司，於增資發行新股時，主管機關得規定其股權分散標準。

84 **(B)**。發行股票公司董事會或監察人不為公司行使前項請求權時，股東得以30日之限期，請求董事或監察人行使之；逾期不行使時，請求之股東得為公司行使前項請求權。董事或監察人不行使請求以致公司受損害時，對公司負連帶賠償之責。請求權，自獲得利益之日起二年間不行使而消滅。

85 **(B)**。證券交易所之會員或證券經紀商、證券自營商在證券交易所市場買賣證券，買賣一方不履行交付義務時，證券交易所應指定其他會員或證券經紀商或證券自

營商代為交付。其因此所生價金差額及一切費用，證券交易所應先動用交割結算基金代償之；如有不足，再由證券交易所代為支付，均向不履行交割之一方追償之。因有價證券集中交易市場買賣所生之債權，就交割結算基金有優先受償之權，其順序如下：
(1) 證券交易所。
(2) 委託人。
(3) 證券經紀商、證券自營商。

86 (C)。證券交易法第163條規定：「證券交易所之行為，有違反法令或本於法令之行政處分，或妨害公益或擾亂社會秩序時，主管機關得為左列之處分：一、解散證券交易所。二、停止或禁止證券交易所之全部或一部業務。但停止期間，不得逾三個月。三、以命令解任其董事、監事、監察人或經理人。四、糾正。……」

87 (C)。證券交易法第166條規定：「依本法所為有價證券交易所生之爭議，當事人得依約定進行仲裁。但證券商與證券交易所或證券商相互間，不論當事人間有無訂立仲裁契約，均應進行仲裁。……」

88 (A)。依證券交易法之規定，發行人募集或出賣有價證券需向公眾提出說明文書（公開說明書）。

89 (A)。公開發行公司，對於持股未滿一千股之股東，其股東常會之

召集通知得於開會三十日前，以公告方式為之。

90 (A)。證券交易法第18條所稱證券服務事業有證券投資信託事業、證券投資顧問事業、證券金融事業、證券集中保管事業，證券商非屬證券服務事業。

91 (C)。監察人任期不得逾三年。但得連選連任。

92 (C)。公司法第129條規定：「發起人應以全體之同意訂立章程，載明下列各款事項，並簽名或蓋章：一、公司名稱。二、所營事業。三、採行票面金額股者，股份總數及每股金額；採行無票面金額股者，股份總數。四、本公司所在地。五、董事及監察人之人數及任期。六、訂立章程之年、月、日。」

93 (D)。監察人得列席董事會陳述意見，選項(D)有誤。

94 (B)。公開發行公司獨立董事兼任其他公開發行公司獨立董事不得逾3家。

95 (C)。證券交易法第32條規定：「前條之公開說明書，其應記載之主要內容有虛偽或隱匿之情事者，左列各款之人，對於善意之相對人，因而所受之損害，應就其所應負責部分與公司負連帶賠償責任：……」

96 (A)。證券交易法第166條規定：「依本法所為有價證券交易所生

之爭議，當事人得依約定進行仲裁。但證券商與證券交易所或證券商相互間，不論當事人間有無訂立仲裁契約，均應進行仲裁。……」

97 (B)。「證券交易法」所稱募集及發行有價證券之公司或募集有價證券之發起人，稱之為「發行人」。

98 (D)。公司法第172條規定：「……選任或解任董事、監察人、變更章程、減資、申請停止公開發行、董事競業許可、盈餘轉增資、公積轉增資、公司解散、合併、分割或第一百八十五條第一項各款之事項，應在召集事由中列舉並說明其主要內容，不得以臨時動議提出；其主要內容得置於證券主管機關或公司指定之網站，並應將其網址載明於通知。……」

99 (D)。因訴訟對公司財務或業務產生重大影響、存款不足遭退票、取得專利權皆是對股東權益或股票價格有重大影響之事項。

100 (A)。根據證券交易法第32條，「前條之公開說明書，其應記載之主要內容有虛偽或隱匿之情事者，左列各款之人，對於善意之相對人，因而所受之損害，應就其所應負責部分與公司負連帶賠償責任：一、發行人及其負責人。二、發行人之職員，曾在公

開說明書上簽章，以證實其所載內容之全部或一部者。三、該有價證券之證券承銷商。四、會計師、律師、工程師或其他專門職業或技術人員，曾在公開說明書上簽章，以證實其所載內容之全部或一部，或陳述意見者。

前項第一款至第三款之人，除發行人外，對於未經前項第四款之人簽證部分，如能證明已盡相當之注意，並有正當理由確信其主要內容無虛偽、隱匿情事或對於簽證之意見有正當理由確信其為真實者，免負賠償責任；前項第四款之人，如能證明已經合理調查，並有正當理由確信其簽證或意見為真實者，亦同。」

故發行人須負絕對賠償責任。

101 (A)。除經主管機關核准者外，公開發行公司董事間應有超過二分之一比例席次，不得具有配偶之關係。

102 (D)。計算短線交易利益時，得自列入計算之差價利益扣除買賣所支付之證券商手續費後得之。

103 (C)。證券商須經主管機關之許可及發給許可證照，方得營業，非證券商不得經營證券業務，故證券商之設立採許可制。

104 (D)。證券交易法第155條規定，客戶若因證券交易偽造上市公司有價證券，經法院諭知有罪判決，應經滿五年後證券商始得接受其委託買賣有價證券。

第二篇
證券交易實務

本章對考證券營業員證照的人而言,無疑是必拿的分數,一定要掌握。本章的重點有相關日期的熟記、稅費等。

開戶、受託買賣相關規定

依據出題頻率區分，屬：**B** 頻率中

重點 **1** 開戶、徵信規定 ✮✮

一、 應建立客戶資料（證券商管理規則§34）

證券商受託買賣有價證券，對客戶應建立下列之資料：

(一) 姓名、住所及通訊處所。

(二) 職業及年齡。

(三) 資產之狀況。

(四) 投資經驗。

(五) 開戶原因。

(六) 其他必要之事項。

　　證券商對前項之資料，除應依法令所為之查詢外，應予保密。

二、 評估客戶投資能力（證券商管理規則§35）

證券商受託買賣有價證券，應依據前條之資料及往來狀況評估客戶投資能力；客戶之委託經評估其信用狀況如有逾越其投資能力，除提供適當之擔保者外，得拒絕受託買賣。

三、 自然人應親自開戶（買賣有價證券業務規則§45）

客戶為自然人者，除主管機關規定得代理者外，應親持身分證正本辦理開戶並當場簽章。

四、 法人客戶應函證是否授權開戶

法人開戶應以雙掛號函證客戶依法登記所在地地址，查證是否授權開戶，非俟完成上開查證確認程序，不得受託買賣。

重點2 受託買賣、交割及相關作業規定 ✿✿✿

一、 客戶之委託應評估客戶之委託 (證券商管理規則§35)

證券商受託買賣有價證券，應依據客戶資料及往來狀況評估客戶投資能力；客戶之委託經評估其信用狀況如有逾越其投資能力，除提供適當之擔保者外，得拒絕受託買賣。

二、 客戶買賣委託不得逾越其單日買賣額度

客戶當日依證券商公會徵信與額度管理自律規則第5條規定計算之買賣委託合計總金額，不得逾越其單日買賣額度。

三、 對受託買賣金額建立分層負責

(自律規則§7)

營業員對往來金額較鉅且受託買賣達一定金額以上之客戶，應填寫受託買賣金額分層負責表，逐級報請權責主管批准，在核准額度內進行交易。

考點速攻

1. 從事有價證券之承銷、自行買賣及經紀業務之自律規則，由證券商業同業公會負責擬定。
2. 證券商為辦理客戶委託保管及運用其款項業務之款項收付，應於銀行開立專用之新臺幣活期存款帳戶。

四、 受託買賣證券不得有下列行為 (人員管理規則§18)

(一) 為獲取投機利益之目的，以職務上所知悉之消息，從事上市或上櫃有價證券買賣之交易活動。

(二) 非應依法令所為之查詢，洩漏客戶委託事項及其他職務上所獲悉之秘密。

(三) 受理客戶對買賣有價證券之種類、數量、價格及買進或賣出之全權委託。

(四) 對客戶作贏利之保證或分享利益之證券買賣。

(五) 約定與客戶共同承擔買賣有價證券之交易損益，而從事證券買賣。

(六) 接受客戶委託買賣有價證券時，同時以自己之計算為買入或賣出之相對行為。

(七) 利用客戶名義或帳戶，申購、買賣有價證券。

(八) 以他人或親屬名義供客戶申購、買賣有價證券。

(九) 與客戶有借貸款項、有價證券或為借貸款項、有價證券之媒介情事。

(十) 辦理承銷、自行或受託買賣有價證券時,有隱瞞、詐欺或其他足以致人誤信之行為。

(十一) 挪用或代客戶保管有價證券、款項、印鑑或存摺。

(十二) 受理未經辦妥受託契約之客戶,買賣有價證券。

(十三) 未依據客戶委託事項及條件,執行有價證券之買賣。

(十四) 向客戶或不特定多數人提供某種有價證券將上漲或下跌之判斷,以勸誘買賣。

(十五) 向不特定多數人推介買賣特定之股票。但因承銷有價證券所需者,不在此限。

(十六) 接受客戶以同一或不同帳戶為同種有價證券買進與賣出或賣出與買進相抵之交割。但依法令辦理信用交易資券相抵交割及接受客戶以同一帳戶於同一營業日為現款買進有價證券成交後,以現券賣出同種類有價證券,就相同數量部分相抵交割者,不在此限。

(十七) 代理他人開戶、申購、買賣或交割有價證券。但為委託人之法定代理人,不在此限。

(十八) 受理本公司之董事、監察人、受僱人代理他人開戶、申購、買賣或交割有價證券。

(十九) 受理非本人開戶。但本會另有規定者,不在此限。

(二十) 受理非本人或未具客戶委任書之代理人申購、買賣或交割有價證券。

(二一) 知悉客戶有利用公開發行公司尚未公開而對其股票價格有重大影響之消息或有操縱市場行為之意圖,仍接受委託買賣。

(二二) 辦理有價證券承銷業務之人員與發行公司或其相關人員間有獲取不當利益之約定。

(二三) 招攬、媒介、促銷未經核准之有價證券或其衍生性商品。

(二四) 其他違反證券管理法令或經本會規定不得為之行為。

五、 錯帳、更正帳號及客戶違約應確實申報

錯帳、更正帳號及客戶違約,應確實依規申報及處理。

重點 **3 有價證券買賣申報之規定** ✠✠✠

一、 買賣申報之數量及價格

(一)**買賣申報之數量**（證交所營業細則§60）：申報買賣之數量，必須為一交易單位或其整倍數，股票以一千股為一交易單位，公債及公司債以面額十萬元為一交易單位。

(二)**買賣申報之價格**（證交所營業細則§61）：申報買賣之價格，股票以一股為準，公債及公司債以面額百元為準。債券買賣除申報時聲明連息或另有規定者外，一律為除息交易。

二、 漲跌停限制（證交所營業細則§63）

(一)有價證券每日市價升降幅度，除主管機關另有核定者外，股票價格以漲至或跌至當市開盤競價基準百分之十為限。

(二)債券價格以漲至或跌至當市開盤競價基準百分之五為限。

考點速攻

每日的漲跌幅最高為10%，故股票在同一交易日內，最高價與最低價之差，最大是20%。

(三)但升降幅度限度未滿最小升降單位者，按最小升降單位計算，且價格以跌至最小升降單位為限。

(四)初次上市普通股除上櫃轉上市者外，自上市買賣日起五個交易日採無升降幅度限制，且價格以跌至一分為限。

重點 **4 有價證券上市** ✠✠

一、 本國有價證券上市

(一)**一般公司**（有價證券上市審查準則§4）：

1. **設立年限**：申請上市時已依公司法設立登記屆滿三年以上。但公營事業或公營事業轉為民營者，不在此限。

2. **資本額**：申請上市時之實收資本額達新臺幣六億元以上且募集發行普通股股數達三千萬股以上。

3. **獲利能力**：其財務報告之稅前淨利符合下列標準之一，且最近一個會計年度決算無累積虧損者。
   (1) 稅前淨利占年度決算之財務報告所列示股本比率，最近二個會計年度均達百分之六以上。
   (2) 稅前淨利占年度決算之財務報告所列示股本比率，最近二個會計年度平均達百分之六以上，且最近一個會計年度之獲利能力較前一會計年度為佳。
   (3) 稅前淨利占年度決算之財務報告所列示股本比率，最近五個會計年度均達百分之三以上。

4. **股權分散**：記名股東人數在一千人以上，公司內部人及該等內部人持股逾百分之五十之法人以外之記名股東人數不少於五百人，且其所持股份合計占發行股份總額百分之二十以上或滿一千萬股者。

5. **食品工業**：上市產業類別係屬食品工業或最近一個會計年度餐飲收入占其全部營業收入百分之五十以上之發行公司，應符合下列各目規定：
   (1) 設置實驗室，從事自主檢驗。
   (2) 產品原材料、半成品或成品委外辦理檢驗者，應送交經衛生福利部、財團法人全國認證基金會或衛生福利部委託之機構認證或認可之實驗室或檢驗機構檢驗。
   (3) 洽獨立專家就其食品安全監測計畫、檢驗週期、檢驗項目等出具合理性意見書。

(二) **科技或文化創意事業**（有價證券上市審查準則§5）：申請股票上市之發行公司，經中央目的事業主管機關出具其係屬科技事業或文化創意事業且具市場性之明確意見書，合於下列各款條件者，同意其股票上市：

1. **資本額**：申請上市時之實收資本額達新臺幣三億元以上且募集發行普通股股數達兩千萬股以上。

2. **證券商推薦**：經證券承銷商書面推薦者。

3. **獲利能力**：最近期及最近一個會計年度財務報告之淨值不低於財務報告所列示股本三分之二者。

4. **股權分散**：記名股東人數在一千人以上，且公司內部人及該等內部人持股逾百分之五十之法人以外之記名股東人數不少於五百人者。

(三)**國家經濟建設之重大事業**（有價證券上市審查準則§6）：申請股票上市之發行公司，屬於國家經濟建設之重大事業，經目的事業主管機關認定，並出具證明文件，合於下列各款條件者，同意其股票上市：

1. **股權**：由政府推動創設，並有中央政府或其指定之省（直轄市）級地方自治團體及其出資百分之五十以上設立之法人參與投資，合計持有其申請上市時已發行股份總額百分之五十以上者。
2. **資本額**：申請上市時之實收資本額達新臺幣十億元以上者。
3. **股權分散**：合於「一般公司」規定標準者。

(四)**政府獎勵民間參與之國家重大公共建設事業**（有價證券上市審查準則§6-1）：申請股票上市之發行公司，屬於政府獎勵民間參與之國家重大公共建設事業，取得中央政府、直轄市級地方自治團體或其出資百分之五十以上之法人核准投資興建及營運之特許權合約，並出具證明文件，合於下列各款條件者，同意其股票上市：

1. **取得特許**：公司係為取得特許合約所新設立之公司，且其營業項目均經中央目的事業主管機關之核准。
2. **資本額**：申請上市時之實收資本額達新臺幣五十億元以上者。
3. **預計計畫投入成本**：取得特許合約之預計工程計畫總投入成本達二百億元以上者。
4. **特許營運權**：申請上市時，其特許營運權尚有存續期間在二十年以上者。
5. **股權**：公司之董事、持股達已發行股份總額百分之五以上之股東、持股達發行股份總額千分之五以上或十萬股以上之技術出資股東或經營者需具備完成特許合約所需之技術能力、財力及其他必要能力，並取得核准其特許權合約之機構出具之證明。
6. **股權分散**：合於「一般公司」規定標準者。

(五)**證券業、金融業、保險業及專營期貨商**（有價證券上市審查準則§15）：證券業、金融業、保險業及專營期貨商申請其股票上市，除應符合本準則有關規定外，應先取得目的事業主管機關之同意函，本公司始予受理。但申請其股票上市之金融業及保險業，如其股票前依櫃檯買賣中心證券商營業處所買賣有價證券審查準則第3條規定在櫃檯買賣中心上櫃買賣前已取具者，得免再提供。證券公司申請其股票上市，除應符合本準則有關規定外，並應同時經營證券承銷、自行買賣及行紀或居間等三種業務屆滿五個完整會計年度。

(六) **營建業**（有價證券上市審查準則§16）：申請股票上市之發行公司，除公營事業外，其最近二個會計年度財務報告之營建收入占總營業收入百分之二十以上，或營建毛利占總毛利百分之二十以上，或營建收入或營建毛利所占比率較其他營業項目為高之情事者，除應符合本準則有關規定外，並應合於下列各款條件：

1. **設立年限**：自設立登記後，已超過八個完整會計年度者。

2. **資本額**：申請上市時之實收資本額達新臺幣六億元以上者。

3. **權益比例**：最近期及最近一個會計年度財務報告之權益總額，須達資產總額百分之三十以上。

4. **投資限制**：最近期及最近一個會計年度財務報告之待售房地及投資性不動產淨額，合計不得逾權益總額之百分之七十。但取得使用執照未滿一年，或依合約規定所取得地上權所為之推案僅得出租而不得出售致轉列投資性不動產，或投資性不動產出租率達百分之五十以上者，得免列入計算。

5. **獲利能力**：最近三個會計年度稅前淨利均為正數，且最近三個會計年度均無累積虧損者。經簽證會計師設算下列情況所獲利益予以扣除後，其獲利能力仍符合上市規定之條件者：

    (1) 買賣他人完工個案或未完工程（指已投入營建成本占總營建成本達百分之四十以上者）者。

    (2) 買賣素地或成屋者。

    (3) 取得原係合建方式契約相對人之土地或房屋，再予出售者。

    (4) 銷售予關係人之房地者。

二、認購權益及受益憑證上市

(一) **認購權益**（有價證券上市審查準則§21）：上市公司所發行之新股認購權利證書或新股權利證書，應於增資案經向主管機關申報生效後十五日內；所發行之股款繳納憑證，應於增資案經向主管機關申報生效並收足股款後十五日內，向本公司申請上市，方得在本公司市場上市買賣。

(二) **受益憑證**：

1. **國內封閉式證券投資信託基金**（有價證券上市審查準則§23）：凡經奉准公開發行且成立之國內封閉式證券投資信託基金，合於下列各款條件，

由募集之國內證券投資信託事業申請上市者，本公司得同意其受益憑
證上市：

(1) 基金發行總額在新臺幣貳拾億元以上者。

(2) 持有該基金受益權單位價金總額未超過新臺幣壹佰萬元之持有人不
少於一千人，且其所持有之受益權單位價金總額並不少於新臺幣肆
億元者。

2. **指數股票型證券投資信託基金或指數股票型期貨信託基金**：凡經奉主管
機關核准公開發行且成立之指數股票型證券投資信託基金或指數股票
型期貨信託基金，且其最低淨資產價值達新臺幣二億元以上，由募集
之國內證券投資信託事業或期貨信託事業申請上市者，除本公司另有
規定外，得同意其受益憑證上市。

三、外國有價證券上市

(一) **發行之臺灣存託憑證**（有價證券上市審查準則§26）：外國發行人暨其存託機
構申請其擬發行之臺灣存託憑證申請上市，合於下列各款條件者，同意其
上市：

1. **上市臺灣存託憑證單位**：二千萬個單位以上或市值達新臺幣三億元以上
者。但不得逾其已發行股份總數之百分之五十。

2. **已於海外市場掛牌交易**：外國發行人依據註冊地國法律發行之股票或表
彰股票之有價證券，於申請上市之臺灣存託憑證掛牌前，已在經主管機
關核定之海外證券市場之一主板掛牌交易者。

3. **淨值**：申請上市時，其經會計師查核簽證之最近期財務報告所顯示之淨
值折合新臺幣六億元以上者。

4. **獲利能力**：最近一個會計年度無累積虧損，並符合下列標準之一者：

(1) 稅前淨利占年度決算之淨值比率，最近一年度達百分之六以上者。

(2) 稅前淨利占年度決算之淨值比率，最近二年度均達百分之三以上，或平
均達百分之三以上，且最近一年度之獲利能力較前一年度為佳者。

(3) 稅前淨利最近二年度均達新臺幣二億五千萬元以上者。

5. **股權分散**：上市時，在中華民國境內之臺灣存託憑證持有人不少於一千
人，且扣除外國發行人內部人及該等內部人持股逾百分之五十之法人以
外之持有人，其所持單位合計占發行單位總數百分之二十以上或滿一千
萬個單位。

(二) **發行股票第二上市**（有價證券上市審查準則§27）：外國發行人申請其發行之
股票第二上市，合於下列各款條件者，同意其上市：
　1. **上市股數**：二千萬股以上或市值達新臺幣三億元以上者。但不得逾其已
　　發行股份總數之百分之五十。
　2. **已於海外市場掛牌交易**：外國發行人依據註冊地國法律發行之記名股票，
　　於申請上市之股票掛牌前，已在經主管機關核定之海外證券市場之一主
　　板掛牌交易者。
　3. **淨值**：申請上市時，經會計師查核簽證之最近期財務報告所顯示之淨值
　　折合新臺幣六億元以上者。
　4. **獲利能力**：最近一個會計年度無累積虧損，並符合下列標準之一者：
　　(1) 稅前淨利占年度決算之淨值比率，最近一年度達百分之六以上者。
　　(2) 稅前淨利占年度決算之淨值比率，最近二年度均達百分之三以上，或
　　　平均達百分之三以上，且最近一年度之獲利能力較前一年度為佳者。
　　(3) 稅前淨利最近二年度均達新臺幣二億五千萬元以上者。
　5. **股權分散**：上市時，在中華民國境內之記名股東人數不少於一千人，且
　　扣除外國發行人內部人及該等內部人持股逾百分之五十之法人以外之股
　　東，其所持股份合計占發行股份總額百分之二十以上或滿一千萬股。

四、 初次申請上市之公司董事、監察人及大股東持股強制集保

(一) **強制集保百分比**（有價證券上市審查準則§10）：
　初次申請上市之公司董事、監察人及持股超過已發行股份總額百分之十之
　股東（文創事業或資訊軟體業申請上市者，其董事、持股超過已發行股份
　總額百分之五之股東、以專利權或專門技術出資而在公司任有職務，並持
　有公司申請上市時之已發行股份總數千分之五以上股份或十萬股以上之股
　東）持股應強制集保，方同意上市：
　1. 股份總額在三千萬股以下者，應提交股份總額百分之二十五。
　2. 股份總額超過三千萬股至一億股以下者，除依前款規定辦理外，超過
　　三千萬股部分，應提交股份總額百分之二十。
　3. 股份總額超過一億股至二億股以下者，除依前款規定辦理外，超過一億
　　股部分，應提交股份總額百分之十。
　4. 股份總額超過二億股者，除依前款規定辦理外，超過二億股部分，應提
　　交股份總額百分之五。

(二) **領回時機**（有價證券上市審查準則§10）：

發行公司之董事及股東依第一項規定提交集中保管之股票，自上市買賣開始日起屆滿六個月後始得領回二分之一，自上市買賣開始日起屆滿一年後始得全數領回。但依第4條第2項、第3項申請上市者或依第5條、第20條第3項申請上市之科技事業，自上市買賣開始日起屆滿六個月後始得領回四分之一，其後每屆滿六個月可繼續領回四分之一，自上市買賣開始日起屆滿二年後始得全數領回。

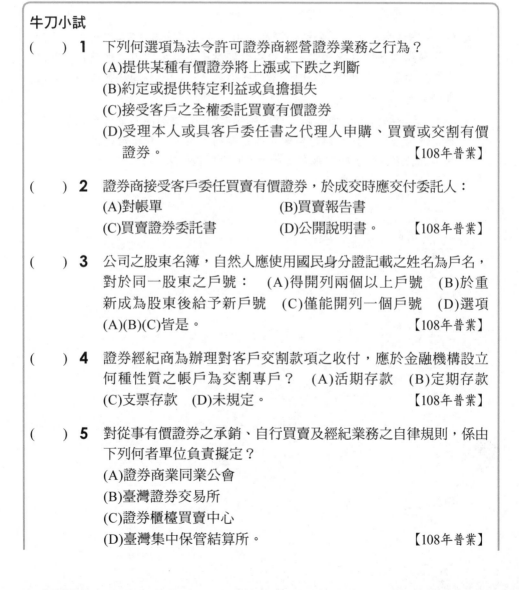

牛刀小試

( )　**1**　下列何選項為法令許可證券商經營證券業務之行為？
(A)提供某種有價證券將上漲或下跌之判斷
(B)約定或提供特定利益或負擔損失
(C)接受客戶之全權委託買賣有價證券
(D)受理本人或具客戶委任書之代理人申購、買賣或交割有價證券。　【108年普業】

( )　**2**　證券商接受客戶委任買賣有價證券，於成交時應交付委託人：
(A)對帳單　　　　　　(B)買賣報告書
(C)買賣證券委託書　　(D)公開說明書。　【108年普業】

( )　**3**　公司之股東名簿，自然人應使用國民身分證記載之姓名為戶名，對於同一股東之戶號：　(A)得開列兩個以上戶號　(B)於重新成為股東後給予新戶號　(C)僅能開列一個戶號　(D)選項(A)(B)(C)皆是。　【108年普業】

( )　**4**　證券經紀商為辦理對客戶交割款項之收付，應於金融機構設立何種性質之帳戶為交割專戶？　(A)活期存款　(B)定期存款　(C)支票存款　(D)未規定。　【108年普業】

( )　**5**　對從事有價證券之承銷、自行買賣及經紀業務之自律規則，係由下列何者單位負責擬定？
(A)證券商業同業公會
(B)臺灣證券交易所
(C)證券櫃檯買賣中心
(D)臺灣集中保管結算所。　【108年普業】

解答與解析

1 (D)。證券商管理規則第37條規定：「
(一)證券商不得提供某種有價證券將上漲或下跌之判斷。
(二)證券商不得約定或提供特定利益或負擔損失。
(三)證券商不得接受客戶之全權委託買賣有價證券。」

2 (B)。證券商接受客戶委任買賣有價證券，於成交時應交付委託人買賣報告書。

3 (C)。公開發行股票公司股務處理準則第18條規定：「……公司不得對同一股東，開列二個以上戶號。」

4 (A)。證券商辦理客戶委託保管及運用其款項管理辦法第4條規定：「證券商為辦理客戶委託保管及運用其款項業務之款項收付，應於銀行開立專用之新臺幣活期存款帳戶，帳戶名稱為『○○證券商之客戶現金管理專戶』。」

5 (A)。證券商同業公會業務管理規則第5條：「證券商同業公會對會員從事有價證券之承銷、自行買賣、經紀業務，及其他經核准經營之各項業務，應訂定自律規範申報本會備查，並確實執行之。」

重點 **1** 零股交易

一、 零股之定義

所稱零股交易，係指委託人買賣同一種類上市之本國股票或外國股票，其股數不足該股票原流通交易市場規定之交易單位者。本國股票或外國股票之零股以一股為一交易單位，申報買賣之數量必須為一股或其整倍數。

二、 集中保管

委託人應開立集中保管劃撥帳戶，證券經紀商始得接受其委託買賣。

三、 零股交易之買賣申報

(一)**申報時間**：零股交易買賣申報時間為上午九時至下午一時三十分。

(二)**申報數量**：零股交易每筆買賣委託申報量不得超過九百九十九股。

四、 撮合成交

零股交易於申報截止後，即以集合競價撮合成交。買賣申報之成交優先順序依價格優先原則，同價位之申報，依電腦隨機排列方式決定優先順序。

五、 交易規範

零股交易申報及成交之股票價格均不作為當日之開盤、收盤價格，亦不作為最高、最低行情之紀錄依據。

重點2 鉅額交易制度

一、鉅額交易之定義

(一)證券商一次申報買進或賣出之數量、種類及金額，應符合下列規定：

    1. 單一證券鉅額買賣，其上市證券數量達五百交易單位以上。

    2. 股票組合鉅額買賣，其上市股票種類達五種以上且總金額達一千五百萬元以上。

(二)未達前項第一款之情形而一次申報買進或賣出總金額達一千五百萬元以上者，得為單一證券鉅額買賣。

二、鉅額交易買賣方式

(一)鉅額買賣之方式，以逐筆交易或配對交易為限。

(二)鉅額買賣不得融資、融券。

(三)鉅額買賣之應收應付交割代價及有價證券，與其他採成交日後第二營業日交割之買賣合併辦理交割。

三、交易時段

(一)逐筆交易：逐筆交易時間為上午九時至下午五時。

(二)配對交易：配對交易之交易時段為上午八時至上午八時三十分及上午九時至下午五時。

四、買賣申報

(一)買賣數量申報：鉅額買賣數量之申報，不以一交易單位或其整倍數為限，得以一股或其整倍數為之。

(二)買賣價格申報：鉅額買賣價格之申報，升降單位為一分。

重點 3 有價證券借貸制度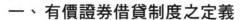

一、有價證券借貸制度之定義

有價證券借貸交易，係指出借人同意將有價證券出借，並由借券人以相同種類數量有價證券返還之行為。

二、有價證券借貸營業時間

借券系統提供有價證券借貸服務之營業時間為上午九時至下午三時三十分止。

三、有價證券借貸申報數量

有價證券借貸交易之申報數量如下：

(一)**出借數量**：標的有價證券的一個交易單位以上。

(二)**借券數量**：標的有價證券的一個交易單位以上。

四、有價證券借貸期間

(一)有價證券借貸期間，自借貸交易成交日起算，最長不得超過六個月。借券人得於約定期限內隨時返還借券。

(二)出借人無提前還券要求時，借券人得於借貸期限屆滿前第十個營業日起至到期日止，經由證交所向出借人提出續借申請，出借人接到通知後未同意者視為拒絕。續借申請除借貸期間外，不得變更其他借貸條件，延長以二次為限，每次不得超過六個月。

五、有價證券借貸交易種類

有價證券借貸交易，分為下列三種型態：

定價交易	由借券人、出借人依本公司公告之費率，委託證券商輸入出借或借券申報，經本公司借券系統依第19條規定撮合成交之借貸行為。

競價交易	由借貸交易人依最高年利率百分之二十以下，百分之零點一為升降單位，自定費率委託證券商輸入出借或借券申報，經本公司借券系統依第21條規定撮合成交之借貸行為。
議借交易	由借貸交易人自覓相對人，依最高年利率百分之二十以下，千分之零點一為升降單位，雙方自行議定費率及其他借貸條件之借貸行為。

六、 定價、競價交易標的證券之返還

(一) **到期日還券**：證交所於設定之還券日期前十營業日經由證券商通知借券人返還。

(二) **到期前還券**：借券人自借券日之次一營業日起得隨時返還全部或部分標的證券。

(三) **出借人請求提前還券**：出借人得依借貸申請條件於預定提前還券日之前一個營業日、前三個營業日或前十個營業日請求返還全部或部分標的證券，借券人應於接到通知之次一營業日起一次或分次返還被請求標的證券。

(四) **強制提前還券**：

1. 標的證券經審核不再為合格標的或經暫停借貸交易者，證交所得限期通知借券人還券了結。

2. 標的證券發行公司有合併、減資或其他影響出借人股東權行使之事由者，借券人應於停止過戶日前六個營業日前還券了結。

3. 標的證券經公告停止買賣而未定恢復期限或終止上市（櫃），借券人應於證交所所定期限內還券了結。

4. 證券市場因天然災害或其他非常事故，全部停止交易而未定恢復期限，借券人應於證交所公告所定期限內還券了結。

七、 議借交易標的證券之返還

(一) **到期日還券**：由證交所於其約定還券日前十營業日通知借券人之受託證券商轉知借券人還券。

(二) **到期前還券**：借券人與出借人可自行約定於到期日前之任何時間返還，雙方並應委託其受託證券商向證交所申報變更還券日期。

(三) **強制提前還券**：發生上述定價、競價交易須強制提前還券情事時，借券人應於該條款所定期限內還券。

八、借券費用

(一)**定價、競價交易借券費用**：其計算採逐日逐筆，以未結清標的證券數量乘每日收盤價格再乘以成交費率後加總定之。借券費用總額，由證券商於借券人還券了結後收付。

(二)**議借交易借券費用**：議借交易借券費用之計算及收付方式，由借券人、出借人雙方自行議定。

牛刀小試

(   ) **1** 零股交易每筆買賣委託申報量不得超過多少股？   (A)一萬股 (B)一千股   (C)九百股   (D)九百九十九股。   【108年普業】

(   ) **2** 下列對零股交易之敘述何者錯誤？   (A)以集合競價方式為之 (B)同價位之申報依電腦隨機排列方式決定優先順序   (C)成交優先順序依價格優先原則   (D)證券商零股交易之申報買賣均應全部成交。   【108年普業】

(   ) **3** 下列何者不得參與競價拍賣之投標？   (A)年滿二十歲以上之中華民國國民   (B)外國專業投資機構   (C)行政院開發基金   (D)發行公司直屬總經理之部門主管。   【108年普業】

解答與解析

1 (D)。零股交易每筆買賣委託申報量不得超過九百九十九股。

2 (D)。證券商零股交易之申報買賣並不一定全部成交。

3 (D)。中華民國證券商業同業公會證券商承銷或再行銷售有價證券處理辦法第36條規定，不得參與投標對象：「

(一)發行公司（發行機構）採權益法評價之被投資公司。

(二)對發行公司（發行機構）之投資採權益法評價之投資者。

(三)公司之董事長或總經理與發行公司（發行機構）之董事長或總經理為同一人，具有配偶關係者。

(四)受發行公司（發行機構）捐贈之金額達其實收基金總額三分之一以上之財團法人。

(五)發行公司（發行機構）之董事、監察人、總經理、副總經理、協理及直屬總經理之部門主管。

(六)發行公司（發行機構）之董事、監察人、總經理之配偶。

(七)承銷團之董事、監察人、受僱人及其配偶。

(八)承銷團各證券商。

(九)擔任興櫃股票公司辦理增資發行新股為初次上市（櫃）公開銷售時之推薦證券商。

(十)股票申請創新板初次上市案件未具第四十三條之一第二項所訂合格投資人資格者。

(十一)前各項之人利用他人名義參與應募者（指具證券交易法施行細則第2條規定要件等之實質人）。」

重點4 拍賣制度

一、拍賣程序

上市證券之委託或申請	證券經紀商接受委託人委託申請本公司拍賣者，由受託證券經紀商填具申請書為之。證券自營商以其自有之證券申請本公司拍賣者，由該證券自營商填具申請書為之。
審查及公告	委託或申請經證交所同意或認可後，於實施拍賣三日前由證交所將拍賣條件公告之。

二、競買委託

(一)**申報時間**：證券拍賣競買申報之時間限於下午三時至四時。

(二)**成交日**：於申報日成交，但拍賣委託人委託證券經紀商申請證交所拍賣時，該拍賣證券之上市公司同時以拍賣委託人持有股份參與存託機構發行海外存託憑證者，其證券拍賣得於申報日之次一營業日成交。

(三)**交易方式**：拍賣證券在本公司市場採電腦自動交易行之，參加競買者以使用證交所市場之證券商為限。

(四)**拍賣底價**：拍賣底價，除公股釋出外，以拍賣當日開盤競價基準上下百分之十五幅度範圍內為限。但有價證券無升降幅度限制者，得以拍賣當日收盤價格上下百分之十五幅度範圍內為限。拍賣底價由申請拍賣證券商於當場宣布時，以密封方式通知本公司。

(五)**拍賣最低數量**：申請拍賣之證券，其拍賣數量不得少於二百萬股（單位）。但政府以其持有之證券申請拍賣者，不在此限。

(六)**拍賣成交方法**：拍賣證券者，拍賣委託人應自下列方法中選定一種為拍定之依據：

　　1. 參加競買之證券商所報買價在宣布拍賣底價以上者，以能滿足所需拍賣數量之最低買進申報價格為拍定價格。高於拍定價格之買進申報數量全部按拍定價格成交，拍定價格之買進申報數量如未能全部成交，按各委託申報數量之比例分配至整拍賣單位為止。如尚有餘量，按電腦隨機排列順序依次成交，每筆委託以分配一拍賣單位為限。但在拍賣底價以上之買進申報總量未達拍賣數量時，所有在拍賣底價以上之買進申報均以不低於拍賣底價之最低買進申報價格為拍定價格成交。

　　2. 參加競買之證券商所報買價在宣布拍賣底價以上者，於證交所公告拍賣數量限額內成交。

　　3. 參加競買之證券商所報買價在宣布拍賣底價以上者，於證交所公告拍賣數量限額內，全部按拍賣底價成交，如拍賣底價以上之買進申報總量大於公告拍賣數量時，按各委託申報數量之比例分配至整拍賣單位為止。如尚有餘量，按電腦隨機排列順序依次成交，每筆委託以分配一拍賣單位為限。

牛刀小試

(　　) **1** 依「證交所受託辦理上市證券拍賣辦法」規定，申請拍賣之證券，其拍賣數量不得少於：　(A)五十萬股　(B)一百萬股　(C)二百萬股　(D)五百萬股。　　　　　　　　　　　　【102年高業】

(　　) **2** 證券集中交易市場上市證券拍賣程序，委託申請拍賣者，應由何者填具申請書向臺灣證券交易所辦理？　(A)僅證券經紀商　(B)僅證券自營商　(C)僅證券承銷商　(D)證券經紀商及證券自營商。　　　　　　　　　　　　【107年普業】

解答與解析

1 (C)。申請拍賣之證券,其拍賣數量不得少於二百萬股(單位)。但政府以其持有之證券申請拍賣者,不在此限。

2 (A)。臺灣證券交易所股份有限公司受託辦理上市證券拍賣辦法第2條規定,證券經紀商接受委託人委託申請本公司拍賣者,由受託證券經紀商填具申請書為之。

重點5 公開收購制度 ☆☆

一、 公開收購之定義

所稱公開收購,係指不經由有價證券集中交易市場或證券商營業處所,對非特定人以公告、廣告、廣播、電傳資訊、信函、電話、發表會、說明會或其他方式為公開要約而購買有價證券之行為。

二、 公開收購之申報

(一) **任何人單獨或與他人共同取得者**:任何人單獨或與他人共同取得任一公開發行公司已發行股份總額超過百分之十之股份者,應向主管機關申報及公告;申報事項如有變動時,亦同。有關申報取得股份之股數、目的、資金來源、變動事項、公告、期限及其他應遵行事項之辦法,由主管機關定之。

(二) **對非特定人為公開收購者**:應向金融監督管理委員會申報並公告後始得為之。

(三) **公開收購人單獨或與他人共同取得公開發行公司已發行股份總額超過百分之十之股份者**:公開收購人單獨或與他人共同取得公開發行公司已發行股份總額超過百分之十之股份者,該次公開收購所取得之股份,免依本法第43條之1第1項規定辦理取得之申報。

(四) **豁免申報之情形**:

1. 公開收購人預定公開收購數量,加計公開收購人與其關係人已取得公開發行公司有價證券總數,未超過該公開發行公司已發行有表決權股份總數百分之五。

2. 公開收購人公開收購其持有已發行有表決權股份總數超過百分之五十之公司之有價證券。

3. 其他符合主管機關所定事項。

(五) **公開收購期間**：公開收購之期間不得少於二十日，多於五十日。有第7條第2項之情事或有其他正當理由者，原公開收購人得向本會申報並公告延長收購期間。但延長期間合計不得超過五十日。

(六) **公開收購之程序與方式**：公開收購上市或上櫃公司股票者，應按各應賣人委託申報數量之比例分配至一千股為止。如尚有餘量，公開收購人應按隨機排列方式依次購買。

(七) **公開收購行為之禁止規範：**

1. **變更收購條件之禁止**：公開收購人應以同一收購條件為公開收購，且不得為下列公開收購條件之變更：

(1) 調降公開收購價格。

(2) 降低預定公開收購有價證券數量。

(3) 縮短公開收購期間。

(4) 其他經主管機關規定之事項。

違反前項應以同一收購條件公開收購者，公開收購人應於最高收購價格與對應賣人公開收購價格之差額乘以應募股數之限額內，對應賣人負損害賠償責任。

2. **申購同種類有價證券之禁止**：公開收購人及其關係人自申報並公告之日起至公開收購期間屆滿日止，不得於集中交易市場、證券商營業處所、其他任何場所或以其他方式，購買同種類之公開發行公司有價證券或不動產證券化條例之不動產投資信託受益證券。違反規定者，公開收購人應就另行購買有價證券之價格與公開收購價格之差額乘以應募股數之限額內，對應賣人負損害賠償責任。

(八) **停止公開收購之要件**：公開收購人進行公開收購後，除有下列情事之一，並經主管機關核准者外，不得停止公開收購之進行：

1. 被收購有價證券之公開發行公司，發生財務、業務狀況之重大變化，經公開收購人提出證明者。

2. 公開收購人破產、死亡、受監護或輔助宣告或經裁定重整者。

3. 其他經主管機關所定之事項。

(九) **召集臨時股東會**：公開收購人與其關係人於公開收購後，所持有被收購公司已發行股份總數超過該公司已發行股份總數百分之五十者，得以書面記明提議事項及理由，請求董事會召集股東臨時會，不受公司法第173條第1項規定之限制。

(十) **交付公開收購說明書**：公開收購人除依第28-2條規定買回本公司股份者外，應於應賣人請求時或應賣人向受委任機構交存有價證券時，交付公開收購說明書。

牛刀小試

( ) **1** 關於公開收購公開發行公司有價證券行為之管理，下列何者正確？ (A)應經金融監督管理委員會核准後始得為之 (B)應向金融監督管理委員會申報並公告後始得為之 (C)應報請金融監督管理委員會核備後始得為之 (D)應由金融監督管理委員會立案審核通過後始得為之。 【108年普業】

( ) **2** 公開收購人進行公開收購後，得經主管機關核准，停止公開收購進行之情事，不包括下列何者？ (A)被收購有價證券之公開發行公司，發生財務之重大變化，經公開收購人提出證明者 (B)被收購有價證券之公開發行公司，發生業務狀況之重大變化，經公開收購人提出證明者 (C)於集中交易市場、證券商營業處所之被收購有價證券價格，低於公開收購價格者 (D)公開收購人破產、死亡、受監護或補助宣告或經裁定重整者。 【106年證券分析員】

解答與解析

1 (B)。公開收購公開發行公司有價證券管理辦法第7條：公開收購公開發行公司有價證券者，應向金融監督管理委員會申報並公告後始得為之。

2 (C)。公開收購公開發行公司有價證券管理辦法第43-5條規定，公開收購人進行公開收購後，除有下列情事之一，並經主管機關核准者外，不得停止公開收購之進行：

(一)被收購有價證券之公開發行公司，發生財務、業務狀況之重大變化，經公開收購人提出證明者。

(二)公開收購人破產、死亡、受監護或輔助宣告或經裁定重整者。

(三)其他經主管機關所定之事項。

重點**6** 外國有價證券交易制度

一、受託買賣外國有價證券之範圍

證券商受託買賣之外國有價證券，其範圍以下列各項為限，並應符合金管會所定條件：

(一)本會指定外國證券交易所交易之股票、認股權證、受益憑證、存託憑證及其他有價證券。

(二)經本會認可之信用評等公司評等為適當等級以上之債券。但受託賣出之外國債券，不在此限。

(三)經本會核准或申報生效在國內募集及銷售之境外基金。

(四)其他經本會核准投資之有價證券。

二、成交日

證券商受託買賣外國有價證券，經向外國證券市場申報成交者，以成交日後第一個營業日為確認成交日。

三、買賣申報

證券商接受委託買賣外國有價證券，除應按日向證券商同業公會申報受託買賣外國有價證券營業日報表外，並應於次月十日前向外匯主管機關及證券商同業公會申報受託買賣外國有價證券營業月報表。

四、升降幅度

外國股票每日升降幅度沒有限制。

五、受託買賣方式

外國股票之受託買賣方式為「限價委託」。

六、受託買賣方式

買賣申報之競價方式開盤及收盤採集合競價，盤中採逐筆交易。

七、幣別

以外國發行人向證交所申請上市之幣別為準。

八、交易單位

外國股票於集中市場上申報買之數量,為一交易單位或其倍數。

牛刀小試

( ) **1** 某證券商受客戶委託買賣外國有價證券,原則上,下列何種標的
為適當的投資目標?
(A)於金管會指定之外國證券交易市場交易之股票
(B)金管會認可之信評公司評等為適當等級以上之債券
(C)經主管機關核准得以在國內募集之境外基金
(D)以上皆對。 【101年投信投顧】

( ) **2** 證券商受託買賣外國有價證券成交者,以哪一天為確認成交日?
(A)成交日
(B)成交日後第一營業日
(C)成交日後第二營業日
(D)交割日。

解答與解析

1 (D)。證券商受託買賣之外國有價證券,其範圍以下列各款為限,並應符
合金管會所定條件:
(一)本會指定外國證券交易所交易之股票、認股權證、受益憑證、存託憑
證及其他有價證券。
(二)經本會認可之信用評等公司評等為適當等級以上之債券。但受託賣出
之外國債券,不在此限。
(三)經本會核准或申報生效在國內募集及銷售之境外基金。
(四)其他經本會核准投資之有價證券。

2 (B)。證券商受託買賣外國有價證券,經向外國證券市場申報成交者,以
成交日後第一個營業日為確認成交日。

重點**7** 興櫃股票

一、 興櫃股票定義

興櫃股票，就是指已經申報上市（櫃）輔導契約之公開發行公司的普通股股票，在還沒有上市（櫃）掛牌之前，經過櫃檯中心依據相關規定核准，先在證券商營業處所議價買賣。

二、 交易方式

興櫃股票的交易係採與推薦證券商議價交易的方式，和一般上櫃股票的等價交易及上市股票的競價交易不同。投資人可委託證券經紀商將其委託資料輸入興櫃股票電腦議價點選系統，與推薦證券商議價交易；如其每筆交易之數量應在十萬股（含）以上，投資人亦得不透過興櫃股票電腦議價點選系統，直接在推薦證券商營業處所與推薦證券商進行議價交易。

三、 申請興櫃主要條件

項目	條件說明
輔導期限	公開發行後，已檢送1個月之興櫃公司財務業務重大事件檢查表。
推薦證券商	2家以上推薦證券商，需指定1家為主辦，餘係協辦。
股東轉讓股份	股東應轉讓持股3%（且不低於50萬股）給推薦證券商認購。
服務機構	應委任專業股務代理機構辦理股務。

重點**1** 融資融券之要件 ✿✿

一、融資融券之定義

融資係指證券商對其客戶融通資金。融券係指證券商業其客戶融通證券。

二、融資融券之要件

(一)**上市股票**：普通股股票上市滿六個月，每股淨值
在票面以上，屬第一上市公司無面額或每股面額
非屬新臺幣十元者，最近一個會計年度決算無累
積虧損，由證券交易所公告得為融資融券交易股
票，並按月彙報主管機關。

考點速攻

普通股股票須上市滿六
個月才可由證券交易所
公告得為融資融券交易
股票。

(二)**上櫃股票**：非屬櫃檯買賣管理股票及興櫃股票之普通股股票上櫃滿六個
月，每股淨值在票面以上，屬第一上櫃公司無面額或每股面額非屬新臺幣
十元者，最近一個會計年度決算無累積虧損，且該發行公司符合下列各款
規定者，由證券櫃檯買賣中心公告得為融資融券交易股票，並按月彙報主
管機關：

1. 設立登記屆滿三年以上。發行公司屬上市、上櫃公司之分割受讓公司者，
   得依被分割公司財務資料所顯示被分割部門之成立時間起算；屬投資控
   股公司或金融控股公司者，得依其營運主體之設立時間起算。

2. 實收資本額達新臺幣三億元以上。但第一上櫃公司無面額或每股面額非
   屬新臺幣十元者，股東權益達新臺幣六億元以上。

3. 獲利能力：

   (1) 最近一個會計年度決算無累積虧損，且其個別或合併財務報表之營
       業利益及稅前純益占年度決算實收資本額比率達百分之三以上。

   (2) 第一上櫃公司無面額或每股面額非屬新臺幣十元者，其合併財務報表
       之營業利益及稅前純益占年度決算股東權益比率達百分之三以上。

三、得不核准其為融資融券交易之情形

(一)股價波動過度劇烈。

(二)股權過度集中。

(三)成交量過度異常。

重點2 證券商辦理融資融券之要件 ✦

一、證券商辦理融資融券之資格要件

(一)**營業保證金**：證券商辦理有價證券買賣融資融券者，應增提新臺幣五千萬元營業保證金。

(二)**申請條件**：證券商申請辦理有價證券買賣融資融券，應具備下列條件：

1. 最近期經會計師查核簽證之財務報告淨值達新臺幣二億元。

2. 經營證券經紀業務屆滿一年以上。

3. 最近期經會計師查核簽證之財務報告每股淨值不低於票面金額，且財務狀況符合證券商管理規則之規定。

4. 最近三個月未曾受主管機關依本法第 66 條第 1 款處以警告處分者。

5. 最近半年未曾受主管機關依本法第 66 條第 2 款所為命令該證券商解除其董事、監察人或經理人職務處分。

6. 最近一年未曾受主管機關依本法第 66 條第 3 款之停業處分。

7. 最近二年未曾受主管機關依本法第 57 條、第 59 條第 1 項及第 66 條第 4 款所為廢止分支機構設立許可之處分。

8. 最近一年未曾受證券交易所、證券櫃檯買賣中心或期貨交易所依其章則為處以違約金或停止或限制買賣之處分。

9. 申請日前半年自有資本適足比率未低於百分之一百五十者。

10. 其他經主管機關規定應具備之條件。

二、證券商辦理融資融券之限制

(一)證券商辦理有價證券買賣融資融券，對客戶融資總金額或融券加計辦理第20條第1項第5款至第7款之出借有價證券總金額，分別不得超過其淨值百分之二百五十。

(二)證券商辦理有價證券買賣融資融券，對每種證券之融資總金額，不得超過
　其淨值百分之十。

(三)證券商辦理有價證券買賣融資融券與辦理有價證券借貸業務，對每種證券
　融券與出借之總金額，合計不得超過其淨值百分之五。

三、證券商辦理融資融券之程序

(一)**簽訂融資融券契約**：證券商辦理有價證券買賣融資融券，應與客戶簽訂融
　資融券契約，並開立信用帳戶。

(二)**信用帳戶**：證券商受理客戶開立信用帳戶，以一客戶開立一信用帳戶為
　限；其開戶條件由證券交易所會同證券櫃檯買賣中心擬訂，報請主管機關
　核定。

(三)**應辦理徵信**：證券商受理客戶開立信用帳戶，應辦理徵信。

(四)**資本適足率規範**：證券商自有資本適足比率連續三個月達百分之二百五十
　以上者，其辦理有價證券買賣融資融券，對客戶融資總金額或融券加計辦
　理第22條第1項第5款至第7款之出借有價證券總金額，分別不得超過其淨
　值百分之四百。

四、證券商辦理融資融券運用客戶證券之限制

證券商辦理有價證券買賣融資融券，對所取得之證券，除作下列之運用外，不
得移作他用，且應送存集中保管：

(一)作為辦理融券業務之券源。

(二)作為向證券金融事業轉融通資金或證券之擔保。

(三)作為辦理有價證券借貸業務之出借券源。

(四)作為向證券交易所借券系統借券之擔保。

(五)出借予辦理有價證券借貸業務之證券商或證券金融事業作為辦理有價證券
　借貸業務或有價證券融資融券業務之券源。

(六)於證券交易所借券系統出借證券。

(七)參與證券金融事業之標借或議借。

五、 證券商辦理融資融券所留存之客戶融券賣出價款及融券保證金之限制

證券商辦理有價證券買賣融資融券,對所留存之客戶融券賣出價款及融券保證金,除作下列之運用外,不得移作他用:

(一)作為辦理融資業務之資金來源。

(二)作為向證券金融事業轉融通證券之擔保。

(三)作為辦理證券業務借貸款項之資金來源。

(四)作為向證券交易所借券系統借券之擔保。

(五)銀行存款。

(六)購買短期票券。

重點3 融資融券限額、期限

一、 融資融券成數限額

(一)**原則**:有價證券買賣融資融券之額度、期限及融資比率、融券保證金成數,由主管機關商經中央銀行同意後定之;有價證券得為融資融券標準,由主管機關定之。

(二)**融資融券限額**:為滿足投資人額度需求、擴大證券商業務發展,落實分級及差異化管理,金融監督管理委員會全面取消投資人與證券商業務避險之單戶及單股融資融券限額,回歸各授信機構自行控管。

二、 融資融券期限

融資與融券的期限均為半年;目前主管機關規定得視客戶信用狀況,准予客戶申請展延期限六個月,並以二次為限。

三、 融資比率及融券保證金成數

(一)有價證券最高融資比率目前為百分之六十,最低融券保證金成數為百分之九十。

(二)股票最高融資比率目前為百分之六十，最低融券保證金成數為百分之
九十。

重點4 保證金及擔保維持率

一、擔保維持率

證券商應逐日依下列公式計算每一信用帳戶之整戶及各筆融資融券擔保維持
率：

擔保維持率＝

$$\frac{（融資擔保品證券市值＋融券擔保品及保證金＋抵繳有價證券或其他商品市值）}{（融資金額＋融券標的證券市值）}×100\%$$

二、追繳通知

(一)因委託人了結部分融資融券買賣，致其信用帳戶之整戶擔保維持率不足
時，證券商應於維持其擔保維持率百分之一百三十之必要範圍內，將應付
款券全部或部分留作擔保。

(二)委託人信用帳戶之整戶擔保維持率低於百分之一百三十者，證券商應即通
知委託人就各該筆不足擔保維持率之融資融券，於通知送達之日起二個營
業日內補繳融資自備款或融券保證金差額。

牛刀小試

( ) 1 證券商辦理融資融券時，對客戶所留存融券賣出之價款或融券保
證金，依法不得作下列何項之運用： (A)辦理融資業務之資
金來源 (B)向證券金融事業轉融通證券之擔保 (C)銀行存款
(D)買賣公司債。 【108年普業】

( ) 2 委託人信用帳戶之整戶擔保維持率低於規定比率者，委託人應於
授信單位通知補繳差額送達之日起至遲幾個營業日內補繳之？
(A)一個 (B)二個 (C)三個 (D)四個。 【108年普業】

(　　) **3** 證券商應多久計算每一信用帳戶之整戶及各筆融資融券擔保維持率？　(A)每日　(B)每週　(C)每月　(D)每季。　【108年普業】

解答與解析

1 (D)。證券商辦理有價證券買賣融資融券管理辦法第21條規定：「證券商辦理有價證券買賣融資融券，對所留存之客戶融券賣出價款及融券保證金，除作下列之運用外，不得移作他用：一、作為辦理融資業務之資金來源。二、作為向證券金融事業轉融通證券之擔保。三、作為辦理證券業務借貸款項之資金來源。四、作為向證券交易所借券系統借券之擔保。五、銀行存款。六、購買短期票券。⋯⋯」

2 (B)。證券商辦理有價證券買賣融資融券業務操作辦法第54條規定，委託人信用帳戶之整戶擔保維持率低於規定比率者，委託人應於授信單位通知補繳差額送達之日起至遲二個營業日內補繳之。

3 (A)。證券商辦理有價證券買賣融資融券業務操作辦法第54條規定，證券商應每日計算每一信用帳戶之整戶及各筆融資融券擔保維持。

集中保管制度與有價證券發行、承銷稅、費用與其他重點

依據出題頻率區分，屬：C 頻率低

重點1 集中保管制度

一、集中保管架構

有價證券集中保管帳簿劃撥制度係採二段式法律架構一段式帳務處理之設計。所謂二段式架構一段式處理，係指參與集保制度之投資人須向本公司參加人開戶，參加人再向本公司開戶，在法律上權利義務關係是二段式的，然而參加人的集中保管帳務處理是一段的，由參加人委託本公司辦理。

有價證券集中保管帳簿劃撥制度架構圖如下：

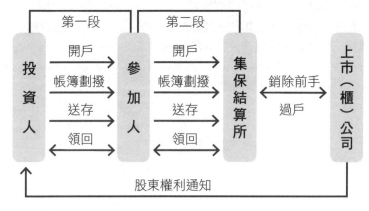

資料來源：證券交易所

二、集中帳戶之管理

(一) **集中保管事業之設立**：經營證券集中保管事業，應經金融監督管理委員會核准。每一證券集中交易市場，以設立一家證券集中保管事業為限。證券集中保管事業以股份有限公司組織為限，其實收資本額不得少於新臺幣五億元，發起人並應於發起時一次認足之。

(二) **參加人**：

　　1. 財政部。

　　2. 證券交易所。

3. 證券櫃檯買賣中心。

4. 證券商。

5. 證券金融事業。

6. 受託保管證券投資信託基金、全權委託投資資金、境外華僑及外國人款券或外國專業投資機構款券之保管機構。

7. 中央公債交易商。

8. 金融機構。

9. 保險業。

10. 以帳簿劃撥方式交付無實體有價證券之發行人。

11. 其他經本會核定者。

(三) **保管之有價證券**：證券集中保管事業保管之有價證券，以下列為限：

1. 在證券交易所上市之有價證券。

2. 在證券商營業處所買賣之有價證券。

3. 其他經本會核定保管之有價證券。

(四) **集保帳戶之管理**：

1. 若客戶欲以參加人之名義將有價證券送存集保者，則應先檢具開戶證明書與印鑑或簽名式樣，向參加人辦理開戶手續。

2. 客戶以參加人之名義將有價證券送存集保，其有價證券之帳戶劃撥及領回，應以同一帳戶辦理。

3. 集保事業應「逐日」與參加人核對帳簿記載有價證券之送存、領回，及剩餘之金額。

4. 參加人及其客戶之帳簿，與入帳憑證等，應自登載之日起至少保存十五年。若集保事業接受參加人委託，以電腦作業處理帳簿劃撥作業者，則該參加人之客戶帳簿資料由集中保管公司利用電腦媒體保存五年。

5. 參加人於收受客戶之有價證券後，應於「當日」送存集保公司，但雙北市地區以外之參加人得延至次一營業日送存。

6. 參加人於接獲客戶請求領回集中保管之有價證券後，應於「當日」即向證券集中保管公司提出申請；而集保公司於接獲參加人之領回申請後，應於「次一營業日」將有價證券連同證券號碼清單，一併交予參加人並記載於參加人之帳簿內。

7. 若客戶請求將其帳戶內之有價證券餘額，全數轉帳至其他參加人之帳戶時，則該客戶應向原參加人提出存摺與轉帳申請書，並由原參加人通知保管事業將客戶之餘額轉撥入對方參加人之帳戶內。

8. 參加人提出領回有價證券申請時，集中保管公司得以「同種類」且同數量之有價證券，返還予參加人。除另有約定外，集保公司對於所保管之有價證券，一律不分參加人混合保管。

重點2 稅賦及必要費用

一、證券交易稅

(一) **納稅義務人：**

證券交易稅向出賣有價證券人課徵，證券交易稅由代徵人於每次買賣交割之當日，按規定稅率代徵，並於代徵之次日，填具繳款書向國庫繳納之。所定證券交易稅代徵人如下：

> **考點速攻**
>
> 證券經紀商代客買賣證券，應於客戶賣出股票時替政府收取證券交易稅。

1. 有價證券如係經由證券承銷商出賣其所承銷之有價證券者，其代徵人為證券承銷商。
2. 有價證券如係經由證券經紀商受客戶委託出賣者，其代徵人為證券經紀商。
3. 有價證券如係由持有人直接出讓與受讓人者，其代徵人為受讓證券人；經法院拍賣者，以拍定人為受讓證券人。

(二) **稅率：**

凡買賣有價證券，除各級政府發行之債券外，徵收證券交易稅。

1. 公司發行之股票及表明股票權利之證書或憑證徵千分之三。
2. 公司債及其他經政府核准之有價證券徵千分之一。

二、其他必要費用

證券商受託買賣之手續費：

(一) 證券經紀商受託於證券集中交易市場，買賣有價證券，其向委託人收取手續費之費率，由證券交易所申報主管機關核定之。

(二) 證券經紀商非於證券集中交易市場，受託買賣有價證券者，其手續費費率，由證券商同業公會申報主管機關核定之。

（註：目前手續費率最高上限為成交金額的千分之一點四二五。）

牛刀小試

(　) **1** 證券集中保管事業應於何期間與參加人對帳？ 　(A)逐日 　(B)每週 　(C)每月 　(D)每季。 　　　　　　　　　　　　　　【108年普業】

(　) **2** 目前證券商營業處所受託買賣有價證券的交易手續費上限為多少？ 　(A)千分之零點二八 　(B)千分之一點四二五 　(C)千分之一 　(D)千分之三。 　　　　　　　　　　　　　　【108年普業】

解答與解析

1 (A)。有價證券集中保管帳簿劃撥作業辦法第13條規定：「保管事業應逐日與參加人核對參加人帳簿記載有價證券之送存、領回及餘額之數額。前項對帳資料不符時，參加人應即與保管事業共同查明錯誤原因更正之。」

2 (B)。證券經紀商受託買賣有價證券辦法第6條規定，目前證券商營業處所受託買賣有價證券的交易手續費上限為千分之一點四二五。

精選範題

(　) **1** 對從事有價證券之承銷、自行買賣及經紀業務之自律規則，係由下列何者單位負責擬定？　(A)證券商業同業公會　(B)臺灣證券交易所　(C)證券櫃檯買賣中心　(D)臺灣集中保管結算所。　　　　【107年普業】

(　) **2** 證券經紀商實收資本額與提存營業保證金之金額，分別為新臺幣多少？　(A)二億元與四千萬元　(B)四億元與五千萬元　(C)二億元與五千萬元　(D)二億元與二千萬元。　　　　【107年普業】

(　) **3** 公司制證券交易所與證券經紀商間之法律關係為何？
(A)社團與會員利用關係　(B)契約關係
(C)代理權授與關係　　　(D)行政助手關係。　　　　【107年普業】

(　) **4** 發行交換公司債，則其交換標的須送存下列哪一個機構保管？
(A)金融監督管理委員會　(B)保管銀行　(C)臺灣集中保管結算所
(D)標的為上市股票，送臺灣證券交易所；標的為上櫃股票，送櫃檯買賣中心。　　　　【107年普業】

(　) **5** 依現行法規定，公開發行公司董事會已屆開會時間，如全體董事有半數未出席時，主席得如何處置？　(A)重行召集　(B)逕行宣布散會　(C)先為假決議　(D)宣布延後開會。　　　　【107年普業】

(　) **6** 證券商每一分支機構經營期貨交易輔助業務，應繳存營業保證金新臺幣多少元？　(A)一百萬元　(B)三百萬元　(C)五百萬元　(D)一千萬元。　　　　【107年普業】

(　) **7** 「證券商營業處所買賣有價證券管理辦法」第2條對櫃檯買賣的定義是：　(A)在臺灣證券交易所以外場所之買賣　(B)在櫃檯買賣中心買賣　(C)在券商公會之櫃檯買賣　(D)不在集中交易市場以競價買賣，而在證券商專設櫃檯交易。　　　　【107年普業】

(　) **8** 證券交易所提存之賠償準備金，得為下列何項之運用？　(A)購買政府債券　(B)購買上市公司股票　(C)貸與公開發行公司　(D)投資共同基金。　　　　【107年普業】

(　) **9** 證券商辦理有價證券買賣融資融券，其融資利率及融券手續費之標
準，由下列何者訂定？　(A)證券商自行訂定，並報請金融監督管
理委員會備查　(B)須由金融監督管理委員會核准　(C)由證券交易
所及證券櫃檯買賣中心自行訂定　(D)由證券商公會邀集證券商共
同開會決定。　　　　　　　　　　　　　　　　　　【107年普業】

(　) **10** 公開發行公司停止辦理股票過戶之時點為何？
(A)公司於股東常會開會前六十日內
(B)股東臨時會前三十日內
(C)決定分派股息、紅利或其他利益之基準日前五日內
(D)選項(A)(B)(C)皆是。　　　　　　　　　　　　　【107年普業】

(　) **11** 股票在同一交易日內，最高價與最低價之差，最大是百分之幾？
(A)百分之三　　　　　　　(B)百分之七
(C)百分之十　　　　　　　(D)百分之二十。
　　　　　　　　　　　　　　　　　　　　　　　　【107年普業】

(　) **12** 申報出借有價證券之所有人，於未完成出借前：　(A)不得更改申報
內容　(B)不得取消申報　(C)得隨時取消申報　(D)得隨時查詢他人
申報內容。　　　　　　　　　　　　　　　　　　　【107年普業】

(　) **13** 客戶以電話委託買賣，如有錯誤，其錯誤之原因非可歸責於受託證
券商之事由者，證券商：　(A)不負責任　(B)應負責任　(C)應申報
錯帳　(D)應申報更正投資人帳號。　　　　　　　　【107年普業】

(　) **14** 證券商應按月編造資本適足明細申報表一份，於次月何日前送達臺
灣證券交易所？
(A)五日　　　　　　　　　(B)十日
(C)十五日　　　　　　　　(D)二十日。　　　　　　【107年普業】

(　) **15** 證券集中交易市場有價證券之交易，除依「公布或通知注意交易資
訊暨處置作業要點」第四條第一項第一款外，連續幾個營業日經發
布注意交易資訊者，臺灣證券交易所即發布為處置之有價證券？
(A)二個　(B)三個　(C)四個　(D)五個。　　　　　　【107年普業】

( ) **16** 上市公司於臺灣證券交易所終止上市時，可向櫃檯買賣中心申請股票為何種股票？ (A)標的股票 (B)庫藏股票 (C)特別股票 (D)管理股票。　　　　　　　　　　　　　　　　　　　　【107年普業】

( ) **17** 客戶於證券商營業處所買賣有價證券時，下列何者非證券商應為客戶利益慎重考慮之事項？ (A)客戶之投資經驗 (B)客戶之性別 (C)客戶投資之目的 (D)客戶之資力。　　　　　　　　　　【107年普業】

( ) **18** 櫃檯買賣上櫃股票係採透過證券櫃檯買賣中心等價成交系統為之者，其每筆輸入應小於幾交易單位？ (A)二百 (B)三百 (C)四百 (D)五百。　　　　　　　　　　　　　　　　　　　　　　【107年普業】

( ) **19** 比較下列上市與上櫃股權分散之審查條件，何者敘述正確？ (A)前者無 (B)後者無 (C)兩者皆有，前者係記名股東在一千人以上 (D)兩者皆有，後者係公司內部人及該等內部人持股逾百分之五十之法人以外之記名股東人數不少於五百人。　　　　　【107年普業】

( ) **20** 證券商計算委託人融資融券擔保維持率，不須使用下列哪一項？ (A)融資擔保品證券市值 (B)融券擔保品及保證金 (C)融資金額 (D)融資自備價款。　　　　　　　　　　　　　　　　　【107年普業】

( ) **21** 證券金融公司辦理標借時，標借證券之最高標借單價，以標借申請日開始交易基準價之多少比率為限？ (A)百分之十 (B)百分之五 (C)百分之三 (D)百分之七。　　　　　　　　　　　　　【107年普業】

( ) **22** 公開發行公司股票初次上市、櫃時，承銷商辦理對外公開銷售時應先保留普通股一千股由以下何機構認購？ (A)證券暨期貨市場發展基金會 (B)證券商業同業公會 (C)證券投資人及期貨交易人保護中心 (D)臺灣證券交易所或證券櫃檯買賣中。　【107年普業】

( ) **23** 以下有關股東開戶之說明，何者錯誤？
(A)公司不得對同一股東開列兩個以上戶號
(B)法人股東可使用其代理人職章
(C)未成年股東應加蓋法定代理人印鑑
(D)自然人股東可使用別號登記為戶名。　　　　　　　【107年普業】

(　　) **24** 證券集中交易市場上市證券拍賣程序，委託申請拍賣者，應由何者填具申請書向臺灣證券交易所辦理？
(A)僅證券經紀商
(B)僅證券自營商
(C)僅證券承銷商
(D)證券經紀商及證券自營商。　　　　　　　　　　　【107年普業】

(　　) **25** 證券集中交易市場之休假日與何種行業通行假日相同？　(A)銀行業
(B)製造業　(C)服務業　(D)政府機關。　　　　　　　【107年普業】

(　　) **26** 臺灣證券交易所依共同責任制交割結算基金特別管理委員會決議，暫停證券商買賣時，應同時函報哪一個單位？
(A)財政部
(B)證券櫃檯買賣中心
(C)金融監督管理委員會
(D)證券商業同業公會。　　　　　　　　　　　　　【107年普業】

(　　) **27** 下列何者非證券經紀商受託買賣證券，不得受理之情形？　(A)全權選擇證券種類之委託　(B)買賣已停止上市之證券　(C)為委託人辦理分期付款　(D)下限價委託單。　　　　　　　　　【107年普業】

(　　) **28** 證券商辦理有價證券借貸業務時，其客戶向證券商借入有價證券之撥券日期為完成借券申報之次一營業日者，倘該客戶於借入證券尚未撥入其有價證券借貸帳戶前即需賣出該借入證券者，得委由何證券商辦理？　(A)任一開戶證券商　(B)出借證券商　(C)原借券證券商　(D)不得賣出。　　　　　　　　　　　　　　【107年普業】

(　　) **29** 若參加證券櫃檯買賣中心債券等殖成交系統，應以哪種方式為之？
(A)自營　(B)經紀　(C)議價　(D)選項(A)(B)(C)皆正確。【107年普業】

(　　) **30** 股票申請上櫃者，則其應依公司法設立登記滿幾個完整會計年度？
(A)一個　(B)二個　(C)三個　(D)四個。　　　　　　【107年普業】

(　　) **31** 下列何者可用來抵繳融資融券差額？　(A)不足一交易單位之黃金期貨　(B)上市中央登錄公債　(C)全額交割之上市股票　(D)上櫃未滿六個月之股票。　　　　　　　　　　　　　　　【107年普業】

（　）**32** 現行買賣公司債及金融債券之證券交易稅率為：　(A)千分之一　(B)千分之二　(C)千分之三　(D)免稅。　　　　　　【107年普業】

（　）**33** 客戶將有價證券以集保公司參加人名義送轉存保管事業集中保管，就該有價證券之帳簿劃撥及領回，應以何帳戶辦理？　(A)同一帳戶　(B)參加人自有帳戶　(C)依客戶與參加人之約定　(D)任意指定帳戶。　　　　　　　　　　　　　　　　　　　　　　　　【107年普業】

（　）**34** 轉換公司債持有人請求轉換，公司或其代理人於受理轉換之請求後，應於幾個營業日內發給債券換股權利證書？　(A)三個營業日　(B)五個營業日　(C)次一營業日　(D)次二營業日。　　　【107年普業】

（　）**35** 參加人辦理有價證券設質支付時，可否以帳簿劃撥方式為之？　(A)可　　　　　　　　　　　　(B)不可　(C)應依證券類別區分　(D)應依參加人區分。　　　　【107年普業】

（　）**36** 稱轉融通者，指下列何者向證券金融事業辦理轉融通資金或有價證券？　(A)證券投資人　(B)證券商　(C)證券交易所　(D)金融監督管理委員會證券期貨局。　　　　　　　　　　　　　　【107年普業】

（　）**37** 未上市或未上櫃公司發行公開之股票，其持有人申報對非特定人公開招募，應委託證券承銷商包銷，並保留多少比率之承銷股數由證券承銷商自行認購？　(A)百分之二十　(B)百分之三十　(C)百分之四十　(D)百分之五十。　　　　　　　　　　　　【107年普業】

（　）**38** ETF可否進行零股交易？　(A)可以　(B)不可以　(C)僅指數股票型基金可以　(D)僅加掛外幣之ETF可以。　　　　　　【107年普業】

（　）**39** 下列何者屬「公開收購公開發行公司有價證券管理辦法」所稱公開收購之有價證券？　(A)未公開發行之公司股票　(B)未公開發行之新股權利證書　(C)附認股權公司債　(D)已依證券交易法發行之公開發行公司之股票。　　　　　　　　　　　　　　　【107年普業】

（　）**40** 下列何者為鉅額逐筆交易之交易時段？　(A)上午八時至上午八時三十分　(B)上午八時三十分至上午九時　(C)上午九時至下午五時　(D)下午五時至下午五時三十分。　　　　　　　　　　【107年普業】

(　　) **41** 下列何種行業申請其股票上市，應先取得目的事業主管機關之同
　　　　意函後，臺灣證券交易所股份有限公司始予受理？　(A)證券業
　　　　(B)金融業　(C)保險業　(D)選項(A)(B)(C)皆是。　　　　【107年普業】

(　　) **42** 在證券集中交易市場上市之外國股票，其交易時間為：　(A)準用證
　　　　券集中交易市場之時間　(B)準用櫃檯買賣市場之時間　(C)準用零
　　　　股交易時間　(D)準用鉅額證券交易時間。　　　　【107年普業】

(　　) **43** 證券經紀商受託買賣有價證券，於成交並辦理交割後，應即將受託
　　　　買進之證券或賣出證券之價金，交付委託人，其未成交者，即將已
　　　　收取之證券或價金返還委託人。但證券經紀商得經客戶同意將交割
　　　　款項留存於證券商交割專戶，應依臺灣證券交易所何項規定辦理？
　　　　(A)有價證券借貸辦法　(B)證券經紀商受託契約準則　(C)有價證券
　　　　集中交易市場實施全面款券劃撥制度注意事項　(D)證券商交割專
　　　　戶設置客戶分戶帳作業要點。　　　　【107年普業】

(　　) **44** 初次申請股票上市之發行公司，所應提交集中保管股票之總計比
　　　　率，在已發行股份總額三千萬股以下者，應提交股份總額百分之多
　　　　少？　(A)百分之五　(B)百分之十五　(C)百分之二十五　(D)百分
　　　　之五十。　　　　【107年普業】

(　　) **45** 證券商之董、監事、大股東及從業人員買賣上櫃股票應如何辦理？
　　　　(A)不能買賣上櫃股票　(B)於其他證券商辦理開戶及買賣　(C)應於本
　　　　身所投資或服務證券商買賣　(D)選項(A)(B)(C)皆非。　【107年普業】

(　　) **46** 於店頭市場，證券經紀商受投資人委託買賣有價證券，應依下列何
　　　　者方式為限？　(A)市價委託　(B)議價委託　(C)限價委託　(D)選
　　　　項(A)(B)(C)三種方式皆可。　　　　【107年普業】

(　　) **47** 下列何者非為外幣計價國際債券分級管理制度中所稱「專業投資機
　　　　構」之範圍？　(A)國內外之銀行業　(B)符合一定財力或專業能力
　　　　之法人　(C)國內外之證券業　(D)國內外之保險業。　【107年普業】

(　　) **48** 推薦證券商自其所推薦之股票開始在櫃檯買賣之日起多久期限內，不
　　　　得辭任？　(A)六個月　(B)一年　(C)二年　(D)三年。　【107年普業】

（　）**49** 證券經紀商代客買賣證券，應於下列何種交易時替政府收取證券交易稅？　(A)客戶買及賣股票時　(B)融資買進時　(C)客戶買入股票時　(D)客戶賣出股票時。　　　　　　　　　　　　【107年普業】

（　）**50** 哪一個機構是證券市場中發行市場之主要成員？　(A)票券商　(B)證券經紀商　(C)證券自營商　(D)證券承銷商。　【107年普業】

（　）**51** 外國企業來臺以存託憑證方式籌措資金謂之發行：　(A)臺灣存託憑證（TDR）　(B)全球存託憑證（GDR）　(C)美國存託憑證（ADR）　(D)歐洲存託憑證（EDR）。　　　【107年普業】

（　）**52** 公開發行股票公司召開股東臨時會，應於開會前幾日內辦理停止股票過戶？
(A)十五日　　　　　　　　(B)三十日
(C)四十五日　　　　　　　(D)六十日。　　　　　　【107年普業】

（　）**53** 某銀行欲申請股票上市，應先取得何者之同意函？
(A)金融監督管理委員會 (B)財政部
(C)臺灣證券交易所　　　 (D)中央銀行。　　　　　【107年普業】

（　）**54** 上市條件中須聯合會計師事務所會計師二人以上共同查核簽證或核閱之財務報告依據的是：　(A)本利比、本益比　(B)產品的市場性、每股盈餘、股權分散　(C)新產品之毛利率　(D)資本額、淨值、稅前淨利。　　　　　　　　　　　　　【107年普業】

（　）**55** 證券經紀商接受國內委託人普通交割之買賣委託，應於委辦時，或成交日後第二營業日何時前，向委託人收取買進證券之價金或賣出之證券？　(A)上午九時　(B)上午十時　(C)下午一時三十分 (D)下午三時。　　　　　　　　　　　　　　　【107年普業】

（　）**56** 下列何種公開發行公司得申請為管理股票買賣？　(A)已上市之全額交割股　(B)已申請上市（櫃）輔導者　(C)上市公司於臺灣證券交易所終止上市者　(D)未上市（櫃）之公開發行公司。【107年普業】

（　）**57** 設某上櫃股票之每股市價為三十元，其申報買賣之最低成交單位為何？　(A)五分　(B)一角　(C)五角　(D)一元。　　　　【107年普業】

(　) **58** 公開發行公司申請股票上櫃時，當申請時之總經理於最近幾年內有
違反誠信原則之行為者，證券櫃檯買賣中心得不同意其股票上櫃？
(A)一年　(B)二年　(C)三年　(D)五年。　　　　　　【107年普業】

(　) **59** 櫃檯買賣之證券經紀商受託買賣得以下列何種方式為之？
(A)當面委託　　　　　　(B)電話委託
(C)網路委託　　　　　　(D)選項(A)(B)(C)皆是。　【107年普業】

(　) **60** 投資人需年滿幾歲才可開立信用帳戶？　(A)三十歲　(B)十八歲
(C)二十歲　(D)選項(A)(B)(C)皆非。　　　　　　　【107年普業】

(　) **61** 證券經紀商受託買賣有價證券，除應於成交時作成買賣報告書交付
委託人，並應於每月底編製那種文件分送各委託人？
(A)公開說明書　　　　　(B)交易紀錄單
(C)對帳單　　　　　　　(D)選項(A)(B)(C)皆非。　【107年普業】

(　) **62** 證券商之董事、監察人及經理人發生不得擔任董事、監察人與經理人
之消極資格情事時：　(A)應立即向證券主管機關申報　(B)該券商應
於知悉或事實發生之日起五個營業日內申報　(C)應於知悉或事實發
生之日起十五日內申報　(D)應於次月五日前申報。　【107年普業】

(　) **63** 客戶請求將其帳戶之有價證券餘額轉帳至設於他參加人帳戶時，
應向哪一機構提出申請？　(A)證券櫃檯買賣中心　(B)金融總會
(C)參加人　(D)集保結算所。　　　　　　　　　　【107年普業】

(　) **64** 委託人申請開立信用帳戶所提出之財產證明所有人，不得為下列何
者？　(A)配偶　(B)父母、成年子女　(C)無連帶保證關係之朋友
(D)本人。　　　　　　　　　　　　　　　　　　　【107年普業】

(　) **65** 證券金融事業辦理對證券商之轉融通，指：　(A)證券商向證券金融
事業辦理轉融通資金或有價證券　(B)證券金融事業向銀行借款轉
貸證券商　(C)證券商請證券金融事業保證向銀行借款　(D)證券金
融事業發行商業本票轉貸予證券商。　　　　　　　【107年普業】

(　) **66** 證券商須經主管機關之許可及發給許可證照，方得營業，非證券
商不得經營證券業務，故證券商之設立採何種制度？　(A)申報制
(B)申請制　(C)許可制　(D)自動生效制。　　　　　【107年普業】

(　) **67** 證券經紀商接受客戶買賣變更交易方法股票應先辦理那些事項？
(A)過戶　(B)回報　(C)查驗集保存摺　(D)預收款券。【107年普業】

(　) **68** 未自行辦理融資融券業務之證券商，得與證券金融公司簽訂何種契
約代辦融資融券授信？　(A)轉融通契約　(B)轉帳契約　(C)代理契
約　(D)行紀契約。　　　　　　　　　　　　　　　　【107年普業】

(　) **69** 股票承銷公開抽籤之電腦作業，由哪一機構負責？　(A)證券商業同
業公會　(B)臺灣證券交易所　(C)金融監督管理委員會　(D)凌群電
腦公司。　　　　　　　　　　　　　　　　　　　　【107年普業】

(　) **70** 發行人申報發行股票，有下列何種情事時，證券主管機關得停止
其申報發生效力？　(A)申報書件不完備　(B)應記載事項不充分
(C)為保護公益　(D)選項(A)(B)(C)皆是。　　　　　　【107年普業】

(　) **71** 下列何者非槓桿型及反向型ETF之特性？　(A)具備每日調整機制
(B)投資具備複利效果　(C)長期報酬率相對穩定不受複利效果影響
(D)不適合用來追蹤指數長期績效。　　　　　　　　　【107年普業】

(　) **72** 債券附條件買賣期間利息之計算為：　(A)每年三百六十天，按每
月三十天計之　(B)每年三百六十五天，按實際天數計之　(C)選項
(A)(B)皆可　(D)選項(A)(B)皆非。　　　　　　　　　【107年普業】

(　) **73** 管理股票之交易與一般上櫃股票有何不同？　(A)完全相同　(B)採
分盤交易　(C)僅能與自營商議價買賣　(D)須預先收股款，其餘
相同。　　　　　　　　　　　　　　　　　　　　　【107年普業】

(　) **74** 比較集中市場與店頭市場之差異，下列何者正確？　(A)前者係集
中於交易所市場之買賣，後者係集中於證券櫃檯買賣中心之交易
(B)前者係議價買賣，而後者係競價交易　(C)前者受證券交易法規
範，後者則否　(D)選項(A)(B)(C)皆非。　　　　　　【107年普業】

(　) **75** 櫃檯買賣證券商執行受託買賣發生錯誤，欲申請更正帳號時，若透
過證券櫃檯買賣中心等價成交系統成交者，最遲應於何時辦理？
(A)成交當日下午三時　(B)成交當日下午五時　(C)成交日次一營業
日上午十二時　(D)成交日後第二營業日上午十時。　【107年普業】

(　) **76** 目前證券商營業處所受託買賣有價證券的交易手續費上限為多少？
(A)千分之零點二八　(B)千分之一點四二五　(C)千分之一　(D)千分之三。　【107年普業】

(　) **77** 國內證券市場中所稱之三大法人係指下列何者？甲.壽險公司；乙.證券投資信託公司所經理之證券投資信託基金；丙.外資法人；丁.證券自營商；戊.勞退基金　(A)甲、乙、丙　(B)甲、丙、戊　(C)乙、丙、丁　(D)丙、丁、戊。　【107年普業】

(　) **78** 下列何種方式非有價證券之承銷價格決定方式？　(A)由承銷商與發行公司或有價證券持有人議定　(B)由詢價圈購產生　(C)由競價拍賣產生　(D)由臺灣證券交易所核算。　【107年普業】

(　) **79** 企業籌措資金之管道可分為「直接金融」與「間接金融」兩種，下列何者是屬於「直接金融」？　甲.發行新股；乙.發行轉換公司債；丙.向銀行借款；丁.辦理私募　(A)甲、丙、丁　(B)甲、乙、丙　(C)甲、乙、丁　(D)甲、乙、丙、丁。　【107年普業】

(　) **80** 證券商以經紀業務方式為客戶辦理定期定額ETF，下列敘述何者為非？　(A)須每期委託　(B)可以投資契約代替委託單　(C)定期定額之交易方法僅限現股交易　(D)以上皆非。　【107年普業】

(　) **81** 關於公開收購公開發行公司有價證券行為之管理，下列何者正確？
(A)應經金融監督管理委員會核准後始得為之
(B)應向金融監督管理委員會申報並公告後始得為之
(C)應報請金融監督管理委員會核備後始得為之
(D)應由金融監督管理委員會立案審核通過後始得為之。　【107年普業】

(　) **82** 上市有價證券安定操作以何者為交易主體？　(A)證券經紀商　(B)證券自營商　(C)協辦承銷商　(D)主辦承銷商。　【107年普業】

(　) **83** 下列何種有價證券當市開盤競價基準升降幅度不以百分之十為限？
(A)股票　(B)權證　(C)債券　(D)選項(A)(B)(C)皆非。【107年普業】

(　) **84** 在證券集中交易市場上市之外國股票，其交易時間為：　(A)準用證券集中交易市場之時間　(B)準用櫃檯買賣市場之時間　(C)準用零股交易時間　(D)準用鉅額證券交易時間。　【107年普業】

( ) **85** 證券商以自營方式承作買賣債券之附買回或附賣回條件之交易,其約定買回或賣回之期間,最長不得超過多久? (A)一年 (B)四個月 (C)六個月 (D)三個月。 【107年普業】

( ) **86** 下列何者之交易方式不屬於與推薦證券商或造市商議價交易? (A)上櫃股票 (B)興櫃股票 (C)登錄於櫃買中心「開放式基金受益憑證交易平台」之基金 (D)登錄於櫃買中心「黃金現貨交易平台」之黃金。 【107年普業】

( ) **87** 證券商應多久計算每一信用帳戶之整戶及各筆融資融券擔保維持率? (A)每日 (B)每週 (C)每月 (D)每季。 【107年普業】

( ) **88** 在證券交易集中市場對申報買賣之價格單位,係以:甲.股票以一股為準;乙.股票以千股為準;丙.公債及公司債以面額百元為準;丁.公債及公司債以面額十元為準;戊.受益憑證以每受益權單位為準
(A)甲、丙、戊 (B)甲、丁、戊
(C)乙、丙、戊 (D)乙、丁、戊。 【107年普業】

( ) **89** 櫃檯買賣股票之發行人,應在下列何處設有專業股務代理機構或股務單位辦理過戶手續? (A)證券櫃檯買賣中心所在地 (B)該發行人總公司所在地 (C)以上二者均須設置 (D)無限制,由該發行人自行決定。 【107年普業】

( ) **90** 債券換股權利證書交易之證券交易稅為成交金額之: (A)千分之六 (B)千分之三 (C)千分之一 (D)免徵。 【107年普業】

( ) **91** 證券商(金融機構兼營者除外)不得向非金融保險機構借款,除下列何者情形,可不在此限? (A)發行商業本票 (B)發行公司債 (C)為因應公司緊急資金週轉 (D)選項(A)、(B)、(C)皆是。 【107年普業】

( ) **92** 證券集中交易市場買賣成交之有價證券,其集中交割之收付作業係由交易所委託下列何機構辦理? (A)證券集中保管事業 (B)證券金融事業 (C)證券商業同業公會 (D)符合資格之保管銀行。 【107年普業】

( ) **93** 證券公司申請股票上市,應同時經營證券承銷、自行買賣及行紀或居間等三種業務屆滿幾個完整會計年度? (A)三個 (B)四個 (C)五個 (D)六個。 【107年普業】

( ) **94** 證券商繳存之何種基金為共同責任制？ (A)違約損失準備 (B)營業準備金 (C)交割結算基金 (D)買賣損失準備。 【107年普業】

( ) **95** 證券商應有最低之資本額，此所稱資本，係指下列何者？ (A)章程所定之資本總額 (B)已發行股份總額之金額 (C)公司之資產總額 (D)公司之淨資產額。 【107年普業】

( ) **96** 依目前設計，送存集中保管之有價證券，其送存人間之法律關係為何？ (A)送存人個別所有 (B)公同共有 (C)分別共有 (D)均為直接占有人。 【107年普業】

( ) **97** 證券商辦理有價證券買賣融資融券，對所留存客戶融券賣出價款及融券保證金，不得作下列哪項運用？ (A)作為其辦理融資業務之資金來源 (B)作為向證券金融事業轉融通證券之擔保 (C)有價證券之自營買賣 (D)銀行存款。 【107年普業】

( ) **98** 完成有價證券募集之申報程序，可否藉以作為證實申報事項或保證證券價值之宣傳？ (A)經主管機關核准後才可以 (B)有承銷商評估報告者可以 (C)可以 (D)不可以。 【107年普業】

( ) **99** 上市或上櫃公司股票發行人依規定申請現金發行新股時，原則上係於金融監督管理委員會受理申報書之日起屆滿多少營業日始生效力？ (A)十五個營業日 (B)十二個營業日 (C)十個營業日 (D)七個營業日。 【107年普業】

( )**100** 發行人募集與發行海外有價證券，應依規定檢齊相關書件，並取具外匯主管機關同意函後，向金融監督管理委員會申報生效。其中所指之外匯主管機關係指： (A)金融監督管理委員會 (B)財政部 (C)經濟部 (D)中央銀行。 【107年普業】

( )**101** 所謂「股務」不包含下列哪一項？ (A)辦理股票之過戶 (B)辦理召開股東會之事項 (C)辦理現金增資股票之事項 (D)發布關於股票之研究報告。 【107年普業】

( )**102** 臺灣證券交易所辦理集中交割，一律採下列何者之方式為之？ (A)現金交割 (B)餘額交割 (C)信用交割 (D)選項(A)、(B)、(C)皆可。 【107年普業】

( )**103** 依據「證券商帳表憑證保存年限表」規定，買賣回報單、成交回報
單之保存年限為：
(A)一年 (B)三年 (C)五年 (D)十年。 【107年普業】

( )**104** 零股交易之買賣，有應付有價證券者，證券商至遲應於何時辦理交
割？ (A)成交日當日下午六時前 (B)成交日後第一營業日上午
十二時前 (C)成交日後第二營業日下午二時前 (D)成交日後第二
營業日上午十時前。 【107年普業】

( )**105** 公開發行公司其財務報告之淨利占年度決算之財報報告所列示股本
比率，最近兩個會計年度均達百分之多少以上者，臺灣證券交易
所得同意其股票上市？ (A)百分之五 (B)百分之六 (C)百分之
十二 (D)百分之十。 【107年普業】

( )**106** 轉換公司債每一交易單位之面額為多少？ (A)新臺幣一萬元
(B)新臺幣十萬元 (C)新臺幣一百萬元 (D)新臺幣五百萬元。
【107年普業】

( )**107** 比較下列上市與上櫃股權分散之審查條件，何者敘述正確？
(A)前者無 (B)後者無 (C)兩者皆有，前者係記名股東在一千人
以上 (D)兩者皆有，後者係公司內部人及該等內部人持股逾百分
之五十之法人以外之記名股東人數不少於五百人。 【107年普業】

( )**108** 證券商為自行辦理有價證券買賣融資融券業務，何者為非？
(A)向主管機關申請核准 (B)應設置專責單位 (C)增提營業保證
金 (D)須與證金公司簽訂融資融券之代理契約。 【107年普業】

( )**109** 證券金融事業辦理轉融通業務之規定下列何者正確？ (A)應與證
券商訂立轉融通契約 (B)只限於對證金事業融資融券業務所需之
價款為限 (C)對證券商融資，其比率應高於證券商對客戶之融資
比率 (D)選項(A)、(B)、(C)皆是。 【107年普業】

( )**110** 委託人未依規定交付融資自備款或融券保證金者，證券商之下列處
理方式何者正確？ (A)證券商應立即註銷委託買賣帳戶 (B)證券
商應立即終止委託買賣證券受託契約 (C)代辦交割手續 (D)非屬
違約情事之一，暫不必向臺灣證券交易所申報違約。 【107年普業】

( )**111** 證券商受託於證券集中交易市場買賣有價證券，其向委託人收取手續費之費率由何者向主管機關申報核定之？ (A)證券商 (B)證券商業同業公會 (C)臺灣證券交易所 (D)證券金融事業。 【107年普業】

( )**112** 下列何種方式非有價證券之承銷價格決定方式？ (A)由承銷商與發行公司或有價證券持有人議定 (B)由詢價圈購產生 (C)由競價拍賣產生 (D)由臺灣證券交易所核算。 【107年普業】

( )**113** 證券承銷商辦理有價證券之承銷，現行有幾種配售方式？ (A)二種 (B)三種 (C)四種 (D)五種。 【107年普業】

( )**114** 銀行為供中長期信用放款之用，所發行向社會大眾吸收資金之有價證券稱為：
(A)公司債 (B)金融債券 (C)政府公債 (D)股票。 【107年普業】

( )**115** 下列何者為證券集中保管事業所保管之得為帳簿劃撥之有價證券？
(A)在證券集中交易市場上市之有價證券 (B)在證券商營業處所買賣之有價證券 (C)其他經主管機關核定之有價證券 (D)選項(A)、(B)、(C)均正確。 【107年普業】

( )**116** 臺灣證券交易所依共同責任制交割結算基金特別管理委員會決議，暫停證券商買賣時，應同時函報哪一個單位？
(A)財政部 (B)證券櫃檯買賣中心
(C)金融監督管理委員會 (D)證券商業同業公會。 【107年普業】

( )**117** 經核准終止上市之發行公司所繳付之有價證券上市費：
(A)由臺灣證券交易所依其當年度實際上市月數比例核算退還
(B)僅得退還十二分之一
(C)至多退還二分之一
(D)不得請求返還。 【107年普業】

( )**118** 有價證券依「臺灣證券交易所股份有限公司實施股市監視制度辦法」採處置措施者，經紀商受託買賣時應如何因應？ (A)向委託人預先收取款券或融資自備價款或融券保證金 (B)無須有特別作為 (C)限制買賣金額 (D)停止此一證券之下單買賣。 【107年普業】

( )**119** 櫃檯買賣證券商應於開業前幾日向證券櫃檯買賣中心申報？
(A)五個營業日 　　　　　(B)十個營業日
(C)十五個營業日 　　　　(D)一個月。　　　　　　　【107年普業】

( )**120** 下列何者非可在臺灣證券交易所申請上市買賣之金融商品？
(A)認購權證 　　　　　　(B)受益憑證
(C)存託憑證 　　　　　　(D)利率交換契約。　　　　【106年普業】

( )**121** 對於開立信用帳戶之條件，下列敘述何者正確？　(A)為年滿十八
歲有行為能力的中華民國國民　(B)開立受託買賣帳戶滿二個月
(C)最近一年內委託買賣成交十筆以上　(D)最近一年內所得與各種
財產合計達所申請額度之百分之五十。　　　　　　【106年普業】

( )**122** 下列何者為證券商財務報表中之損益表應記載事項？
(A)營業保證金 　　　　　(B)手續費收入
(C)違約損失準備 　　　　(D)交割結算基金金額。　【106年普業】

( )**123** 稱轉融通者，指下列何者向證券金融事業辦理轉融通資金或有價證
券？　(A)證券投資人　(B)證券商　(C)證券交易所　(D)金融監督
管理委員會證券期貨局。　　　　　　　　　　　　【106年普業】

( )**124** 普通股股票須上市滿多久才可由證券交易所公告得為融資融券交易
股票？
(A)三個月　(B)六個月　(C)九個月　(D)一年。　　【106年普業】

( )**125** 公司因減資換發新股時，公司應於減資登記後，定下列何項期限
以上，通知各股東換取並聲明逾期不換取者，喪失股東權利？
(A)一個月　(B)三個月　(C)六個月　(D)十二個月。　【106年普業】

( )**126** 證券商經核准可經營之業務不包括？
(A)有價證券之融資或融券
(B)有價證券之借貸或為有價證券借貸之代理或居間
(C)有價證券之印製與交付
(D)因證券業務受客戶委託保管及運用其款項。　　　【106年普業】

(　)**127** 上市有價證券安定操作之買進價格不得：
(A)低於承銷價
(B)高於承銷價
(C)低於前一營業日收盤價
(D)高於前一營業日收盤價。　　　　　　　　　　　　【106年普業】

(　)**128** 發行市場管理之目標：　(A)協助企業募集資金優先於保障投資
(B)保障投資優先於協助企業募集資金　(C)協助企業募集資金與保
障投資並重　(D)將違法者移送法辦。　　　　　　　　【106年普業】

(　)**129** 已公開發行股票證券商之股東會紀念品的限制，下列那個選項正
確？　(A)以一種為限　(B)不得給付金錢　(C)不得利用他人名義
為之　(D)選項(A)(B)(C)皆可。　　　　　　　　　　　【106年普業】

(　)**130** 客戶何種委託買賣方式，證券經紀商不得受理？　(A)全權決定賣
出或買入之委託買賣　(B)全權決定買賣數量　(C)全權決定買賣價
格　(D)選項(A)(B)(C)不得受理。　　　　　　　　　　【106年普業】

(　)**131** 臺灣證券交易所同意上市有價證券，應與發行有價證券之機構，訂
立何種契約？
(A)供給使用有價證券集中交易市場契約
(B)委託買賣證券受託契約
(C)交易資訊使用契約
(D)有價證券上市契約。　　　　　　　　　　　　　　　【106年普業】

(　)**132** 集中交易市場之買賣，採何種方式？　(A)人工交易　(B)人工輔助
撮合　(C)電腦輔助交易　(D)電腦自動交易。　　　　　【106年普業】

(　)**133** 在證券集中交易市場上市之外國股票買賣申報之揭示原則為：
(A)以最優先之買賣價格及其數量為原則　(B)以參考價為基準延續
二個升降單位為原則　(C)以參考價為基準延續五個升降單位為原
則　(D)以當時成交價格為原則。　　　　　　　　　　　【106年普業】

(　)**134** 上市公司經終止上市，且被列為管理股票者，欲再行申請上市時應
如何辦理？　(A)重新依上市審查準則所定條件辦理　(B)臺灣證券
交易所對此類公司另行訂定上市條件　(C)需重新獲得主管機關許
可上市　(D)不准再申請上市。　　　　　　　　　　　　【106年普業】

( )**135** 轉換公司債每一交易單位之面額為多少？
(A)新臺幣一萬元 　　　　(B)新臺幣十萬元
(C)新臺幣一百萬元 　　　(D)新臺幣五百萬元。 　　　【106年普業】

( )**136** 櫃檯買賣市場債券交易之標的為何？ 　(A)僅限政府債券 　(B)所有的債券皆可交易 　(C)僅金融債券 　(D)包含政府債券及已上櫃之公司債、金融債券。 　　　【106年普業】

( )**137** 證券商辦理櫃檯買賣業務須經下列何者同意？
(A)須經臺灣證券交易所同意
(B)毋須經金融監督管理委員會同意，僅須向臺灣證券交易所申請即可
(C)僅須向證券櫃檯買賣中心申請
(D)須經金融監督管理委員會許可並與證券櫃檯買賣中心完成簽約。 　　　【106年普業】

( )**138** 委託人為自然人向證券商申請開立信用帳戶時，下列何者錯誤？
(A)提示所得及財產證明與交易紀錄
(B)提示國民身分證正本
(C)簽具信用帳戶申請書及融資融券契約
(D)簽具概括授權委託書。 　　　【106年普業】

( )**139** 證券商為自行辦理有價證券買賣融資融券業務，何者為非？
(A)向主管機關申請核准 　(B)應設置專責單位 　(C)增提營業保證金 　(D)須與證金公司簽訂融資融券之代理契約。 　　　【106年普業】

( )**140** 委託人提供抵繳之有價證券，應保證其權利之完整，在下列哪一情況證券金融公司不會通知委託人辦理調換？ 　(A)發現有瑕疵或有法律上之爭議 　(B)經改變交易方法 　(C)經終止上市 　(D)臺灣證券交易所進行融資融券分配。 　　　【106年普業】

( )**141** 證券經紀商代客買賣證券，應於下列何種交易時替政府收取證券交易稅？ 　(A)客戶買及賣股票時 　(B)融資買進時 　(C)客戶買入股票時 　(D)客戶賣出股票時。 　　　【106年普業】

( )**142** 認股人或應募人繳納股款或債款，應將款項連同認股書或應募書向下列何機關繳納之？ 　(A)代收款項之機構 　(B)主管機關 　(C)財政機關 　(D)登記機關。 　　　【106年普業】

( )**143** 券證經紀商受託買賣，於成交後應於何時通知客戶？
(A)成交當日　　　　　　　(B)成交次營業日以前
(C)成交次二營業日以前　　(D)無須通知。　　　　【106年普業】

( )**144** 發行量加權股價指數之基期為民國幾年？　(A)51年　(B)55年
(C)75年　(D)83年。　　　　　　　　　　　　　【106年普業】

( )**145** 有價證券在集中市場之買賣，原則採下列何者交割方式　(A)結算差
價　(B)現款現貨　(C)保證金餘額　(D)權利金餘額。　【106年普業】

( )**146** 證券經紀商受託買賣上市股票，其手續費率由何者申報主管機關核
定？　(A)臺灣證券交易所　(B)證券商業同業公會　(C)證券暨期
貨市場發展基金會　(D)各證券經紀商。　　　　　【106年普業】

( )**147** 證券商經營期貨交易輔助業務，應繳存營業保證金新臺幣多少元？
(A)五百萬元　　　　　　　(B)一千萬元
(C)一千五百萬元　　　　　(D)二千萬元。　　　　【106年普業】

( )**148** 證券商繳存之何種基金為共同責任制？　(A)違約損失準備　(B)營
業準備金　(C)交割結算基金　(D)買賣損失準備。　【106年普業】

( )**149** 下列何者不能於證券集中保管事業開設保管劃撥帳戶，成為參加
人？　(A)金融機構　(B)證券商　(C)投資人　(D)發行無實體有價
證券之發行人。　　　　　　　　　　　　　　　　【106年普業】

( )**150** 證券商經營櫃檯買賣業務，依法應向證券櫃檯買賣中心繳存下列何
項費用方得經營？　(A)賠償準備金　(B)給付結算基金　(C)特別
盈餘公積　(D)證券商經手費。　　　　　　　　　【106年普業】

( )**151** 稱轉融通者，指下列何者向證券金融事業辦理轉融通資金或有價證
券？　(A)證券投資人　(B)證券商　(C)證券交易所　(D)金融監督
管理委員會證券期貨局。　　　　　　　　　　　　【106年普業】

( )**152** 下列上櫃有價證券得為融資融券之條件何者有誤？
(A)股票上櫃滿六個月
(B)每股市場成交收盤價格在票面之上
(C)設立登記屆滿三年以上
(D)實收資本額達新臺幣三億元以上。　　　　　　　【106年普業】

(　　)**153** 證券商辦理有價證券買賣融資融券，對所留存客戶融券賣出價款及融券保證金，不得作下列那項運用？　(A)作為其辦理融資業務之資金來源　(B)作為向證券金融事業轉融通證券之擔保　(C)有價證券之自營買賣　(D)銀行存款。　　　　　　　　　　　【106年普業】

(　　)**154** 證券商辦理有價證券買賣融資融券，對每種證券之融資總金額，不得超過其淨值的百分之多少？　(A)百分二十五　(B)百分之十五　(C)百分之十　(D)百分之五。　　　　　　　　　　　　　　【106年普業】

(　　)**155** 下列何者非證券集中保管事業之經營業務？　(A)有價證券之保管　(B)有價證券買賣交割或設質交付之帳簿劃撥　(C)代辦證券商之融資融券事項　(D)有價證券無實體發行之登錄。　　　　　【106年普業】

(　　)**156** 下列何種情形，毋須委請承銷商出具評估報告？
(A)募集設立　　　　　　　　(B)發行交換公司債
(C)發行轉換公司債　　　　　(D)補辦公開發行。　　　　　【106年普業】

(　　)**157** 認股人或應募人繳納股款或債款，應將款項連同認股書或應募書向下列何機關繳納之？　(A)代收款項之機構　(B)主管機關　(C)財政機關　(D)登記機關。　　　　　　　　　　　　　　【106年普業】

(　　)**158** 零股交易於何時撮合成交？　(A)申報當日　(B)申報當日之次一營業日　(C)申報當日之次二營業日　(D)申報後五日內。　【106年普業】

(　　)**159** 證券商辦理有價證券借貸業務時，其出借有價證券總金額不得超過其淨值百分比為何？　(A)百分之二百　(B)百分之二百五十　(C)百分之三百　(D)百分之五百。　　　　　　　　　　　【106年普業】

(　　)**160** 證券集中交易市場實施股市監視制度辦法係依據何項法令訂定？
(A)證券交易所管理規則　(B)公布或通知注意交易資訊暨處置作業要點　(C)證券交易法施行細則　(D)證券商管理規則。【106年普業】

(　　)**161** 上市公司、第二上市公司違反對上市公司重大訊息查證暨公開處理程序規定，被處以違約金之情形，應於何處揭示公告之？
(A)金融監督管理委員會網站
(B)臺灣證券交易所網站
(C)證券暨期貨市場發展基金會網站
(D)公開資訊觀測站。　　　　　　　　　　　　　　　　【106年普業】

(　　)**162** 公司申請上櫃，其董事、監察人及持有股份多少以上之股東，必須將一定比率之股票送存集保？　(A)百分之五　(B)百分之十　(C)百分之十五　(D)百分之三十。　【106年普業】

(　　)**163** 證券商之董事、監察人，持股超過百分之十之股東及其從業人員於初次櫃檯買賣有價證券時，應向何證券商辦理開戶？
(A)主管機關指定之證券商
(B)證券櫃檯買賣中心所指定之證券商
(C)本身所投資或服務之證券商
(D)本身所投資或服務以外之證券商。　【106年普業】

(　　)**164** 證券商與非專業機構投資人客戶簽訂開戶契約時，應向其說明櫃檯買賣之性質，並履行下列程序：
(A)須要求該客戶簽署櫃檯買賣確認書
(B)須瞭解客戶對有價證券之投資有相當之知識與經驗
(C)客戶應另簽署第一上櫃有價證券風險預告書
(D)選項(A)(B)(C)皆是。　【106年普業】

(　　)**165** 有價證券買賣之融資融券之額度、期限及融資比率、融券保證金成數，應由主管機關商經下列何者同意後定之？　(A)臺灣銀行　(B)中央銀行　(C)國稅局　(D)財政部。　【106年普業】

(　　)**166** 委託人提供抵繳之有價證券，應保證其權利之完整，在下列哪一情況證券金融公司不會通知委託人辦理調換？　(A)發現有瑕疵或有法律上之爭議　(B)經改變交易方法　(C)經終止上市　(D)臺灣證券交易所進行融資融券分配。　【106年普業】

(　　)**167** 下列何者是資本市場促進資本形成之主要成員？　(A)未兼營證券業務之商業銀行　(B)未兼營證券業務之票券商　(C)證券商　(D)選項(A)(B)(C)皆是。　【106年普業】

(　　)**168** 國內證券市場中所稱之三大法人係指下列何者？甲.壽險公司；乙.證券投資信託公司所經理之證券投資信託基金；丙.外資法人；丁.證券自營商；戊.勞退基金　(A)甲、乙、丙　(B)甲、丙、戊　(C)乙、丙、丁　(D)丙、丁、戊。　【106年普業】

（　）**169** 櫃檯買賣股票之發行人，應在下列何處設有專業股務代理機構或股
務單位辦理過戶手續？　(A)證券櫃檯買賣中心所在地　(B)該發行
人總公司所在地　(C)以上二者均須設置　(D)無限制，由該發行人
自行決定。　【106年普業】

（　）**170** 如果以限價賣出，其成交價位最可能是？　(A)下一盤跳動之成交
價　(B)下兩盤跳動之成交價　(C)委託價位以下之成交價　(D)委
託價位以上之成交價。　【106年普業】

（　）**171** 股票在同一交易日內，最高價與最低價之差，最大是百分之幾？
(A)百分之三　　　　　　　　(B)百分之七
(C)百分之十　　　　　　　　(D)百分之二十。　【106年普業】

（　）**172** 下列交易行為何者為證券商或其分支機構所禁止？　(A)以全部
或部分相同之上市證券之買入委託與賣出委託在場外私相抵算
(B)與他證券商相互在場外為對敲之買賣　(C)未經主管機關許可買
賣未上市股票　(D)選項(A)(B)(C)皆是。　【106年普業】

（　）**173** 櫃檯買賣股票之發行人應於每月幾日以前，於證券櫃檯買賣中心
指定之網際網路資訊申報系統申報上月份營運情形？　(A)五日
(B)七日　(C)十日　(D)十五日。　【106年普業】

（　）**174** 賣出下列何者不需要繳納證券交易稅？
(A)上市股票
(B)上櫃股票
(C)興櫃股票
(D)登錄於櫃買中心「黃金現貨交易平台」之黃金。　【106年普業】

（　）**175** 申報出借有價證券之所有人，於未完成出借前：　(A)不得更改申
報內容　(B)不得取消申報　(C)得隨時取消申報　(D)得隨時查詢
他人申報內容。　【106年普業】

（　）**176** 證券商經營櫃檯買賣，應遵守下列哪一事項？　(A)證券自營商應
代客買賣，不得自行買入或賣出　(B)證券經紀商應自行買入或
賣出，不得代客買賣　(C)兼具證券自營商及證券經紀商者，應
於每次買賣時之書面文件，區別其為自行或代客買賣　(D)選項
(A)(B)(C)皆是。　【106年普業】

( )**177** 股票有下列何種情形，得不核准其為融資融券股票？ (A)股價波動過於劇烈者 (B)股權過度集中者 (C)成交量過度異常者 (D)選項(A)(B)(C)皆是。 【106年普業】

( )**178** 委託人申請以現券償還融券者，證券商應將其融券賣出價款及融券保證金在次幾營業日前交付委託人？ (A)一個營業日 (B)二個營業日 (C)三個營業日 (D)四個營業日。 【106年普業】

( )**179** 在證券集中交易市場上市之外國股票，其交易時間為： (A)準用證券集中交易市場之時間 (B)準用櫃檯買賣市場之時間 (C)準用零股交易時間 (D)準用鉅額證券交易時間。 【106年普業】

解答與解析

1 (A)。對從事有價證券之承銷、自行買賣及經紀業務之自律規則，係由證券商業同業公會負責擬定。

2 (C)。證券商設置標準第4條規定：「證券商須為股份有限公司，其最低實收資本額如左：一、證券承銷商：新臺幣四億元。二、證券自營商：新臺幣四億元。三、證券經紀商：新臺幣二億元，僅經營股權性質群眾募資業務者為新臺幣五千萬元。前項最低實收資本額，發起人應於發起時一次認足。」證券商設置標準第7條規定：「證券商發起人，應於向本會申請許可時，按其種類，向本會所指定銀行存入左列款項：一、證券承銷商：新臺幣四千萬元。二、證券自營商：新臺幣一千萬元。三、證券經紀商：新臺幣五千萬元，但經營下列業務者為新臺幣一千萬：……(一)僅經營股權性質群眾募資業務。(二)僅經營基金受益憑證買賣及互易之居間業務。前項存入款項，得以政府債券或金融債券代之。第一項之款項，經許可設置者，於公司辦理設立登記提存營業保證金後，始得動用；未經許可設置或經撤銷許可者，由本會通知領回。」

3 (B)。證券交易法第129條規定，在公司制證券交易所交易之證券經紀商或證券自營商，應由交易所與其訂立供給使用有價證券集中交易市場之契約，並檢同有關資料，申報主管機關核備。

4 (C)。發行交換公司債，則其交換標的須送存臺灣集中保管結算所保管。

5 (D)。依現行法規定，公開發行公司董事會已屆開會時間，如全體董事有半數未出席時，主席得宣布延後開會。

6 (C)。證券商經營期貨交易輔助業務管理規則第2條規定：「……前項期貨交易輔助人應繳存之營業保證金為新臺幣一千萬元，每一分支機構為新臺幣五百萬元。……」

7 (D)。證券商營業處所買賣有價證券管理辦法第2條規定：「本辦法所稱證券商營業處所買賣有價證券，指有價證券不在集中交易市場以競價方式買賣，而在證券商專設櫃檯進行之交易行為，簡稱櫃檯買賣。」

8 (A)。證券交易所管理規則第20條規定：「證券交易所提存前條之賠償準備金，應專戶提存保管，非經本會核准，不得為左列以外之運用：一、政府債券。二、銀行存款或郵政儲金。」

9 (A)。證券商辦理有價證券買賣融資融券管理辦法第25條規定：「證券商辦理有價證券買賣融資融券，其融資利率及融券手續費之標準，由各證券商自行訂定，並報請主管機關備查。」

10 (D)。公開發行公司停止辦理股票過戶之時點為：(A)公司於股東常會開會前六十日內。(B)股東臨時會前三十日內。(C)決定分派股息、紅利或其他利益之基準日前五日內。

11 (D)。每日的漲跌幅最高為10%，故股票在同一交易日內，最高價與最低價之差，最大是20%。

12 (C)。申報出借有價證券之所有人，於未完成出借前得隨時取消申報。

13 (A)。臺灣證券交易所股份有限公司證券經紀商受託契約準則第4條規定，客戶以電話委託買賣，如有錯誤，其錯誤之原因非可歸責於受託證券商之事由者，證券商不負責任。

14 (B)。臺灣證券交易所股份有限公司證券商以媒體申報財務報表作業辦法第26條規定，證券商應按月編造資本適足明細申報表一份，於次月10日前送達臺灣證券交易所。

15 (D)。證券集中交易市場有價證券之交易，除依「公布或通知注意交易資訊暨處置作業要點」第4條第1項第1款外，連續五個營業日經發布注意交易資訊者，臺灣證券交易所即發布為處置之有價證券。

16 (D)。財團法人中華民國證券櫃檯買賣中心證券商營業處所買賣有價證券審查準則第3-1條規定：「公開發行公司符合左列各款條件之一，且無本中心證券商營業處所買賣有價證券業務規則（以下簡稱業務規則）第十三條及第十三條之一之情事者，經二家以上證券商書面推薦，得向本中心申請其股票為櫃

檔買賣管理股票：一、依業務規則第十二條之二終止有價證券櫃檯買賣者。
二、上市公司於臺灣證券交易所終止上市者。……」

17 (B)。財團法人中華民國證券櫃檯買賣中心證券商營業處所買賣有價證券業務
規則第33條規定：「證券商於客戶為櫃檯買賣時，應慎重考量客戶之意向、
條件、投資經驗、投資目的及資力。」

18 (D)。櫃檯買賣上櫃股票係採透過證券櫃檯買賣中心等價成交系統為之者，其
每筆輸入應小於五百交易單位。

19 (C)。
(1) 上市股票股權分散：記名股東人數在一千人以上，其中持有股份一千股至
五萬股之股東人數不少於五百人，且其所持股份合計占發行股份總額百分
之二十以上或滿一千萬股者。
(2) 上櫃股票股權分散：持有股份一千股至五萬股之記名股東人數不少於三百
人，且其所持股份總額合計占發行股份總額百分之十以上或逾五百萬股。

20 (D)。委託人信用帳戶內各筆融資交易依照下列公式併計其整戶擔保維持率

$$擔保維持率 = \frac{融資擔保品證券市值 + 融券擔保品及保證金 + 抵繳有價證券或其他商品市值}{融資金額 + 融券標的證券市值} \times 100\%$$

21 (D)。證券金融公司辦理標借時，標借證券之最高標借單價，以標借申請日開
始交易基準價之百分之七為限。

22 (C)。公開發行公司股票初次上市、櫃時，承銷商辦理對外公開銷售時應先保
留普通股一千股由證券投資人及期貨交易人保護中心認購。

23 (D)。自然人股東只能用本名登記為戶名。

24 (A)。臺灣證券交易所股份有限公司受託辦理上市證券拍賣辦法第2條規定，
證券集中交易市場上市證券拍賣程序，委託申請拍賣者，應由僅證券經紀商
填具申請書向臺灣證券交易所辦理。

25 (A)。證券集中交易市場之休假日與銀行業通行假日相同。

26 (C)。臺灣證券交易所依共同責任制交割結算基金特別管理委員會決議，暫停
證券商買賣時，應同時函報金融監督管理委員會。

27 (D)。臺灣證券交易所股份有限公司證券經紀商受託契約準則第8條規定：
「委託買賣證券有下列各款情事之一者，受託證券經紀商不得受理：一、全
權選擇證券種類之委託買賣。二、全權決定買賣數量之委託買賣。三、全

權決定買賣價格之委託買賣。四、全權決定賣出或買入之委託買賣。五、未
經核准上市或暫停交易之證券買賣。六、已停止上市之證券買賣。七、分期
付款方式之證券買賣。八、對委託人作贏利之保證或分享利益之證券買賣。
九、證券自營商之委託買賣未經主管機關之許可者。」

28 (C)。證券商辦理有價證券借貸業務時，其客戶向證券商借入有價證券之撥券
日期為完成借券申報之次一營業日者，倘該客戶於借入證券尚未撥入其有價證
券借貸帳戶前即需賣出該借入證券者，得委由原借券證券商辦理。

29 (A)。參加證券櫃檯買賣中心債券等殖成交系統，應以自營方式為之。

30 (B)。財團法人中華民國證券櫃檯買賣中心證券商營業處所買賣有價證券審查
準則第2條規定，股票申請上櫃者，則其應依公司法設立登記滿2個完整會計
年度。

31 (B)。下列可用來抵繳融資融券差額：
中央登錄公債、地方政府債券、公司債、金融債、上市、上櫃有價證券、登錄
為櫃檯買賣之黃金現貨、以新臺幣計價開放式證券投資信託基金受益憑證及期
貨信託基金受益憑證，國內募集投資國內之證券投資信託基金受益憑證，及對
不特定人募集投資國內之期貨信託基金受益憑證。

32 (D)。現行買賣公司債及金融債券之證券交易稅率為免稅。

33 (A)。有價證券集中保管帳簿劃撥作業辦法第9條規定：「客戶於參加人開戶
將有價證券以參加人名義送轉存保管事業集中保管，就該有價證券之帳簿劃
撥及領回，均應經由同一帳戶辦理。」

34 (B)。發行人募集與發行有價證券處理準則第34條規定：「轉換公司債持有人
請求轉換者，除本會另有規定外，應填具轉換請求書，並檢同債券或登載債
券之存摺，向發行人或其代理機構提出，於送達時生轉換之效力；發行人或
其代理機構於受理轉換之請求後，其以已發行股票轉換者，應於次一營業日
交付股票，其以發行新股轉換者，除應登載於股東名簿外，並應於五個營業
日內發給新股或債券換股權利證書。……」

35 (A)。參加人辦理有價證券設質支付時，可以帳簿劃撥方式為之。

36 (B)。稱轉融通者，指證券商向證券金融事業辦理轉融通資金或有價證券。

37 (D)。發行人募集與發行有價證券處理準則第64條規定：「有價證券持有人
依第六十一條規定申報公開招募者，經向本會申報生效後，除已上市或上櫃
公司之股票應委託證券承銷商為之外，應委託證券承銷商包銷，並應依本法
第七十一條第二項規定，於承銷契約中訂明保留承銷股數之百分之五十以上

由證券承銷商自行認購。但其未來三年之釋股計畫已經目的事業主管機關核
准，並出具會計制度健全之意見書者，得免保留一定比率由證券承銷商自行
認購。」

38 (A)。ETF可進行零股交易。

39 (D)。公開收購公開發行公司有價證券管理辦法第2條規定：「……本法第
四十三條之一第二項規定公開收購有價證券之範圍係指收購已依本法辦理或
補辦公開發行程序公司之已發行股票、新股認購權利證書、認股權憑證、附
認股權特別股、轉換公司債、附認股權公司債、存託憑證及其他經金融監督
管理委員會（以下簡稱本會）核定之有價證券。……」

40 (C)。上午九時至下午五時為鉅額逐筆交易之交易時段。

41 (D)。臺灣證券交易所股份有限公司有價證券上市審查準則第15條規定：「證
券業、金融業、保險業及專營期貨商申請其股票上市，除應符合本準則有關規
定外，應先取得目的事業主管機關之同意函，本公司始予受理。……」

42 (A)。在證券集中交易市場上市之外國股票，其交易時間準用證券集中交易市
場之時間。

43 (D)。證券經紀商受託買賣有價證券，於成交並辦理交割後，應即將受託買進
之證券或賣出證券之價金，交付委託人，其未成交者，即將已收取之證券或
價金返還委託人。但證券經紀商得經客戶同意將交割款項留存於證券商交割
專戶，應依臺灣證券交易所「證券商交割專戶設置客戶分戶帳作業要點」規
定辦理。

44 (C)。臺灣證券交易所股份有限公司有價證券上市審查準則第10條規定，初次
申請股票上市之發行公司，所應提交集中保管股票之總計比率，在已發行股
份總額三千萬股以下者，應提交股份總額25%。

45 (C)。證券商之董、監事、大股東及從業人員買賣上櫃股票應於本身所投資或
服務證券商買賣。

46 (C)。於店頭市場，證券經紀商受投資人委託買賣有價證券，應依限價委託
為限。

47 (B)。所稱專業投資機構，係指「金融消費者保護法」第4條所稱之專業投資
機構，包括國內外之銀行業、國內外之證券業、國內外之保險業等。

48 (B)。財團法人中華民國證券櫃檯買賣中心證券商營業處所買賣興櫃股票審查
準則第11條規定：「輔導推薦證券商自其所推薦之股票開始櫃檯買賣之日起

一年內不得辭任，但辭任後仍有二家以上輔導推薦證券商（應含主辦輔導推薦普業）者，不在此限。」

49 (D)。證券經紀商代客買賣證券，應於客戶賣出股票時替政府收取證券交易稅。

50 (D)。證券承銷商是證券市場中發行市場之主要成員。

51 (A)。外國企業來臺以存託憑證方式籌措資金謂之發行臺灣存託憑證（TDR）。

52 (B)。公開發行股票公司股務處理準則第41條規定，公開發行公司於股東常會開會前60日內、股東臨時會前30日內停止辦理股票過戶。

53 (A)。銀行欲申請股票上市，應先取得金融監督管理委員會之同意函。

54 (D)。上市條件中須聯合會計師事務所會計師二人以上共同查核簽證或核閱之財務報告依據的是資本額、淨值、稅前淨利。

55 (B)。證券經紀商接受國內委託人普通交割之買賣委託，應於委辦時，或成交日後第二營業日上午十時前，向委託人收取買進證券之價金或賣出之證券。

56 (C)。財團法人中華民國證券櫃檯買賣中心證券商營業處所買賣有價證券審查準則第3-1條規定：「公開發行公司符合左列各款條件之一，且無本中心證券商營業處所買賣有價證券業務規則（以下簡稱業務規則）第十三條及第十三條之一之情事者，經二家以上證券商書面推薦，得向本中心申請其股票為櫃檯買賣管理股票：一、依業務規則第十二條之二終止有價證券櫃檯買賣者。二、上市公司於臺灣證券交易所終止上市者。……」

57 (A)。五十元以下股票最低成交單位為五分。

58 (C)。財團法人中華民國證券櫃檯買賣中心證券商營業處所買賣有價證券審查準則第10條第1項各款不宜上櫃規定之具體認定標準第7條規定，公開發行公司申請股票上櫃時，當申請時之總經理於最近3年內有違反誠信原則之行為者，證券櫃檯買賣中心得不同意其股票上櫃。

59 (D)。櫃檯買賣之證券經紀商受託買賣得以當面委託、電話委託、網路委託的方式為之。

60 (C)。第一次申請開立信用交易帳戶時，投資人需符合下列幾項開戶條件內容包括：

(1)須為年滿二十歲有行為能力之中華民國國民，或依中華民國法律組織登記之法人。

(2)須開立受託買賣帳戶滿三個月，最近一年內委託買賣成交達十筆以上，累積成交金額達所申請之融資額度百分之五十，其開立受託買賣帳戶未滿一年者亦同。

(3)最近一年內所得及各種財產合計達所申請融資額度之百分之三十。但申請融資額度五十萬元以下者，得免附所得或各種財產之證明文件。

61 (C)。證券經紀商受託買賣有價證券，除應於成交時作成買賣報告書交付委託人，並應於每月底編製對帳單分送各委託人。

62 (B)。證券商管理規則第4條規定：「證券商有下列情事之一者，應向本會申報：一、開業、停業、復業或終止營業。二、證券商或其董事、監察人及受僱人因經營或從事證券業務，發生訴訟、仲裁或為強制執行之債務人，或證券商為破產人、有銀行退票或拒絕往來之情事。三、董事、監察人及經理人有本法第五十三條所定之情事。四、董事、監察人及受僱人，有違反本法或本會依照本法所發布之命令之行為。五、董事、監察人、經理人及持有公司股份超過百分之十之股東，持有股份變動。六、其他經本會規定應申報之事項。前項第一款之事項，證券商應事先申報；第二款至第四款之事項，證券商應於知悉或事實發生之日起五個營業日內申報；……」

63 (C)。依有價證券集中保管帳簿劃撥作業辦法第30條規定：「客戶請求將其帳戶之有價證券餘額轉帳至設於他參加人之帳戶，或依法令規定轉帳至他人帳戶時，應向參加人提出。」

64 (C)。委託人申請開立信用帳戶所提出之財產證明所有人，不得為無連帶保證關係之朋友。

65 (A)。證券金融事業辦理對證券商之轉融通，指證券商向證券金融事業辦理轉融通資金或有價證券。

66 (C)。證券商須經主管機關之許可及發給許可證照，方得營業，非證券商不得經營證券業務，故證券商之設立採許可制。

67 (D)。證券經紀商接受客戶買賣變更交易方法股票應先辦理預收款券。

68 (C)。未自行辦理融資融券業務之證券商，得與證券金融公司簽訂代理契約代辦融資融券授信。

69 (B)。股票承銷公開抽籤之電腦作業，由臺灣證券交易所負責。

70 (D)。外國發行人募集與發行有價證券處理準則第5條規定：「……因申報書件不完備或應記載事項不充分，或為保護公益而有必要者，本會得停止其申報發生效力。……」

71 (C)。槓桿型及反向型ETF之特性：(A)具備每日調整機制。(B)投資具備複利效果。(C)長期報酬率相對穩定受複利效果影響。(D)不適合用來追蹤指數長期績效。

72 (B)。債券附條件買賣期間利息之計算為每年三百六十五天，按實際天數計之。

73 (D)。管理股票係指原在交易所的集中市場交易的全額交割股、自集中市場下市後轉至櫃檯買賣中心繼續交易的股票，管理股票之交易與一般上櫃股票僅管理股票須預先收股款，其餘相同。

74 (D)。集中市場是指上市股票在證券交易所，以集中公開競價方式交易的市場，交易商品均為標準化。而競價的方式則有電腦自動撮合與人工撮合兩種，例如臺灣的證券交易所就是利用電腦自動交易，而美國的紐約證交所則是由經紀人在場內走動叫喊來尋找最佳買賣主。受證券交易法規範。
店頭市場則是有價證券不在集中交易市場上市以競價方式買賣，而在證券商的營業櫃檯以議價方式進行的交易行為，稱為櫃檯買賣。由櫃檯買賣所形成的市場稱為櫃檯買賣市場，又稱店頭交易。受證券交易法規範。

75 (D)。櫃檯買賣證券商執行受託買賣發生錯誤，欲申請更正帳號時，若透過證券櫃檯買賣中心等價成交系統成交者，最遲應於成交日後第二營業日上午十時辦理。

76 (B)。目前證券商營業處所受託買賣有價證券的交易手續費上限為千分之一點四二五。

77 (C)。國內證券市場中所稱之三大法人係指證券投資信託公司所經理之證券投資信託基金、外資法人、證券自營商。

78 (D)。中華民國證券商業同業公會證券商承銷或再行銷售有價證券處理辦法第4條規定：「證券承銷商辦理有價證券之承銷，其承銷價格以左列方式之一為之：一、競價拍賣。二、詢價圈購。三、與發行公司、發行機構或有價證券持有人議定。」

79 (C)。直接金融係指企業在貨幣市場發行商業本票、銀行承兌匯票或在資本市場發行公司債、股票、辦理私募以取得資金。

80 (A)。證券商以經紀業務方式為客戶辦理定期定額ETF，無須每期委託，可以投資契約代替委託單。

81 (B)。公開收購公開發行公司有價證券管理辦法第7條規定：「公開收購公開發行公司有價證券者，除有本法第四十三條之一第二項第一款至第三款情形外，應向本會申報並公告後始得為之。……」

82 (D)。臺灣證券交易所股份有限公司上市有價證券安定操作交易管理辦法第4條規定：「安定操作以主辦承銷商為交易之主體，其無自營部門者得委託其他證券商執行安定操作。……」

83 (C)。債券當市開盤競價基準升降幅度不以百分之十為限。

84 (A)。在證券集中交易市場上市之外國股票，其交易時間準用證券集中交易市場之時間。

85 (A)。財團法人中華民國證券櫃檯買賣中心證券商營業處所債券附條件買賣交易細則第11條規定：「……債券附條件買賣，其約定買回賣回之期間，不得超過一年。……」

86 (A)。上櫃股票是競價交易。

87 (A)。證券商應每日計算每一信用帳戶之整戶及各筆融資融券擔保維持率。

88 (A)。在證券交易集中市場對申報買賣之價格單位，係股票以一股為準，公債及公司債以面額百元為準，受益憑證以每受益權單位為準。

89 (A)。櫃檯買賣股票之發行人，應在證券櫃檯買賣中心所在地設有專業股務代理機構或股務單位辦理過戶手續。

90 (B)。債券換股權利證書交易之證券交易稅為成交金額之千分之三。

91 (D)。證券管理規則第17條規定：「證券商除由金融機構兼營者外，不得向非金融保險機構借款，但下列情事不在此限：一、發行商業本票。二、發行公司債。三、為因應公司緊急資金週轉。證券商為前項第三款緊急資金週轉，應於事實發生之日起二日內向本會申報。」

92 (A)。證券集中交易市場買賣成交之有價證券，其集中交割之收付作業係由交易所委託證券集中保管事業辦理。

93 (C)。證券公司申請股票上市，應同時經營證券承銷、自行買賣及行紀或居間等三種業務屆滿五個完整會計年度。

94 (C)。證券商管理規則第10條規定：「……證券商繳存之交割結算基金為共同責任制，並設置基金特別管理委員會；其管理辦法由證券交易所洽商證券商業同業公會擬訂，函報本會核定；修正時亦同。……」

95 (B)。證券交易法第48條規定：「證券商應有最低之資本額，由主管機關依其種類以命令分別定之。前項所稱之資本，為已發行股份總額之金額。」

96 (C)。依目前設計，送存集中保管之有價證券，採混合保管制，其送存人間之法律關係為分別共有。

97 (C)。證券商辦理有價證券買賣融資融券業務操作辦法第7條規定：「證券商辦理有價證券買賣融資融券，對所留存之融券賣出價款及融券保證金，除下列用途外，不得移作他用：一、作為辦理融資業務之資金來源。二、作為向證券金融事業轉融通證券之擔保。三、作為辦理證券業務借貸款項之資金來源。四、作為向證券交易所借券系統借券之擔保。五、銀行存款。六、購買短期票券。……」

98 (D)。完成有價證券募集之申報程序，不可以作為證實申報事項或保證證券價值之宣傳。

99 (B)。發行人募集與發行有價證券處理準則第13條規定：「……發行人除依前項規定提出申報者外，於本會及本會指定之機構收到發行新股申報書即日起屆滿十二個營業日生效。……」

100 (D)。發行人募集與發行海外有價證券，應依規定檢齊相關書件，並取具外匯主管機關同意函後，向金融監督管理委員會申報生效。其中所指之外匯主管機關係指「中央銀行」。

101 (D)。所謂「股務」包含辦理股票之過戶、辦理召開股東會之事項、辦理現金增資股票之事項等。

102 (B)。臺灣證券交易所辦理集中交割，一律採餘額交割之方式為之。

103 (C)。依據「證券商帳表憑證保存年限表」規定，買賣回報單、成交回報單之保存年限為五年。

104 (D)。零股交易之買賣，有應付有價證券者，證券商至遲應於成交日後第二營業日上午十時前辦理交割。

105 (B)。根據臺灣證券交易所股份有限公司有價證券上市審查準則第4條第3項，申請股票上市之發行公司之獲利能力需稅前淨利占年度決算之財務報告所列示股本比率，最近二個會計年度均達百分之六以上，且最近一個會計年度決算無累積虧損者。

106 (B)。轉換公司債面額限採新臺幣十萬元或為新臺幣十萬元之倍數，償還期限不得超過十年，且同次發行者，其償還期限應歸一律。

107 (C)。
(1)上市股票股權分散：記名股東人數在一千人以上，其中持有股份一千股至五萬股之股東人數不少於五百人，且其所持股份合計占發行股份總額百分之二十以上或滿一千萬股者。

(2) 上櫃股票股權分散：持有股份一千股至五萬股之記名股東人數不少於三百人，且其所持股份總額合計占發行股份總額百分之十以上或逾五百萬股。

108 (D)。證券商辦理有價證券買賣融資融券，應與客戶簽訂融資融券契約，而非與證金公司簽訂融資融券之代理契約。

109 (A)。(A)證券金融事業辦理對證券商之轉融通，應與證券商訂立轉融通契約，並開立轉融通帳戶。(B)證券金融事業辦理對證券商或其他證券金融事業之轉融通，應以證券商或其他證券金融事業辦理有價證券買賣融資融券業務或有價證券借貸業務所需之價款或有價證券為限。(C)證券金融事業辦理對證券商之轉融通，對證券商融資，其比率不得超過證券商對客戶之融資比率，並收取該融資買進之全部證券作為擔保品。

110 (C)。委託人未依規定交付融資自備款或融券保證金者，證券商應代辦交割手續。

111 (C)。證券交易法第85條規定：「證券經紀商受託於證券集中交易市場，買賣有價證券，其向委託人收取手續費之費率，由證券交易所申報主管機關核定之。……」

112 (D)。中華民國證券商業同業公會證券商承銷或再行銷售有價證券處理辦法第4條規定：「證券承銷商辦理有價證券之承銷，其承銷價格以左列方式之一為之：一、競價拍賣。二、詢價圈購。三、與發行公司、發行機構或有價證券持有人議定。」

113 (C)。中華民國證券商業同業公會證券商承銷或再行銷售有價證券處理辦法第5條規定：「證券承銷商除依前條先行保留自行認購部分外，辦理有價證券之承銷（以下簡稱對外公開銷售），其配售以下列方式為之：一、競價拍賣。二、詢價圈購。三、公開申購配售。四、洽商銷售。……」

114 (B)。銀行為供中長期信用放款之用，所發行向社會大眾吸收資金之有價證券稱為「金融債券」。

115 (D)。有價證券集中保管帳簿劃撥作業辦法第2條規定：「證券集中保管事業（以下簡稱保管事業）所保管之有價證券得為帳簿劃撥者，以下列為限：一、在證券集中交易市場上市之有價證券。二、在證券商營業處所買賣之有價證券。三、其他經行政院金融監督管理委員會（以下簡稱本會）核定之有價證券。」

116 (C)。臺灣證券交易所依共同責任制交割結算基金特別管理委員會決議，暫停證券商買賣時，應同時函報金融監督管理委員會。

117 (A)。有價證券上市後，發行機構應於其後每年一月份內向本公司繳交該年度上市費。於繳交後經終止上市者，由本公司依其當年度實際上市月數比例加以核算（不足整月者，照整月計算），予以退還。

118 (A)。有價證券依「臺灣證券交易所股份有限公司實施股市監視制度辦法」採處置措施者，經紀商受託買賣時應向委託人預先收取款券或融資自備價款或融券保證金。

119 (A)。證券商管理規則第4條規定：「證券商有下列情事之一者，應向本會申報：一、開業、停業、復業或終止營業。……前項第一款之事項，證券商應事先申報；第二款至第四款之事項，證券商應於知悉或事實發生之日起五個營業日內申報；……」

120 (D)。利率交換契約係在銀行買賣之金融商品。

121 (C)。第一次申請開立信用交易帳戶時，投資人需符合下列幾項開戶條件內容包括：
(1) 須為年滿二十歲有行為能力之中華民國國民，或依中華民國法律組織登記之法人。
(2) 須開立受託買賣帳戶滿三個月，最近一年內委託買賣成交達十筆以上，累積成交金額達所申請之融資額度百分之五十，其開立受託買賣帳戶未滿一年者亦同。
(3) 最近一年內所得及各種財產合計達所申請融資額度之百分之三十。但申請融資額度五十萬元以下者，得免附所得或各種財產之證明文件。

122 (B)。手續費收入為證券商財務報表中之損益表應記載事項，其餘各選項均為資產負債表應記載事項。

123 (B)。稱轉融通者，指下列證券商向證券金融事業辦理轉融通資金或有價證券。

124 (B)。普通股股票須上市滿六個月才可由證券交易所公告得為融資融券交易股票。

125 (C)。公司因減資換發新股時，公司應於減資登記後，定六個月期限以上，通知各股東換取並聲明逾期不換取者，喪失股東權利。

126 (C)。證券商經核准可經營之業務不包括有價證券之印製與交付。

127 (B)。上市有價證券安定操作之買進價格不得高於承銷價。

128 (C)。發行市場管理之目標為協助企業募集資金與保障投資並重。

129 (D)。已公開發行股票證券商之股東會紀念品的限制：(A)以一種為限。(B)不得給付金錢。(C)不得利用他人名義為之。

130 (D)。臺灣證券交易所股份有限公司證券經紀商受託契約準則第8條規定：「委託買賣證券有下列各款情事之一者，受託證券經紀商不得受理：一、全權選擇證券種類之委託買賣。二、全權決定買賣數量之委託買賣。三、全權決定買賣價格之委託買賣。四、全權決定賣出或買入之委託買賣。五、未經核准上市或暫停交易之證券買賣。六、已停止上市之證券買賣。七、分期付款方式之證券買賣。八、對委託人作贏利之保證或分享利益之證券買賣。九、證券自營商之委託買賣未經主管機關之許可者。」

131 (D)。臺灣證券交易所同意上市有價證券，應與發行有價證券之機構，訂立有價證券上市契約。

132 (D)。集中交易市場之買賣，採電腦自動交易方式。

133 (A)。在證券集中交易市場上市之外國股票買賣申報之揭示原則為以最優先之買賣價格及其數量為原則。

134 (A)。臺灣證券交易所股份有限公司有價證券上市審查準則第13條：發行公司之股票經終止上市且於櫃檯買賣中心為管理股票，再行申請上市者，依本準則所訂上市條件辦理。

135 (B)。轉換公司債每一交易單位之面額為新臺幣十萬元。

136 (D)。櫃檯買賣市場債券交易之標的包含政府債券及已上櫃之公司債、金融債券。

137 (D)。證券商辦理櫃檯買賣業務須經金融監督管理委員會許可並與證券櫃檯買賣中心完成簽約同意。

138 (D)。委託人為自然人向證券商申請開立信用帳戶時，無須簽具概括授權委託書。

139 (D)。未自行辦理融資融券業務之證券商，得與證券金融公司簽訂代理契約代辦融資融券授信。

140 (D)。委託人提供抵繳之有價證券，應保證其權利之完整，在臺灣證券交易所進行融資融券分配情況，證券金融公司不會通知委託人辦理調換。

141 (D)。證券經紀商代客買賣證券，應於客戶賣出股票時替政府收取證券交易稅。

142 (A)。認股人或應募人繳納股款或債款，應將款項連同認股書或應募書向代收款項之機構繳納之。

143 (A)。券證經紀商受託買賣，於成交後應於成交當日通知客戶。

144 (B)。發行量加權股價指數之基期為民國55年。

145 (B)。有價證券在集中市場之買賣，原則採現款現貨交割方式。

146 (A)。證券經紀商受託買賣上市股票，其手續費率由臺灣證券交易所申報主管機關核定。

147 (B)。證券商經營期貨交易輔助業務管理規則第2條規定：「……前項期貨交易輔助人應繳存之營業保證金為新臺幣一千萬元，每一分支機構為新臺幣五百萬元。……」

148 (C)。證券商管理規則第10條第5項，證券商繳存之交割結算基金為共同責任制，並設置基金特別管理委員會；其管理辦法由證券交易所洽商證券商業同業公會擬訂，函報本會核定；修正時亦同。

149 (C)。有價證券集中保管帳簿劃撥作業辦法第3條規定：「……為辦理前項帳簿劃撥，證券交易所、櫃檯中心、證券商及證券金融事業應於保管事業開設保管劃撥帳戶，成為參加人。參加人辦理以前條有價證券為設質標的之設質交付，得以帳簿劃撥方式為之。發行人以帳簿劃撥方式交付無實體有價證券，應於保管事業開設保管劃撥帳戶，成為參加人。」

150 (B)。證券商經營櫃檯買賣業務，依法應向證券櫃檯買賣中心繳存給付結算基金方得經營。

151 (B)。稱轉融通者，指證券商向證券金融事業辦理轉融通資金或有價證券。

152 (B)。應是每股淨值在票面以上者，得為融資融券。

153 (C)。證券商辦理有價證券買賣融資融券業務操作辦法第7條規定：「證券商辦理有價證券買賣融資融券，對所留存之融券賣出價款及融券保證金，除下列用途外，不得移作他用：一、作為辦理融資業務之資金來源。二、作為向證券金融事業轉融通證券之擔保。三、作為辦理證券業務借貸款項之資金來源。四、作為向證券交易所借券系統借券之擔保。五、銀行存款。六、購買短期票券。」

154 (C)。證券商辦理有價證券買賣融資融券管理辦法第15條規定：「證券商辦理有價證券買賣融資融券，對每種證券之融資總金額，不得超過其淨值百分之十。……」

155 (C)。證券集中保管事業之經營業務有：有價證券之保管、有價證券買賣交割或設質交付之帳簿劃撥、有價證券無實體發行之登錄等。

156 (A)。募集設立，毋須委請承銷商出具評估報告。

157 (A)。認股人或應募人繳納股款或債款，應將款項連同認股書或應募書向代收款項之機構繳納之。

158 (A)。零股交易於申報當日撮合成交。

159 (B)。證券商辦理有價證券買賣融資融券管理辦法第14條規定：「證券商辦理有價證券買賣融資融券，對客戶融資總金額或融券加計辦理第二十二條第一項第五款至第七款之出借有價證券總金額，分別不得超過其淨值百分之二百五十。……」

160 (A)。證券集中交易市場實施股市監視制度辦法係依據證券交易所管理規則訂定。

161 (D)。上市公司、第二上市公司違反對上市公司重大訊息查證暨公開處理程序規定，被處以違約金之情形，應於公開資訊觀測站揭示公告之。

162 (B)。公司申請上櫃，其董事、監察人及持有股份百分之十以上之股東，必須將一定比率之股票送存集保。

163 (C)。證券商之董事、監察人，持股超過百分之十之股東及其從業人員於初次櫃檯買賣有價證券時，應向本身所投資或服務之證券商辦理開戶。

164 (D)。證券商與非專業機構投資人客戶簽訂開戶契約時，應向其說明櫃檯買賣之性質，並履行：(A)須要求該客戶簽署櫃檯買賣確認書。(B)須瞭解客戶對有價證券之投資有相當之知識與經驗。(C)客戶應另簽署第一上櫃有價證券風險預告書。

165 (B)。有價證券買賣之融資融券之額度、期限及融資比率、融券保證金成數，應由主管機關商經中央銀行同意後定之。

166 (D)。委託人提供抵繳之有價證券，應保證其權利之完整，在臺灣證券交易所進行融資融券分配情況，證券金融公司不會通知委託人辦理調換。

167 (C)。證券商是資本市場促進資本形成之主要成員。

168 (C)。國內證券市場中所稱之三大法人係指證券投資信託公司所經理之證券投資信託基金、外資法人、證券自營商。

169 (A)。櫃檯買賣股票之發行人，應在證券櫃檯買賣中心所在地設有專業股務代理機構或股務單位辦理過戶手續。

170 (D)。如果以限價賣出，其成交價位最可能是委託價位以上之成交價。

171 (D)。每日的漲跌幅最高為10%，故股票在同一交易日內，最高價與最低價之差，最大是20%。

172 (D)。臺灣證券交易所股份有限公司營業細則第89條規定：「證券商或其分支機構不得為下列行為：一、以全部或一部相同之上市證券之買入委託與賣出委託在場外私相抵算。二、與他證券商相互間在場外為對敲買賣。三、未經主管機關許可買賣非在本公司上市之證券。」

173 (C)。櫃檯買賣股票之發行人應於每月十日以前，於證券櫃檯買賣中心指定之網際網路資訊申報系統申報上月份營運情形。

174 (D)。黃金非證券交易稅的課稅標的。

175 (C)。申報出借有價證券之所有人，於未完成出借前得隨時取消申報。

176 (C)。證券商經營櫃檯買賣，應遵守兼具證券自營商及證券經紀商者，應於每次買賣時之書面文件，區別其為自行或代客買賣。

177 (D)。股票有下列情形者，得不核准其為融資融券股票：
(1) 股價波動過於劇烈者。
(2) 股權過度集中者。
(3) 成交量過度異常者。

178 (B)。委託人申請以現券償還融券者，證券商應將其融券賣出價款及融券保證金在次二個營業日前交付委託人。

179 (A)。在證券集中交易市場上市之外國股票，其交易時間準用證券集中交易市場之時間。

第三篇

證券投資

證券投資是從事證券業所必須具備的專業知識，因此
建立清晰的架構是非常重要的一件事。本篇的重點在
於效率市場、股票評價、債券評價、投資組合管理、
資本資產訂價模式、證券基本分析與技術分析方法、
衍生性商品的觀念，都是每年命題的焦點。

重點 1 金融市場的種類

一、依信用工具期限長短分類

(一) **資本市場**：係指<u>一年期以上</u>金融工具發行與買賣的市場。主要的資本市場工具有：

1. **股票**：企業為籌措長期投資資金的來源，所發行的股息請求權。

2. **政府公債**：政府為籌措中長期建設資金或支應其財政赤字所發行的中長期債務憑證。

3. **公司債**：企業為籌措中長期資金而發行的債務憑證。

4. **可轉換公司債**：公司債的握持者可在約定期限內交付債券，轉換成股票。

5. **金融債券**：金融機構自資本市場借入中長期資金的債務工具。

6. **不動產擔保債券**：銀行或儲蓄機構將其承作之長期房地產擔保放款證券化，將之分作數等分，符合有價證券的單位面額，再轉讓給其他銀行或者企業機構持有。

7. **開發型基金**：投資人得隨時向發行公司購買受益憑證，也得隨時要求發行公司購回受益憑證。

8. **封閉型基金**：投資公司只在發行期間出售受益憑證，且不再依淨資產價值購回受益憑證。

9. **海外存託證券**：將國內上市公司的股票存入某保管銀行，而於國外就該部分的股份發行存託憑證，國外投資人購買該憑證即等於握有該公司的股票。

(二) **貨幣市場**：係指<u>一年期以內</u>金融工具發行與買賣的市場。為短期資金供需之交易場所，主要包括短期票券與銀行同業拆借市場。貨幣市場係調節短期資金供需，運用短期信用工具融通資金的市場，短間則在一年以內。簡言之，貨幣市場實際就是短期資金借貸市場。主要的貨幣市場工具由國庫券、大額可轉讓存單、商業票據、銀行承兌匯票、回購協議和其他貨幣市場工具構成。分述如下：

1. **國庫券**：政府為調節國庫收支及穩定金融所發行未滿一年之短期債務證券，其特點為無違約風險、流動性高、可以貼現的方式發行。
2. **大額可轉讓存單**：大額可轉讓定期存單，是銀行發行的到期之前可轉讓的定期存款憑證。
3. **商業票據**：商業票據指發行體為滿足流動資金需求所發行的、期限為二天至二百七十天的、可流通轉讓的債務工具。一般是指商業上由出票人簽發，無條件約定自己或要求他人支付一定金額，可流通轉讓的有價證券，持有人具有一定權力的憑證。
4. **銀行承兌匯票**：銀行承兌匯票是由在承兌銀行開立存款帳戶的存款人出票，向開戶銀行申請並經銀行審查同意承兌的，保證在指定日期無條件支付確定的金額給收款人或持票人的票據。對出票人簽發的商業匯票進行承兌是銀行基於對出票人資信的認可而給予的信用支持。
5. **回購協議**：回購協議是指以有價證券作抵押的短期資金融通，在形式上表現為附有條件的證券買賣。
6. **其他貨幣市場工具**：
   (1) 歐洲美元：指以美元為面值而不是以當地貨幣，如以英鎊為面值存在外國銀行或美國銀行在國外分之行的存款。
   (2) 聯邦基金：是在聯邦儲備銀行存款的存款機構的隔夜貸款。

二、依是否為首次發行分類

(一)**初級市場**：係指資金需求者（包括政府單位、金融機構及公民營企業）為籌集資金首次出售有價證券予首次購買者之交易市場。
(二)**次級市場**：係指初級市場發行後之有價證券買賣之交易市場。

三、 依交易場所分類

(一)**店頭市場**：為非集中交易市場，又稱櫃檯交易市場，採議價方式進行交易，交易商品較無標準化。
(二)**集中市場**：如國內之證券交易所，採競價方式進行交易，交易商品均為標準化。

四、依交割時間來區分

(一) **現貨市場**：交易完成後須立即或於很短時間內交割的市場。

(二) **期貨市場**：在交易完成後，在未來某個時點，以約定的價格與數量進行交割的市場。

牛刀小試

( ) **1** 銀行承兌匯票是屬於何種工具？其交易場所是屬於何種市場？
(A)貨幣市場、金融業拆款市場　(B)貨幣市場、短期票券市場
(C)資本市場、短期票券市場　(D)資本市場、金融業拆款市場。

( ) **2** 下列商品何者屬於資本市場工具？　(A)國庫券　(B)次級債券
(C)商業本票　(D)銀行承兌匯票。

( ) **3** 下列何者不屬於國庫券的特性？　(A)無違約風險　(B)高流動性
(C)到期日長　(D)可以貼現的方式發行。

解答與解析

1 (B)。
(1) 貨幣市場為短期資金供需之交易場所，主要包括短期票券與銀行同業拆借市場。貨幣市場係調節短期資金供需，運用短期信用工具融通資金的市場，短間則在一年以內。
(2) 銀行承兌匯票是屬於貨幣市場的工具，其交易場所是屬於短期票券市場。

2 (B)。
(1) 資本市場：係中長期資金借貸市場，其交易工具為一年期以上之權益證券及債務證券，包括股票市場及債券市場。股票市場之交易工具有普通股及特別股，債券市場之交易工具有政府公債、金融債券、公司債。貨幣市場為短期資金供需之交易場所，主要包括短期票券與銀行同業拆借市場。貨幣市場係調節短期資金供需，運用短期信用工具融通資金的市場，短間則在一年以內。
(2) 綜上，次級債券屬於資本市場工具。

3 (C)。國庫券：政府為調節國庫收支及穩定金融所發行未滿一年之短期債務證券，其特點為無違約風險、流動性高、可以貼現的方式發行。

重點**2** 金融市場成員 ✦

一、金融機構

指銀行業、證券及期貨業、保險業、信託業、金融控股公司及其他經主管機關核定之機關，分述如下：

(一)**存款貨幣機構**：存款貨幣機構：指發行「貨幣性」間接證券，來吸收存款貨幣的金融中介機構。

  1. **商業銀行**：收受各種存款，供給短、中期信用為主要業務的銀行。

  2. **專業銀行**：收受各種存款，供給特定專業信用的銀行。

  3. **外商銀行**：依照外國法律組織登記之銀行，經我國政府認許，在我國境內依公司法及銀行法登記營業之分行。

  4. **基層金融機構**：指地方性、地區性的金融機構，包括信用合作社、農漁會信用部。

(二)**非貨幣機構**：指發行「非貨幣性」間接證券，來吸收資金的金融中介機構。

  1. **郵政儲金匯業局**：吸收郵政儲金，並將資金用於轉存其他行庫或投資有價證券的機構。

  2. **信託投資公司**：受投資人委託，收受、經理及運用信託資金與經營信託財產，或以投資中間人之地位，從事與資本市場有關投資之金融機構。

  3. **保險公司**：基於風險分散的原則，向多數人吸收保費，並將資金用於放款或投資的金融機構。

二、投資銀行

投資銀行的主要業務除傳統的有價證券承銷外，亦擴及其他資本市場及商業銀行業務，包括證券承銷、自營及經紀、購併、重整等業務。

三、證券商

(一)**證券承銷商**：有價證券之承銷及其他經主管機關核准之相關業務。

(二)**證券自營商**：有價證券之自行買賣及其他經主管機關核准之相關業務。

(三)**證券經紀商**：有價證券買賣之行紀、居間、代理及其他經主管機關核准之相關業務。

牛刀小試

(　　) **1** 在我國的金融中介機構中，下列何者屬於非貨幣機構？
(A)中小企業銀行
(B)商業銀行
(C)人壽保險公司
(D)農會信用部。

(　　) **2** 存款機構依照其是否能創造貨幣而可區分為存款貨幣機構與非存款貨幣機構，後者專指：
(A)郵政儲金匯業局
(B)中小企業銀行
(C)信用合作社
(D)農漁會信用部。

解答與解析

1 (C)。現行金融統計以能否創造貨幣為準則，將金融機構劃分為貨幣機構與非貨幣機構，分述如下：
(1) 貨幣機構指中央銀行及存款貨幣機構，存款貨幣機構包含：本國一般銀行、外國銀行在臺分行、中小企業銀行、信用合作社、農會信用部、漁會信用部等。
(2) 非貨幣機構包含：中華郵政公司儲匯處、貨幣市場共同基金、信託投資公司、人壽保險公司等。

2 (A)。
(1) 貨幣機構：A.中央銀行；B.存款貨幣機構。
(2) 存款貨幣機構又有下列：A.本國一般銀行。B.外國銀行在臺分行。C.中小企業銀行。D.信用合作社。E.農會信用部。F.漁會信用部。
(3) 其他金融機構（非貨幣機構）：A.中華郵政公司儲匯處。B.貨幣市場共同基金。C.信託投資公司。D.人壽保險公司。
(4) 綜上，郵政公司為非存款貨幣機構。

重點**3** 直接金融與間接金融 ✦

項目	直接金融	間接金融
定義	直接金融係指企業在貨幣市場發行商業本票、銀行承兌匯票或在資本市場發行公司債、股票以取得資金。	間接金融主要係向金融中介機構取得貸款。換言之，如果資金需求者向金融仲介機構借款，而這些金融仲介機構的資金來源則是資金供給者的存款，因此金仲介機構扮演「受信」及「授信」的中介角色，此則稱為間接金融。
優點	1. 資金供求雙方有較多的選擇。 2. 透過直接金融籌集的資金，使用期限較長。 3. 直接金融有利於提高資金的使用效益。 4. 直接金融可以使籌資者的資本和生產經營規模迅速擴大。	1. 降低融資成本：包括訊息成本與評估成本。 2. 降低融資風險：同時對許多借款人融資，可分散風險，金融機構之放款，事前會經專業徵信人員審查。 3. 促進證券多元化：包括金融商品、金額、期限等之多元化。 4. 提高金融資產流動性：變現能力高。
金融機構	1. 金融機構： 　(1) 票券金融公司。 　(2) 證券金融公司。 　(3) 綜合證券商。 2. 貨幣市場參與者： 　(1)票券市場的參與者： 　　A.工商企業：透過金融機構保證，由票券商協助發行商業本票，在次級市場出售持有之票券給票券商，向票券商買入短期票券，賺取較優之利息。	1. 貨幣機構： 　指銀行、基層金融、中央信託局。 2. 非貨幣機構： 　非銀行金融機構構成龐雜，如郵匯局、信託機構、保險機構、租賃公司、財務公司、信用合作組織、消費信貸機構等。

項目	直接金融	間接金融
金融機構	B.金融機構：發行可轉讓定期存單、買賣票券。 C.政府：發行國庫券。 D.中央銀行：銀根寬鬆時，可藉由出售所持有之票券，吸收資金。銀根緊縮時，可藉由買進票券將資金挹注市場。 E.其他金融機構：指信託投資公司、票券金融公司等，其中票券金融公司亦擔任商業本票的簽證及承銷機構。 (2)銀行同業拆借市場的參與者：準備金額不足或票據交換發生應付差額之金融機構，得以在金融業拆款市場向有超額準備金之金融機構借入短期資金之市場。參與者有本國銀行、外國銀行在臺分行、信託投資公司、票券金融公司、郵局、信用合作社。	

牛刀小試

(　　) **1** 下列何者是屬於直接金融機構之一？　(A)銀行　(B)保險公司　(C)農漁會信用部　(D)票券金融公司。

(　　) **2** 下列何者不屬於間接金融的中介機構？　(A)商業銀行　(B)人壽保險公司　(C)票券金融公司　(D)證券投資信託公司。

(　　) **3** 下列何者是屬於間接金融（Indirect Finance）？
(A)企業向銀行貸款
(B)企業透過證券公司發行股票
(C)企業透過票券金融公司發行商業本票
(D)企業透過證券公司發行公司債。

解答與解析

1 (D)。直接金融係指企業在貨幣市場發行商業本票、銀行承兌匯票或在
資本市場發行公司債、股票等有價證券取得資金；間接金融主要是向銀
行、信用合作社或農漁會等金融中介機構借入現金。

2 (C)。
(1) 直接金融係指企業在貨幣市場發行商業本票、銀行承兌匯票或在資本
市場發行公司債、股票等有價證券取得資金；直接金融的對稱為間接
金融，指資金盈餘部門與資金短缺部門之間透過金融中介機構間接實
現資金融通的金融行為。
(2) 金融機構是指從事金融服務業有關的金融中介機構，為金融體系的一
部分，金融服務業包括銀行、證券、保險、信託、基金等行業，與此
相應，金融中介機構也包括銀行、證券公司、保險公司、信託投資公
司和基金管理公司等。
(3) 綜上，票券金融公司屬於直接金融的中介機構。不屬於間接金融的中
介機構。

3 (A)。
(1) 直接金融係指企業在貨幣市場發行商業本票、銀行承兌匯票或在資本
市場發行公司債、股票等有價證券取得資金；直接金融的對稱為間接
金融，指資金盈餘部門與資金短缺部門之間透過金融中介機構間接實
現資金融通的金融行為。
(2) 綜上，企業向銀行貸款屬於間接金融（Indirect Finance）。

重點4 共同基金 ✦✦

一、共同基金的意義

共同基金是由資產管理公司以發行公司股份或者發行
受益憑證的方式，募集多數人的資金交由專家去投資
運用。是共同承擔風險、共同分享投資利潤的投資方
式，最大的特色在於投資風險的分散，以降低市場風
險和波動性。基金依投資標的，可分為股票、債券、
貨幣市場基金。

考點速攻

私募基金的方式
1. 公司制：成立以投資
為目的之基金經理公
司，為開放型公司，
美國基金屬之。
2. 契約制：成立證券投
資信託公司，發行受
益憑證募集基金，我
國基金屬之。

而所謂「境外基金」是在臺灣以外地區註冊的共同基金，相對於「國內共同基金」是在行政院金融監督管理委員會證券期貨局註冊登記的。所以境外共同基金與國內共同基金的不同點是基金的註冊地不同，與投資的地區無關。例如：國內證券投信公司募集之共同信託基金，雖然投資在歐洲股市，但該基金是在金管會證期局所註冊，所以是屬於國內基金。

二、共同基金的運作

共同基金是由專業的證券投資信託公司以發行受益憑證的方式向多數人募集資金而成立，並交由專家去進行投資，由於共同基金的累積的資金多，所以經理人可將資金分散到多種不同的股票或債券，以達到降低波動性和風險分散的目的。

> **考點速攻**
> 契約制的共同基金受益憑證是由證券投資信託公司製發。

投信公司負責基金的募集共同基金之組成與運作是建立在管理與保管分開的基礎上。基金管理經理公司負責基金的募集、操作、下達投資買賣的決策、會計處理、淨值計算及相關報表的製作。基金管理公司在募集資金時，通常是由公司本身和承銷機構募集，至於基金的操作則交由基金經理人負責。基金的操作情形會在季報和年報中揭露，報紙也會刊登有關淨值、持股比率等的資訊，提供給投資人參考。

保管機構負責保管並依基金管理公司之指示處分基金的資產，基金的資產在保管機構內的帳戶是獨立的，若基金管理公司或保管機構因經營不善而倒閉，債權人是沒有權利動用這筆資產的。

> **考點速攻**
> 在我國，基金資產係透過保管機構以基金專戶的名義儲存。

主管機關行政院金融監督管理委員會證券期貨局對
基金管理公司及保管機構負有監督管理的責任，同時會計師也會對基金經理公司和保管銀行的財務報表定期進行查核的工作。因此在如此嚴密的控管制度下，投資人是受到相當保障的。共同基金的運作架構如下：

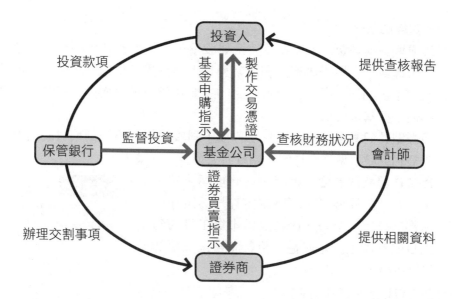

三、共同基金之分類

(一) 以投資地區來分：

　1. **全球性共同基金**：是以全球金融市場為投資

   對象，通常以美、日、英、德等金融市場較

   為發達地區為主要投資標的；由於是全球性

   的投資，所以風險較低較分散。

　2. **區域性共同基金**：是以特定區域內各個國家為投資對象，例如：歐洲

   地區國家或亞太地區國家等都屬此類。

　3. **單一國家共同基金**：是以特定的某個國家為投資對象。一般來說投資

   單一國家的共同基金風險高於區域性及全球性基金。

(二) 以投資屬性來分：

　1. **收益型共同基金**：主要是以追求定期最大的收入為目標；細分的話，

   還可分成固定收益型和股票收益型，其獲利來源為股利和利息。

　2. **成長型共同基金**：著眼於資金的長期成長，獲取資本利得，也可細分

   為一般成長型和積極成長型；兩者之間最大的不同是，前者重視穩定、

   持續的長期成長，後者則常是追求資金在短期之內能有最大的增值。

　3. **平衡型共同基金**：是既追求資金的長期成長，也注重定期收入的獲得，

   是將投資標的分散在股票和債券上的一種基金。

(三) **以投資標的來分**：

1. **股票型共同基金**：主要投資於全球股票市場，依投資地區可分為全球型、區域型、單一國家型和產業型。因為世界各地區的經濟、政治等情況不盡相同，所以股票型基金的主要報酬及風險相對比貨幣市場型和債券型基金要高。

2. **債券型共同基金**：投資標的為各種不同收益率、不同到期日的債券，收益相較股票型基金穩定。如政府公債及公司債等。

3. **貨幣市場共同基金**：專門投資於短期貨幣市場工具。如國庫券、可轉讓定存單、定存和債券附買回交易等。因為貨幣市場工具的到期日短且產生固定收益，相對而言是一項低風險投資。

> **考點速攻**
> 貨幣基金主要投資標的
> →短期票券。

(四) **依是否可以追加或買回分類**：

1. **開放型共同基金**：開放型基金是指發行單位數與發行期間不作特別限制的基金型態，投資人可依每日基金的淨值向基金公司買入或贖回基金，而基金經理人須保持基金資金的流動性以因應投資者隨時贖回，且須以優良的操作績效以吸引新的投資人之資金流入。贖回價格依次一營業日單位淨資產價值計算。

一般說來，開放型基金較適合投資於市場規模大且資金流動性高的市場，或分散投資於多個市場。目前全球的基金公司所發行的基金也多以開放型為主。不僅在國外，投資人較偏好開放型基金，環顧國內近幾年共同基金的發展，國人對開放型共同基金的接受度也日益提高，一方面由於國內共同基金的最低投資金額只要臺幣一萬元、手續費約1～2%，所以增加了一般小額客戶的興趣。另外，目前非常受到小額投資人歡迎且熱門的「定時定額投資」（每個月只要$3,000元以上）也是以開放型基金為主；再者開放型基金接受申購贖回的管道多，投資人可以親至基金公司辦理，或透過代銷銀行機構，以電匯、傳真、自動櫃員機轉帳或透過網路的方式辦理，相當便捷；需要轉換時，則可到指定贖回機構或親至基金公司辦理。

2. **封閉型共同基金**：封閉型基金是指發行單位數固定，在發行期滿或基金規模達到預定規

> **考點速攻**
> 封閉型基金的次級市場
> 成交價格是由市場供需
> 決定。

模後，便不再接受投資人的申購或贖回的基金型態。一般封閉型基金的交易須透過集中交易市場撮合，其交易的流程與股票買賣相同。
封閉型基金有兩種報價，一是集中交易市場每日看板上的市價，另一個則是基金公司每日計算的淨值。當市價低於淨值時，便是所謂的折價；反之則為溢價。市價的漲跌通常取決於成交日當時市場上對基金籌碼供給和需求的情況。

知識補給站

開放式基金與封閉式的比較

特色	開放式基金	封閉式基金
發行單位數	可以隨投資人買賣而隨時增減	固定不變
是否掛牌上市	不上市	上市
審核批准機構	證券管理委員會	其申請上市之交易所
基金可投資金額上限	依各基金設立時的信託契約規定	依申請上市之交易所規定
買賣方式	直接向基金經理公司申購、轉換或贖回。基金發行公司必須無條件接受	在交易所上市，投資人須透過證券經紀商買賣
買賣價格	依基金淨值計算，無折／溢價情況	交易所股市交易掛牌市價，依市場的供需而定依價格計算
買賣費用	向基金公司申購、轉換、或贖回費用	證券經紀商的手續費和證交稅
成交機率	一定可成交	依市場供需而定
操作績效	完全反映在淨值上，容易評估	易受市場行情波動影響較難評估，投資價格易被扭曲

牛刀小試

(　) **1** 投資人在決定利用共同基金進行投資前應先考慮之因素，不包括下列何者？ (A)風險承擔能力 (B)景氣變動狀況 (C)投資目標 (D)基金經理公司成立期間。 【第30屆理財人員】

(　) **2** 下列何者不是投資人投資共同基金的主要獲利來源？ (A)資本利得 (B)利息收益 (C)權利金收入 (D)股利收入。 【第30屆理財人員】

(　) **3** 下列何組基金類型，具有套利的機會？ (A)指數股票型基金（ETF）與避險基金 (B)國內債券型基金與指數股票型基金（ETF） (C)保本型基金與封閉型基金 (D)指數股票型基金（ETF）與封閉型基金。 【第30屆理財人員】

(　) **4** 指數股票型基金的商品性質不包括下列何者？
(A)股票型基金
(B)封閉型基金
(C)積極型基金
(D)開放型基金。 【第30屆理財人員】

(　) **5** 有關寶來臺灣卓越50證券投資信託基金之敘述，下列何者錯誤？ (A)只有「參與證券商」才可以參與發行 (B)一般投資人僅可於次級市場進行交易 (C)證交稅率與一般股票交易相同 (D)可以進行信用交易。 【第30屆理財人員】

解答與解析

1 (D)。投資人在決定利用共同基金進行投資前應先考慮之因素，包括：風險承擔能力、景氣變動狀況、投資目標等。

2 (C)。投資人投資共同基金的主要獲利來源有：資本利得、利息收益、股利收入。

3 (D)。指數股票型基金與封閉式基金相同，皆會在證券交易所上市買賣，具有套利的機會。

4 (C)。指數股票型基金，是指在證券交易所上市買賣，以追蹤證券交易所設計或同意編製之標的指數，且申購、買回採實物（ETF表彰之股票組

合）及依據證券投資信託契約規定方式交付的證券投資信託基金。屬於上市受益憑證的一種。指數股票型基金的商品性質不包括積極型基金。

5 (C)。依照臺灣證券交易所的規定，寶來臺灣卓越50證券投資信託基金賣出的證交稅是千分之1，而一般股票賣出證交稅是千分之3。選項(C)有誤。

重點**5 貨幣金融**

一、貨幣供給

(一) 貨幣的定義：

M_{1A}＝通貨淨額＋支票存款＋活期存款

M_{1B}＝M_{1A}＋活期儲蓄存款

M_2＝M_{1B}＋準貨幣

※準貨幣：又稱近似貨幣，具有高流動性，但不如貨幣那樣高的物品，以價值儲藏持有居多，貨幣性並不完整，使用上須負擔手續費用。準貨幣＝定期存款＋定期儲蓄存款＋外匯存款＋郵政儲金＋附買回（RP）交易餘額＋外國人新臺幣存款＋貨幣市場共同基金

※通貨淨額：係指全體貨幣機構（中央銀行及各存款貨幣機構）與中華郵政公司以外各部門持有之通貨，亦即通貨淨額＝央行通貨發行額－全體貨幣機構庫存現金－中華郵政公司庫存現金。

※存款貨幣：又稱為活期性存款，包括支票存款、活期存款及活期儲蓄存款。由於這些活期性存款可以無條件立即兌換成為「通貨」，其流動性或貨幣性甚高，故稱之為存款貨幣。

(二) 貨幣乘數效果：

1. **貨幣乘數：**

(1) 所謂貨幣乘數也稱之為貨幣擴張係數或貨幣擴張乘數，是指在基礎貨幣（強力貨幣）基礎上貨幣供給量透過商業銀行的創造存款貨幣功能產生派生存款的作用產生的信用擴張倍數，是貨幣供給擴張的倍數。

(2) 貨幣乘數＝$\dfrac{1+通貨存款比}{通貨存款比＋法定準備率＋現金流失率＋超額準備率}$

2. **貨幣創造：**
   (1) 當中央銀行釋出準備貨幣，經濟體系會發生「存款創造過程」。在貨幣供給創造過程中，準備貨幣增加一單位，貨幣供給將呈倍數增加，亦即貨幣供給創造過程中有乘數效果的存在。
   (2) 銀行先接到大眾的存款，依照存款準備率提存準備金，再將餘額貸放出去。這些資金經借款人運用後又回存到銀行，銀行收到存款之後，再重複上述過程。上述存款與放款過程不斷，存款貨幣便產生了，貨幣供給也隨之增加，所以，「存款創造過程」也是「貨幣供給創造過程」。
   (3) 當大眾持有現金或銀行持有超額準備時，貨幣基數所能創造的貨幣供給與存款都會減少。之所以有這種狀況，是因為當大眾持有現金或銀行持有超額準備時，有一部分現金從存款創造過程中流失了，因而使創造出來的存款總額減少，而創造出來的貨幣供給總額也因此減少。
   (4) 銀行透過「放款」或「投資」，將超額準備移轉到客戶的存款帳戶，也會增加存款，稱為引申存款。
   (5) 準備貨幣變動金額與貨幣供給變動金額的關係可以下列公式表示：
   $$\triangle Ms＝\triangle MB \times m$$
   $\triangle Ms$：貨幣供給的增加額。
   $\triangle MB$：準備貨幣的增加額。
   m：貨幣供給乘數（money supply multiplier）。

3. **影響準備貨幣之因素：**
   (1) **準備貨幣的數量：** 在其他情況不變下，中央銀行資產的增加或減少，會使準備貨幣同方向等額變動，而準備貨幣以外的負債與淨值的增加或減少，則會使準備貨幣反方向等額變動。
   (2) **公開市場操作：** 公開市場操作是指中央銀行在金融市場買賣債券或票券，為最重要且最具彈性的貨幣政策工具。公開市場操作可以改變銀行體系的非借入準備金額或大眾持有的現金金額，使準備貨幣等額變動。銀行體系的準備金增加或是大眾持有的現金增加都會使準備貨幣增加，進而使貨幣供給呈倍數增加。
   (3) **貼現窗口融通：** 貼現窗口融通是指銀行向中央銀行申請各項資金融通。其他情況不變，中央銀行對銀行融通會使銀行的準備金增加，

準備貨幣等額增加,使貨幣供給呈倍數增加。反之,則使貨幣供給呈倍數減少。

貼現窗口融通金額主要取決於貼現融通利率相較於市場利率的高低,中央銀行的態度與銀行的態度。

二、貨幣政策與財政政策

(一) **貨幣政策:**

1. 貨幣政策是一個國家或是經濟體的貨幣權威機構(多數國家由央行來執行)利用控制貨幣供應量,來達到影響其他經濟活動所採取的措施。

2. 主要手段包括:

(1) 調節基礎利率。

(2) 調節商業銀行保證金。

(3) 公開市場操作。

(二) **財政政策:**財政政策是指政府透過增減財政支出,或是增減稅負的措施,來影響本國總體經濟成長率的政策。緊縮性財政政策是透過減少政府支出或增稅,以緩和總體需求,避免景氣過熱。寬鬆的財政政策則反之。

牛刀小試

( ) **1** 下列資產何者不包括在我國貨幣供給定義M_{1B}內? (A)支票存款 (B)活期存款 (C)活期儲蓄存款 (D)定期存款。

( ) **2** 我國貨幣總計數的定義中,下列敘述何者正確? (A)M＝M_{1B}+活期儲蓄存款 (B)就貨幣涵蓋的資產而言,M_{1B}>M_{1A} (C)M_2被歸類為廣義貨幣 (D)M_2= M_{1B}+通貨淨額。

( ) **3** 當民眾自郵局提走壹萬元並存進其在商業銀行之活期儲蓄帳戶中時,對M_{1A}、M_{1B}、M_2之立即影響,下列何者正確? (A) M_2減少而M_{1B}增加 (B) M_2減少而M_{1A}增加 (C) M_2不變而M_{1B}增加 (D) M_2不變而M_{1A}增加。

( ) **4** 假設法定準備率=0.25,通貨淨額=\$400,超額準備為零,支票存款=\$1200,則貨幣乘數大約是多少? (A)2.3 (B)2.8 (C)2.0 (D)1.8。

(　　) **5** 一般而言,稅率越高與地下經濟活動規模越大,將造成: 　(A)現金外流越多,貨幣乘數會下降,貨幣供給會減少 　(B)現金外流越多,貨幣乘數會上升,貨幣供給會增加 　(C)現金外流越少,貨幣乘數會下降,貨幣供給會減少 　(D)現金外流越少,貨幣乘數會上升,貨幣供給會增加。

解答與解析

1 (D)。
(1) M_{1A}＝通貨淨額＋支票存款＋活期存款
　　M_{1B}＝M_{1A}＋活期儲蓄存款
　　M_2＝M_{1B}＋準貨幣
(2) 綜上,定期存款不包括在我國貨幣供給定義M_{1B}內。

2 (C)。
(1) M_{1A}＝通貨淨額＋支票存款＋活期存款
(2) 就貨幣涵蓋的資產而言,M_{1B}＜M_2。
(3) M_2被歸類為廣義貨幣。
(4) M_{1B}＝M_{1A}＋活期儲蓄存款
　　M_2＝M_{1B}＋準貨幣
選項(C)正確。

3 (C)。
(1) M_{1A}＝通貨淨額 ＋支票存款＋活期存款
　　M_{1B}＝M_{1A}＋活期儲蓄存款
　　M_2＝M_{1B}＋準貨幣
(2) 綜上,當民眾自郵局提走一萬元並存進其在商業銀行之活期儲蓄帳戶中時,M_2不變而M_{1B}增加。

4 (A)。
(1) 所謂貨幣乘數也稱之為貨幣擴張係數或貨幣擴張乘數是指在基礎貨幣(強力貨幣)基礎上貨幣供給量透過商業銀行的創造存款貨幣功能產生派生存款的作用產生的信用擴張倍數,是貨幣供給擴張的倍數。
(2) 貨幣乘數

$$= \frac{1＋通貨存款比}{通貨存款比＋法定準備率＋現金流失率＋超額準備率}$$

$$= \frac{1+\dfrac{400}{1,200}}{\dfrac{400}{1,200}+0.25} = 2.3$$

5 (A)。

(1) 所謂貨幣乘數也稱之為貨幣擴張係數或貨幣擴張乘數是指在基礎貨幣（強力貨幣）基礎上貨幣供給量透過商業銀行的創造存款貨幣功能產生派生存款的作用產生的信用擴張倍數，是貨幣供給擴張的倍數。

(2) 貨幣乘數

$$= \frac{1+通貨存款比}{通貨存款比+法定準備率+現金流失率+超額準備率}$$

(3) 一般而言，稅率越高與地下經濟活動規模越大，將造成現金外流越多，貨幣乘數會下降，貨幣供給會減少。

債券投資

依據出題頻率區分，屬：**B** 頻率中

重點 債券概要 ✦

一、債券的定義及特性

(一)**債券的定義**：債券是一種債務憑證，發行機構承諾付款給投資人的長期借據。發行機構承諾在未來的特定期間之內，定期將利息支付給債券投資人，並且在債券的到期日將債券本金償還給投資人。

(二)**債券的特性**：

1. 表彰債權，且具流通、交易功能。
2. 穩定利息收入。
3. 到期償還本金（少數債券除外）。

> **考點速攻**
>
> 1. 債券持有人為債券發行機構的「債權人」，股票投資人則是股票發行機構的「所有人」。
> 2. 當發行機構倒閉或清償時，債券持有人比股票持有人有優先獲得清償的權利。

二、債券分類

(一)**依債券投資品質分類**：

1. **投資級債券**：指達到某一特定債券評級水平的公司債或市政債券，該類債券一般被認為信用級別較高，存在很小的違約風險。以臺灣法令標準，債券評等獲得 BBB 或以上等級（穆迪則是 Baa2）者即為投資等級。
2. **高收益債券**：高收益債券又稱垃圾債券，是一種高風險、高收益的固定收益證券，通常發行機構的債信較差。評分級距低於評等等級在 BB+ 以下者，即為高收益債券。
3. **無評等債券**：投資人須自行評價之債券。

(二)**依票面利率設計分類**：

1. **零息債券（Zero Coupon Bond）**：不附票面利息，在到期前投資人不會收到利息收入。因為此類債券是以貼現方式發行，也就是說

> **考點速攻**
>
> 零息債券發行公司在債券到期前不需支付利息，可減輕利息的負擔。

投資人以較低本金購買（低於票面），到期時債券持有人可以收回票面本金。

2. **固定利率債券（Fixed Coupon Bond）**：固定利率債券指在發行時規定利率在整個償還期內不變的債券。

3. **浮動利率債券（Floating Rate Note，FRN）**：係一種無固定利率的中長期債券，它的利息是隨著期間的不同而變動的，有時平均每半年或一年調整一次，其利率是按預定公式定期作調整，而且是在發行時就已規範好，例如：LIBOR（London Interbank Offered Rate）。

4. **反浮動利率債券（Inverse Floater Note）**：指發行債券的票面利率與市場指標利率的變動方向相反，也就是當市場利率降低時，此債券的債息會增加；當市場利率升高時，此債券的債息會減少。

(三) **依還本方式分類**：

1. **一次還本債券**：指在債務期間不支付利息，只在債券到期後按規定的利率一次性向持有者支付利息並還本的債券。

2. **分次還本債券**：指同一日期發行的債券本金在不同到期日分期償還的債券。

3. **永續債券**：沒有到期日的債券。投資人購入永續債券後，雖不可能於到期後領回本金，卻可以每年按著票面利息，永久的配息下去。

(四) **依贖回方式分類**：

1. **附買回權債券**：提供發行者權利，但無義務，於特定日期，以議定之價格買回債券。即投資人在買入此債券時，同時賣出了一個買回權與發行者，讓發行機構未來面對利率下跌時，可以提前贖回該債券。條件設計上較不利投資人，因此發行利率中包含買回權之權利金，利率較一般債券為高。

2. **附賣回權債券**：提供投資者權利，但無義務，以議定之價格及日期將債券賣回給發行者。

(五) **依是否提供擔保分類**：

1. **擔保債券（secured bond）**：凡發行公司所發行的公司債，有提供擔保物或保證人，都稱為有擔保公司債，公司可用動產或不動產來做為抵押品，以不動產為抵押品則稱為抵押公司債，若以動產為抵押品則稱為質押公司債。

> **考點速攻**
> 一般來說附賣回權債券投資人比較好，但是利率通常較附買回權債券差。

2. **無擔保債券（unsecured bond）**：發行公司對於其債券發行的本金與利息，不以任何資產作為抵押品，全憑公司的信用來發行的無擔保品債券，通常是由較大公司，或是債信較良好的公司所發行，而此類公司債的債權順位總是排在抵押債券的後面。

(六) **依發行主體分類**：

1. **政府公債**：中央政府公債是指的是政府為籌措財政資金，憑其信譽按照一定程式向投資者出具的，承諾在一定時期支付利息和到期償還本金的一種格式化的債權債務憑證。政府公債，最短二年，最長為三十年，中央政府建設公債分為甲、乙兩類，甲類：為支應非自償性之建設資金，乙類：為支應自償性之建設資金。依有無實體分為：實體公債→有具體書面憑證型式之公債。不需交付實體債票，無實體公債→以登記形式發行的債券，又稱登錄公債，優點是交割方便、節省印製成本及大幅降低交割現券之風險。

2. **公司債**：公司債券是股份制公司發行的一種債務契約，公司承諾在未來的特定日期，償還本金並按事先規定的利率支付利息。

3. **金融債券**：金融債券是銀行等金融機構作為籌資主體為籌措資金而面向個人發行的一種有價證券，是表明債務、債權關係的一種憑證。

4. **國際金融組織新臺幣債券**：係指如亞洲開發銀行、美洲開發銀行或歐洲復興開發銀行等非屬於單一國家之跨國性金融組織，來臺所募集以新臺幣計價之債券。

5. **國際債券**：國際債券是一國政府、金融機構、工商企業或國家組織為籌措和融通資金，在國外金融市場上發行的，以外國貨幣為面值的債券。主要包含了歐洲債券（Euro Bond）及主權債券（Sovereign Bond）：

   (1) **歐洲債券（Euro Bond）**：是票面金額貨幣並非發行國家當地貨幣的債券。是指以外在通貨為單位，在外在通貨市場進行買賣的債券。歐洲債券不受任何國家資本市場的限制，免扣繳稅，其面額可以發行者當地的通貨或其他通貨為計算單位。

考點速攻

國際債券的重要特徵在於：發行者和投資者屬於不同的國家，籌集的資金來源在於國外金融市場。

考點速攻

歐洲債券特點
1. 投資可靠且收益率高。
2. 債券種類和貨幣選擇性強。
3. 流動性強，容易兌現。
4. 免繳稅款和不記名。
5. 市場容量大且自由靈活。

(2) **主權債券**（Sovereign Bond）：主權債券是指由政府支持的機構發行的債券。各國政府（多為開發中國家）在國際市場以外幣（例如美元、歐元等主要貨幣）所發行的政府債券。

> **考點速攻**
>
> 主權債券的發行主體是政府。

(七)**特殊性質債券**：

1. **可轉換公司債**（convertible bond, CB）：賦予投資者可將公司債轉換成股票的權利，即給予以特定價格買入股票之買權。投資人可以在特定期間內，自己選擇是否把債券轉換成該公司或其他公司的普通股。因為可轉換公司債提供購買者可轉換成股票的潛在資本利得，相對而言其票面利率較一般純公司債來的低。其特性如下：

   (1) 持有人有權利在特定期間內以特定價格將債券轉換為發行公司普通股。

   (2) 為結合股權與債權的金融工具。

   (3) 往往訂有賣回權（put option）條款，准許投資人在特定期間提早賣回。

   (4) 當標的股票價格上漲時，可轉換公司債價格通常也隨著上升。

   (5) 重要概念：

   A. 轉換價格：將可轉換公司債轉換為普通股時所適用的價格。

   B. 轉換比率：每張可轉債得轉換為標的股票的股數，即：

   轉換比率＝可轉換公司債面額／轉換價格

   C. 轉換價值：每張可轉債轉換為標的股後的股票總價值，即：

   轉換價值＝標的股票每股市價×轉換比率

> **考點速攻**
>
> 普通股市價<轉換價格
> →投資人便不會轉換。
> 普通股市價>轉換價格
> →投資人會去轉換。
> 可轉換公司債價格會隨普通股市價而變動，通常兩者有著正向的關係。

2. **指數連動債券**（indexed bond）：公司債的票面利率或本金會跟隨著選擇的指數或指標連動的債券。其特性跟浮動利率債券相似，只是指數連動債券的連動標的彈性可以很大。例如：

   物價指數連動債券的面額是依照物價指數調整，票面利率為固定，債券支付的利息等於經物價指數調整後的債券面額乘上固定的票面利率。假設有一物價指數連動債券發行時的面額為100萬元，票面利率為

6%，每年付息一次，如果發行後一年，物價上漲5%，則其面額與利息總和為100×(1+5%)×(1+6%)萬元。

3. **附認股權公司債（warrant bond, WB）：**
此類債券是一種附認股權證給投資人的中長期債券，當投資人行使認股權時，會使公司股權增加，但亦能增加發行公司的資金來源。而此類的認股權證在資本市場上有其自由交易的市場。

三、債券評價

(一)**債券評價：**
1. **評價公式：**
$$P = \sum_{t=1}^{n} \frac{R}{(1+YTM)^t} + \frac{F}{(1+YTM)^n}$$
P：債券當期價格，R：每年利息收入，F：債券面值，t：年數（n）
YTM：殖利率

2. **債券價格與殖利率之關係：**債券價格與殖利率成反向關係，殖利率越低，債券價格越高；反之，殖利率越高，債券價格越低。如下圖：

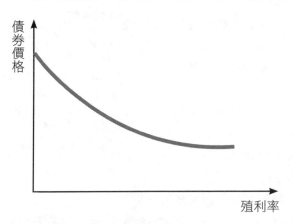

3. **折價、平價與溢價債券：**
(1) 殖利率高於票面利率，債券就會折價。
(2) 殖利率低於票面利率即會溢價。
(3) 殖利率恰等於票面利率則會平價。
(4) 到期後，折價發行的債券市價會上升，也就是資本利得為正。

(5) 到期後，溢價發行的債券市價會下跌。

(6) 到期後，平價發行的債券市價不變。

(二) **債券之風險：**

1. **信用風險：** 即債券的發行人付不出利息或是本金的風險，不過購買本國公債一般是視同沒有信用風險。另外，發行人的信用狀況轉劣，也是信用風險的一種（債券價格會因此往下調整）。

2. **利率風險：** 利率風險是指利率的變動導致債券價格與收益率發生變動的風險。債券是一種法定的契約，大多數債券的票面利率是固定不變的，當市場利率上升時，債券價格下跌，使債券持有者的資本遭受損失。因此，投資者購買的債券離到期日越長，則利率變動的可能性越大，其利率風險也相對越大。

3. **流動性風險：** 當債券殖利率快速下挫時，投資人、交易商惜售，投資人不易拿到籌碼；當利空消息來襲或中央銀行貨幣政策急轉彎，債券殖利率急速上揚時，市場參與者均站在賣方，交易商拉寬報價甚或停止報價，使得債券求售無門，產生所謂債券流動性風險。

4. **交割風險：** 如果不是即時交割款券的交易，可能在交割期間發生交易對手違約。

5. **通貨膨脹風險：** 投資債券的最大風險在於通貨膨脹風險。因為通貨膨脹會侵蝕投資人的購買力，進一步帶動債券價格大幅下跌，造成嚴重的資本損失。

(三) **債務評等：** 針對債務發行評等，乃以發行人信用評等為依據，評估債務人依約準則還本付息的能力，以及此債務所提供的保障性，並以「級距加減」1的方式進行調降或升級。其主要原則為發行人信用評等在「twBBB-」以上者的債務發行評等，較注重債務的準則償還能力；在「twBBB-」以下者，則較注重債務的清償能力。

1. **債券評等粗分類：**

	投資級債券				投機級債券			
S&P/Fitch	AAA	AA	A	BBB	BB	B	CCC	～D
Moody's	Aaa	Aa	A	Baa	Ba	B	Caa	～C

2. 標準普爾公司的債券評等：

AAA	最高評價，應付財務負擔的能力極強。
AA	應付財務負擔的能力甚強。
A	應付財務負擔的能力頗強，惟可能較易受到惡劣經濟環境及時局的影響。
BBB	擁有足夠的能力應付財務負擔，惟較易受到惡劣環境的影響，最低的投資評級。
BB	短期的財務負擔能力尚且足夠，惟須面對持續的不穩定因素，而且易受惡劣的商業、金融及經濟環境影響。
B	在惡劣的商業、金融及經濟環境下顯得脆弱，惟現時仍有應付財務負擔的能力。
CCC	現時甚為脆弱，應付財務負擔的能力須視當時的商業、金融及經濟環境是否良好所定。
CC	現時的能力十分脆弱。
C	已申請破產或採取類似的行動，但仍繼續支付欠款或應付財務負擔。
D	未能履行財務負擔。

說明：標準普爾公司使用修正符號來進一步區分評等為AAA級以下的債券。例如，A+代表品質較佳的A級債券，A-代表品質較差的A級債券。資料來源：標準普爾公司。

3. 中華信用評等等級：

符號	說明	級別
twAAA	最高等級評等，表債務人相較於其他本國債務人有極強的履行財務承諾能力。	投資級
twAA	最高評等等級的債務人僅在程度上有些微的不同。相較於其他本國債務人，該債務人有相當強的履行財務承諾能力。	
twA	較評等等級較高之債務人，更易受環境及經濟條件變動之不利效果所影響。相較於其他本國債務人，該債務人仍有強的履行財務承諾能力。	

符號	說明	級別
twBBB	係指其相較於其他本國債務人，仍具有適當的保障性。但較可能因不利的經濟條件或環境變動，而減弱債務人對財務承諾的履行能力。	投資級
twBB	係指相較於其他本國債務人，其保障性較弱。由於存在著重要的長期性不確定因素，或曝露於不利的企業、財務或經濟條件之下，該債務人對其財務承諾的履行能力稍嫌脆弱。	投機級
twB	係指相較於其他本國債務人，其保障性薄弱。該債務人目前有履行其財務承諾之能力，但不利的企業、財務、經濟條件，將可能損害其履行財務承諾的能力或意願。	
twCCC	表示在良好的業務及財務狀況下，債務人目前無法履行財務承諾之可能性高。	
twCC	表示目前履行其財務承諾之能力極度脆弱，有高度違約之可能性。	
twC	代表該債務人基於其財務狀況，正接受主管機關監管中。在監管期間，主管機關有權決定償債種類的順位或僅選擇償還部份債務。	
twSD	選擇性違約：twSD選擇性違約或twD違約皆代表該債務人無法如期履行一項或多項債務，擇性違約則指債務人選擇性的針對某些特定的債務違約，但是仍將會如期履行其他債務。	
twD	當公司已登記破產或無法清償債務時，無論債務人是否有接受評等，其債務人評等會被撤掉。	

4. **信用觀察指標：**

(1) 「正向」（positive）時，即表示該評等可能升級。

(2) 「負向」（negative）時，則表示該評等可能降級。

考點速攻

1. 信用觀察指的是當有事件發生或其發生指日可待。

2. 信用展望是指一家公司評等在中期的潛在變動方向。

(3) 「發展中」（developing）乃表示事件尚在發展中，狀況未明，評等可能升級，亦可能降級。

(4) 「穩定」（stable），則代表評等等級應不致於有所變動。

5. **信用評等對投資人的影響**：就使用評等之投資人而言，它提供投資人下列功能：

(1) **評等資訊降低不確定性**：雖然評等並不推薦買、賣的決策，但其風險評估降低了風險的不確定性。不確定感愈低表示的投資信心愈多，因而鼓勵資本市場成長及擴大市場效率、流動性。這種直接金融及市場的效率將使投資人及發行者雙方蒙利。

(2) **評等可用來當做信用風險限制的標準**：評等的等級可做為投資人投資組合選擇的標準。如規範退休基金經理人不得買入某一信用等級以下之債務證券；或涉及公益之機構不得買入未經評等之或低等級債券，或依據評等種類列出投資標的物清單以及限制何種標的佔投資組合的比例等，以維護公眾的利益。

(3) **評等可擴大投資層面**：任何單一投資人或投資機構都無法就不同國家、不同行業、不同性質的證券作全面的分析。評等可提供全球各主權及企業體的風險指標，協助投資人拓展市場的視野，促進其投資的多樣化、國際化。同時，當其投資組合信用品質發生變化時，評等亦提供良好的監控機制。

(4) **評等結可作為議價評估之依據**：如前所述，評級的高低常為信用風險升（貼）水的因素，以作為決定證券投資價格之依據。換言之，評等被投資人用來評估其證券投資預期信用損失的補貼參考。

牛刀小試

(　) **1** 假設期望殖利率固定不變，債券愈趨近到期日時，下列敘述何者正確？　甲.折價債券價格會趨近債券面額；乙.溢價債券價格會趨近債券面額；丙.溢價債券價格會遠離債券面額　(A)甲與乙正確　(B)甲與丙正確　(C)乙與丙正確　(D)甲、乙及丙都正確。

(　) **2** 所謂溢價債券（Premium Bond）是指殖利率較票面利率：(A)高　(B)低　(C)相同　(D)不一定。　【106年第1次普業】

(　)　**3**　我國實施之分割債券制度中，下列何者可作為分割債券之標的？甲.公債；乙.公司債；丙.金融債券　(A)僅甲、乙　(B)僅甲、丙　(C)僅乙、丙　(D)甲、乙、丙皆可。　【109年第2次普業】

(　)　**4**　無擔保品的公司債稱為：
(A)可贖回公債
(B)信用債券（Debenture）
(C)垃圾債券
(D)可轉換公司債。　【108年第2次普業】

(　)　**5**　何者是債券投資需面臨的風險？甲.違約風險；乙.購買力風險；丙.利率風險　(A)僅甲、乙　(B)僅乙、丙　(C)僅甲、丙　(D)甲、乙、丙皆是。

解答與解析

1 (A)。不論發行時是溢價發行或折價發行，當越接近到期日時，其債券都會越靠近債券面額。

2 (B)。溢價發行的債券，因為發行機構所給的票面利率>市場殖利率，所以投資人才會以溢價購買。

3 (D)。分割債券：將每一筆債券的本金和利息現金流量獨立區分出來，因此可將每一筆的現金流量，視為多張零息債券（Zero Coupon Bonds）。公債、公司債、金融債券均可作為分割債券之標的。

4 (B)。無擔保債券（Debenture Bonds）無擔保債券是指無特定的資產作為擔保品，單靠發行公司的信用而發行的債券，又稱信用債券。

5 (D)。違約風險、購買力風險、利率風險均是債券投資需面臨的風險。

股票投資分析

依據出題頻率區分,屬:**A** 頻率高

重點 **1** 股票的基本概念

一、 股票的定義

股票是股份公司發行,用以證明投資者的股東身份和權益,投資者據以獲取股息和紅利的所有權憑證。股票的作用有三點:

(一) 股票是一種出資證明,當一個自然人或法人向股份有限公司參股投資時,便可獲得股票作為出資的憑證。

(二) 股票的持有者憑借股票來證明自己的股東身份,參加股份公司的股東大會,對股份公司的經營發表意見。

(三) 股票持有者憑借股票參加股份發行企業的利潤分配,也就是通常所說的分紅,以此獲得一定的經濟利益。

二、 股票的種類

(一) **按股東權利區分:**

1. **普通股:** 普通股是隨著企業利潤變動而變動的一種股份,是股份公司資本構成中最普通、最基本的股份,是股份企業資金的基礎部分。

   普通股的基本特點是其投資收益(股息和分紅)不是在購買時約定,而是事後根據股票發行公司的經營業績來確定。公司的經營業績好,普通股的收益就高;反之,若經營業績差,普通股的收益就低。在我國證交所上市的股票都是普通股。一般可把普通股的特點概括為如下四點:

   (1) 有普通股的股東有權獲得股利,但必須是在公司支付了債息和特別股的股息之後才能分得。普通股的股利是不固定的,一般視公司淨利潤的多少而定。當公司經營有方,利潤不斷遞增時普通股能夠比特別股多分得股利;但趕上公司經營不善的年頭,也可能連一分錢都得不到,甚至可能連本也賠掉。

(2) 當公司因破產或結業而進行清算時，普通股東有權分得公司剩餘資產，但普通股東必須在公司的債權人、特別股股東之後才能分得財產。

(3) 普通股東一般都擁有發言權和表決權，即有權就公司重大問題進行發言和投票表決。

(4) 普通股東一般具有優先認股權，即當公司增發新普通股時，現有股東有權優先購買新發行的股票，以保持其對企業所有權的原百分比不變，從而維持其在公司中的權益。

2. **特別股**：特別股是股份公司發行的在分配紅利和剩餘財產時比普通股具有優先權的股份。特別股的主要特徵有三：

(1) 特別股通常預先定明股息收益率。由於特別股股息率事先固定，所以特別股的股息一般不會根據公司經營情況而增減，而且一般也不能參與公司的分紅，但特別股可以先於普通股獲得股息，對公司來說，由於股息固定，它不影響公司的利潤分配。

(2) 特別股的權利範圍小。特別股股東一般沒有選舉權和被選舉權，對股份公司的重大經營無投票權，但在某些情況下可以享有投票權。

(3) 特別股的索償權先於普通股，而次於債權人。

(二)按股票的交易市場區分：

1. **上市股票**：在集中市場進行交易的被稱為上市股票，指已經公開發行，並於集中市場以開掛牌買賣的股票，公司申請上市須符合以下條件：

(1) 設立年限：設立達三個會計年度（成立三年以上）。

(2) 資本額：實收資本額達新臺幣六億元以上者。

(3) 申請股票上市之發行公司，經中央目的事業主管機關出具其係屬科技事業之明確意見書，實收資本額達新臺幣三億元以上。

(4) 獲利能力：最近一年內不能有虧損，且符合底下其中之一的條件：

A. 最近二個會計年度營業利益及稅前純益占年度決算之財務報告所列示股本比率，均達百分之六以上者，或最近二個會計年度平均達百分之六以上，且最近一個會計年度之獲利能力較前一會計年度為佳者。

B. 近五個會計年度營業利益及稅前純益占年度決算之財務報告所列示股本比率，均達百分之三以上者。

C. 股權分散：記名股東人數在一千人以上，其中持有股份一千股至五萬股之股東人數不少於五百人，且其所持股份合計占發行股份總額百分之二十以上或滿一千萬股者。

　　　　D. 輔導期間：十二個月以上。

　　　　E. 推薦證券商家數：一家以上。

2. **上櫃股票**：在店頭市場進行交易的稱為上櫃股票，指已經公開發行，並於店頭市場以開掛牌買賣的股票，公司申請上櫃須符合以下條件：

　(1) 設立年限：依公司法設立登記滿二個完整會計年度。

　(2) 資本額：實收資本額在新臺幣五千萬元以上者。

　(3) 獲利能力：須符合下列任一條件者：財務報表之稅前純益占財務報告所列示股本之比率最近年度達百分之四以上，且其最近一會計年度決算無累積虧損者；或最近二年度均達百分之三以上者；或最近二年度平均達百分之三以上，且最近一年度之獲利能力較前一年度為佳者。

　(4) 股權分散：持有股份一千股至五萬股之記名股東人數不少於三百人，且其所持股份總額合計占發行股份總額百分之十以上或逾五百萬股。

　(5) 輔導期間：十二個月以上。

　(6) 推薦證券商家數：二家以上。

3. **第二類上櫃股票**：第二類股制度主要是配合世界潮流，為高科技產業籌資所設計；而高科技產業近年來又以網路產業最具成長性，對資金之需求亦最為殷切，公司申請第二類上櫃股票須符合以下條件：

　(1) 設立年限：設立滿一個會計年度。

　(2) 資本額：三千萬元以上且無累積虧損或淨值二十億元以上（科技事業：不受無累積虧損之限制）。

　(3) 獲利能力：無。

　(4) 股權分散：持一千股以上記名股東人數達三百人以上。

　(5) 輔導期間：六個月以上。

　(6) 推薦證券商家數：二家以上。

4. **興櫃股票**：發行人符合下列條件者得申請其股票登錄為櫃檯買賣：

　(1) 為公開發行公司。

　(2) 已與證券商簽訂輔導契約。

　(3) 經二家以上輔導推薦證券商書面推薦，惟應指定其中一家證券商係主辦輔導推薦證券商，餘係協辦輔導推薦證券商。

牛刀小試

(　　) **1** 下列何者不是普通股之特性？　(A)可優先參與分配股息　(B)公司增資發行新股之優先認購權　(C)參與公司經營權利　(D)承擔公司的經營成敗後果。　　　　　　　　　　　【第30屆理財人員】

(　　) **2** 在產業生命週期四個階段中，具有產品已有相當被接受度，轉虧為盈，預期在短期內有大量的現金流入，投資收益高，風險相對較小特性的階段是下列何者？　(A)草創型　(B)成長型　(C)成熟型　(D)衰退型。　　　　　　　　　　　【第28屆理財人員】

(　　) **3** 以財務比率評估，一旦偏離正常情形，必須採取之分析為何？　(A)與產業在同一年度數值作比較　(B)與本身過去歷史數值作比較　(C)與產業之平均比率及歷史比率相比較　(D)與整體市場之同一比率在同一年度作比較。　　　　　　　【第28屆理財人員】

解答與解析

1 (A)。普通股無法優先參與分配股息，特別股才可優先參與分配股息。

2 (B)。在產業生命週期四個階段中，具有產品已有相當被接受度，轉虧為盈，預期在短期內有大量的現金流入，投資收益高，風險相對較小特性的階段是「成長型」。

3 (C)。以財務比率評估，一旦偏離正常情形，必須採取與產業之平均比率及歷史比率相比較。

重點2 股票投資分析

一、基本分析

(一)分析架構：

1. **由下而上的分析法（Bottom-Up Approach）**：「由下而上」的分析主要從公司層面的基本因素上開始篩選。基金經理留意的因素包括資產負債表的狀況、收益率、盈利增長和估值比例等。當篩選出符合要求

的股票後，基金經理會進一步就這些因素與行業標準比較，從而找出估值被低估的股票。最後，他們會基於對未來經濟發展的預期，選出最可能受惠的優質股票。這種方法淡化經濟和市場週期的重要性，而專注對個別股票的仔細分析，有助基金經理發掘價廉，而在逆市中也能表現穩定的公司。分析流程如下：

2. **由上而下的分析法（Top-Down Approach）：**

「由上而下」的分析跟「由下而上」截然不同，從對經濟趨勢和週期的看法着手，重視整體經濟環境對股票價格的影響。基金經理會識別一些具增長潛力的國家或行業，再從中選出最能受惠於這些增長機會而又具有良好基本因素的公司股票。這種分析方法選出的股票通常都是一些高風險、但在升市時最為受惠的投資。分析流程如下：

(二) 總體經濟分析：

1. **經濟成長率：**

   經濟成長率通常由國內生產毛額（GDP）的年增率來表示。

2. **景氣對策信號：**

   景氣對策信號亦稱「景氣燈號」，係以類似交通號誌方式的五種不同信號燈代表景氣狀況的一種指標，目前由貨幣總計數M_{1B}變動率等九項指標構成。每月依各構成項目之年變動率變化（製造業營業氣候測驗點除外），與其檢查值做比較後，視其落於何種燈號區間給予分數及燈號，並予以加總後即為綜合判斷分數及對應之景氣對策信號。景氣對策信號各燈號之解讀意義如下：若對策信號亮出「**綠燈**」，表示當

前景氣穩定、「紅燈」表示景氣熱絡、「藍燈」表示景氣低迷，至於「黃紅燈」及「黃藍燈」二者均為注意性燈號，宜密切觀察後續景氣是否轉向。目前景氣對策信號各構成項目檢查值，與編製說明如下：

	紅燈 Red	黃紅燈 Yellow-red	綠燈 Green	黃藍燈 Yellow-blue	藍燈 Blue
	熱絡 Booming	轉向 Transitional	穩定 Stable	轉向 Transitional	低迷 Sluggish
綜合判斷（分）Total Score	45-38分	37-32分	31-23分	22-17分	16-9分
個別項目分數 Scores of Component Indicators	5分	4分	3分	2分	1分
貨幣總計數M_{1B} Monetary Aggregates M_{1B}	← 17	— 10.5	（% yoy） — 6	— 2	→
股價指數 Stock Price Index	← 22.5	— 11.5	-2	— -22	→
工業生產指數 Industrial Production Index	← 11	8	— 3.5	— -1	→
非農業部門就業人數 Non-agricultural Employment	← 2.4	— 2.1	— 1.4	0.4	→
海關出口值 Customs-Cleared Exports	← 16	— 13	55	0	→
機械及電機設備進口值 Imports of Machineries and Electrical Equipments	← 23.5	— 9.5	— -2.5	— -11.5	→
製造業銷售量指數 Manufacturing Sales Index	← 11	— 8.5	3	— -1	→
批發、零售及餐飲業營業額 Sales of Trade and Food Services	9	— 7	4.5	— 0	→
製造業營業氣候測驗點 The TIER Manufacturing Sector Composite Indicator	← 104.5	點（2006=100） — 101	— 96.5	— 91.5	→

註：1.除製造業營業氣候測驗點檢查值為點（2006=100）外，其餘項目則為年變動率。
　　2.各個別項目除股價指數外均經季節調整。

Notes: 1. Individual Componenets and check points are in terms of pecentage changes over 1-year span, except that the TIER Manufactuning Sector Composite Indicator is points (2006=100).
2. All components, except stock price index, have been seasonally adjusted.

3. **景氣動向指標：**

   (1) 領先指標：由外銷訂單指數、實質貨幣總計數M_{1B}、股價指數、工業及服務業受僱員工淨進入率、核發建照面積（住宅、商辦、工業倉儲等）、實質半導體設備進口值，及製造業營業氣候測驗點等七項構成項目組成，具領先景氣波動性質，可用來預測未來景氣之變動。

   (2) 同時指標：由工業生產指數、電力（企業）總用電量、製造業銷售量指數、批發、零售及餐飲業營業額、非農業部門就業人數、實質海關出口值，與實質機械及電機設備進口值等七項構成項目組成，代表當前景氣狀況，可以衡量當時景氣之波動。

   (3) 落後指標：由失業率（取倒數）、工業及服務業經常性受僱員工人數、製造業單位產出勞動成本指數、金融業隔夜拆款利率、全體貨幣機構放款與投資，及製造業存貨率等六項構成項目組成，用以驗證過去之景氣波動。

4. **利率：**當利率上升時股價會下跌；當利率下跌時則股價會上漲。

5. **物價：**需求拉動的物價膨脹，政府會採取緊縮貨幣政策因應，結果導致利率上升，股價下跌。成本推動的物價膨脹，使股價下跌。

6. **匯率：**臺幣升值不利出口；臺幣貶值不利進口。

7. **貨幣供給額：**

   (1) M_{1A}＝通貨淨額＋支票存款＋活期存款

   (2) M_{1B}＝M_{1A}＋活期儲蓄存款

   (3) M_2＝M_{1B}＋準貨幣

※準貨幣：又稱近似貨幣，具有高流動性，但不如貨幣那樣高的物品，以價值儲藏持有居多，貨幣性並不完整，使用上須負擔手續費用。我國中央銀行所認定的「準貨幣」，自1997年起也做的重大調整，調整後主要包括：定期存款、定期儲蓄存款、外幣存款、可轉讓定期存單、郵政儲金、重購回協定、外國人新臺幣存款……等等。

(三) **產業週期性分析：**企業生命週期的概念是原引自行銷學及個體經濟學領域中的產品生命週期的概念，每個產品都會歷經開始期、成長期、成熟期及衰退期四個週期。而企業亦可依據這樣的邏輯，分屬於不同生命週期的階段。如下圖所示：

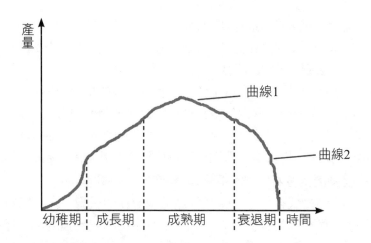

企業的生命週期曲線忽略了具體的產品型號、品質、規格等差異，僅僅從整個企業的角度考慮問題。企業生命週期可以從成熟期劃為成熟前期和成熟後期。在成熟前期，幾乎所有企業都具有類似S形的生長曲線，而在成熟後期則大致分為兩種類型：第一種類型是行業長期處於成熟期，從而形成穩定型的行業，如圖中右上方的曲線1；第二種類型是企業較快的進入衰退期，從而形成迅速衰退的行業，如圖中的曲線2。企業生命週期是一種定性的理論，企業生命週期曲線是一條近似的假設曲線。下面分別介紹生命週期各階段的特徵：

1. **幼稚期**：這一時期的市場增長率較高，需求增長較快，技術變動較大，行業中的用戶主要致力於開闢新用戶、占領市場，但此時技術上有很大的不確定性，在產品、市場、服務等策略上有很大的餘地，對行業特點、行業競爭狀況、用戶特點等方面的信息掌握不多，企業進入壁壘較低，其股票投資風險高。若能存活未來獲利也高，但大約只有三成公司能存活。

2. **成長期**：這一時期的市場增長率很高，需求高速增長，技術漸趨定型，行業特點、行業競爭狀況及用戶特點已比較明朗，企業進入壁壘提高，產品品種及競爭者數量增多，其股票投資收益高，風險低。

3. **成熟期**：這一時期的市場增長率不高，需求增長率不高，技術上已經成熟，行業特點、行業競爭狀況及用戶特點非常清楚和穩定，買方市場形成，行業盈利能力下降，新產品和產品的新用途開發更為困難，行業進入壁壘很高。

4. **衰退期**：這一時期的市場增長率下降，需求下降，產品品種及競爭者數目減少，其股票已沒有投資價值。從衰退的原因來看，可能有四種類型的衰退，它們分別是：

(1) 資源型衰退，即由於生產所依賴的資源的枯竭所導致的衰退。

(2) 效率型衰退，即由於效率低下的比較劣勢而引起的行業衰退。

(3) 收入低彈性衰退。即因需求──收入彈性較低而衰退的行業。

(4) 聚集過度性衰退。即因經濟過度聚集的弊端所引起的行業衰退。

(四) **產業競爭因素分析**：波特認為影響產業競爭態勢的因素有五項，分別是「新加入者的威脅」、「替代性產品或勞務的威脅」、「購買者的議價力量」、「供應商的議價能力」、「現有廠商的競爭強度」。透過這五項分析可以幫瞭解產業競爭強度與獲利能力。透過這五方面的分析，可得知產業的競爭強度與獲利潛力，且經由這五力的結合力量，將可決定產業最後的利潤率，即為長期投資報酬率。所謂的五項競爭力量是：

1. **加入者的威脅**：企業被逼做出一些有競爭力的回應，因此不可避免的要耗費掉一些資源，而降低了利潤。

> **考點速攻**
>
> 股票投資之基本面分析，包括：總體經濟分析、產業分析、公司分析。

2. **替代性產品的威脅**：如果市場上有可以替代企業的產品或服務，那麼企業的產品或服務的價格就會受到限制。

3. **購買者的議價力量**：如果客戶有議價的優勢，他們絕不會猶豫，造成利潤降低，企業獲利能力因而受影響。

4. **供應商的議價能力**：如果供應商企業佔優勢，他們便會提高價格，對企業的獲利能力產生不利的影響。

5. **現有廠商的競爭強度**：競爭導致企業需要在行銷、研究與開發或降價方面做更多的努力，這也將影響利潤。

二、技術分析

(一) **葛蘭碧八大法則**：葛蘭碧八大法則是利用價格與其移動平均線的關係作為買進與賣出訊號的依據。其認為價格的波動具有某種規律，但移動平均則代表著趨勢的方向。因此當價格的波動偏離趨勢時（即價格與移動平均的偏離），則未來將會朝趨勢方向修正，所以發生偏離時，是一個買賣訊號。

葛氏利用股價與移動平均線兩者間的變化，包括相互的關係性、股價穿越均線的方式、兩者乖離的大小等各種情況，歸納出八種不同的情形，作為進出的依據：

1. **買進訊號：**
   (1) 當移動平均線從下降趨勢逐漸轉變為水平盤整或呈現上昇跡象時，若價位線從下方穿破移動平均線往上昇時，即為買進的訊號。（突破）
   (2) 當價位線的趨勢走在移動平均線之上，價位線下跌但卻未跌破移動平均線便再度反彈上昇，亦可視為買進訊號。（有支撐）
   (3) 雖然價位線往下跌破移動平均線，但隨即又回昇到移動平均線之上，且此時移動平均線依然呈現上昇的走勢，仍可視之為買進的訊號。（假跌破、騙線）
   (4) 當價位線往下急跌，不僅跌破移動平均線，而且深深地遠離於移動平均線下，開始反彈上昇又趨向於移動平均線時，亦為買進之訊號。（反彈）

2. **賣出訊號：**
   (1) 當移動平均線從上昇趨勢逐漸轉變成水平盤局或呈現下跌跡象時，若價位線從上方跌破移動平均線往下降時，為賣出的訊號。（跌破）
   (2) 當價位線的趨勢走在移動平均線之下，價位線上昇但卻未能穿破移動平均線便再度反轉下跌，亦可視為賣出訊號。（有阻力）
   (3) 雖然價位線往上昇穿破移動平均線，但隨即又回跌到移動平均線之下，且此時移動平均線依然呈現下跌的走勢，仍可視之為賣出的訊號。（假突破、騙線）
   (4) 當價位線往上急漲，不僅穿破移動平均線，而且高高地遠離於移動平均線上，開始反轉下降又趨向於移動平均線時，亦為賣出之訊號。（反轉）

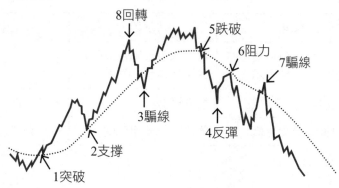

因此，當價位線同時突破長天期與短天期的移動平均線時，可以視其為當然的買進訊號，進行買進動作。而若價位線跌破短天期的移動平均線時，可以視為是賣出訊號，對手上現有的持股或合約進行平倉。而當價位線跌破長天期的移動平均線時，則可以進行放空的動作。

或者，也可以應用長短不同天期的移動平均線之間的交叉訊號來作為買賣的依據。亦即當短天期的移動平均線由下往上突破長天期的移動平均線時，一般稱之為黃金交叉，是買進的訊號。反之若短天期的移動平均線由上往下跌破長天期的利動平均線時，一般稱之為死亡交叉，是賣出的訊號。

> **考點速攻**
>
> 1. 黃金交叉係指在上升行情中當短期移動平均線由下往上突破長期移動平均線，此交叉點通常有上升行情。
> 2. 死亡交叉係指在下跌行情中當短期移動平均線由上往下突破長期移動平均線，此交叉點通常有下跌行情。

(二) K線理論：

K線是最基本、最簡單的技術分析指標，但其組合及應用也是最變化萬千的；K線是由開盤價、最高價、最低價、收盤價所構成，也是記錄買方和賣方實戰的過程；如果收盤價高於開盤價就以「實體紅線」表示，收盤價低於開盤價則以「實體黑線」表示，最高價及最低價則以「影線」表示，高價拉回則留上影線，低價回升則留下影線，因此這種多空實戰的記錄，就是來預測未來是多頭還是空頭的一種指標。

K線圖又稱陰陽線，是將每天的開盤價與收盤價畫成直立的方塊，若當天最高價大於收盤價或開盤價，則在方塊上方加畫一直線稱為上影線；而當天之最低價弱小於開盤價或收盤價，則在方塊下方加畫一直線稱為下影線。

陽線方塊多以白色或紅色表示，代表當天「收紅盤」，陰線之方塊會以黑色或綠色表示，當天則是「收黑盤」。圖示如下：

陽線	陰線	十字線
常以紅色、白色實體柱或黑框空心柱表示	常以綠色、黑色或藍色實體柱表示	—
股價強勢	股價弱勢	多空不明
收盤價高於開盤價	收盤價低於開盤價	收盤價等於開盤價

陽線	陰線	十字線
最高價等於收盤價時，無上影線。 最低價等於開盤價時，無下影線。	最高價等於開盤價時，無上影線。 最低價等於收盤價時，無下影線。	最高價等於開盤價時，無上影線。 最低價等於開盤價時，無下影線。

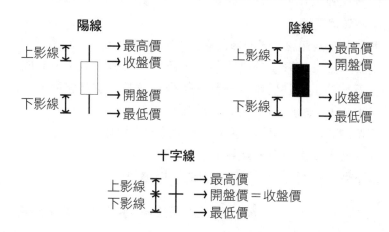

(三)**道瓊理論：**

1. **道氏理論認為股票市場中有三種趨存在：** 道瓊理論把市場的趨勢分為三類：主要趨勢、次等級以及微波級。道氏將市場的這種劃分情況比喻為海流運動中的潮流、海浪和浪花。在這三種波動級別中，以主波級的趨勢最應為投資人所需關心和追蹤的，通常作為股價的主波級在其運行發展過程中，其時間跨度會長達幾個月，在國外較為規範的市場中，主波級行進時間會長達一年甚至數年，次等波級的走勢趨勢在時間上一般為數週或數個月，而微波浪花則以天作為時間單位來進行的。主波級（主要趨勢）的發展階段，道瓊斯理論中把它劃分為三段層次：第一階段為打底過程。此時以股價的發展形態看，往往是成交量極度萎縮，市場極不熱絡，股價處於一種圓弧狀的谷底，利空漸漸出盡的情況，較有遠見的投資者正悄悄地尋覓時間逐級介入。第二階段為底部完成向上。這一階段一般屬於技術派人士開始漸漸介入，市場經濟情況開始改善，股價開始上升。第三階段為行情成長爆發。第三階段

主要體現在大眾投資者開始積極參與，大量利多消息開始在市場中和
新聞媒體間傳播。市場的投機氣氛開始愈來愈濃厚。

2. **量價須互相配合**：道氏認為在股價走勢圖中，成交量應為研判股價走
勢訊號的重要配合工具。量須放大作為股價上升的動力與多頭市場的
現象。如市道是處在空頭市道下，當股價下跌時，量會擴大，而對於
一個反彈上升，反而量會縮小，呈現典型的價量背離現象。

(四) **艾略特波浪理論**：

1. **股價共有八個波形成一個週期**：不論趨勢的大小，股價都有一個「五波
上升、三波下降」的基本規律，所以總共有八個波，形成一個週期。
在五波的上升趨勢中，分為三個推動波及二個調整波。三個推動波是
第①、③、⑤波，圖中的上升波段。
兩個調整波則是第②、④波，圖中的回檔波段。
在三波下降趨勢中，分為ⓐ、ⓑ、ⓒ三波。
以下個別說明八個波段所代表的市場趨勢。

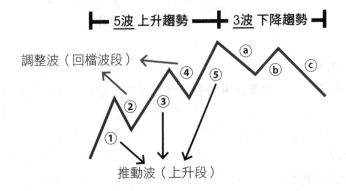

2. **艾略特將波浪分為九級**：超大循環波、超循環
波、循環波、主波、中型波、小型波、短波、
微波和超微波。

3. **各波段的特點**：

(1) **多頭市場第一波**：一半左右的第一波發生在多頭市場築底的過程。
由於多頭意念尚未明朗，空頭市場是否近尾聲尚無法確定，所以常
帶來較大的成交量。多頭市場第一波是股市展開五波攻擊形態的契

機，但並不表示一定成功，有時因主客觀因素無法配合而演成失敗
形態。

(2) **多頭市場第二波**：第二波走勢常是大幅回檔，洗掉大半第一波所獲
的利潤，第一波的獲利者此時出場，另一批投資人接手，是一種良
性換手。回檔的最低點通常在第一波的三分之一或三分之二處。

(3) **多頭市場第三波**：第三波走勢上升意圖明顯，多頭力道強勁，成交
量大，股價也大幅漲升。第三波常產生延伸波，延伸波中的第三波
也會昂揚進行，形成多頭市場第三波交投熱絡的景象，技術上的跳
空、突破、成交量的擴大及攻勢的延長等情況常在圖形上顯現搶眼
的走勢。由於第三波具備這種特性，因而可輔助我們界定五波段的
趨勢架構。

(4) **多頭市場第四波**：第四波與第二波皆為回檔修正波，但複雜程度剛
好相反。一般而言，第四波的行進步調較為複雜，形成第五波的底
部基礎。一些條件較差的股票受到第三波主升段帶動而攀升，將在
第四波作頭回跌；有些體質不佳的投機股在第三波嶄露頭角，但在
第四波反轉下挫，說明市場逐漸疲弱，多頭期已有限。

(5) **多頭市場第五波**：第五波的勁道常不如一般所料的雄厚。此時市場
瀰漫一片樂觀的看法，投機股與績優股的成交量不斷放大，次優的
股票也因大眾廣泛參與而走揚，指數不斷創新高，但漲幅皆不大。
由於市場沒有空頭的陰影，常使人失去戒心。

(6) **空頭市場第 a 波**：投資人大都認為這一波只是拉回整理，多頭局面
尚未消逝，其實多頭行情已經結束。第 a 波形成的架構透露第 b 波
的走勢。例如第 a 波呈平台形波浪，第 b 波則會是向上的鋸齒形走勢；
若第 a 波段呈現下陷鋸齒形，第 b 波段會是平台形架構。

(7) **空頭市場第 b 波**：第 b 波常出現一些假象，製造多頭陷阱，投資人
常誤認為多頭市場再度來臨而大舉加碼買入，最後慘遭套牢。此時
走勢多為投機性的情緒化表現，市場結構脆弱，成交量不會太大。
此時為出清持股的最佳時刻，因此第 b 波又稱為逃命波。

(8) **空頭市場第 c 波**：第 c 波呈現壓倒性的空頭優勢，是空頭市場的主
跌段。第 a 波和第 b 波所存在的多頭幻想在第 c 波中完全消失，市
場瀰漫著恐慌的賣壓和不安心理，造成第 c 波的慢性盤跌。

(五) MACD移動平均：

1. **利用移動平均線即將要收斂或發散的徵兆判斷買賣股票的時機與訊號：**
   應用兩條速度不同的平滑移動平均線（EMA），計算兩者之間的差離狀態（DIF），並且對差離值（DIF）做指數平滑移動平均，即為MACD線。
   簡單來說MACD就是，長期與短期的移動平均線即將要收斂或發散的徵兆，是用來判斷買賣股票的時機與訊號。
   快線DIF向上突破慢線MACD→買進訊號。
   快線DIF向下跌破慢線MACD→賣出訊號。

2. **MACD指標多會使用柱狀圖觀察：**當柱線接近0時，就是短線買進或賣出訊號。
   柱線由負轉正→買進訊號。
   柱線由正轉負→賣出訊號。

(六) **RSI相對強弱指標：**相對強弱指標（Relative Strength Index）簡稱為RSI，是一種用來評估「買賣盤雙方力道強弱」情況的技術指標，買家是代表金錢的力量，賣家是代表持貨的力量。當買方力量稍遜，價格就會向下發展；相反，當賣方力量不足，價格就會向上發展。

RSI把相對強度的數值定義在0～100之間，如此更能方便參考使用。而多天期的RSI（即n值較大）其訊號將更具參考性。RSI數值越大代表買方力道越強，但強弩之末總會衰竭，因此當RSI大到某一程度時通常開始代表買超現象，需注意反轉。同理，當RSI低到某一程度時，通常代表市場出現非理性的賣超現象，表示底部區已近。

$RSI = 100 \times \{1 - [1 \div (1+RS)]\}$，其中$RS =$（一段時間內收盤價上漲部份之平均值）$\div$（一段時間內收盤價下跌部份之平均值）

一般來說，RSI有以下研判功能：

1. **買超、賣超、持平：**RSI的圖形表現通常較K線圖形的頭部或底部提早出現到頂或到底的徵兆。也就是說，RSI在70以上表示買超現象，在30以下為賣超現象，但買超與賣超的數值是不代表買賣訊號的，僅表示走勢的折返機率變大。而當RSI在50附近，代表多空力道接近。

2. **反轉訊號：**當指標上升到達80時，表示股市已有超買現象，如果一旦繼續上升，超過90以上時，則表示已到嚴重超買的警戒區，股價已形成頭部，極可能在短期內「反轉迴轉」。同理，低於20則表示股市有

超賣現象，如果一旦繼續下降至 10 以下時則表示已到嚴重超賣區域，股價極可能有「止跌回升」的機會。

3. **背離訊號**：當 RSI 指標與盤勢發生背離時，則代表盤勢即將反轉，為買進或賣出的訊號，不過發生機會相對較少。

若股價在創新高時，RSI沒有跟著創新高→轉弱訊號，下跌即將開始。

若股價在創新低時，RSI沒有跟著創新低→轉強訊號，上漲即將開始。

(七)**KD值**：

1. KD 值 >80 表示高檔鈍化股價表現強勢，再上漲機率高。

2. KD 值 <20 則表示低檔鈍化股價表現弱勢，下跌機率高。

3. KD 值另外一個常使用的判斷方式是根據公式 KD 值都會朝向同一個趨勢發展，但 K 值反應市場價格的速度較 D 值來的快，波動亦較 D 值來的大，所以當 K 值與 D 值交叉時被稱為黃金交叉或死亡交叉，是買進或賣出的指標訊號。判斷方法如下：

(1) K值由下而上穿越D值→黃金交叉，行情看好。

(2) K值由上而下穿越D值→死亡交叉，行情看差。

(八)**威廉指標**：威廉斯指標是由拉利‧威廉斯（Larry Williams）在1973年所提出，這是一種簡單而有效的擺盪指標。它是衡量多空雙方將每天收盤價推到最近價格區間邊緣能力。威廉斯指

標可以確認趨勢，並預示即將發生的反轉。WR威廉指標應用法則與買賣點應用法則：

1. 當威廉指數線低於－ 80%，市場處於超賣狀態，行情即將見底。

2. 當威廉指數線高於－ 20%，市場處於超買狀態，行情即將見頂。

3. 威廉指數與動力指標配合使用，在同一時期的股市週期循環內，可以確認股價的高峰與低谷。

4. 使用威廉指數作為測市工具，既不容易錯過大行情，也不容易在高價區套牢。但由於該指標太敏感，在操作過程中，最好能結合相對強弱指數等較為平緩的指標一起判斷。

(九)**乖離率**：乖離率是衡量目前股價與平均線距離的指標，也就是目前股價偏離了平均線的百分比，有助於對股價行為做預測。但比較均線與乖離率，天數必須相同如果是5日乖離率，就要用股價來和5日均線來比較；同樣的，如果是60日乖離率那麼就是用股價來和60日均線來比較了。當收盤價

大於移動平均價時的乖離，稱為正乖離。當收盤價小於移動平均價時的乖離，稱為負乖離。乖離率計算公式如下：

$$乖離率（Bias）=\frac{目前價-移動平均價}{移動平均價}$$

結合均線與正負乖離，看出股價短期的波動訊號

1. **當股價觸碰到「正乖離線」：**
   不要追高買進，未來幾天可能會有一波股價下跌的修正。

2. **當股價觸碰到「負乖離線」：**
   不要殺低賣出，未來幾天可能會有一波股價上漲的反彈。

牛刀小試

( ) **1** 下列何者非屬股票投資之技術分析模式？ (A)移動平均線（MA） (B)由下往上分析法 (C)隨機指標（KD） (D)K線分析法。 【第30屆理財人員】

( ) **2** K線分析法中下列何種情況可能會形成十字線？ (A)開盤價=最高價 (B)開盤價=最低價 (C)開盤價=收盤價 (D)開盤價>收盤價。 【第30屆理財人員】

( ) **3** 葛蘭碧八大法則利用下列何者為工具，以判斷交易訊號之重要法則？ (A)移動平均線（MA） (B)K線 (C)相對強弱指標（RSI） (D)波浪理論。 【第29屆理財人員】

( ) **4** 「價跌量增」蘊含股價有何種機會？ (A)續跌 (B)平穩 (C)反彈 (D)區間震盪。 【第29屆理財人員】

( ) **5** 乖離率（Bias）為股價偏離平均值的程度，若為正乖離率20%，股價為54元，求其股價平均價為多少元？ (A)40元 (B)45元 (C)50元 (D)60元。 【第29屆理財人員】

解答與解析

1 (B)。由下往上分析法屬股票投資之基本分析模式。

2 (C)。K線分析法中，當開盤價＝收盤價時，會形成十字線。

3 (A)。葛蘭碧八大法則的運作，是利用價格與其移動平均線（MA）的關係作為買進與賣出訊號的關係作為買進與賣出訊號的依據。其認為價格的波動具有某種規律，但移動平均則代表著趨勢的方向。

4 (A)。量增價跌現象大部分出現在下跌行情的初期，也有小部分出現在上升行情的初期，說明價格的下跌得到部分買家的認可大批購買，但也可能是主力在瘋狂出逃，所以也要注意看成交量、大市行情。

5 (B)。乖離率又稱為y值，是反映股價在波動過程中與移動平均線偏離程度的技術指標。它的理論基礎是：不論股價在移動平均線之上或之下，只要偏離距離過遠，就會向移動平均線趨近，據此計算股價偏離移動平均線百分比的大小來判斷買賣時機。計算公式如下：
乖離率＝（當日收盤價－N日內移動平均價）／N日內移動平均價×100%
20%＝（54－N日內移動平均價）／N日內移動平均價×100%
N日內移動平均價＝45

重點3 股票價值評估方法

一、傳統股利折現評價模式

(一)股利零成長模式：

指普通股股東永續持有，且各期股利均相同。

$$P = \frac{D}{r}$$

D為股利，r為報酬率

範例 千千公司每年發放之現金股利固定為2元，而持股人要求之股票報酬率為10%，則千千公司股價為多少？

$$Po = \frac{D}{r} = \frac{2}{10\%} = 20（元）$$

(二)股利固定成長模式－高登（Gordon）成長模式：

$$P = \frac{D(1+g)}{(r-g)}$$

D為股利，r為報酬率，g為股利固定成長率

範例 千千公司今年配發4元的現金股利，且已知該公司現金股利以5%穩定成長，若持股人要求之股票報酬率為15%，試求千千公司股價為多少？

$$P = \frac{D(1+g)}{(r-g)} = \frac{4(1+5\%)}{(15\% - 5\%)} = 42 \text{（元）}$$

二、 簡易評價方法

(一)本益比（P／E）倍數還原法：

$$本益比 = \frac{每股市價}{每股稅後盈餘}$$

合理股價＝預期每股盈餘×合理本益比

範例 千千公司預期每股盈餘為3元，若該產業合理本益比為12倍，則依本益比還原法股價應為？

合理股價＝3 ×12＝36（元）

(二)股價淨值比（P／B）還原法：

$$股價淨值比 = \frac{每股市價}{每股淨值} = \frac{每股市價}{每股盈餘} \times \frac{每股盈餘}{每股淨值}$$

合理股價＝淨值×合理股價淨值比

範例 千千公司為淨值10,000,000元，流通在外股數為100萬股，若該產業合理股價淨值比為16倍，則該公司合理市價為？

$$股價淨值比 = 16 = \frac{每股市價}{10}$$

每股市價＝160（元）

(三)股利殖利率法：

股利殖利率＝每股股金股利／每股股價

合理股價＝ 每股股利／合理股利殖利率

三、 股利折現模式與資本資產訂價模式之應用：

(一)股利折現模式：

$P = D1/(r-g)$，其中r是股票要求報酬率，相當於資本資產訂價模式的Ri

(二)**資本資產訂價模式：**

$Ri = Rf + \beta \times (Rm - Rf)$

Ri：股票持有人要求的必要報酬率，也就是股利折現模式的K值

Rf：無風險投資報酬率

β：系統風險

(Rm – Rf)：市場風險溢酬

例：若國庫券利率為4%，股市預期報酬率為6%，某股票的β係數為1.5，則該股票預期報酬率為多少？

$Ri = Rf + \beta \times (Rm - Rf)$

$= 4\% + 1.5 \times (6\% - 4\%) = 7\%$

考點速攻

β＞1時，表股票的系統風險大於市場風險。
β＜1時，表股票的系統風險小於市場風險。

(三)**股利折現模式與本益比之應用：**

1. **盈餘成長率：**

$g = ROE \times r = ROE \times (1 - d)$

$d = E / D$

g：盈餘成長率

ROE：股東權益報酬率

d：股利發放率

$r = -d$：保留盈餘率

2. **股利折現模式與本益比的結合：**

本益比 $= P / E = D / (K - g) / E$

$D = d \times E$

$P / E = (d \times E) / (K - g) / E = d / (K - g)$

E：每股盈餘

P：每股市價

d：股利發放率

K：要求必要報酬率

g：股利成長率

牛刀小試

( ) 1 根據Gordon模型，已知某公司今年度現金股利為每股3元，且該公司之現金股利成長率穩定為4%，若持股人所要求之股票報酬率為8%，則該公司的股價應為下列何者？ (A)72 元 (B)78 元 (C)84 元 (D)86 元。 【第23屆理財人員】

( ) 2 B公司今年度每股現金股利5元，且股利成長率為4%，乙股東要求之股票報酬率為12%，預期每股盈餘2.5元，依現金股利折現模式計算，其本益比應為何？ (A)16倍 (B)21倍 (C)20倍 (D)26倍。 【第25屆理財人員】

( ) 3 安真以每股20元買進1張普通股，並於3個月後以每股23元賣出，期間並收到現金股利。若安真投資該普通股之報酬率為20%，則現金股利應為： (A)0.8元 (B)1元 (C)1.5元 (D)2元。 【108年第2次普業】

解答與解析

1 **(B)**。P＝3×1.04/(8%－4%)＝78（元）。

2 **(D)**。P＝5×1.04/(12%－4%)＝65
本益比＝65/2.5＝26（倍）。

3 **(B)**。假設期間收到現金股利D
報酬率＝（得到的錢－付出的錢）／付出的錢
20%＝(23＋D－20)/20
D＝1

衍生性金融商品

依據出題頻率區分，屬：**B** 頻率中

重點 1　衍生性金融商品概述 ✦

一、衍生性金融商品之定義

所謂「衍生性金融商品」是指依附於其他資產標的物上的金融商品，其價值高低取決於其所依附的資產標的物之價值；換言之，係由傳統或基礎金融市場（包括貨幣市場、債券和股票市場、外匯市場等）的商品，如外匯、債券、股票、短期票券等現貨市場商品所衍生出來的金融商品，比如資產（商品、股票或債券）、利率、匯率或各種指數（股票指數、消費者物價指數以及天氣指數）等。

> **考點速攻**
> 1. 衍生性金融商品意指依附在金融商品上所衍生出另一種型態之商品。
> 2. 共同基金並非衍生性金融商品。

更具體地說，衍生性金融商品是一種財務工具或契約，其價值是由買賣雙方根據標的資產的價值（如外匯的匯率、短期票券的利率及股票的價格等）或其他指標如股價指數、物價指數來決定，這些要素的表現將會決定一個衍生工具的回報率和回報時間。對衍生性金融商品工具進行買賣的投資者必須十分謹慎小心，嚴格控管風險，因為造成的損失有可能大於投資者最初所投資的資金。

二、衍生性金融商品之功能

(一) **為風險管理的工具**：衍生性商品最早開始的目的便是作為風險管理（risk management）之用。譬如臺灣的進口商可以買入遠期美元，以規避美元升值、新臺幣貶值的損失，因此衍生性商品最初的目的大都是在避險（hedging）。但是也有交易者在沒有現貨的情形下，買賣衍生性商品而承擔風險，就是所謂的投機（speculating）。也就是說，避險者或不想承擔風險的投資人，可藉由衍生性商品把風險移轉給願意承擔風險的投機者，因此衍生性商品可作為風險管理之用。

(二) **具有交易上的優勢**：衍生性金融商品降低金融市場的訊息成本與交易成本，使得金融市場更為健全，對市場參與者存在外部利益，因此無論是資金需求者、投資者或銀行證券商等皆可透過衍生性金融商品的交易獲得衍生性金融商品所帶來之優勢。資金需求者可以透過中介機構來降低取得資金的成本。因資金成本較低，衍生性金融商品交易量的增加使金融市場的交易成本下降，交易之流動性增加。

(三) **具有價格發現的功能**：透過交易所喊價的方式，提供現貨市場上的交易商許多指標，如未來利率、匯率及物價膨脹率的可能走勢，也就是說現貨價格變動，使衍生性金融商品價格跟著改變，因此現貨市場價格的訂定就是未來現貨價格的參考依據。而此一價格已充分反映了期貨契約基礎資產現在及未來的需求和供給，這就是期貨市場上所謂發現價格的功能，又稱之為市場發現真實均衡價格的能力。

(四) **促進市場效率及完整性**：由於衍生性商品的價格和現貨商品的價格存在一定的關係，如果兩者的關係不符合理論價格，便存在套利機會。而套利的結果將會使價格快速調整到合理的價位，直到沒有套利機會為止，因此可以促進市場效率。另外，由於衍生性商品的種類非常多，而交易策略也相當多，因此可以提供投資者許多不同的風險與報酬的組合，適合各種不同的風險需求者，使金融市場的產品更加完整。

三、 衍生性金融商品特性

(一) **財務槓桿大**：衍生性金融商品交易，大多無需交割本金，只需支付較小金額的保證金或權利金，且可採淨額交割，投資人無須大量資金成本即可承作衍生性金融商品，此種槓桿倍數之運用，強化了企業資金運用之效率。

(二) **風險高**：由於財務槓桿大之特性，企業常常可以在極短時間內賺取數倍的利潤，但相對地操作不當亦會造成鉅額之損失。

(三) **產品複雜、評價不易**：相對於傳統金融商品，衍生性金融商品複雜程度較高且不易瞭解，如結構式商品就是衍生性金融商品複雜結構的例子，這類與標的物交互組合構成或衍生出來的衍生性金融商品，不但種類多且複雜。

(四) **交易策略繁多，風險難以衡量**：衍生性金融商品的交易策略繁多，風險不易衡量，加以結構式商品蓬勃發展，投資人可以選擇的商品種類越來越多，亦越來越複雜。

(五)**資產負債表外交易**：衍生性商品交易一般不列入資產負債表內，而於表外加以註解說明。由於衍生性商品的交易一般均沒有實體，不影響資產及負債，而且OTC的交易也沒有公平市價可衡量，所以操作衍生性商品之盈虧金額即發生的時點比較難以衡量及認定。由於公司行號所交易之衍生性商品情形，並無法由財務報表完全揭露，因此無論公司的股東、債權銀行或金融監理機構，常常無法完全了解這些衍生性商品的潛在風險。

牛刀小試

(　　) **1** 有關衍生性商品特性的敘述，何者有誤？　(A)付現成本極低　(B)通常以附註方式在財務報表上表達　(C)多屬零和遊戲　(D)信用風險低。

(　　) **2** 衍生性商品具有下列哪些功能？　(A)風險管理　(B)具有交易上的優勢　(C)促進市場效率及完整性　(D)以上皆是。

解答與解析

1 (D)。信用風險（Credit risk）是指交易對手未能履行約定契約中的義務而造成經濟損失的風險。衍生性商品的信用風險高。選項(D)有誤。

2 (D)。衍生性金融商品之功能：
(1)作為風險管理的工具。　　　　(2)具有交易上的優勢。
(3)具有價格發現的功能。　　　　(4)促進市場效率及完整性。

重點2 衍生性金融商品種類 ✧✧✧

衍生性商品的種類相當繁多，一般將衍生性商品分成基本四類：選擇權、遠期契約、期貨及交換。這四種基本的衍生性商品，有人稱之為基石或積木（building block），就好像許多積木的堆積是幾種基本的積木堆積而成的，許多新的衍生性商品也都是由這四種基本衍生性商品組合而成。以下將簡單介紹這四種基本的衍生性商品。

一、遠期契約（Forwards）

是一種在今日約定未來特定時日交易特定標的物的契約，契約的買方同意在未來約定時日，支付一定金額，以交換賣方特定數量的商品、通貨或利息支付方式。雖遠期契約與其他三種工具在風險管理的功能上重複，但卻因契約條件較具彈性，能夠滿足部分交易者的特殊需求，因此在金融市場中仍占有一席之地。

二、期貨契約（Futures）

期貨契約與遠期契約同樣是買賣雙方約定在未來某一特定時日，以特定價格，買賣特定數量商品的交易行為，但兩者最大的不同在於期貨契約交易標的物已經過標準化，買賣雙方除價格外幾無任何彈性協議空間，不過也正因為它是經過標準化的金融商品，透過交易所的居間撮合可以節省許多搜尋交易對手的成本，而使其交易量迅速擴大，成為國際金融市場中不可或缺的基本金融商品。期貨可以分為「商品期貨」和「金融期貨」兩大類。

(一)**商品期貨（Commodity Futures）**：
   1. 農業期貨：農業產品期貨契約種類極多，有穀物、黃豆、玉米、生豬、牛腩及棉花等。
   2. 金屬期貨：此種期貨又可分為貴金屬期貨（如黃金、白銀），及基本金屬（又稱有色金屬）期貨，如銅、鋁等期貨契約。
   3. 能源期貨：此類契約以石油為主，又擴展至石油產品，如燃油、汽油契約等。
   4. 軟性期貨：咖啡、可可、糖等特殊經濟作物期貨。

(二)**金融期貨（Financial Futures）**：金融期貨是指期貨交易的標的物為金融工具，如外匯、債券和股價指數期貨。金融期貨標的物之現貨市場通常非常活絡、流動性很高，且金融工具沒有儲存成本，不像一般商品儲存成本較高。可分為：

   1. **利率期貨（Interest Rate Futures）**：
      是指買賣雙方約定在未來某一特定期間或日期，以某一特定利率在市場買賣利率商品之契約，分為短期與長期利率期貨兩種，短期利率期貨以歐洲美元期貨和美國國庫券期貨（T-Bill Futures）為主；長期利率期貨則以美國中期公債期貨（T-Note Futures）和長期公債期貨（T-Bond Futures）為大宗。

2. **外匯期貨**（Foreign Exchange Futures）：買賣雙方約定在未來某一特定期間以彼此同意之匯率，以約定之某種通貨金額交換另一種通貨金額的契約。如美元、英鎊、日圓及歐元期貨等。

3. **股價指數期貨**（Stock Index Futures）：買賣雙方約定在未來某一特定期間依照彼此同意之價格買進或賣出以股價指數為標的之金融期貨，此種期貨通常以現金來交割。股價指數期貨之價格比利率期貨的價格更難決定，因為股價指數組合的價格會受到股票支付股利的影響，但是指數組合並不會配得股利。因此，股價指數期貨的價格必須扣除期貨到期前預期股利的現值。例如臺灣的臺指期貨、新加坡的摩根臺指期貨、美國的 S&P500 指數等，均有期貨可供交易。

知識補給站

股價指數期貨與股票的比較

項目	股票	股價指數期貨
交易標的	股票	股價指數
目的	籌資、投資、投機	避險、套利、投機
籌碼限制	公司流通在外股數	無
到期限制	無到期日	有到期日
所需資金	現金交易：100% 融資交易：40%	僅需契約總值3%～10%的保證金
財務槓桿	較小	較大
股利	有	無
操作靈活性	較不靈活	較靈活
每日結算	不需要每日結算	必須每日進行結算，交易人帳戶保證金淨額必須高於維持保證金

三、選擇權（Options）

(一) 選擇權定義：

1. **定義**：選擇權是一種契約，其買方有權利但沒有義務，在未來的特定日期或之前，以特定的價格購買或出售一定數量的標的物。選擇權之賣方，於買方要求履約時，有依選擇權約定履行契約之義務。

2. **選擇權的買方和賣方：**

(1) 選擇權買方有權利但無義務履約，期初需先付出權利金。

(2) 選擇權賣方期初收取買方支付的權利金，當買方要求履約時，有義務依約履行。為防止有違約之虞，故賣方需繳交保證金。

(二)**選擇權的分類：**

1. **依權利型態區分**：可分為買權（Call Option）及賣權（Put Option）。

(1) **買權（Call）**：是指該權利的買方有權在約定期間內，以履約價格買入約定標的物，但無義務一定要執行該項權利；而買權的賣方則有義務在買方選擇執行買入權利時，依約履行賣出標的物。

(2) **賣權（Put）**：是指該權利的買方有權在約定期間內，以履約價格賣出約定標的物，但無義務一定要執行該項權利；而賣權（Put Option）的賣方則有義務在買方選擇執行賣出權利時，依約履行買進標的物。

2. **依履約期限區分**：可分為美式選擇權及歐式選擇權。

(1) **美式選擇權（American Option）**：美式選擇權的買方有權在合約到期日前的任何一天要求行使買入或賣出的權利。

(2) **歐式選擇權（European Option）**：歐式選擇權的買方必須於合約到期日當日方可行使買入或賣出的權利。

重點3 再衍生性金融商品 ✦✦

一、再衍生性商品之定義

為因應市場上不同客戶之需求，將衍生性金融商品重新排列組合，在金融市場上創造出許多新產品，此即所謂「再衍生性金融商品」。

二、再衍生性商品類型

(一)**遠期交換（Forward Swaps）**：遠期交換性質上為遠期契約之一種，惟該契約之標的物為「交換契約」，於到期日屆至時，交易雙方即進行契約中所定之交換交易；就此種再衍生之遠期契約而言，其主要作用乃在於提供投資人更富彈性之進場時機。

(二)**期貨選擇權（Futures Options）**：期貨選擇權
在性質上為選擇權之一種，該選擇權契約之標
的為「期貨」；於選擇權契約到期時，選擇權
之買方有權利選擇是否買入或賣出該期貨部
位，若買方決定履約，此際，該期貨選擇權即
成為期貨部位。

> **考點速攻**
>
> 期貨選擇權＝期貨＋選
> 擇權

(三)**交換選擇權（Swaptions）**：交換選擇權在性質
上亦為選擇權之一種，該選擇權契約之標的為
「金融交換」，基於其選擇權之屬性，即可區
分「交換買權」與「交換賣權」；以基礎之利

> **考點速攻**
>
> 交換選擇權＝交換合約
> ＋選擇權

率交換選擇權為例，所謂「交換買權」（Call Swaption），係指買方有
權利於選擇權契約到期時，選擇是否執行「收取固定利率、支付浮動利
率」之利率交換，故又可稱為「收取（固定利率）者交換權」；而所謂
「交換賣權」，則係指買方有權利於選擇權契約到期時，選擇是否執行
「支付固定利率、收取浮動利率」之利率交換，故又稱為「支付（固定
利率）者交換權」。

(四)**交換期貨（Swaps Futures）**：交換期貨在性質
上屬於期貨契約之一種，該契約之標的為「金融
交換」，其避險功能與「遠期交換」類似，惟交
換期貨因係在交易所進行交易，因此具有流動性

> **考點速攻**
>
> 交換期貨＝交換合約＋
> 期貨契約

較高，以及違約風險由交易所承擔之優點；然因標準化之交換期貨缺乏彈
性，與金融交換之高度顧客化屬性不同，使得「交換期貨」與「遠期交
換」各具有其填補市場之功能，同時出現於金融市場上。

(五)**交換期貨選擇權（Swap Futures Options）**：
交換期貨選擇權在性質上屬於選擇權契約之一
種，其契約之標的為「交換期貨」；在功能上，
交換期貨選擇權類似「交換選擇權」對於「遠期
契約」之改良，以及「期貨選擇權」對於「期
貨」之改良；以「利率交換期貨選擇權」為例，

> **考點速攻**
>
> 交換期貨選擇權＝交
> 換合約＋期貨契約＋
> 選擇權

所謂「利率交換期貨買權」，係指買方有權利在選擇權契約到期前，執行
標的物為「收取固定利率、支付浮動利率」之利率交換期貨，賣方則有義
務應買方要求、執行「支付固定利率、收取浮動利率」之利率交換期貨；

而所謂「利率交換期貨賣權」，係指買方有權利於選擇權契約到期前，執行標的物為「支付固定利率、收取浮動利率」之利率交換期貨，而賣方則有義務應買方之要求、執行「收取固定利率、支付浮動利率」之利率交換期貨。簡言之，上列所述之再衍生性金融商品，其契約內容雖較為複雜，惟在本質上仍未脫四種基本衍生性金融商品之類型。

牛刀小試

(　　) 1 遠期交換是一種以下列何者為標的物的遠期契約？　(A)選擇權契約　(B)利率交換契約　(C)期貨契約　(D)以上皆非。

(　　) 2 交換期貨選擇權是一種以下列何者為標的物的選擇權？　(A)交換合約　(B)交換期貨　(C)選擇權　(D)現貨。

解答與解析

1 **(B)**。遠期交換性質上為遠期契約之一種，惟該契約之標的物為「交換契約」，於到期日屆至時，交易雙方即進行契約中所定之交換交易，故遠期交換有可能以利率交換契約為標的物。

2 **(B)**。交換期貨選擇權在性質上屬於選擇權契約之一種，其契約之標的為「交換期貨」。

投資組合與資本資產定價模式
依據出題頻率區分，
屬：**A** 頻率高

重點 **1** 風險評估 ✿✿

一、風險概論

(一) **定義**：風險是指在某一特定環境下，在某一特定時間段內，某種損失發生的可能性。風險是由風險因素、風險事故和風險損失等要素組成。換句話說，是在某一個特定時間段裡，人們所期望達到的目標與實際出現的結果之間產生的距離稱之為風險。就證券投資而言，風險就是投資者的收益和本金遭受損失的可能性。

(二) **風險型態**：風險與收益的關係來看，證券投資風險可分為系統風險和非系統風險兩種，分述如下：

1. **系統風險**：是指與整個市場波動相聯繫的風險，它是由影響所有同類證券價格的因素所導致的證券收益的變化。經濟、政治、利率、通貨膨脹等都是導致市場風險的原因。市場

> **考點速攻**
>
> 系統風險是指與整個市場波動相聯繫的風險。

風險包括購買力風險、市場價格風險和貨幣市場等。由於系統風險與整個市場的波動相聯繫，因此，無論投資者如何分散投資資金都無法消除和避免這一部分風險；非市場風險與整個市場的波動無關，投資者可以通過投資分散化來消除這部分風險。不僅如此，系統風險與投資收益呈正相關關係。投資者承擔較高的市場風險可以獲得與之相適應的較高的非市場風險並不能得到的收益補償。系統風險涵蓋了市場風險、信用風險及流動性風險之特性，為一不斷演變並相互催化的動態過程，影響範疇包含整個貨幣市場、金融體系甚至全球經濟體。

2. **非系統風險**：
是指與整個市場波動無關的風險，它是某一企業或某一個行業特有的那部分風險。例如，管理能力等對於證券收益的影響，非市場風險包括企業風險等。

> **考點速攻**
>
> 非系統風險是指與整個市場波動無關的風險，它是某一企業或某一個行業特有的那部分風險。

知識補給站

系統風險和非系統風險的比較

	系統風險	非系統風險
定義	與整個市場波動相聯繫的風險。	與整個市場波動無關的風險。
特徵	1. 由共同因素引起。 2. 影響所有證券的收益。 3. 無法透過分散投資來化解。 4. 與證券投資收益相關。	1. 由特殊因素引起。 2. 影響某種證券的收益。 3. 可以透過分散投資來化解。 4. 與證券投資收益不相關。

二、風險偏好

風險偏好，是指為了實現目標，企業或個體投資者在承擔風險大小等方面的態度。風險就是一種不確定性，投資實體面對這種不確定性所表現出的態度即是其風險偏好的表現。風險偏好的概念是建立在風險容忍度概念基礎上的。風險容忍度是指在企業目標實現過程中，對設定的對相關目標實現過程中所出現差異的可容忍限度。不同的行為者對風險的態度是存在差異的，一部分人可能可以容忍大得大失的刺激，另一部分人則可能更願意穩穩獲利。根據投資體對風險的偏好將其分為風險迴避者、風險愛好者和風險中立者。分述如下：

(一) **風險迴避者：**

　　理性投資人。風險迴避者選擇資產的態度是當預期收益率相同時，偏好於具有低風險的資產的投資。

(二) **風險愛好者：**

　　與風險迴避者恰恰相反，風險追求者通常主動追求風險，喜歡收益的動盪勝於喜歡收益的穩定。他們選擇資產的原則是：當預期收益相同時，選擇風險大的，因為這會給他們帶來更大的效用。

(三) **風險中立者：**

　　風險中立者通常既不迴避風險，也不主動追求風險。他們選擇資產投資的唯一標準是預期收益的大小，完全不考慮風險狀況。風險偏好示意圖如下：

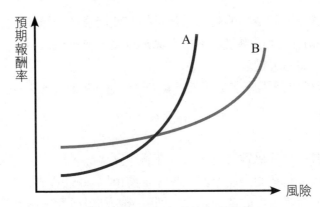

A：風險趨避程度較大者的無異曲線
B：風險趨避程度較小者的無異曲線

註：A、B兩條曲線均為風險趨避者的無異曲線。

A風險趨避程度大於B。

三、 風險評估指標

一般常以報酬率的變異數或標準差及變異係數來衡量風險的大小，分別說明如下：

(一)**變異數**：變異數即在量測所有資料到平均數的平均距離。變異數愈大，風險愈大。

設有一組樣本資料$X_1, X_2, ..., X_n$且$\overline{X}$為此組樣本資料之平均數，則樣本變異數s^2為

$$s^2 = \frac{\sum_{i=1}^{n}(X_i - \overline{X})^2}{n-1}$$

(二)**標準差**：變異數之平方根即為標準差，由於變異數的單位是資料單位的平方，它必需開方後才能變回原來的單位，因此常以變異數開平方來表示資料的分散程度，即所謂的標準差。標準差愈大，風險愈大。

設有一組樣本資料$X_1, X_2, ..., X_n$且$\overline{X}$為此組資料的平均數，則樣本標準差即為樣本變異數的開平方

$$S = \sqrt{S^2} = \sqrt{\frac{\sum_{i=1}^{n}(X_i - \overline{X})}{n-1}}$$

(三) **變異係數**：一組資料的變異係數是指將此組資料的標準差除以平均數所得的商化為百分比所得之值。變異係數愈高，愈不值得投資。反之，變異係數愈低，愈值得投資。

設此組資料的平均數為$\bar{x}$，標準差為 s，則其變異係數為：

$$C.V. = \frac{s}{\bar{x}}$$

(四) **貝他係數**：貝他係數為衡量系統性風險之係數，貝他值愈大，則該基金的風險性以及獲利的潛能也就愈高。全體市場風險β係數為1，若投資組合的波動大於全體市場的波動幅度，則β係數大於1。反之，若投資組合淨值的波動小於全體市場的波動幅度，則β係數就小於1。

牛刀小試

(　) **1** 無風險資產的報酬率標準差為：
(A)1　(B)-1　(C)0　(D)2。　　　　　【107年投資型保險商品】

(　) **2** 股票報酬率標準差越大，則其風險：　(A)愈大　(B)愈小　(C)不一定　(D)不變。　　　　　【107年投資型保險商品】

(　) **3** 何者可衡量投資風險？　(A)標準差　(B)報酬率　(C)本益比　(D)移動平均數。　　　　　【106年普業】

(　) **4** 某一證券之報酬率標準差愈小，則其總風險：　(A)愈大　(B)愈小　(C)不變　(D)不一定。　　　　　【103年高業】

(　) **5** 就衡量系統性風險之Beta係數(β)，試問無風險資產之beta係數為下列何者？　(A) 0　(B) 0.5　(C) 1　(D)-1　　　　　【107合庫】

解答與解析

1 (C)。無風險資產的報酬率標準差為0。

2 (A)。股票報酬率標準差越大，則其風險愈大。

3 (A)。標準差、變異數、變異係數、貝他係數可衡量投資風險。

4 (B)。標準差愈大，風險愈大。標準差愈小，風險愈小。

5 (A)。衡量系統性風險之Beta係數（β），無風險資產之Beta係數為0。

重點2 效率市場假説 ✔✔

一、效率市場的概念

(一)**效率市場的定義**：當市場能夠反映所有攸關資訊時，即稱為效率市場，此時所有投資者將無法利用任何資訊賺取超額的報酬。

(二)**效率市場的假設**：

1. 每個市場參與者能同時免費獲得市場的資訊。
2. 沒有交易成本、稅賦以及其他交易的障礙。
3. 每位投資者均為價格的接受者（Price Taker）。
4. 每位投資者均在追求利潤的極大化，藉由分析、評價、交易，積極地參與市場。

> **考點速攻**
>
> **完全效率市場**：價格一直能反映市場所有的訊息，沒有任何的套利機會。

(三)**效率市場的種類**：

1. **弱式效率市場**：係假定目前的股票價格已充分反應所有歷史或現存的資訊，如過去的價量關係等。因此無法利用技術分析來獲取超額的報酬。
2. **半強式效率市場**：指股票價格除了反應歷史資訊外，還包括了所有公開可獲得的資訊，如財務報表分析、盈餘預測等等。因此無法利用基本分析獲取超額報酬。
3. **強式效率市場**：代表股價能充分反應所有的資訊，包括公開與非公開的資訊，如內線消息。因此連內線消息也無法讓投資人獲取超額報酬。

> **考點速攻**
>
> 1. **弱式效率市場**：技術分析無效；基本分析、內線交易有效。
> 2. **半強式效率市場**：技術、基本分析無效；內線消息有效。
> 3. **強式效率市場**：技術、基本、內線接無效。

二、效率市場檢定

(一)**弱式效率市場之檢定**：

1. **連檢定**：當價格的變化具有隨機性，則表示至少是弱式效率市場。連檢定可用來驗證市場是否符合弱式效率的假說。
2. **濾嘴法則**：濾嘴法則是一種判斷買賣時機的策略，使投資者知道何時能買進證券，何時要賣出證券。當證券價格由跌反升時，若上漲的比

例超過某一預定值則買進；反之，當證券價格由升轉降時，若下跌的比例超過預定值則賣出。

3. **報酬趨勢**：包括元月效應、月效應、週效應、日效應等。若有此趨勢，即表示市場不符合弱式效率市場假說。

   (1) 元月效應：元月份之投資報酬大於一年中其他月份。

   (2) 月效應：任何一月份的前半月之投資報酬均高於後半月。

   (3) 週效應：一週內，星期一的報酬會低於其他天的報酬。

   (4) 日效應：股價傾向於每日收盤前十五分鐘上漲。

4. **序列相關檢定**：證券序列相關係數都很小，期望值接近零，表示弱式效率假說成立。

(二)**半強式效率市場之檢定**：係以研究公開資訊後，股價的調整速度，速度越快，越符合半強式效率市場的假設。採取「事件研究法」檢定。

(三)**強式效率市場之檢定**：以「隨機優勢理論」行檢定，了解基金經理人或公司內部人員的投資績效，是否優於一般投資人。若為否定，則強式效率市場成立；反之，則不成立。

牛刀小試

( ) **1** 若現在的股價能反應所有已公開的資訊，則稱此種交易市場為： (A)弱式效率市場 (B)半強式效率市場 (C)強式效率市場 (D)以上皆非。

( ) **2** 在下列那一市場下，內線交易無效？ (A)強式效率市場 (B)半強式效率市場 (C)弱式效率市場 (D)半弱式效率市場。

( ) **3** 下列哪一市場下，基本分析無效？ (A)強勢效率市場 (B)半強勢效率市場 (C)弱勢效率市場 (D)半弱勢效率市場。

( ) **4** 檢定半強式效率市場假說，常用下列何種工具？ (A)隨機漫步理論 (B)事件研究法 (C)蒙地卡羅法 (D)情境分析法。 【103年高業】

( ) **5** 下列何者並非強式效率市場檢定中，公司內部人員檢定之對象？ (A)董事 (B)總經理 (C)重要股東 (D)基金經理人。 【104年普業】

解答與解析

1 **(B)**。半強式效率市場：指股票價格除了反應歷史資訊外，還包括了所有公開可獲得的資訊，如財務報表分析、盈餘預測等等。因此無法利用基本分析獲取超額報酬。

2 **(A)**。強式效率市場：代表股價能充分反應所有的資訊，包括公開與非公開的資訊，如內線消息。因此連內線消息也無法讓投資人獲取超額報酬。

3 **(B)**。半強式效率市場：技術、基本分析無效；內線消息有效。

4 **(B)**。半強式效率市場之檢定：係以研究公開資訊後，股價的調整速度，速度越快，越符合半強式效率市場的假設。採取「事件研究法」檢定。

5 **(D)**。基金經理人非公司內部人員，非強式效率市場檢定中，公司內部人員檢定之對象。

三、投資組合理論

(一) 投資組合的報酬與風險：

投資組合的報酬與風險，則會因組合內個別資產的種類及其個別的投資比重而有不同。個別資產的種類愈少（多），基金投資組合的報酬與風險表現受單一種類資產的影響愈大（小）；投資比重愈高（低）的個別資產，對投資組合的影響愈大（小）。投資組合報酬率：假設投資組合內包含N個資產，資產i的投資權重為W_i（$W_1 + W_2 + \cdots + W_N = 1$），若資產i的報酬率以$R_i$表示，則由N個資產所組成之投資組合的報酬率為：

$$R_P = R_1 \times w_1 + R_2 \times w_2 + \cdots\cdots + R_n \times w_n = \sum_{i=1}^{n} R_i \times w_i$$

(二) 衡量基金投資組合的風險：

1. 基金投資組合的風險，也可以標準差來衡量：

$$\hat{\sigma}_P = \sqrt{\frac{\sum_{t=1}^{n}(R_{P,t} - \overline{R_p})^2}{n-1}}$$

2. 計算基金投資組合的報酬率標準差：

$$\sigma_P = \sqrt{\sigma_1^2 \times w_1^2 + \sigma_2^2 \times w_2^2 + 2 \times w_1 \times w_2 \times \rho_{1,2} \times \sigma_1 \times \sigma_2}$$

$$\rho_{1,2}（相關係數）= \frac{Cov(R_1, R_2)}{\sigma_1 \times \sigma_2}$$

(三) 投資組合的風險分散：

「不要將所有的雞蛋放在同一個籃子裡」如果將所有的籃子放在同一個地方，所面對的翻覆或被偷的風險相同，即使將雞蛋放入不同的籃子，仍無法避險損失所有雞蛋的風險。若要有效分散風險，也必須將不同的籃子放置在不同的地方。

運用在基金操作上，雞蛋好比是共同基金的資金，籃子則是共同基金所能投資的資產，而籃子放置的地方則是組合內個別資產的同質性或連動性。投資組合的相關係數對風險分散之影響，分述如下：

1. 當組合內個別資產間的相關係數等於 +1 時，基金投資組合報酬率的標準差剛好會等於個別資產報酬率標準差的加權平均值→無任何的風險分散效果。

2. 組合內個別資產間的相關係數小於 +1，即能分散風險；且相關係數的數值愈小，風險分散的效果愈好。

3. 組合內個別資產間的相關係數能達到 –1（完全負相關），基金投資組合報酬率的標準差即等於個別資產報酬率標準差的相減絕對值，風險分散的效果最好。

(四) 效率前緣與投資組合的選擇：

1. 效率前緣：

在相同預期報酬率下，會選擇風險較低的資產；反之，在相同風險下，則會選擇預期報酬率較高的資產。符合「在相同預期報酬率下，風險最低」，且「在相同風險下，預期報酬率最高」原則之投資組合連成一線，即可得到效率前緣。

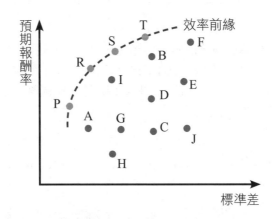

投資人可利用現有投資組合找出符合「在相同報酬下，風險最低」且「在相同風險下，報酬率最高」原則，找出效率投資組合，如P、R、S、T組合，將這些效率投資組合連成一線即為效率前緣。

2. **資本市場線（CML）：**

　資本市場線（CML）係指市場投資組合與無風險利率的連線。加入資本市場及無風險資產之後的新效率前緣，其報酬與風險的關係如下：

$$E(R_p) = R_f + \frac{E(R_m) - R_f}{\sigma_m} \times \sigma_p$$

3. **資本資產訂價模式（CAPM）：**

　當市場達成均衡時，在一個「分散並達成投資效率」的投資組合中，個別資產預期報酬率與其所承擔風險之間的關係如下：

$$E(R_i) = R_f + \beta_i \times \left[E(R_m) - R_f \right]$$

4. **套利訂價理論（APT）：**

　套利訂價理論（APT）主要是解釋個別資產預期報酬率與其系統風險間的關係，只認為不只一個系統風險因子會對個別資產預期報酬率造成衝擊，而是有多個系統風險因子會共同對個別資產的預期報酬率造成影響。

$$E(R_i) = R_f + b_{i,1} \times \left[E(R_1) - R_f \right] + b_{i,2} \times \left[E(R_2) - R_f \right] + \cdots\cdots + b_{i,n} \times \left[E(R_n) - R_f \right]$$

牛刀小試

( ) **1** 下列關於風險的敘述何者正確？ (A)一顆老鼠屎壞了一鍋粥，是指非系統風險 (B)覆巢之下無完卵可比喻非系統風險 (C)雞蛋不要放在一個籃子是為了降低系統風險 (D)富貴險中求可比喻高報酬高風險。 【108年普業】

( ) **2** 若一投資組合的貝它（β）係數小於0，則其與市場投資組合的相關係數為： (A)1 (B)小於0 (C)大於0 (D)資料不足，無法判斷。 【108年普業】

( ) **3** 有關一價格被高估之股票，下列敘述何者正確？ (A)位於證券市場線（SML） (B)位於SML下方 (C)位於SML上方 (D)報酬等於無風險利率。 【108年普業】

( ) **4** 在投資組合理論中，下列何者認為風險是由多個因子所構成的？ (A)資本資產定價模式（CAPM） (B)套利定價理論（APT） (C)泰勒模式 (D)馬克維茲模式。 【108年普業】

( ) **5** 由無風險資產報酬延伸與效率前緣相切的直線稱為： (A)證券市場線（SML） (B)資本市場線（CML） (C)效用曲線（Utility Curve） (D)無異曲線（Indifference Curve）。 【108年普業】

解答與解析

1 (D)。(A)一顆老鼠屎壞了一鍋粥，是指系統風險。(B)覆巢之下無完卵可比喻系統風險。(C)雞蛋不要放在一個籃子是為了降低非系統風險。(D)富貴險中求可比喻高報酬高風險。

2 (B)。若一投資組合的貝它（β）係數小於0，則其與市場投資組合的相關係數即小於0。

3 (B)。如果有一個資產或組合，我們預估它未來12個月的平均報酬率與β對應的點位於SML線上，這就代表這個組合的預期平均報酬率與理論預期相符，如果這個點是在SML線的下方，就代表在同樣的系統風險之下，它的預期報酬率被低估了，也就是現在的價格被高估了。

4 (B)。套利訂價理論（APT）：提出多個風險因素來解釋證券的報酬率，即證券報酬率為多個因素的線性函數，又稱為多因子模式。

5 (B)。由無風險資產報酬延伸與效率前緣相切的直線稱為「資本市場線（CML）」。

精選範題

(　) **1** 下列何者是貨幣市場工具的特性？　(A)高報酬　(B)高風險　(C)到期日長　(D)低風險。　　　　　　　　　　　　　　　【107年普業】

(　) **2** 若投資報酬率的機率分配形狀越集中，表示風險：　(A)愈大　(B)愈小　(C)相等　(D)無關。　　　　　　　　　　　　【107年普業】

(　) **3** 以下關於封閉型與開放型基金的敘述，何者為非？　甲.封閉型基金以淨值交易；乙.封閉型基金的規模不會改變，開放型則會；丙.封閉型基金可轉型成開放型基金；丁.封閉型基金可向基金公司贖回　(A)甲、丙　(B)乙、丙　(C)丙、丁　(D)甲、丁。　　【107年普業】

(　) **4** 可轉換公司債的票面利率通常會比一般公司債低，其原因為何？　(A)到期期間通常較短　(B)違約風險較小　(C)投資人有賣回給發行公司的權利　(D)投資人具有轉換普通股的權利。　　　【107年普業】

(　) **5** 公司採行高股票股利政策時，可能會造成下列何種影響？
(A)股本增加　　　　　　　(B)盈餘被稀釋
(C)EPS下降　　　　　　　(D)選項(A)(B)(C)皆是。　　　【107年普業】

(　) **6** 股利固定成長之評價模式—高登模式（Gordon Model）在何種情況下無法適用？
(A)折現率小於股利成長率
(B)折現率大於股利成長率
(C)股利成長率小於0
(D)股利成長率等於0。　　　　　　　　　　　　　　　【107年普業】

(　) **7** 物價上漲時，會使何種股票受惠？　(A)金融股　(B)汽車類股　(C)資產股　(D)電子類股。　　　　　　　　　　　　　　【107年普業】

(　) **8** 關於我國景氣對策信號之敘述何者為非？　(A)紅燈表示景氣熱絡　(B)綠燈表示景氣低迷　(C)藍燈表示景氣衰退　(D)紅黃燈屬於注意性燈號，需觀察未來走向。　　　　　　　　　　　　【107年普業】

(　) **9** 所謂OBV是：
(A)一種成交價格的技術指標
(B)一種成交量的技術指標
(C)一種價格監視制度
(D)是預測長期股價趨勢。　　　　　　　　　【107年普業】

(　) **10** 當股價向下跌破箱形（Rectangle）整理的區間時，成交量配合
放大，則股價通常會：　(A)繼續上漲　(B)回檔整理重回箱形
(C)繼續下跌　(D)方向不定。　　　　　　　　【107年普業】

(　) **11** 若新加入投資組合之證券，其貝它（β）係數比原投資組合貝它係
數小，則新投資組合貝它係數會：　(A)增加　(B)不變　(C)減少
(D)不一定。　　　　　　　　　　　　　　　【107年普業】

(　) **12** 有關一價格被高估之股票，下列敘述何者正確？　(A)位於證券市場
線（SML）　(B)位於SML下方　(C)位於SML上方　(D)報酬等於
無風險利率。　　　　　　　　　　　　　　　【107年普業】

(　) **13** 若一市場為半強式效率市場，則：　(A)此一市場必可以讓技術分
析專家賺取超額利潤　(B)股價未來之走勢可以預測　(C)投資小
型股的獲利通常比大型股為佳　(D)此市場僅可能使內部人賺取超
額利潤。　　　　　　　　　　　　　　　　　【107年普業】

(　) **14** 何者為資本市場證券？　(A)商業本票　(B)國庫券　(C)附買回協定
(D)十年期公司債。　　　　　　　　　　　　　【107年普業】

(　) **15** 目前臺灣掛牌交易之反向型ETF倍數為可放空幾倍？　(A)1倍　(B)2
倍　(C)3倍　(D)1.5倍。　　　　　　　　　　【107年普業】

(　) **16** 一般而言，投資下列金融工具的風險狀況依序為何？　甲.短期公
債；乙.股票；丙.認購權證；丁.長期公債
(A)乙＞丁＞甲＞丙　　　(B)丙＞甲＞丁＞乙
(C)甲＞乙＞丙＞丁　　　(D)丙＞乙＞丁＞甲。　【107年普業】

(　) **17** 一般而言，當投資人預期新臺幣升值，則依賴進口原料的產業
股價會：　(A)下跌　(B)上漲　(C)不一定上漲或下跌　(D)先跌
後漲。　　　　　　　　　　　　　　　　　　【107年普業】

(　　) **18** 以下敘述何者不正確？　(A)價升量減，屬於價量背離　(B)價跌量升，屬於價量背離　(C)當價升量減，被認為股價跌之前兆　(D)價跌量增，是股價升之前兆。　【107年普業】

(　　) **19** 當短天期移動平均線由長天期平均線下方突破至上方，而且兩條長、短天期平均線同時上揚時稱為：　(A)黃金交叉　(B)死亡交叉　(C)雙向交叉　(D)選項(A)(B)(C)皆非。　【107年普業】

(　　) **20** 道氏理論（Dow Theory）認為：　(A)股價變動無法預測　(B)分散買進多種股票可以打敗市場　(C)股價平均指數反應一切　(D)個股走勢與指數漲跌應分別考量。　【107年普業】

(　　) **21** 弱式效率市場表示不能以哪一項資料獲得超額報酬？　(A)技術分析　(B)財務報表分析　(C)盈餘宣告　(D)內線消息。　【107年普業】

(　　) **22** 某甲持股之貝它係數為1，若市場預期報酬率為12%，則其持股之預期報酬為：　(A)高於12%　(B)12%　(C)低於12%　(D)選項(A)(B)(C)皆非。　【107年普業】

(　　) **23** 有關風險態度的敘述中，何者最正確？　(A)一般投資理論假設投資大眾是風險中立者　(B)風險偏好者在風險增加時所要求的新增報酬率會倍數增加　(C)風險中立者在風險增加時所要求的新增報酬率不變　(D)不同投資人面對相同的效率前緣應該會選出相同的投資組合。　【107年普業】

(　　) **24** 何者不是封閉型基金的特性？　(A)基金規模不會改變　(B)在集中交易市場交易　(C)以淨值的漲跌為基金買賣的價格　(D)投資者不能向基金公司要求贖回。　【107年普業】

(　　) **25** 投資人透過有效的分散投資：　(A)可以獲得較大的預期報酬　(B)無法獲得預期報酬　(C)可降低風險　(D)保證獲得無風險報。　【107年普業】

(　　) **26** 何者不屬於衍生性金融工具？　(A)期貨契約　(B)選擇權　(C)公司債　(D)遠期契約。　【107年普業】

（　　）**27** 何者屬於資本市場之工具？　甲.可轉換公司債；乙.銀行承兌匯票；丙.可轉讓銀行定期存單；丁.特別股　(A)僅甲、乙　(B)僅丙、丁　(C)僅甲、丙　(D)僅甲、丁。　【107年普業】

（　　）**28** 在計算投資者投資報酬率時，若用實質報酬率法計算報酬，則其採用的觀念係為：　(A)單利計算報酬　(B)扣除無風險利率之溢酬，不必考慮時間價值　(C)平減物價水準後的報酬　(D)調整標準差後的報酬。　【107年普業】

（　　）**29** 安真以每股20元買進1張普通股，並於3個月後以每股23元賣出，期間並收到現金股利。若安真投資該普通股之報酬率為20%，則現金股利應為：　(A)0.8 元　(B)1 元　(C)1.5 元　(D)2 元。　【107年普業】

（　　）**30** 除權前一日之收盤價與除權參考價之差稱為：　(A)股票股利　(B)權值　(C)息值　(D)息票。　【107年普業】

（　　）**31** 小華以每股40元買入股票1張，並以每股44元賣出，期間並收到其現金股利每股2元，請問小華得到的股利收益為何？　(A)4,000 元　(B)6,000 元　(C)2,000 元　(D)46 元。　【107年普業】

（　　）**32** 其他條件相同時，當殖利率改變時，到期日較短之債券，其價格變動幅度會：　(A)較小　(B)較大　(C)一樣　(D)不一定。　【107年普業】

（　　）**33** twCCCf是中華信評何種類型的評等等級之一？　(A)長期債信評等等級　(B)短期債信評等等級　(C)債券型基金評等等級　(D)特別股評等等級。　【107年普業】

（　　）**34** 下列敘述何者正確？　(A)債券價格與殖利率是正向關係　(B)債券價格與票面利率呈反向關係　(C)到期期限愈長的債券，價格波動幅度愈大　(D)到期期限愈長的債券，票面利率愈高。【107年普業】

（　　）**35** 所謂防禦性產業（Defensive Industry）是指：
(A)國防產業　　　　　　(B)不易受景氣影響的產業
(C)保全產業　　　　　　(D)獲利穩定的產業。　【107年普業】

（　　）**36** 每股股價除以每股銷售額評價法，不適用於哪類公司？　(A)銷售額大幅成長的公司　(B)毛利率低的公司　(C)負債比率低的公司　(D)業外損益比重高的公司。　【107年普業】

(　) **37** 政府支出的大幅增加是屬於：　(A)總體需求面增加　(B)總體供給面增加　(C)貨幣供給增加　(D)預期物價增加。　【107年普業】

(　) **38** 央行何種政策會使貨幣供給減少？　(A)調升重貼現率　(B)買回國庫券　(C)調降存款準備率　(D)抑制臺幣過度升值。　【107年普業】

(　) **39** 請問在技術分析中出現M頭代表什麼訊號？　(A)買進訊號　(B)賣出訊號　(C)盤整訊號　(D)無法判斷。　【107年普業】

(　) **40** 一般來說，三角整理（Triangle）通常屬於：　(A)頭部反轉型態　(B)底部反轉型態　(C)連續型態　(D)間斷型態。　【107年普業】

(　) **41** 逃逸缺口（Runaway Gap）通常出現在一波行情（無論上漲或下跌）的：
(A)發動階段　　　　(B)中間位置
(C)盤整階段　　　　(D)尾聲。　【107年普業】

(　) **42** 若過去5天H公司股票的收盤價分別為400、401、402、400、399，若今天其收盤價為400，請問其5天移動平均價格的變化會如何？
(A)上升　(B)不變　(C)下降　(D)無法計算。　【107年普業】

(　) **43** 對投資人而言，下列何者屬於可分散風險？　(A)甲公司主動為員工全面加薪增加成本　(B)英國脫離歐盟　(C)貨幣供給額的變動　(D)法定正常工時由「每2週84小時」縮減為「每週40小時」。　【107年普業】

(　) **44** 根據道氏理論，次級波動係指：　(A)股價長期波動趨勢　(B)每日的波動　(C)依股價長期趨勢線之中短期的波動　(D)低點跌破前次低點。　【107年普業】

(　) **45** 下列何者無法用來衡量投資風險？　(A)標準差　(B)變異係數　(C)貝它係數　(D)幾何平均數。　【107年普業】

(　) **46** 就市場效率性而言，設置漲跌幅之限制：
(A)可能會延緩資訊反應在股價上之速度
(B)對於股價反應資訊並無任何影響
(C)是一個具有效率的市場必有的措施
(D)是半強式效率市場之特質。　【107年普業】

（　）**47** 若股票的變異數為0.36，變異係數為5，其平均報酬率為：
(A)0.012　(B)0.675　(C)0.12　(D)0.35。　　　　　　【107年普業】

（　）**48** 投資於股票的報酬等於：　(A)資本利得　(B)股利所得　(C)資本利
得加股利所得　(D)資本利得加利息所得。　　　　　　【107年普業】

（　）**49** 當公司舉債過多時，公司營運會面臨較大的風險，以致投資報酬產
生不確定性，此類風險稱之為：　(A)利率風險　(B)購買力風險
(C)贖回風險　(D)財務風險。　　　　　　【107年普業】

（　）**50** 2017年起臺灣證券交易所開放投資人可洽證券商辦理股票、ETF定
期定額業務，目前開放的定期定額標的，何者為非？　(A)原型ETF
(B)反向型ETF　(C)上市股票　(D)上櫃股票。　　　　　　【107年普業】

（　）**51** 目前槓桿型ETF臺灣僅開放2倍槓桿，假設臺灣50指數今日收盤上漲
1.5%，則理論上以臺灣50指數為追蹤標的之槓桿型ETF今日收盤的
漲幅應為多少？
(A)1.5%　(B)3%　(C)4.5%　(D)-4.5%。　　　　　　【107年普業】

（　）**52** 依據標準普爾（S&P）公司對債券信用評等的等級，A等級與AA等
級何者違約風險較高？
(A)A　(B)AA　(C)相同　(D)無法判斷。　　　　　　【107年普業】

（　）**53** 未被股市預期的利率下跌，將造成股價：　(A)下跌　(B)上漲
(C)不一定下跌或上漲　(D)先跌後漲。　　　　　　【107年普業】

（　）**54** 當股價出現橫向盤整的型態時，何種週期的移動平均線較具參考價
值？　(A)短期移動平均線　(B)中期移動平均線　(C)長期移動平均
線　(D)超長期移動平均線。　　　　　　【107年普業】

（　）**55** 若排除市場風險，股票之個別風險為：　(A)系統的、可透過投資組
合分散的　(B)系統的、不可分散的　(C)非系統的、可透過投資組
合分散的　(D)非系統的、不可分散的。　　　　　　【107年普業】

（　）**56** 何者不是影響資本市場線（CML）的斜率的因素？　(A)市場報酬
率　(B)無風險利率　(C)市場報酬率標準差　(D)投資組合報酬率標
準差。　　　　　　【107年普業】

（　）**57** 有關效率前緣理論的敘述何者不正確？　(A)在相同風險下，其預期報酬率最高者　(B)在相同預期報酬率下，風險最低者　(C)效率前緣可指出那些投資組合是有效率的　(D)效率前緣右上方的投資組合都是無效率的。　【107年普業】

（　）**58** 何者不是開放型基金的特性？
(A)有存續期限
(B)基金規模會改變
(C)以基金淨值為買賣價格
(D)可向基金公司要求贖回。　【107年普業】

（　）**59** 王先生投資T公司股票可獲利30%與6%的機會分別為1/3、2/3，則此投資期望報酬率為：
(A)20%　(B)10%　(C)14%　(D)7%。　【107年普業】

（　）**60** 若存續期間（Duration）相同，則公債之殖利率將較公司債為：
(A)高　(B)低　(C)相同　(D)不一定。　【107年普業】

（　）**61** 依據產業生命週期循環，投資屬於成熟階段產業的公司股票，屬於那類投資？　(A)高風險高報酬　(B)低風險高報酬　(C)低風險低報酬　(D)高風險低報酬。　【107年普業】

（　）**62** 當中央銀行覺得通貨膨脹率太高時，最不可能採取哪項措施？
(A)緊縮貨幣供給　(B)調降存款準備率　(C)調升存款準備率
(D)調高重貼現率。　【107年普業】

（　）**63** 當投資人欲分析股價的中長期走勢時，道氏理論中的哪一種波動較不能做為研判的依據？　(A)日常波動　(B)次級波動　(C)基本波動
(D)選項(A)(B)(C)皆非。　【107年普業】

（　）**64** 下列何者屬於應買進的型態？　(A)頭肩頂　(B)雙重頂　(C)菱形
(D)W底。　【107年普業】

（　）**65** 資本資產定價理論（CAPM）預測一股票之期望報酬率高於市場投資組合報酬率，則貝它（Beta）係數：　(A)小於 1　(B)大於 1
(C)大於 0　(D)小於 0。　【107年普業】

( ) **66** 「不要把所有的雞蛋放在同一個籃子裡」的投資策略可以降低何種
風險？ (A)非系統風險 (B)系統風險 (C)利率風險 (D)景氣循
環風險。 【107年普業】

( ) **67** 證券的價格決定於： (A)大多數人的交易決策 (B)投資銀行
(C)交易所 (D)發行公司。 【107年普業】

( ) **68** 何者屬於景氣同時指標？ (A)工業及服務業經常性受僱員工人數
(B)工業生產指數 (C)製造業存貨率 (D)工業及服務業受僱員工淨
進入率。 【107年普業】

( ) **69** 固定收益證券承諾： (A)定期支付固定利息 (B)對公司有選舉權
(C)保證價格上漲 (D)配發股利。 【107年普業】

( ) **70** 若某地方政府預算赤字增加，則投資該地方政府債券的投資者，其
所面臨的違約風險會：
(A)變大 (B)變小 (C)不變 (D)無法判斷。 【107年普業】

( ) **71** 若小達欲100%投資於較低風險的資產中，且不想花時間管理其投資
組合，下列何者較適合他？ (A)貨幣市場基金 (B)成長型股票基金
(C)數種不同的貨幣市場工具 (D)數種不同的股票。 【107年普業】

( ) **72** 以每股65元融資買進某公司普通股股票2,000股，融資比率為40%，
則最初自備投資金額為： (A)56,000元 (B)78,000元 (C)84,000
元 (D)140,000元。 【107年普業】

( ) **73** 假設甲股票的報酬率標準差為10%，乙股票的報酬率標準差為
60%，丙股票的報酬率標準差為25%，請問投資人應選擇哪一支
股票？
(A)甲股票 (B)乙股票 (C)丙股票 (D)無法判斷。 【107年普業】

( ) **74** 購買零息債券相較其他債券是可以避免哪項風險？ (A)利率風險
(B)違約風險 (C)購買力風險 (D)再投資風險。 【107年普業】

( ) **75** 當預期利率上漲時，投資人的公債操作策略為：
(A)將短期公債換成長期公債
(B)將票面利率低的公債換成票面利率較高的公債

(C)將面額大的公債換成面額小的公債

(D)持有原來的公債不變。　　　　　　　　　　　【107年普業】

(　) **76** 何種物價指標的變化，是一般人民購買物品時最能感覺到的？
(A)躉售物價指數　(B)消費者物價指數　(C)進口物價指數　(D)出口物價指數。　　　　　　　　　　　　　　　【107年普業】

(　) **77** 按投資人所面臨的風險排列，以下四種金融商品的風險通常何者最高？

(A)國庫券　　　　　　　　(B)公司債

(C)可轉換公司債　　　　　(D)普通股。　　　　　【107年普業】

(　) **78** 比較兩種以上的投資商品的風險時，為了衡量系統性風險的差異，一般而言會使用哪一類指標？　(A)貝它係數　(B)變異係數　(C)標準差　(D)變異數。　　　　　　　　　　　　　【107年普業】

(　) **79** 產業分析對股票分析的重要性在於：　(A)不同產業的股票表現差異性大　(B)選對產業比選對個股重要　(C)選對產業比市場研判重要
(D)不同產業股票價格有齊漲齊跌現象。　　　　　　【107年普業】

(　) **80** 若一投資組合為所有相關期望報酬率的投資組合中，風險最小者，則我們稱此投資組合為：　(A)市場投資組合　(B)最小變異投資組合　(C)效率投資組合　(D)切線投資組合。　　　　　【107年普業】

(　) **81** 下列敘述何者不正確？　(A)VR值愈小，為超賣現象　(B)KD值永遠介於0與100之間　(C)RSI選用基期愈短愈敏感但準確性愈低
(D)當K線突破D線時即為賣出訊號。　　　　　　　【107年普業】

(　) **82** 在K線型態中，先陰後陽的相逢線（Meeting Lines）可視為：
(A)頭部訊號　　　　　　　(B)底部訊號

(C)盤整訊號　　　　　　　(D)連續型態。　　　　【107年普業】

(　) **83** RSI指標之最小值應是：　(A)0　(B)-1　(C)1　(D)0.5。【107年普業】

(　) **84** 若證券預期報酬率等於無風險利率，則貝它（Beta）係數為：
(A)0　(B)1　(C)-1　(D)不一定。　　　　　　　　【107年普業】

( ) **85** 一般而言，投資人在選擇投資計劃時： (A)應選擇風險最高的計劃 (B)報酬率最高的計劃通常風險程度最低 (C)報酬率最低的計劃通常 風險程度最低 (D)風險程度和報酬率之間並無關係。 【106年普業】

( ) **86** 有關臺灣之開放型共同基金的敘述，何者正確？ (A)提供投資人保 證的報酬率 (B)基金規模固定 (C)於集中市場交易 (D)投資人可 依淨資產價值買賣。 【106年普業】

( ) **87** 有關次級市場的敘述，何者有誤？
(A)次級市場交易包括集中市場及店頭市場
(B)提高投資人資產的流動性
(C)方便股票易手
(D)次級市場可以使一企業藉賣股票、債券及其他證券以取得
資金。 【106年普業】

( ) **88** 有關TDR與ADR的比較何者有誤？
甲.TDR所表彰的是臺灣企業的股票、ADR係表彰外國企業的
股票
乙.TDR在臺灣掛牌交易、ADR在美國掛牌交易
丙.TDR與ADR皆屬於權益證券
丁.TDR與ADR的交易幣別不同
戊.目前在臺灣掛牌之泰金寶屬於ADR
(A)僅甲、丙 (B)僅乙、丁
(C)僅甲、戊 (D)僅甲、丙、戊。 【106年普業】

( ) **89** 那種產業較不屬於利率敏感產業？ (A)銀行業 (B)營建業 (C)食 品業 (D)保險業。 【106年普業】

( ) **90** 一般而言，風險較大的公司，其投資人可接受的本益比： (A)較大 (B)較小 (C)不變 (D)不一定較大或較小。 【106年普業】

( ) **91** 哪項資訊不屬於基本分析資訊？ (A)存款準備率 (B)公司新接訂 單 (C)三大法人買賣超 (D)進出口順逆差數字。 【106年普業】

( ) **92** 一般而言，當預期新臺幣對美元升值，投資人將預期按美元計價 之出口企業股價： (A)下跌 (B)上漲 (C)不一定上漲或下跌 (D)先跌後漲。 【106年普業】

(　　) **93** 股價在高檔盤旋後，出現向下跳空開低走低的突破缺口（Break-away Gap），暗示：　(A)將有一波下跌行情　(B)將有一波上漲行情　(C)股價將繼續盤整　(D)沒有意義。　【106年普業】

(　　) **94** 請問下列哪一貝它係數所代表系統風險最大？　(A)0.6　(B)1　(C)-0.9　(D)2.1。　【106年普業】

(　　) **95** 當投資人的風險態度轉趨保守時，證券市場線（SML）將會：
(A)向上平移　　　　　　(B)向下平移
(C)斜率變陡　　　　　　(D)斜率變緩。　【106年普業】

(　　) **96** 那些分析工具可從半強式效率市場中賺取超額的報酬？　(A)技術分析　(B)基本分析　(C)內線消息　(D)選項(A)(B)(C)皆非。　【106年普業】

(　　) **97** 何者為貨幣市場證券？　(A)五年期的公司債　(B)普通股　(C)二十年期的公司債　(D)三個月期的國庫券。　【106年普業】

(　　) **98** 何者是股票在集中市場交易的功能？　(A)免證券交易稅　(B)價格資訊透明　(C)保證無風險　(D)交易成本高。　【106年普業】

(　　) **99** 以下關於封閉型與開放型基金的敘述，何者為非？
甲.封閉型基金以淨值交易
乙.封閉型基金的規模不會改變，開放型則會
丙.封閉型基金可轉型成開放型基金
丁.開放型基金在集中市場交易，封閉型基金則否
(A)甲、丙　(B)乙、丙　(C)丙、丁　(D)甲、丁。　【106年普業】

(　　)**100** 在其他條件相同的情況下，一般公司債之利率通常較可轉換公司債之票面利率：　(A)高　(B)低　(C)相同　(D)視情況而定。
【106年普業】

(　　)**101** 購買零息債券相較其他債券是可以避免哪項風險？　(A)利率風險　(B)違約風險　(C)購買力風險　(D)再投資風險。　【106年普業】

(　　)**102** 下列敘述何者有誤？　(A)債券價格與殖利率呈反向關係　(B)期限愈長的債券，價格波動幅度愈小　(C)票面利率與債券市場價格呈正向關係　(D)債券市場價格與面額兩者無關。　【106年普業】

(　)**103** 投資人對成熟公司股票的預期報酬，主要來自於：　(A)公司銷售成長　(B)股票股利　(C)差價　(D)現金股利。　【106年普業】

(　)**104** 假設其它條件相同，投資人選擇高本益比的股票，意味著預期該公司：　(A)成長較快　(B)成長與一般公司相同　(C)成長較慢　(D)成長較不穩定。　【106年普業】

(　)**105** 請問技術分析之紅體線指的是下列哪一項？
(A)收盤價＝開盤價　　　　(B)收盤價＞開盤價
(C)收盤價＜開盤價　　　　(D)收盤價＝最高價。　【106年普業】

(　)**106** 一般而言，當RSI低於多少時為超賣訊號？　(A)30　(B)60　(C)20　(D)80。　【106年普業】

(　)**107** 投資組合中的貝它係數計算方式，係將所有個別證券的貝它係數做：
(A)算數平均　　　　　(B)幾何平均
(C)加權平均　　　　　(D)調和平均。　【106年普業】

(　)**108** 根據資本資產訂價模型（CAPM），某積極成長型基金的基金經理人，其購買證券的貝它係數應為：　(A)大於1　(B)小於1　(C)等於0　(D)小於0。　【106年普業】

(　)**109** 依資本市場線（CML），風險規避程度很低的投資人，為了效用極大化，會採取下列何種策略？　(A)不進行借貸行為，而將本身自有的資金全部購買市場投資組合　(B)會將資金借給他人，再將剩餘的資金全部購買市場投資組合　(C)會向他人借入資金，再將全部的資金全部購買市場投資組合　(D)僅投資於共同基金。　【106年普業】

(　)**110** 一般而言，市場報酬率利用何者計算而得？
(A)加權股價指數　　　　(B)各上市公司的報酬率
(C)產業股價指數　　　　(D)選項(A)(B)(C)皆非。　【106年普業】

(　)**111** 投資人在一指定到期日前有權利以約定執行價買入所持有之資產的金融商品稱為：　(A)買入選擇權　(B)賣出選擇權　(C)期貨契約　(D)遠期契約。　【106年普業】

(　)**112** 下列何者具有零息債券的性質？　(A)國庫券　(B)商業本票　(C)銀行承兌匯票　(D)選項(A)(B)(C)皆是。　　　　　　　【106年普業】

(　)**113** 王先生投資T公司股票可獲利20%與5%的機會分別為1/3、2/3，則此投資期望報酬率為：
(A)20%　(B)10%　(C)5%　(D)0%。　　　　　　　　【106年普業】

(　)**114** 附認股權公司債之認股權被執行時，則：　(A)公司債即不存在
(B)投資人不須支付任何金額即可取得普通股　(C)發行公司即償還公司債之本金　(D)選項(A)、(B)、(C)皆不正確。　　　【106年普業】

(　)**115** 累積特別股：　(A)允許特別股股東獲得比普通股股東更高的股利
(B)允許發行公司從股東手中以事先指定的價格買回股票　(C)在普通股發放股利以前，可先獲發放以前未分發的股利　(D)具有浮動的股利。　　　　　　　　　　　　　　　　　　　【106年普業】

(　)**116** 債券會存在再投資風險，其原因為：
(A)利率的變動　　　　　　　(B)債券被發行公司提前贖回
(C)債息之支付　　　　　　　(D)選項(A)(B)(C)皆是。　【106年普業】

(　)**117** 可轉換公司債轉換價格愈高：　(A)轉換股數愈多　(B)轉換比率愈高　(C)轉換股數愈少　(D)不影響轉換比率及股數。【106年普業】

(　)**118** 債券信用評等功能的敘述，何者正確？　(A)作為違約風險的指標　(B)評等越高籌資成本也越高　(C)經過評等即投資等級的保證
(D)作為投資股票的參考指標。　　　　　　　　　　　【106年普業】

(　)**119** 一般而言，央行大幅壓低M1b（貨幣供給）成長率對股價的影響是：
(A)上漲　(B)下跌　(C)不確定漲跌　(D)無影響。　　　【106年普業】

(　)**120** 當預期未來的整體經濟衰退，投資人應投資於股價對整體景氣：
(A)較敏感產業　(B)較不敏感產業　(C)毫不敏感的產業　(D)負相關的產業。　　　　　　　　　　　　　　　　　　　　【106年普業】

(　)**121** 下列哪種產業最可能被歸屬於防禦性產業？　(A)鋼鐵業　(B)汽車業　(C)航空業　(D)成衣業。　　　　　　　　　　　　　【106年普業】

(　)**122** RSI指標之最小值應是：　(A)0　(B)−1　(C)+1　(D)0.5。【106年普業】

（　）**123** 請問在技術分析K線指的上影線最上端之股價價格為？　(A)最高價
(B)最低價　(C)收盤價　(D)開盤價。　　　　　　　　【106年普業】

（　）**124** 道氏理論（Dow Theory）認為：
(A)股價變動無法預測
(B)分散買進多種股票可以打敗市場
(C)股價平均指數反應一切
(D)個股走勢與指數漲跌應分別考量。　　　　　　【106年普業】

（　）**125** 當投資組合之個別證券的種類夠多時，則：
(A)只剩下非系統風險　　　　(B)只剩下系統風險
(C)無任何風險　　　　　　　(D)報酬率愈高。　　　【106年普業】

（　）**126** 比較兩種以上的投資商品的風險時，為了衡量系統性風險的差
異，一般而言會使用哪一類指標？　(A)貝它係數　(B)變異係數
(C)標準差　(D)變異數。　　　　　　　　　　　　【106年普業】

（　）**127** 公司內部人員無法藉由內線消息而獲取超額報酬時，表示此時市場
屬於：　(A)半弱式效率市場　(B)弱式效率市場　(C)半強式效率
市場　(D)強式效率市場。　　　　　　　　　　　【106年普業】

（　）**128** 在弱式效率市場中，下列哪項分析工具可能可以協助投資人賺取超
額報酬？
(A)K線圖　　　　　　　　　(B)公司的營收
(C)RSI指標　　　　　　　　(D)KD值。　　　　　【106年普業】

（　）**129** 有關效率前緣理論的敘述何者為非？　(A)在相同風險下，其預期
報酬率最高者　(B)在相同預期報酬率下，風險最低者　(C)效率前
緣可指出那些投資組合是有效率的　(D)效率前緣右上方的投資組
合都是無效率的。　　　　　　　　　　　　　　　【106年普業】

（　）**130** 下列哪一項金融工具風險最高，同時亦具有最高的潛在報酬？
(A)衍生性證券　(B)普通股　(C)特別股　(D)債券。　【106年普業】

（　）**131** 某手機大廠推出新產品有重大瑕疵，影響該公司股價下跌，請問
這屬於何種風險？　(A)利率風險　(B)違約風險　(C)事業風險
(D)市場風險。　　　　　　　　　　　　　　　　　【106年普業】

(　)**132** 下列哪一項基金之風險最高？　(A)平衡型基金　(B)指數型基金　
(C)全球型基金　(D)產業型基金。　　　　　　　　　【106年普業】

(　)**133** 甲股票自2010年到2013年的股票報酬率分別為9%、-20%、15%、
20%，請問甲股票這四年 的算術平均年報酬率為何？　(A)5%
(B)6%　(C)3%　(D)2%。　　　　　　　　　　　　　【106年普業】

(　)**134** 附認股權公司債之認股權被執行時，則：　(A)公司債即不存在
(B)投資人不須支付任何金額即可取得普通股　(C)發行公司即償還
公司債之本金　(D)選項(A)、(B)、(C)皆不正確。　　　【106年普業】

(　)**135** 累積特別股：　(A)允許特別股股東獲得比普通股股東更高的股利
(B)允許發行公司從股東手中以事先指定的價格買回股票　(C)在普
通股發放股利以前，可先獲發放以前未分配的股利　(D)具有浮動
的股利。　　　　　　　　　　　　　　　　　　　　【106年普業】

(　)**136** 一般發行擔保公司債，擔保機構主要為：　(A)投資信託公司
(B)承銷商　(C)銀行　(D)票券公司。　　　　　　　　【106年普業】

(　)**137** 一般而言，景氣由谷底復甦時，舉債程度較高的公司股票：
(A)價格漲幅較小　(B)價格波動性較小　(C)價格漲幅較大　(D)倒
閉風險增加。　　　　　　　　　　　　　　　　　　【106年普業】

(　)**138** 在產業生命週期中被稱為「金牛」之公司，意指此公司處於：　(A)草
創時期　(B)擴張時期　(C)成熟時期　(D)衰退時期。　【106年普業】

(　)**139** 當「死亡交叉」出現時，顯示將有一段：　(A)多頭行情　(B)空頭
行情　(C)橫向整理　(D)沒有特別意義。　　　　　　【106年普業】

(　)**140** 股票的流動性風險與下列何者較有關？　(A)公司的獲利能力
(B)股票的成交量　(C)股票價格的高低　(D)利率。　　【106年普業】

(　)**141** 動能投資策略其假設投資人可以因為市場反應不足而獲得超額報
酬，其策略類似於：　(A)買低賣高　(B)追漲殺跌　(C)被動式管
理　(D)買低賣低。　　　　　　　　　　　　　　　　【106年普業】

(　)**142** 根據資本資產訂價模型（CAPM），某積極成長型基金的基金經
理人，其購買證券的貝它係數（β）應為：　(A)大於1　(B)小於1
(C)等於0　(D)小於0。　　　　　　　　　　　　　　【106年普業】

( )**143** 某公司公告其上一季之獲利超過市場上的預期,其股價因此一正面消息之揭露而大漲,此一現象乃為何種市場效率形式之表彰? (A)強式 (B)半強式 (C)弱式 (D)半弱式。 【106年普業】

( )**144** 何種債券可提供投資人對利率上漲風險的保護? (A)浮動利率債券 (B)固定利率債券 (C)可提前償還公司債 (D)股權連動債券。 【106年普業】

( )**145** 市場投資組合的預期報酬率為20%,無風險利率為6%,則風險溢酬為: (A)3% (B)9% (C)14% (D)資訊不足。 【106年普業】

( )**146** 哪項資訊不屬於基本分析資訊? (A)存款準備率 (B)公司新接訂單 (C)三大法人買賣超 (D)進出口順逆差數字。 【106年普業】

( )**147** 假設其他條件不變的情況之下,下列何者與債券利率風險呈反向關係? (A)債券的到期日 (B)債券的票面利率 (C)債券的存續期間(Duration) (D)債券發行公司的違約風險。 【106年普業】

( )**148** 某公司今年每股發放股利3元,在股利零成長的假設下,已知投資人的必要報酬率為8%,則每股普通股的預期價值為: (A)36元 (B)36.5元 (C)37元 (D)37.5元。 【106年普業】

( )**149** 哪項屬於M_2的成份,但不屬於M_1的成份? (A)流通貨幣 (B)信託公司的活儲 (C)定存 (D)支票存款。 【106年普業】

( )**150** 下列敘述何者有誤? (A)VR值愈小,為超賣現象 (B)KD值永遠介於0與100之間 (C)RSI選用基期愈短愈敏感,但準確性愈低 (D)當K線突破D線時即為賣出訊號。 【106年普業】

( )**151** 依資本市場線(CML),風險規避程度很低的投資人,為了效用極大化,會採取下列何種策略? (A)不進行借貸行為,而將本身自有的資金全部購買市場投資組合 (B)會將資金借給他人,再將剩餘的資金全部購買市場投資組合 (C)會向他人借入資金,再將全部的資金全部購買市場投資組合 (D)僅投資於共同基金。 【106年普業】

( )**152** 提供證券市場價格並提供投資人流動性的為: (A)發行市場 (B)交易市場 (C)證券商公會 (D)金管會。 【106年普業】

(　　)**153** 股票的流動性風險與下列何者較有關？　(A)公司的獲利能力 (B)股票的成交量　(C)股票價格的高低　(D)利率。　【106年普業】

(　　)**154** 資本市場可分為：
(A)匯率市場和股票市場
(B)股票市場和債券市場
(C)外匯市場與債券市場
(D)金融市場和不動產市場。　【106年普業】

(　　)**155** 某手機大廠推出新產品有重大瑕疵，影響該公司股價下跌，請問 這屬於何種風險？　(A)利率風險　(B)違約風險　(C)事業風險 (D)市場風險。　【106年普業】

(　　)**156** 投資者進行投資時，當可能最大報酬率與可能最低報酬率的差距越 大時，表示風險：
(A)越大　(B)越小　(C)無關　(D)無法判斷。　【106年普業】

(　　)**157** 當公司的信用評等等級越高時，表示何種風險越低？　(A)違約風 險　(B)利率風險　(C)匯率風險　(D)贖回風險。　【106年普業】

(　　)**158** 所謂溢價債券（Premium Bond）是指殖利率較票面利率：　(A)高 (B)低　(C)相同　(D)不一定。　【106年普業】

(　　)**159** 公司債的市場價格主要受下列何者影響？　(A)票面利率　(B)市場 利率　(C)央行貼現率　(D)一年期定存利率。　【106年普業】

(　　)**160** 政府支出超過政府收入的數額，稱為：　(A)貿易順逆差　(B)國內 生產毛額　(C)預算赤字　(D)反儲蓄。　【106年普業】

(　　)**161** 失業率是景氣循環的：　(A)領先指標　(B)同時指標　(C)落後指標 (D)騰落指標。　【106年普業】

(　　)**162** 臺幣相對美元貶值所造成的影響，以下何者有誤？
(A)資金外流　　　　　　(B)貨幣供給增加
(C)美元計價出口商受益　(D)美元存款增加。　【106年普業】

(　　)**163** 銷貨與盈餘的成長率預期能夠超過國民生產毛額成長率的工業 稱為：

　　　　　　(A)獲利工業　　　　　　　(B)穩健工業
　　　　　　(C)成長工業　　　　　　　(D)水準工業。　　　　　　　【106年普業】

(　)**164** 在技術分析中，股價移動平均線代表某一個時段中，投資人的：
　　　　　　(A)平均成本　　　　　　(B)平均獲利
　　　　　　(C)平均虧損　　　　　　(D)平均收入。　　　　　　　【106年普業】

(　)**165** 一個適當分散風險之投資組合的報酬主要受下列何者影響？
　　　　　　(A)包含證券數目　(B)系統風險　(C)選證券所屬的產業　(D)非系
　　　　　　統風險。　　　　　　　　　　　　　　　　　　　　　【106年普業】

(　)**166** 若甲公司股票在明年之可能報酬率分別為 20%、30%，而其機率
　　　　　　分別為0.4、0.6，則此甲股票在明年之期望報酬率為：　(A)24%
　　　　　　(B)25%　(C)26%　(D)27%。　　　　　　　　　　　　【106年普業】

(　)**167** 資本資產訂價模型（CAPM）預測一股票之期望報酬率高於市場
　　　　　　投資組合報酬率，則貝它（Beta）係數：　(A)小於 1　(B)大於 1
　　　　　　(C)大於 0　(D)小於 0。　　　　　　　　　　　　　　【106年普業】

(　)**168** 交易成本與稅：　(A)會促進市場效率　(B)會阻礙市場效率　(C)與
　　　　　　市場效率無關　(D)是每一個股票市場都必須具有的。　【106年普業】

(　)**169** 根據資本資產訂價模型（CAPM），若一證券之期望報酬率低於市
　　　　　　場投資組合報酬率，則：　(A)貝它係數小於1　(B)貝它係數大於1
　　　　　　(C)貝它係數等於0　(D)貝它係數小於0。　　　　　　　【106年普業】

(　)**170** 有關效率前緣理論的敘述何者為非？　(A)在相同風險下，其預期
　　　　　　報酬率最高者　(B)在相同預期報酬率下，風險最低者　(C)效率前
　　　　　　緣可指出那些投資組合是有效率的　(D)效率前緣右上方的投資組
　　　　　　合都是無效率的。　　　　　　　　　　　　　　　　　【106年普業】

(　)**171** 投資、投機與賭博之比較，其風險大小順序為：　(A)投資＞投機
　　　　　　＞賭博　(B)投機＞賭博＞投資　(C)賭博＞投機＞投資　(D)賭博
　　　　　　＞投資＞投機。　　　　　　　　　　　　　　　　　　【106年普業】

(　)**172** 由無風險資產報酬延伸與效率前緣相切的直線稱為：　(A)證券市
　　　　　　場線（Security Market Line）　(B)資本市場線（CML）　(C)效用
　　　　　　曲線　(D)無異曲線（Indifference Curve）。　　　　　【106年普業】

（　）**173** 根據資本資產訂價模型（CAPM），所有投資組合必須：　(A)提供相同之預期報酬　(B)提供相同之風險　(C)提供相同之風險及報酬　(D)位於證券市場線（Security Market Line）上。　　　　　【106年普業】

解答與解析

1 (D)。貨幣市場工具的特性：低報酬、低風險、到期日短、流動性高。

2 (B)。若投資報酬率的機率分配形狀愈集中，表示風險愈小。

3 (D)。封閉式基金因在交易所上市，其買賣價格受市場供求關係影響較大。基金單位買賣價格可能高於每份基金單位資產淨值，亦可能低於每份基金單位資產淨值。甲及丁有誤。

4 (D)。可轉換公司債的票面利率通常會比一般公司債低，其原因為投資人具有轉換普通股的權利。

5 (D)。公司採行高股票股利政策時，可能會造成股本增加、盈餘被稀釋、EPS下降等。

6 (A)。股利固定成長模式 – 高登（Gordon）成長模式
$Po = D(1+g)/(r-g) = D1/(r-g)$ =>（高股利→高股價）
r為必要報酬率，g為股利固定成長率，「必需條件」為$r > g$；否則，模式無法使用。

7 (C)。物價上漲時，會使資產上漲，會使資產股受惠。

8 (B)。景氣對策信號亦稱「景氣燈號」，係以類似交通號誌方式的5種不同信號燈代表景氣狀況的一種指標，若對策信號亮出「綠燈」，表示當前景氣穩定、「紅燈」表示景氣熱絡、「藍燈」表示景氣低迷，至於「黃紅燈」及「黃藍燈」二者均為注意性燈號，宜密切觀察後續景氣是否轉向。

9 (B)。OBV一種成交量的技術指標，也有人稱之為人氣指標，是一種依據行情的漲跌，來累計或刪去市場的成交量值，而以此累算值作為市場行情動能變化趨勢的指標。

10 (C)。當股價向下跌破箱形（Rectangle）整理的區間時，成交量配合放大，則股價通常會繼續下跌。

11 (C)。若新加入投資組合之證券，其貝它（β）係數比原投資組合貝它係數小，則新投資組合貝它係數會比原來小（減少）。

12 (B)。如果有一個資產或組合，我們預估它未來12個月的平均報酬率與β對應的點位於SML線上，這就代表這個組合的預期平均報酬

率與理論預期相符，如果這個點是在SML線的下方，就代表在同樣的系統風險之下，它的預期報酬率被低估了，也就是現在的價格被高估了。

13 (D)。半強式效率市場：指股票價格除了反應歷史資訊外，還包括了所有公開可獲得的資訊，如財務報表分析、盈餘預測等等。因此無法利用基本分析獲取超額報酬。此市場僅可能使內部人賺取超額利潤。

14 (D)。公司債為資本市場證券。

15 (A)。目前臺灣掛牌交易之反向型ETF倍數為可放空1倍。

16 (D)。投資下列金融工具的風險狀況依序為：
認購權證＞股票＞長期公債＞短期公債。

17 (B)。一般而言，當投資人預期新臺幣升值，表示付給國外廠商的錢會因匯差而減少，則依賴進口原料的產業股價會上漲。

18 (D)。價跌量增，是股價下跌之前兆。

19 (A)。當短天期移動平均線由長天期平均線下方突破至上方，而且兩條長、短天期平均線同時上揚時稱為「黃金交叉」。

20 (C)。道氏理論（Dow Theory）認為股價平均指數反應一切。

21 (A)。弱式效率市場，係假定目前的股票價格已充分反應所有歷史或現存的資訊，如過去的價量關係等。因此無法利用技術分析來獲取超額的報酬。

22 (B)。某甲持股之貝它係數為1，若市場預期報酬率為12%，則其持股之預期報酬為12%。

23 (C)。(A)一般投資理論假設投資大眾是風險趨避者。(A)錯誤。(B)風險偏好者在風險增加時所要求的新增報酬率會增加。(B)錯誤。(C)風險中立者所要求的新增報酬率不變。(C)正確。(D)不同投資人面對相同的效率前緣不一定會選出相同的投資組合。(D)錯誤。

24 (C)。封閉式基金因在交易所上市，其買賣價格受市場供求關係影響較大。基金單位買賣價格可能高於每份基金單位資產淨值，亦可能低於每份基金單位資產淨值。

25 (C)。投資人透過有效的分散投資降低風險。

26 (C)。公司債是資本市場的金融工具。

27 (D)。公司的融資工具分成資本市場與貨幣市場工具；超過一年，屬於資本市場，到期日都是一年以內，屬於貨幣市場工具，可轉換公司債、特別股屬於資本市場之工具。

28 (C)。在計算投資者投資報酬率時，若用實質報酬率法計算報酬，則其採用的觀念係為平減物價水準後的報酬。

29 (B)。20%=(23−20+現金股利)/20 現金股利=1元

30 (B)。除權前一日之收盤價與除權參考價之差稱為「權值」。

31 (C)。1,000×2＝2,000（元）

32 (A)。其他條件相同時，當殖利率改變時，到期日較短之債券，其價格變動幅度會較小。

33 (C)。twCCCf是中華信評債券型基金評等等級之一。

34 (C)。(A)債券價格與殖利率是反向關係。(A)錯誤。(B)債券價格與票面利率呈正向關係。(B)錯誤。(C)到期期限愈長的債券，價格波動幅度愈大。(C)正確。(D)到期期限愈長的債券，票面利率愈低。(D)錯誤。

35 (B)。所謂防禦性產業（Defensive Industry）是指不易受景氣影響的產業。

36 (D)。每股股價除以每股銷售額評價法，不適用於業外損益比重高的公司。

37 (A)。政府支出的大幅增加是屬於總體需求面增加。

38 (A)。調升重貼現率會使銀行的資金成本提高，進而使市場的貨幣供給減少。

39 (B)。在技術分析中出現M頭代表賣出訊號。

40 (C)。一般來說，三角整理（Triangle）通常屬於連續型態。

41 (B)。逃逸缺口（Runaway Gap）通常出現在一波行情（無論上漲或下跌）的中間位置。

42 (B)。第一個被400最新的400代替，再平均，其5天移動平均價格沒變化。

43 (A)。公司獨立發生，例如罷工、甲公司主動為員工全面加薪增加成本等事件，與個別資產本身的特性有關，會影響其股票的市價，為非系統風險，屬於可分散風險。

44 (C)。根據道氏理論，次級波動係指依股價長期趨勢線之中短期的波動，在基本波動下，會存在著數個次級波動，而這些次級波動通常稱為「技術修正」，也就是一般所謂的「盤整」，每一盤整可能持續數個星期或數個月。

45 (D)。幾何平均數無法用來衡量投資風險。

46 (A)。就市場效率性而言，設置漲跌幅之限制可能會延緩資訊反應在股價上之速度。

47 (C)。變異數=0.36
標準差=$\sqrt{0.36}$ =0.6
標準差/報酬率=變異係數
0.6/報酬率=5
報酬率=0.12

48 (C)。投資於股票的報酬等於資本利得加股利所得。

49 (D)。當公司舉債過多時，公司營運會面臨較大的風險，以致投資報酬產生不確定性，此類風險稱之為「財務風險」。

50 (B)。反向型的金融商品不具存款的概念，未開放為定期定額的標的。

51 (B)。1.5%×2＝3%

52 (A)。依據標準普爾（S&P）公司對債券信用評等的等級，A等級違約風險高於AA等級。

53 (B)。未被股市預期的利率下跌，將使資金大量流入股市，將造成股價上漲。

54 (A)。當股價出現橫向盤整的型態時，短期移動平均線較具參考價值。

55 (C)。若排除市場風險，股票之個別風險是非系統的、可透過投資組合分散的。

56 (D)。資本市場線是指表明有效組合的期望收益率和標準差之間的一種簡單的線性關係的一條射線。投資組合報酬率標準不是影響資本市場線（CML）的斜率的因素。

57 (D)。效率前緣右上方的投資組合不一定都是無效率的。

58 (A)。開放型基金沒有存續期限。

59 (C)。30%×1/3+6%×2/3＝14%

60 (B)。若存續期間（Duration）相同，因公債的安全性較高，則公債之殖利率將較公司債為低。

61 (C)。依據產業生命週期循環，投資屬於成熟階段產業的公司股票，屬於低風險低報酬。

62 (B)。當中央銀行覺得通貨膨脹率太高時，應採緊縮性貨幣政策，故最不可能採取調降存款準備率（寬鬆性貨幣政策）措施。

63 (A)。當投資人欲分析股價的中長期走勢時，道氏理論中的日常波動較不能做為研判的依據。

64 (D)。W底又稱為雙重底，是種底部型態，「W底」的形成是當股價跌了一波，反彈後又再度跌回前次低點，守穩後又再度反彈突破前高，W底屬於應買進的型態。

65 (B)。資本資產定價理論（CAPM）預測一股票之期望報酬率高於市場投資組合報酬率，則貝它（Beta）係數大於1。

66 (A)。「不要把所有的雞蛋放在同一個籃子裡」的投資策略可以降低個別股票風險（即非系統風險）。

67 (A)。證券的價格決定於大多數人的交易決策。

68 (B)。景氣同時指指具有與景氣變動性質同步之指標，其轉折點常與景氣循環轉折點同步發生。臺灣同時指標由工業生產指數、電力（企

業）總用電量、製造業銷售量指數、批發、零售及餐飲業營業額、非農業部門就業人數、實質海關出口值、實質機械及電機設備進口值等7項構成項目組成，每月由國發會編製、發布，代表當時的景氣狀況，可衡量當前景氣。

69 (A)。固定收益證券承諾定期支付固定利息。

70 (A)。若某地方政府預算赤字增加，則投資該地方政府債券的投資者，其所面臨的違約風險會變大。

71 (A)。若小達欲100%投資於較低風險的資產中，且不想花時間管理其投資組合，則小達較適合貨幣市場基金。

72 (B)。
65×2,000×60%＝78,000（元）

73 (D)。本題未提領各股票報酬，以及投資人的風險偏好，是無法判斷。

74 (D)。購買零息債券相較其他債券是可以避免再投資風險。

75 (B)。當預期利率上漲時，表示持有資金不利，投資人的公債操作策略為將票面利率低的公債換成票面利率較高的公債。

76 (B)。消費者物價指數的變化，是一般人民購買物品時最能感覺到。

77 (D)。按投資人所面臨的風險排列：普通股>可轉換公司債>公司債>公司債。

78 (A)。比較兩種以上的投資商品的風險時，為了衡量系統性風險的差異，一般而言會使用貝它係數。

79 (A)。產業分析對股票分析的重要性在不同產業的股票表現差異性大。

80 (C)。若一投資組合為所有相關期望報酬率的投資組合中，風險最小者，則我們稱此投資組合為「效率投資組合」。

81 (D)。當K線突破D線時即為買進訊號。

82 (B)。在K線型態中，先陰後陽的相逢線（Meeting Lines）可視為底部訊號。

83 (A)。RSI指標之最小值是0。

84 (A)。若證券預期報酬率等於無風險利率，則貝它（Beta）係數為0。

85 (C)。一般而言，投資人在選擇投資計劃時，報酬率最低的計劃通常風險程度最低。

86 (D)。開放型共同基金是永遠的開放，也就是投資人可任意進出，基金規模隨時隨地都在改變，投資人可依淨資產價值買賣。

87 (D)。次級市場，是買賣已經上市公司股票的資本市場。次級市場可以使一企業藉賣股票以取得資金。

88 (C)。
(1)臺灣存託憑證（以下簡稱TDR）係由本國銀行擔任存託機構並於中華民國境內所發行之憑證，以表彰存放於國外保管機構之外國發行人發行之有價證券。美國存託憑證（American Depositary Receipt，ADR），又稱美國預託證券，是大多數的外商公司在美國的股票市場交易股票的方式。甲有誤。
(2)目前在臺灣掛牌之泰金寶是TDR。戊有誤。

89 (C)。利率敏感型產業，係指產業的獲利受利率變動的影響甚大。如：金融業、營建業。食品業不屬於利率敏感產業。

90 (B)。一般而言，風險較大的公司，其投資人可接受的本益比較小。

91 (C)。三大法人買賣超係屬籌碼面的分析資訊。

92 (A)。當預期新臺幣對美元升值，即預期美元貶值，故投資人將預期按美元計價之出口企業股價會下跌。

93 (A)。股價在高檔盤旋後，出現向下跳空開低走低的突破缺口（Breakaway Gap），暗示將有一波下跌行情。

94 (D)。貝它係數越大所代表系統風險愈大，故本題選(D)。

95 (C)。證券市場線（SML）主要用來說明投資組合報酬率與系統風險程度β係數之間的關係。SML揭示了市場上所有風險性資產的均衡期望收益率與風險之間的關係。當投資人的風險態度轉趨保守時，證券市場線（SML）將斜率變陡。

96 (C)。半強式效率市場：指股票價格除了反應歷史資訊外，還包括了所有公開可獲得的資訊，如財務報表分析、盈餘預測等等。因此無法利用基本分析獲取超額報酬。可透過內線消息賺取超額的報酬。

97 (D)。國庫券為貨幣市場證券。

98 (B)。股票在集中市場交易的功能之一為價格資訊透明。

99 (D)。封閉式基金因在交易所上市，其買賣價格受市場供求關係影響較大。基金單位買賣價格可能高於每份基金單位資產淨值，亦可能低於每份基金單位資產淨值。甲及丁有誤。

100 (A)。在其他條件相同的情況下，一般公司債之利率通常較可轉換公司債之票面利率高。

101 (D)。零息債券發行時按低於票面
金額的價格發行，而在兌付時按
照票面金額兌付，其利息隱含在
發行價格和兌付價格之間。購買
零息債券相較其他債券是可以避
免再投資風險。

102 (B)。期限愈長的債券，價格波動
幅度愈大。

103 (D)。投資人對成熟公司股票的預
期報酬，主要來自於現金股利。

104 (A)。假設其它條件相同，投資人
選擇高本益比的股票，意味著預
期該公司成長較快。

105 (B)。技術分析之紅體線指的是收
盤價＞開盤價。

106 (C)。一般而言，當RSI低於20時
為超賣訊號。

107 (C)。投資組合中的貝它係數計算
方式，係將所有個別證券的貝它
係數做加權平均。

108 (A)。積極成長型基金的基金經理
人，其購買證券的貝它係數應為
大於1。

109 (C)。資本市場線是指表明有效
組合的期望收益率和標準差之間
的一種簡單的線性關係的一條射
線。風險規避程度很低的投資
人，為了效用極大化，會採取向
他人借入資金，再將全部的資金
全部購買市場投資組合。

110 (A)。一般而言，市場報酬率利用
加權股價指數計算而得。

111 (A)。買入選擇權係指投資人在
一指定到期日前有權利以約定執
行價買入所持有之資產的金融商
品。

112 (D)。零息債券發行時按低於票面
金額的價格發行，而在兌付時按
照票面金額兌付，其利息隱含在
發行價格和兌付價格之間。國庫
券、商業本票、銀行承兌匯票皆
具有零息債券的性質。

113 (B)。20%×1/3＋5%×2/3＝10%

114 (D)。附認股權公司債之認股權被
執行時，則公司債仍存在，認股權
不存在，投資人須支付代價才可取
得普通股，發行公司尚不須償還公
司債之本金。

115 (C)。累積特別股為約定發行公
司，如在某一年度內，所獲盈餘不
敷分派約定股利時，對於未給付之
股利，於以後營業良好盈餘增加之
年度，應如數補發。且累積特別股
在普通股發放股利以前，可先獲發
放以前未分發的股利。

116 (D)。債券會存在再投資風險，其
原因為：
(1) 利率的變動。
(2) 債券被發行公司提前贖回。
(3) 債息之支付。

117 (C)。可轉換公司債轉換價格愈
高，轉換股數愈少。

118 (A)。信用評等有助於行銷人員向
更廣泛的投資人銷售新發行的有
價證券，並得以降低該有價證券

本身或其發行人信用品質的不確定性。信用評等可作為違約風險的指標。

119 **(B)**。當央行壓低M1b（貨幣供給）時，會使市場上的資金減少、股市也會因為缺乏動能而開始下跌。

120 **(D)**。當預期未來的整體經濟衰退，投資人應投資於股價對整體景氣負相關的產業。

121 **(D)**。防禦性產業係指產業亦不受景氣好壞影響，但不若成長性產業有很高的成長率。常見於生產非耐久財或消費性服務產業。如：食品產業、成衣業。

122 **(A)**。RSI指標之最小值為0。

123 **(A)**。技術分析K線指的上影線最上端之股價價格為當日盤中最高價。

124 **(C)**。道氏理論（Dow Theory）認為股價平均指數反應一切。

125 **(B)**。當投資組合之個別證券的種類夠多時，可避免非系統風險，則只剩下系統風險。

126 **(A)**。比較兩種以上的投資商品的風險時，為了衡量系統性風險的差異，一般而言會使用貝它係數。

127 **(D)**。強式效率市場：代表股價能充分反應所有的資訊，包括公開與非公開的資訊，如內線消息。因此連內線消息也無法讓投資人獲取超額報酬。

128 **(B)**。弱式效率市場：係假定目前的股票價格已充分反應所有歷史或現存的資訊，如過去的公司的營收等。因此無法利用技術分析來獲取超額的報酬。

129 **(D)**。效率前緣右上方的投資組合不一定都是無效率的。

130 **(A)**。衍生性證券風險最高，同時亦具有最高的潛在報酬。

131 **(C)**。手機大廠推出新產品有重大瑕疵，影響該公司股價下跌，這屬於事業風險。

132 **(D)**。產業型基金的風險過於集中，風險最高。

133 **(B)**。$(9\%-20\%+15\%+20\%)/4=6\%$

134 **(D)**。附認股權公司債之認股權被執行時，則公司債仍存在，認股權不存在，投資人須支付代價才可取得普通股，發行公司尚不須償還公司債之本金。

135 **(C)**。累積特別股在普通股發放股利以前，可先獲發放以前未分配的股利。

136 **(C)**。一般發行擔保公司債，擔保機構主要為銀行。

137 **(C)**。一般而言，景氣由谷底復甦時，舉債程度較高的公司股票，槓桿程度愈大的公司，波動會愈大，價格漲幅較大。

138 **(C)**。在產業生命週期中被稱為「金牛」之公司，意指此公司處於成熟時期。

139 (B)。當「死亡交叉」出現時，顯示將有一段空頭行情。

140 (B)。股票的流動性風險與容不容易轉售有關（即股票的成交量有關）。

141 (B)。動能投資策略其假設投資人可以因為市場反應不足而獲得超額報酬，其策略類似於「追漲殺跌」。

142 (A)。根據資本資產訂價模型（CAPM），某積極成長型基金的基金經理人，其購買證券的貝它係數（β）應為大於1。

143 (B)。半強式效率市場：指股票價格除了反應歷史資訊外，還包括了所有公開可獲得的資訊，如財務報表分析、盈餘預測等等。因此無法利用基本分析獲取超額報酬。可透過內線消息賺取超額的報酬。

144 (A)。浮動利率債券可提供投資人對利率上漲風險的保護。

145 (C)。風險溢酬=20%–6%=14%

146 (C)。三大法人買賣超屬於動能分析資訊。

147 (B)。假設其他條件不變的情況之下，債券的票面利率與債券利率風險呈反向關係。

148 (D)。每股普通股的預期價值=3/8%=37.5（元）

149 (C)。
(1) M_{1A}＝通貨淨額＋支票存款＋活期存款
(2) M_{1B}＝M_{1A}＋活期儲蓄存款
(3) M_2＝M_{1B}＋準貨幣
(4) 定存屬於M_2的成份，但不屬於M_1的成份。

150 (D)。當K線突破D線時即為買進訊號。

151 (C)。依資本市場線（CML），風險規避程度很低的投資人，為了效用極大化，會向他人借入資金，再將全部的資金全部購買市場投資組合。

152 (B)。發行市場是股票初次發行流動的市場，提供證券市場價格並提供投資人流動性的為「交易市場」。

153 (B)。股票的流動性風險與容不容易轉售有關（即股票的成交量有關）。

154 (B)。資本市場可分為股票市場和債券市場。

155 (C)。手機大廠推出新產品有重大瑕疵，影響該公司股價下跌，這屬於事業風險。

156 (A)。投資者進行投資時，當可能最大報酬率與可能最低報酬率的差距越大時，表示波動幅度越大，風險越大。

157 (A)。當公司的信用評等等級越高時，表示違約風險越低。

158 (B)。所謂溢價債券（Premium Bond）是指殖利率較票面利率為低的債券。

159 (B)。公司債的市場價格主要受市場利率影響。

160 (C)。政府支出超過政府收入的數額，稱為「預算赤字」。

161 (C)。落後指標係指具有落後景氣變動性質之指標，可以協助確認景氣循環轉折點。落後指標由六項指標構成，包括：
(1) 失業率。
(2) 工業及服務業經常性受僱員工人數。
(3) 製造業單位產出勞動成本指數。
(4) 金融業隔夜拆款利率。
(5) 全體貨幣機構放款與投資。
(6) 製造業存貨率。

162 (B)。臺幣相對美元貶值，臺幣需求下降，資金外流，美元計價出口商受益，美元存款增加。

163 (C)。銷貨與盈餘的成長率預期能夠超過國民生產毛額成長率的工業稱為「成長工業」。

164 (A)。技術分析中，股價移動平均線代表某一個時段中，投資人平均成本。

165 (B)。系統風險又稱市場風險，也稱不可分散的風險。一個適當分散風險之投資組合的報酬主要受系統風險影響。

166 (C)。20%×0.4+30%×0.6=26%

167 (B)。資本資產訂價模型（CAPM）預測一股票之期望報酬率高於市場投資組合報酬率，則貝它（Beta）係數大於1。

168 (B)。交易成本與稅會阻礙市場效率。

169 (A)。根據資本資產訂價模型（CAPM），若一證券之期望報酬率低於市場投資組合報酬率，則貝它係數小於1。

170 (D)。效率前緣右上方的投資組合不一定都是無效率的。

171 (C)。投資、投機與賭博之比較，其風險大小順序為：
賭博＞投機＞投資。

172 (B)。由無風險資產報酬延伸與效率前緣相切的直線稱為「資本市場線（CML）」。

173 (D)。假若全體投資人皆採取最適投資組合策略，那麼將如何影響股市的均衡價格和預期報酬率，分析這項影響過程所用的模式中最具代表性的即資本資產訂價模型（CAPM）。根據資本資產訂價模型（CAPM），所有投資組合必須位於證券市場線（Security Market Line）上。

第四篇

財務分析

財務報表分析是投資證券所必須具備的專業知識，因此
建立清晰的觀念是非常重要的一件事。本篇的重點在於
財務報表分析的重要比率、基本會計知識，都是每年命
題的焦點。

財務報表分析的工具

依據出題頻率區分，屬：**B** 頻率中

重點 **1** 財務分析的定義及限制

一、 財務分析的定義

係將企業在某一會計期間結束辦理決算後，所編製的財務報表，以及相關的會計紀錄，加以整理、分析解釋其各種關係，以評估企業的財務狀況、經營績效及其他各項財務資料，以供投資者作為投資決策的參考數據。

二、 財務分析的目的

財務報表分析的目的既以幫助決策為目的，以下分就不同報表使用人說明：

(一) **股票投資人**：股票投資人所做的決策，不外股票之買賣及持有，此種決策有賴於對股票投資價值的判斷。股票投資的報酬主要來自於股利分配及股票增值（價格上漲），股利的分配和股票的增值均與企業之獲利能力及股利發放政策有關，而股利發放政策又受到企業之財務狀況、資本結構、及現在與未來資金之需求情況的影響。股票投資人投資於公司的目的是擴大自己的財富，因此，他們所關心的面向，便包括償債能力、收益能力以及風險等。

(二) **短期債權人**：短期債權人所關心者為其債權的保障及利息的賺取，故其分析財務報表的重點亦在於企業之短期償債能力的判斷，而判斷的方法就是分析企業資產及負債之流動性，以及未來短期內資金之流動情形。

(三) **長期債權人**：長期債權人所關心的是長期債權的保障，亦即企業長期還本付息的能力。企業還本付息的最大保障在於其獲利能力良好，其次則為資本結構的健全。獲利能力與企業之資產使用效率及經營風險有關，而資本結構又與企業之融資政策有密切關係，所以這些都是長期債權人所應重視的地方。

(四) **管理階層**：管理階層關心公司的財務狀況、盈利能力和持續發展的能力，他們分析報表的主要目的是改善報表。

(五)**政府機構**：政府機構也是公司財務報表的使用人，包括稅務部門、證券管理機構、會計監管機構等。他們使用財務報表是為了履行自己的監督管理職責。

三、 財務分析的限制

(一)財務報表分析僅能依據歷史成本資訊來計算，可能會扭曲財務績效的量化。

(二)財務報表分析中採用的報表數字，有些係基於估計而產生，故可靠性較為不足。

(三)財務報表分析採能將能量化的數字加以比較分析，對於非量化的部分，並不能呈現出來，故尚須考量非量化的部分，例如：產業環境、會計處理差異、員工向心力等，方能做出最佳的決策。

四、 財務報表分析的架構

財務報表分析的架構可以分為三大類：

(一)**基本分析**：

基本分析包括短期償債能力分析、長期償債能力分析、獲利能力分析與經營績效分析。

(二)**內部分析**：

內部分析包括現金預測、毛利分析、費用控制分析、損益平衡分析，及生產力分析等。

(三)**特殊目的分析**：

風險分析及債券評等分析以及企業評價分析。

> **考點速攻**
>
> 財務報表分析的主要分析有四項：短期償債能力分析、長期償債能力分析、獲利能力分析與經營績效分析。除了這四個主要分析項目外，現金流量分析是屬於輔助的分析。

重點**2** 財務分析的工具及限制 ✦✦

一、 水平分析

就不同年度期的財務報表或同一項目的比較分析，又稱為動態分析或橫向分析。可分為：

(一)**趨勢分析**：就財務報表中某一項目，以第一年為基期，計算其百分比，用來顯示其變化趨勢。

(二)**比較財務報表**：就將前後兩年度（期）報表加以比較分析。

二、垂直分析

就同一年度（期）的財務報表中各項目的比較分析。可分為：

(一)**共同比財務報表**：損益表中以銷貨淨額為準（100百分比）；資產負債表中以資產為準（100百分比），再分別設算各項目所佔的百分比，以顯示其組成比重。

(二)**比率分析**：就財務報表中，將兩種具有相關意義的項目計算比率，以顯示出其比率隱含的意義。

牛刀小試

( ) 1 共同比財務報表分析通常以損益表的哪一個數字為100%？
(A)銷貨收入 (B)銷貨淨額 (C)銷貨毛利 (D)營業利益。

( ) 2 共同比財務報表分析通常以資產負債表的哪一個數字為100%？
(A)資產 (B)流動資產 (C)負債 (D)權益。

( ) 3 財務報表分析的第一步為何？ (A)進行共同比財務報表分析
(B)制定分析的目標 (C)瞭解公司的股權結構 (D)瞭解公司所處的行業。

( ) 4 比較兩家營業規模相差數倍的公司時，下列何種方法最佳？
(A)共同比財務報表分析 (B)比較分析 (C)水平分析 (D)趨勢分析。

( ) 5 採用同一張財務報表中某項目為比較基礎，將其設為100，而其他各項目與其比較計算，計算其百分比予以表示與分析稱為：
(A)比較財務報表分析 (B)共同比財務報表分析 (C)比率分析
(D)特殊分析。

解答與解析

1 (B)。共同比財務報表在損益表中以銷貨淨額為準（100百分比），再分別設算各項目所佔的百分比，以顯示其組成比重。

2 (A)。共同比財務報表在資產負債表中以資產為準（100百分比），再分別設算各項目所佔的百分比，以顯示其組成比重。

3 (B)。財務報表的分析步驟：

Step 1：制定分析目標。

Step 2：分析產業環境。

Step 3：查閱會計報表。

Step 4：從事比率分析。

4 (A)。比較兩家營業規模相差數倍的公司時，共同比財務報表分析最佳。

5 (B)。採用同一張財務報表中某項目為比較基礎，將其設為100，而其他各項目與其比較計算，計算其百分比予以表示與分析稱為「共同比財務報表分析」。

各項比率分析之介紹

依據出題頻率區分，屬：**A** 頻率高

重點 **1** 短期償債比率分析

一、 流動比率

為測驗企業短期償債能力的參考，並為衡量營運資金是否足夠的指標。計算公式：

$$流動比率 = \frac{流動資產}{流動負債}$$

說明：此項比率越大，代表企業短期償債能力越強。此一比率通常維持在200％（即2：1）以上，但實際上仍應視各該行業的狀況而定。

二、 速動比率

亦稱酸性測驗比率，係測驗企業極短期償債能力大小的指標。計算公式：

$$速動比率 = \frac{速動資產}{流動負債}$$

※速動資產＝流動資產－預付費用－存貨

說明：速動比率用來測驗企業緊急變現能力，此一比率至少應維持在100％以上（即1：1）。

三、 營業淨現金流量對流動負債比

衡量企業以營業活動賺取現金償還流動負債的能力。計算公式：

$$營業淨現金流量對流動負債比 = \frac{營業活動現金流量}{流動負債}$$

說明：比例越高，表示企業透過營業活動賺取現金來償還流動負債的能力越佳。

四、 應收帳款週轉率

此一比率用來說明應收帳款收現的速度。計算公式：

$$應收帳款週轉率 = \frac{賒銷收入淨額}{（期初應收帳款＋期末應收帳款）／2}$$

說明：此一週轉率越高表示收回帳款的速度越快，企業週轉金停留在帳款的期間越短。

五、 應收帳款平均收回天數

係指應收帳款週轉一次所需經歷的天數。計算公式：

$$應收帳款平均收回天數 = \frac{365天（或360天）}{應收帳款週轉率}$$

說明：此一週轉率越高表示收回帳款的速度越慢。

六、 存貨週轉率

此一比率用來衡量企業買進商品至賣出商品的流通速度。計算公式：

$$存貨週轉率 = \frac{銷貨成本}{（期初存貨＋期末存貨）／2}$$

說明：此一週轉率越高，表示商品流通的速度越快，商品的儲存成本越低。

七、 存貨週轉平均天數

此一比率用來衡量企業買進商品至賣出商品的流通速度。計算公式：

$$存貨週轉平均天數 = \frac{365天（或360天）}{存貨週轉率}$$

說明：此一週轉率越高，表示商品流通的速度越慢。

八、 平均營業週期

此週期為企業以現金購買存貨、將存貨出售產生應收帳款所需時間。計算公式：

平均營業週期＝應收帳款收回平均天數＋存貨週轉平均天數

說明：淨營業週期越長表示所需營運資金越多，資金積壓情形較嚴重。

重點2 資本結構與長期償債能力分析 ✧✧

一、負債比率

係用來衡量企業透過舉債經營的程度,亦即外來資金(負債)占企業總資產的比率。計算公式:

$$負債比率 = \frac{負債總額}{資產總額}$$

說明:此項比率用來說明總資產中有多少來自外來資金。

二、權益比率

係用來衡量以自有資金經營企業的程度,亦即自有資金(股東權益占企業總資產的比率)。計算公式:

$$權益比率 = \frac{股東權益總額}{資產總額} = 1 - 負債比率$$

說明:權益比率的高低可以表示企業長期償債能力的強弱。

三、財務槓桿指數

指以自有資本來舉債,運用支付固定利息之負債來營運並賺取盈餘,支付利息後的盈餘歸於股東,達成增加股東權益資本報酬率的目的。計算公式:

$$財務槓桿指數 = \frac{股東權益報酬率}{總資產報酬率}$$

說明:財務槓桿指數可衡量財務槓桿是否有利於股東,若小於1,表示不利,大於1則為有利。

四、財務槓桿比率

衡量財務槓桿有利與不利的影響程度。計算公式:

$$財務槓桿比率 = \frac{資產總額}{股東權益總額}$$

說明:此比例越大表示自有資金比重越低,財務風險越高。

五、長期資金對固定資產比率

此項比率係用來衡量固定資產由長期資金所支應的程度。計算公式：

$$長期資金對固定資產比率 = \frac{（長期負債＋股東權益）}{固定資產}$$

說明：若小於1，表示企業需依賴短期資金來支應長期資本支出，企業財務危機已可能發生，故此比率以遠大於1為宜。

六、利息保障倍數

用來衡量企業的淨利相當於支付公司債利息的倍數。計算公式：

$$利息保障倍數 = \frac{（稅前淨利＋利息費用）}{利息費用} = \frac{（稅後淨利＋所得稅＋利息費用）}{利息費用}$$

說明：此倍數越高表示企業到期支付利息的能力越強。

重點3 衡量經營績效分析

一、毛利率

係用來衡量銷貨毛利占銷貨淨額的百分率。計算公式：

$$毛利率 = \frac{（銷貨收入－銷貨成本）}{銷貨淨額}$$

說明：此比率越高表示企業獲利能力越強。

二、純益率

用來衡量銷貨收入可以產生多少的利潤（純益）比率。計算公式：

$$利潤率 = \frac{本期淨利}{銷貨收入淨額}$$

說明：此比率越高表示企業獲利能力越強。

三、營業淨現金流量對銷貨收入比率

代表透過正常營業收入產生現金的能力。計算公式：

$$營業淨現金流量對銷貨收入比率 = \frac{營業活動現金流量}{銷貨收入淨額}$$

說明：此比率越高表示企業透過正常營業收入產生現金的能力越強。

四、資產報酬率

用來衡量全部資產所獲致的報酬率。計算公式：

$$資產報酬率 = \frac{稅後淨利 + 利息費用 \times (1 - 稅率)}{平均總資產}$$

說明：此項比率係衡量企業獲利能力及管理績效的指標。

五、股東權益報酬率

用來衡量股東權益所獲取的報酬率，亦稱資本報酬率或股東投資報酬率。計算公式：

$$股東權益報酬率 = \frac{稅後淨利}{平均股東權益}$$

說明：此比率越高表示股東權益報酬率越高。

六、總資產週轉率：

計算每一元資產投資可產生的銷貨收入。計算公式：

$$總資產週轉率 = \frac{銷貨收入淨額}{平均資產總額}$$

說明：該數字越大表示其資產之使用效率越高。

七、固定資產週轉率

計算每一元固定資產投資可產生的銷貨收入。計算公式：

$$固定資產週轉率 = \frac{銷貨收入淨額}{平均固定資產}$$

說明：該數字越大表示其固定資產之使用效率越高。

八、每股盈餘

用來衡量普通股每股所能賺得的盈餘額。計算公式：

$$每股盈餘＝\frac{本期淨利－特別股股利}{加權平均流通在外普通股股數}$$

※加權平均流通在外普通股股數：

(一)現金增資、減資或庫藏股交易：因增現金增資、減資或庫藏股交易致使股數發生變動，應依變動時間計算全年之加權平均流通在外股數。

(二)股票股利或股份分割年度中發放股票股利或進行股份分割而致股數變動，則加權平均流通在外股數應追溯調整至期初。

說明：該數字越大表示普通股每股所能賺得的盈餘額越高。

九、本益比

用來衡量每股市價等於每股盈餘的倍數。計算公式：

$$本益比＝\frac{每股市價}{每股盈餘}$$

說明：價格盈餘比率愈高，表示股東要求的投資報酬率愈低。

十、股利率

用來衡量每股股利占每股盈餘的比率，亦即股東每股所賺得的盈餘分配股利數。計算公式：

$$股利率＝\frac{每股股利}{每股盈餘}$$

說明：該比率越高表示股東每股所賺得的盈餘分配股利數越多。

十一、每股帳面價值

指普通股每一股可分得的公司淨資產帳面價值。計算公式：

$$每股帳面價值＝\frac{(股東權益總額－特別股帳面價值)}{普通股股數}$$

說明：該比率越高表示普通股每一股可分得的公司淨資產帳面價值越多。

十二、每股特別股帳面價值：

指特別股每一股可分得的公司淨資產帳面價值。計算公式：

每股特別股帳面價值＝每股清算價值＋每股累積特別股股利

說明：該比率越高表示特別股每一股可分得的公司淨資產帳面價值越多。

十三、損益平衡點的計算公式：

(一)損益兩平點（金額）$= \dfrac{固定成本}{1 - \dfrac{變動成本}{銷貨}} = \dfrac{固定成本}{1 - 變動成本率}$

上式分母（$1 - \dfrac{變動成本}{銷貨}$）即通常所稱利量率或邊際貢獻率。

(二)損益兩平點（數量）$= \dfrac{固定成本}{單位售價 - 單位變動成本}$

牛刀小試

( ) 1 下列哪一項指標為最能反映公司股東獲利性的財務指標？ (A)負債比率 (B)每股淨值 (C)每股盈餘 (D)銷貨毛利率。

( ) 2 下列何者為評估企業財務結構的指標之一？ (A)資產週轉率 (B)毛利率 (C)負債比率 (D)本益比。

( ) 3 若舉債投資所得到之報酬率高於舉債之資金成本，則舉債對股東權益報酬率之影響為： (A)上升 (B)不變 (C)下降 (D)不一定。

( ) 4 當股價不變，如企業的純益越高，則其本益比： (A)高科技產業應越低，傳統產業應越高 (B)負債較高之企業應越低，負債較低之企業應越高 (C)越高 (D)越低。

( ) 5 若甲公司向銀行舉借短期借款用以購買存貨100萬元，則其影響為何？ (A)負債比率提高 (B)速動比率提高 (C)銷貨成本增加100萬元 (D)營運資金（working capital）減少100萬元。

( ) **6** 某公司當年度的盈虧兩平點銷貨額為$500,000，其變動成本率為60%，則該公司的固定費用為： (A)$100,000 (B)$200,000 (C)$300,000 (D)$150,000。

( ) **7** 某公司產品售價每單位$20，變動成本每單位$12，固定成本每年$40,000，若欲獲得稅前淨利$20,000，則銷貨收入應為：(A)$150,000 (B)$100,000 (C)$80,000 (D)$50,000。

解答與解析

1 (C)。
(1) 每股盈餘＝（本期淨利－特別股股利）／普通股加權流通在外平均股數
(2) 指普通股每一股在某一期間所發生的淨利或淨損，最能反映公司股東獲利性的財務指標。

2 (C)。(A)資產週轉率＝銷貨收入淨額／平均資產總額，為評估企業資產運用效率的指標。(B)毛利率＝銷貨毛利／銷貨收入淨額，為評估企業獲利能力的指標。(C)負債比率＝負債總額／資產總額，為評估企業財務結構的指標。(D)本益比＝普通股每股市價／每股盈餘，為評估企業股票評價的指標。

3 (A)。
(1) 股東權益報酬率＝本期淨利／平均股東權益。
(2) 若舉債投資所得到之報酬率高於舉債之資金成本，將會使企業本期淨利增加，股東權益報酬率上升＝本期淨利上升／平均股東權益。
(3) 綜上，若舉債投資所得到之報酬率高於舉債之資金成本，則舉債會使股東權益報酬率上升。

4 (D)。本益比＝$\dfrac{每股市價}{每股盈餘}$
故當股價不變，即分子不變的情況下，如企業的純益越高，代表每股盈餘越高，故分母越高，則其本益比越低。

5 (A)。
(1) 若甲公司向銀行舉借短期借款用以購買存貨100萬元，將使甲公司的流動資產增加100萬元，流動負債亦增加100萬元，速動資產不變。
(2) 因流負債增加100萬元→負債比率提高。
(3) 速動比率＝$\dfrac{速動資產}{流動負債}$，本題流動負債增加100萬元，速動資產不變→速動比率下降。

(4) 期末存貨增100萬元→銷貨成本減少100萬元。

(5) 營運資金＝流動資產－流動負債，本題流動資產及流動負債同額增加，故對營運資金不生影響。

6 (B)。損益兩平點銷售額＝$\dfrac{固定成本}{1-變動成本率}$

$500,000=\dfrac{固定成本}{1-60\%}$

→固定成本＝200,000

7 (A)。銷貨收入＝$\dfrac{固定成本＋稅前淨利}{（單位售價－單位變動成本）/單位售價}$

$=\dfrac{\$40,000+\$20,000}{(\$20-\$12)/\$20}$

$=\$150,000$

重點 **4** 會計知識（上）✿✿✿✿

一、會計基本假設及原則

(一) 會計的基本假設：

1. **企業個體假設**：係指業主個人的財產、債務與企業的財產、債務相互獨立，各為一單獨之經濟個體。

2. **繼續經營假設**：係指企業帳上財產、債務之價值是基於預期繼續經營情況下設算存在的。

3. **會計期間假設**：係指將預期繼續經營情況下，將期間劃分段落，以作為計算損益的時間單位，每一段落，為一會計期間，通常以1/1～12/31為一會計年度稱為曆年制，其會計期末為12月31日。

4. **貨幣評價假設**：係指會計以貨幣為量化財務資訊的工具，並假設貨幣價值不變，或變動不大可以忽略。

(二) 會計原則：

1. **歷史成本原則**：係指會計的衡量是以原始成本為原則。所謂成本係指使資產達到可使用狀態及地點前一切合理且必要的支出。

2. **收益原則**：會計上決定何時該認列收益的標準必須同時符合以下兩條件：

(1) 已實現或可實現：即具備現金及對現金之請求權。

(2) 已賺得：為賺取收益所必須履行之活動已全部或大部分完成。

3. **配合原則**：係指當收入認列時，相對的成本或費用應同時認列。

4. **充分揭露原則**：會計人員應將對於企業的財務狀況及營業結果有重大影響者，應列於報表上。

5. **一致性原則**：企業所採用的會計原則、方法或程序，一經採用，就不得隨意更改，以確保同一公司在不同年度可以互相比較。相同的會計事項前後年度應處理一致，但客觀環境改變時，採用新方法能更客觀、公正表達企業之財務狀況和經營成果，仍可採用新方法。

6. **重要性原則**：指會計事項或金額如不具重要性，在不影響財務報表使用的原則下，可不必嚴格遵守會計原則，從簡處理。

7. **客觀性原則**：會計事項必須有合理客觀的證據，始可入帳。

8. **穩健原則**：指在資產評價或損益衡量時，如有兩種以上方法可選擇，會計人員應選擇對本期純益或財務狀況較為不利的方法或金額。

(三) **會計資訊品質特性**：

1. **最高品質**：決策有用性。

2. **基本品質特性**：

(1) **攸關性**：

指與決策有關的資訊，具有改變決策之能力。其組成項目如下：

A. 預測價值：預測價值係指所提供的資訊雖為過去或現在發生的交易所彙整的結果，但可做為未來事件的結果預測。

B. 確認價值：係只提供的資訊可以確認或修正以前之預測，界使資訊使用者可因確認以往評估正確而有信行決策。

(2) **忠實表述**：

忠實表述之資訊可合理避免錯誤及偏差。忠實表述的構成要素有三項：

A. 完整性：所謂完整性指財務報表在考量重大性與成本之限制下，為讓使用者能充分了解，所有的資訊都須完整提供。

B. 中立性：指對資訊的表達不為了達到預期結果或圖利而故意篩選，必須公正。

C. 免於錯誤：指合理的避免錯誤和偏差。

3. **強化品質特性：**

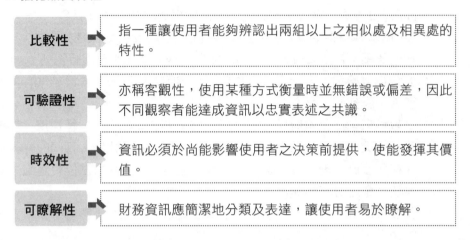

比較性	指一種讓使用者能夠辨認出兩組以上之相似處及相異處的特性。
可驗證性	亦稱客觀性，使用某種方式衡量時並無錯誤或偏差，因此不同觀察者能達成資訊以忠實表述之共識。
時效性	資訊必須於尚能影響使用者之決策前提供，使能發揮其價值。
可瞭解性	財務資訊應簡潔地分類及表達，讓使用者易於瞭解。

(四) 會計方程式及借貸法則：

1. **會計恆等式：**

資產＝負債＋業主權益
　　＝期末負債＋期初業主權益＋本期收入－本期費用

2. **借貸法則：**

借貸法則如下表所示：

借方	資產增加 負債減少 業主權益減少 費用增加 收入減少
貸方	資產減少 負債增加 業主權益增加 費用減少 收益增加

二、財務報表

(一)財務狀況表：

財務狀況表以前稱為資產負債表，為了更能反映其內涵及功能，乃改名，此報表乃用以代表企業在特定日期的財務狀況，由資產、負債、業務權益之帳戶餘額所編製，屬於「靜態報表」。

大千公司

財務狀況表

XX年12月31日

資產	本期	上期	負債及權益	本期	上期
流動資產			流動負債		
現金及約當現金	XXX	XXX	應付帳款	XXX	XXX
金融資產	XXX	XXX	短期借款	XXX	XXX
應收帳款	XXX	XXX	長期借款十二個月內到期部分	XXX	XXX
應收票據	XXX	XXX	應付所得稅	XXX	XXX
存貨	XXX	XXX	其他短期應付款	XXX	XXX
預付費用	XXX	XXX	其他流動負債	XXX	XXX
流動資產合計	XXX	XXX	流動負債合計	XXX	XXX
非流動資產			非流動負債		
備供出售金融資產	XXX	XXX	應付公司債	XXX	XXX
長期股權投資－權益法	XXX	XXX	長期借款	XXX	XXX
不動產、廠房及設備	XXX	XXX	非流動負債合計	XXX	XXX
投資性不動產	XXX	XXX	負債總計	XXX	XXX
無形資產	XXX	XXX	股東權益	XXX	
遞耗資產	XXX	XXX	股本	XXX	XXX
遞延所得稅資產	XXX	XXX	資本公積	XXX	XXX
其他資產	XXX	XXX	保留盈餘	XXX	XXX
商譽	XXX	XXX	累計其他綜合損益	XXX	XXX
非流動資產合計	XXX	XXX	權益總計	XXX	XXX
資產總計	XXX	XXX	負債及權益總計	XXX	XXX

1. **資產**：指一企業透過交易或非交易事項所獲得之經濟資源，能以貨幣衡量，並預期未來能提供效益者。可分為：

   (1) 流動資產：包括現金及在正常營運程序中即可變現現金或可減少現金支出而具流動性質之資產。

   (2) 非流動資產：是預期長期持有或變現速度較慢的資產，包含轉投資的子公司、土地、廠房、設備，以及屬於無形資產的專利、版權等。

2. **負債**：負債是指因為過去的交易或事件，使得未來必須要犧牲的經濟利益。可分為：

   (1) 流動負債：指一年內，以流動資產或其他流動負債償付之債務。

   (2) 非流動負債：非流動負債是指償還期在一年或者超過一年的一個營業週期以上的債務。非流動負債的主要項目有長期借款和應付債券。

3. **業主權益**：是企業資產數額扣除所有負債後的剩餘部分。

(二) **綜合損益表**：根據國際財務報導準則規定，綜合淨利包括「本期損益」和「本期其他綜合損益」（例如：備供出售金融資產未實現損益、資產重估價盈餘……），屬於「動態報表」。

大千公司

綜合損益表

X2年及X1年1月1日至12月31日

	X2年	X1年
銷貨收入	XXX	XXX
銷貨成本	(XXX)	(XXX)
銷貨毛利	XXX	XXX
營業費用	(XXX)	(XXX)
營業淨利	XXX	XXX
營業外收入	XXX	XXX
營業外支出	(XXX)	(XXX)
關聯企業淨利份額	XXX	XXX
繼續營業單位稅前淨利	XXX	XXX
所得稅	(XXX)	(XXX)
繼續營業單位淨利	XXX	XXX
停業單位損失	(XXX)	(XXX)

本期純益	XXX	XXX
其他綜合損益：		
金融資產公允價值變動	(XXX)	(XXX)
現金流量避險工具未實現損益	(XXX)	(XXX)
資產重估價盈餘	XXX	XXX
外幣換算調整數	XXX	XXX
本期綜合損益	XXX	XXX

1. **銷貨成本評估項目：**
   (1) 可供銷貨成本＝期初存貨＋進貨淨額
   (2) 銷貨成本＝期初存貨＋進貨淨額－期末存貨
   (3) 本期進貨淨額＝進貨總額＋進貨費用－進貨退出－進貨折讓
   (4) 銷貨成本率＝銷貨成本／銷貨淨額
2. **毛利評估項目：**
   (1) 銷貨毛利＝銷貨淨額－銷貨成本
   (2) 銷貨毛利率＝銷貨毛利／銷貨淨額
   (3) 銷貨毛利率＋銷貨成本率＝1
3. **淨利評估項目：**
   營業淨利＝銷貨毛利－管理及推銷費用
   息前稅前盈餘（EBIT）＝營業淨利＋營業外利得－營業外損失
   息前淨利（EBT）＝息前稅前盈餘（EBIT）－利息費用
   本期淨利＝息前淨利（EBT）－所得稅費用
   淨利率＝本期淨利／銷貨淨額

(三) **權益變動表：**
   用以表達在報導期間權益的變動，應區分為兩大類：1.與業主以其業主身分進行的交易所產生的權益變動，稱為「業主權益變動」；2.其他權益變動，屬於「動態報表」。

大千公司
權益變動表
XX年1月1日至12月31日

股本	資本公積		保留盈餘		金融資產	資產重	庫藏	權益
	股本溢價	庫藏股交易	法定公積	未分配盈餘	公允價值變動	估盈餘	股票	總額
1/1餘額	XXX	XXX	XXX	XXX	XXX	XXX		(XXX)	XXX
會計政策變動					XXX				XXX
重編後期初餘額	XXX	XXX	XXX	XXX	XXX	XXX		(XXX)	XXX
XX年權益變動：									
盈餘分配				XXX	(XXX)				
現金股利					(XXX)				
本期綜合損益總額					XXX	XXX	XXX		XXX
12/31餘額	XXX	XXX	XXX	XXX	XXX	XXX	XXX	(XXX)	XXX

(四) **現金流量表**：說明企業在特定期間之營業、投資及籌資活動之現金之流入與流出的報表，屬於「動態報表」。現金流量表的組成項目：

1. **營業活動**：營業活動是指所有與創造營業收入有關的交易活動之收入，諸如進貨、銷貨等所產生的現金流量。

流入項目	1. 現銷商品及勞務收現數 2. 應收帳款或應收票據收現金 3. 利息及股利收入收現 4. 出售以交易為目的之金融資產 5. 出售指定公平價值列入損益之金融資產 6. 其他，如訴訟賠款等

流出項目	1. 現購商品及原物料付現數 2. 償還應付帳款及應付票據 3. 利息費用付現數 4. 支付各項營業費用 5. 支付各項稅捐、罰款及規費 6. 其他，如支付如訴訟賠款等

2. **投資活動**：係指購買及處分公司的固定資產、無形資產、其他資產、債權憑證及權益憑證等所產生的現金流量。

流入項目	1. 收回貸款 2. 出售債權憑證 3. 處分非以交易為目的之金融資產 4. 處分固定資產
流出項目	1. 放款給他人 2. 取得債權憑證 3. 取得非以交易為目的之金融資產 4. 取得固定資產

3. **籌資活動**：包括股東（業主）的投資及分配股利給股東（業主）、籌資性債務的借入及償還。

流入項目	1. 現金增資 2. 舉借債務
流出項目	1. 支付股利 2. 購買庫藏股票 3. 退回資本 4. 償還借款 5. 償付分期付款金額

三、現金及應收帳款

(一)現金的內涵：

可稱為現金者	1. 庫存現金 2. 零用金、找零金 3. 即期支票 4. 即期本票 5. 即期匯票 6. 郵政匯票 7. 支存、活存、活儲
不可稱為 現金者	1. 郵票→應記為「預付費用」 2. 印花稅票：列為「預付稅捐」 3. 借條→應記為「其他應收款」 4. 遠期票據→應記為「應收票據」 5. 定期存款→依其期限列為「短期投資」或「長期投資」 6. 受限制的存款→應記為「長期投資」及「基金」或「其他資產」（例如：存在外國或已倒閉銀行的存款） 7. 指定用途的現金→應記為「基金」 8. 存出保證金→應記為「其他資產」

(二)特殊項目之表達：

項目	定義	表達
補償性 存款	公司向銀行借款時，銀行經常將借款的一部分回存銀行不能使用，此種存款稱為「補償性存款」。	1. 短期借款合約：列為「流動資產」，但與現金分別列示。 2. 長期借款合約：列為「長期投資」或「其他資產」。例如：受限制的現金如為擴建廠房所做的準備或用以償還長期債務，則作為長期投資。
銀行 透支	簽發支票之金額＞銀行存款餘額	1. 會計上紀錄為銀行透支，列為「流動負債」的科目。 2. 銀行透支原則上不可與現金抵銷。（例外：若為同一銀行之存款與透支則可予以抵銷。）

項目	定義	表達
約當現金	如國庫券、商業本票、附買回條件的票券，同時符合： 1. 可隨時轉換成現金 2. 取得日至到期日短於三個月	1. 一般公司作帳，都會將現金與約當現金的科目分開。 2. 只有在現金流量表時，才會把現金及約當現金做一個代表名詞。

(三) **零用金：**

1. **設置目的**：在於簡化零星支付手續及減輕會計及出納人員的日常工作。

2. **零用金的會計處理：**

程序	會計處理
1. 設置零用金	零用金　xxx 　　銀行存款　　　xxx
2. 使用	（不作分錄）
3. 撥補零用金	各項費用　　xxx 進項稅額　　xxx 　　銀行存款　　　xxx
4. 期末處理	（同上撥補零用金）
5. 增加或減少零用金	增加： 零用金　xxx 　　銀行存款　　　xxx 減少： 銀行存款　　xxx 　　零用金　　　xxx

程序	會計處理
6. 現金短溢	撥補零用金時發現「憑證+現金＞零用金額度」： 各項費用　　　　xxx 　　銀行存款　　　　　　xxx 　　現金短溢　　　　　　xxx 撥補零用金時發現「憑證+現金＜零用金額度」： 各項費用　　　　xxx 現金短溢　　　　xxx 　　銀行存款　　　　　　xxx

(四) 銀行存款調節表：

1. 調節的因素：

原因	公司帳上餘額		銀行對帳單金額	
	加項	減項	加項	減項
銀行已記，公司未記	利息收入、託收票據	手續費、存款不足退票	—	—
公司已記，銀行未記	—	—	在途存款	未兌現支票
公司或銀行發生錯誤	錯誤更正	錯誤更正	錯誤更正	錯誤更正

2. 簡單式調節表之格式：

XX公司

銀行存款調節表

XX年X月X日

銀行對帳單餘額	$XXX	公司帳上餘額	$XXX
加：在途存款	XXX	加：利息收入	XXX
減：未兌現支票	(XXX)	託收票據	XXX
加減：錯誤更正	XXX	減：手續費	(XXX)
		存款不足退票	XXX
		加減：錯誤更正	XXX
正確餘額	$XXX	正確餘額	$XXX

(五) **應收帳款：**

1. **原始認列：**

   應收帳款原始認列時應按公允價值衡量。應
   收帳款金額的決定須考慮下列各項因素：

   (1) **商業折扣：**係改變原始交易價格（例如：定
   價兩百的泳衣按七折出售），通常不入帳。

   (2) **現金折扣：**為鼓勵顧客提早還款而給予
   的折扣，如 2/10，n/30，意思是若在十

   天內付款，則可只付 98% 的貨款，若超過十天付款則必須在此十
   天後的二十天內以原價付款，也就是 10 天內只需付本金 98 元，
   11 至 30 天需受付利息 2 元，故付款條件 2/10，n/30 的隱含利率為
   $(2/98) \times (365/20) = 37.2\%$（年利）。

2. **預期信用減損損失的估計：**

   (1) **綜合比率法：**估計預期信用減損損失之程序及分錄做法如下：

程序	應收帳款餘額百分比法
估計預期信用減損損失率	按照以往年度期末應收帳款實際發生預期信用減損損失的比率，再參照目前經濟情況酌加調整，以調整後的比率為估計預期信用減損損失率。
計算本期期末備抵損失－應收帳款應有餘額	期末備抵損失－應收帳款應有餘額＝期末應收帳款餘額×預計預期信用減損損失率
計算本期應提列之預期信用減損損失金額	預期信用減損損失費用＝期末備抵損失－應收帳款應有餘額＋調整前備抵損失－應收帳款借方餘額－調整前備抵損失－應收帳款貸方餘額＝本期應提列的預期信用減損損失
做調整分錄	預期信用減損損失費用　　XXX 　　備抵損失－應收帳款　　　XXX

   (2) **帳齡分析法：**本法按期末應收帳款的欠帳期間長短，分別估計其備
   抵損失－應收帳款率，加總後計算期末應有的備抵損失－應收帳款。
   估計預期信用減損損失之程序及分錄做法如下：

程序	帳齡分析法
分析帳齡	將期末應收帳款依帳齡賒欠期間之長短加以分組，並統計各組應收帳款的合計數。
估計預期信用減損損失率	依賒欠期間長短，估計每組應收帳款無法收回的比率（預期信用減損損失率）。
計算本期應提列預期信用減損損失金額	期末應有之備抵損失－應收帳款金額＝Σ各組應收帳款餘額×各組預期信用減損損失率
計算本期應提列之預期信用減損損失金額	預期信用減損損失費用＝期末備抵損失－應收帳款應有餘額＋調整前備抵損失－應收帳款借方餘額－調整前備抵損失－應收帳款貸方餘額＝本期應提列的預期信用減損損失
做調整分錄	預期信用減損損失費用　　XXX 　　備抵損失－應收帳款　　　XXX

3. **預期信用減損損失的會計處理：**
   會計上對於預期信用減損損失的處理方法有直接沖銷法及備抵法兩種，兩者的觀念及分錄做法整理如下表：

> **考點速攻**
> 備抵法下較符合會計上的配合原則及穩健原則。

項目	備抵損失－應收帳款
觀念	會計年終對於未來可能發生的預期信用減損損失，預先估計使與銷貨收入能夠相互配合，符合會計上的配合原則及穩健原則。

> **考點速攻**
> 進行預期信用減損損失沖銷時，不影響應收帳款的淨變現價值，對資產負債不生影響。

項目	備抵損失－應收帳款
期末估計	預期信用減損損失　　xxx 　　備抵損失　　　　　　　　xxx
預期信用減損損失實際發生時沖銷預期信用減損損失	備抵損失　　　　　　xxx 　　應收帳款　　　　　　　　xxx
沖銷後收回	應收帳款　　　　　　xxx 　　備抵損失　　　　　　　　xxx 現金　　　　　　　　xxx 　　應收帳款　　　　　　　　xxx

(六) **應收票據：**

1. **應收票據的種類：** 應收票據依其是否附息，可分為：

   (1) **附息票據：** 票據上有利息之記載者；票據到期時要清償本金及利息。

   (2) **不附息票據：** 票據上無利息之記載者；票據到期時，僅償還票面金額即可。

2. **應收票據貼現計算：**

   票據利息＝票據面額×票據利率×期間

   票據到期值＝票據面額＋票據利息

   貼現息＝票據到期值×貼現率×期間

   貼現收入＝票據到期值－貼現息

   貼現損失＝（票據面值＋應收未收利息）－貼現收入

> **考點速攻**
>
> 不附息票據指的是票面金額已含利息，簡單來說這筆款項的現值不等於票面金額。

四、存貨

(一) **存貨的歸屬問題：**

以下針對幾種商品所有權的歸屬作一歸納：

項目	所有權之歸屬
在途商品	起運點交貨→買方存貨。 目的地交貨→賣方存貨。

項目	所有權之歸屬
承銷品	寄銷公司存貨。
寄銷品	寄銷公司存貨。
分期付款銷貨	買方存貨→在買方尚未繳清貨款時，所有權仍屬賣方，但通常不包括在賣方存貨中，因經濟效益事實上已移轉給買方，故為買方資產。
高退貨率的銷貨	1. 若退貨率可以合理預估，則於出售時認列銷貨，並將存貨轉入銷貨成本→買方存貨。 2. 若無法合理預估退貨率，則不得認列為銷貨，則視為「寄銷品」來處理；至退貨期限截止時，再認列銷貨及將存貨轉銷至銷貨成本→賣方存貨。
附買回協議之銷貨	實質上屬存貨借款擔保，而非真正的銷貨，亦即為產品融資合約→賣方存貨。

(二) **期末存貨評價：**

1. **成本與淨變現價值孰低的意義**：依據國際財務報導準則的規定，期末存貨應按「成本與淨變現價值孰低法」評價，所謂「淨變現價值」是指企業在正常營業情況下的估計售價，減除至完工尚需投入的製造成本及銷售費用後的餘額。當期末存貨的淨變現價值低於成本時，需將差額列為「存貨跌價損失」，作為當期銷貨成本的一部分。相反的，當淨變價值高於成本時，仍使用原始衡量之成本評價，不認列價值上升的利益，以符合會計上的穩健原則。

2. **淨變現價值的決定**：淨變現價值的決定依製成品、商品存貨、在製品、原材料而所有不同，茲分別列示如下表：

項目	淨變現價值
製成品和商品存貨	淨變現價值＝該存貨在正常營業情況下的估計售價－估計的銷售費用和相關稅費
在製品	淨變現價值＝所生產的製成品在正常營業情況下的估計售價－至完工時估計將要發生的成本－估計銷售費用和相關稅費
原材料（物料）	淨變現價值＝原材料（物料）等的重置成本

(三) 存貨錯誤：

存貨錯誤致生影響彙整如下：

1. 期初

	下期損益表		下期資產負債表	
	銷貨成本	純益	存貨	保留盈餘
期初存貨低估	低估	高估	無影響	無影響
期初存貨高估	高估	低估	無影響	無影響

2. 期末

	當期損益表		當期資產負債表	
	銷貨成本	純益	存貨	保留盈餘
期末存貨低估	高估	低估	低估	低估
期末存貨高估	低估	高估	高估	高估

牛刀小試

( )　**1**　甲公司賒銷交易所給的付款條件為：2/10，n/30，則此付款條件隱含之年利率為多少？（一年以365天計）　(A)24.33% (B)24.83%　(C)36.5%　(D)37.24%。

( )　**2**　正龍公司設有零用金制度，於此情況下，當領用零用金以支付郵電費用時，應作何種會計處理？　(A)不作分錄　(B)借：郵電費　(C)貸：零用金　(D)貸：銀行存款。

( )　**3**　一把剪刀理論上應列為資產，但金額小可以直接當費用處理，係依據何種原則？　(A)收入實現原則　(B)成本原則　(C)穩健原則　(D)重要性原則。

( )　**4**　會計上之配合原則是指：(A)企業與客戶配合　(B)收入與費用配合　(C)資產與負債配合　(D)董事會與股東配合。

( )　**5**　若期末存貨被低估，則本期淨利與本期期末資產將被：　(A)淨利：低估；資產：低估　(B)淨利：高估；資產：高估　(C)淨利：低估；資產：不變　(D)淨利：高估；資產：低估。

解答與解析

1 (D)。隱含之年利率

$$=\frac{銷貨折扣}{銷貨收入-銷貨折扣}\times\frac{365}{折扣屆滿日-最遲付款期間}$$

$$\frac{2}{(100-2)}\times\frac{365}{(30-10)}=37.24\%$$

也可使用另一公式：

$$（銷貨收入-銷貨折扣）\times利率（i）\times\frac{期間}{365}=利息$$

2 (A)。
(1) 當使用零用金時，不需要作分錄的，但為求備忘起見，可由保管人自行設置零用金備查簿記錄，並將發票或憑證留存，等到一定時間要撥補零用金時，再將各項的費用記錄補充至一樣的金額即可。
(2) 故正龍公司在領用零用金以支付郵電費用時，不作分錄。

3 (D)。
(1) 重要性原則：指會計事項或金額如不具重要性，在不影響財務報表使用的原則下，可不必嚴格遵守會計原則，從簡處理。
(2) 一把剪刀理論上應列為資產，但金額小可以直接當費用處理，即係依據重要性原則。

4 (B)。
(1) 配合原則（收入與費用配合原則）：
    A.認列收益時，其相關的費用或營業成本應於同一會計期間認列。
    B.收入與費用相互配合，才能計算出正確損益。
(2) 綜上，會計上之配合原則是指收入與費用配合。

5 (A)。
(1) 定期盤存制指固定每隔一段時間盤點存貨的意思。平常無庫存存貨之資料。
(2) 因為「銷貨成本=期初存貨+本期進貨-期末存貨」及「本期淨利=銷貨收入-銷貨成本」，期初存貨與本期進貨無誤，期末存貨的低估將會造成銷貨成本的高估，銷貨成本高估造成銷貨毛利低估，進而使本期淨利低估，因而權益低估。

重點5 會計知識（下）　✿✿

一、營業資產

(一)不動產、廠房及設備之原始衡量：

1. **認列條件：**

   (1) 與資產相關之未來經濟效益很有可能流入企業。

   (2) 資產之取得成本能可靠衡量。

   上述二個條件須同時符合，始得認列為不動產、廠房及設備。

2. **原始衡量：**

   (1) 所有為使資產達可供使用狀態及地點所發生之支出。

   (2) 清除回復成本應包含在固定資產原始認列成本中。

3. **不動產、廠房及設備的成本決定：** 不動產、廠房及設備的成本的計算，依照國際財務報導準則的規定，是指使資產達到可供使用狀態，以及安置在預定地點為止，所有必要的現金或約當現金的支出，茲介紹各項資產的原始取得成本如下：

   (1) **土地及土地改良：** 土地成本包括現金購買價格、過戶相關之規費、代地主承擔的稅捐、手續費、仲介佣金以及地方政府一次徵收的工程收益費等「一切為使土地達到可供使用狀態的所有成本」。為建屋而購入的土地，則舊屋的購入成本減去拆除舊屋後殘料的變賣收入，也應列為土地成本。在土地上所做的改良，如興建衛生下水道、路面、排水、路燈等，若具備永久性應列為土地成本中，若有一定使用年限時，應以「土地改良物」科目入帳，並逐期提列折舊。

   (2) **建築物：** 建築物如以購買方式取得，則其成本包括現金購買價格、使用前的整修支出、仲介佣金、稅捐等「一切使建築物達到可供使用狀態的必要支出」。建築物如自行建造者，則其成本包括自設計至完工之一切必要支出，包括支付給營造商的價款、設計費、建築執照費、監工費及以及為建造房屋借入款項，在建造期間應該資本化的借款利息、保險費等。

   (3) **機器設備：** 機器設備之成本包括發票價格、運費、安裝、試車等，「使機器設備達到可使用之地點與狀態的一切必要支出」。如果重型機器設備安裝時，需要強化地基，或者因為機器設備危險性高、價值昂貴而必須另加設安全設施，這些相關支出也都屬於設備的成本。

(二) 折舊：

1. **折舊的意義**：將廠房及設備成本逐期轉列為費用，以達到收入與費用的配合原則。這種分攤成本的程序在會計上稱之為「折舊」。

2. **折舊方法**：一般常用的折舊方法，可分為三大類，分別為直線折舊法、工作數量法及遞減法，分述如下：

種類	假設	公式
直線法： （又稱為平均法）	假設每年使用資產服務之成本均相等	每年之折舊＝（成本－估計殘值）÷估計耐用年限
工作數量法： （又分為下列2種方法）	(1)工作時間法：每年的折舊費用等於當期工作時數乘以每單位工時折舊率	1. 先計算每一工作小時之折舊率： 　每單位工時折舊率r＝ 　（成本－殘值）÷預估總工作時數 2. 當期折舊＝當期工作時數×每單位工時折舊率
	(2)生產數量法：每年的折舊費用等於當期產量乘以每單位折舊率	1. 先計算每單位折舊率： 　每單位折舊率r＝ 　（成本－殘值）÷預估總產量 2. 當期折舊＝當期產量×每單位折舊率
遞減法： （又分為下列3種方法）	(1)年數合計法：每年折舊費用按固定之折舊基礎乘以遞減之折舊率決定。在第一年所提的折舊會最多，依年度依序遞減。	總年數＝$(1+2+\cdots\cdots+n)＝n(n+1)/2$ 每年之折舊費用＝（成本－殘值）×（各年初所剩耐用年數／總年數）
	(2)定率遞減法	折舊率＝$1-n\sqrt{s/c}$ n＝耐用年限，c＝成本，s＝殘值 每年之折舊＝期初帳面價值（成本－累計折舊）×折舊率
	(3)倍數餘額遞減法：以直線法折舊率之倍數為折舊率，通常為2倍	折舊率＝2／耐用年限 每年之折舊＝期初帳面價值×折舊率 注意：期初帳面價值＝原始取得成本－累計折舊

※定率遞減法、倍數餘額遞減法算出折舊率後，每年提列折舊時無須再考慮殘值。

(三) **折舊方法的改變及會計估計的改變：**

1. **會計估計變動：**

(1) 對資產估計使用年限、殘值等改變所造成者，稱為會計估計變動。

(2) 會計估計變動不改正以前所多提或少提的累計折舊。

(3) 改變後每年的折舊費用（以直線法為例）

$$= \frac{資產未提折舊額（＝成本－已提列累計折舊－新估計殘值）}{重新估計後的剩餘使用年限}$$

2. **折舊方法的變動：** 由於折舊方法的改變，係指由某一會計原則改變為另一會計原則。依照國際財務報導準則的規定，折舊方法變動視同估計變動，不追溯既往。也就是說以剩餘的帳面金額、耐用年限及殘值，及新的折舊方法計算往後年度的折舊。

(四) **資本支出與收益支出：**

資本支出及收益支出的帳務處理茲彙總如下圖：

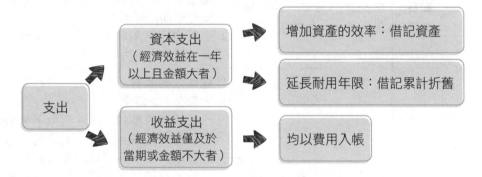

(五) **無形資產：**

有關無形資產的種類有專利權、商標權、特許權、電腦軟體成本等，茲整理如下表：

種類	定義	成本衡量及攤銷
專利權	為政府授予發明者在特定期間，排除他人模仿、製造、銷售的權利。	1. 應按取得成本入帳，並以法定年限或經濟年限兩者較短者提列攤銷。 2. 當專利權受侵害而提起訴訟時，不論勝訴或敗訴，訴訟費用均應作為當期費用。如果敗訴，則應評估專利權是否已減損，如減損，則應認列減損損失。

種類	定義	成本衡量及攤銷
特許權	政府或企業授予其他企業，在特定地區經營某種業務或銷售某種產品的特殊權利。	取得特許權時所支付的特許權費應資本化，並按契約或經濟年限攤銷，但之後每年所支付的年費則列為當期費用。
商標權	用以表彰自己產品之標記、圖樣或文字。	自行設計者不列入資產，委由他人設計者列入資產。
著作權	政府授予著作人就其所創作之文學、藝術、音樂、電影……等，享有出版、銷售、表演或演唱的權利。	應在估計的經濟年限內攤銷。
顧客名單	客戶群的資料可助於銷售產品，具有價值。	1. 企業購買顧客名單的成本，如果金額重大，應列為無形資產，在預期受益期間內攤銷。 2. 至於自行蒐集名單的成本，則應於發生時作「費用」處理。
商譽	凡無法歸屬於有形資產和可個別辨認無形資產的獲利能力，稱為商譽。	1. 僅購入的商譽可以認列，自行發展的商譽不能認列。 2. 一個公司商譽的計算，可以下列公式求得：商譽＝購買其他公司支付總成本－（取得的有形及可個別辨認無形資產公平價值總額－承受的負債總額） 3. 因為商譽沒有確定使用年限，所以國際財務報導準則規定商譽不得攤銷。但每年須評估是否已發生減損。如有減損，應認列減損損失或沖銷商譽。但特別須注意的地方，商譽的減損損失不得轉回。
電腦軟體成本	為了開發供銷售、出租或以其他方式行銷的電腦軟體所發生的各項支出。	1. 在建立技術可行性前所發生之成本列為「費用」，一旦達到技術可行性後的支出，則應資本化，認列為「無形資產」。

種類	定義	成本衡量及攤銷
電腦軟體成本	為了開發供銷售、出租或以其他方式行銷的電腦軟體所發生的各項支出。	2. 資本化電腦軟體成本應個別在估計的受益期間內加以攤銷。每年的攤銷比率是比較：(1)該軟體產品本期收入占產品本期及以後各期總收入的比率，或(2)按該產品的剩餘耐用年限採直線法計算的攤銷比率，取兩者中較大者作為攤銷比率。 3. 另電腦軟體成本在資產負債表日，應按「未攤銷成本與淨變現價值孰低」評價。且依據國際財務報導準則的規定，續後年度得認列淨變現價值回升利益。

(六)**無形資產成本衡量**：無形資產的取得方式，有出價購買、受贈取得、交換以及自行發展，取得方式不同，成本衡量也不同，茲依國際財務報導準則整理如下表：

取得方式	成本衡量
出價取得	以所支付的現金或現金等值衡量。
政府捐助	以公允價值衡量。
交換取得	1. 原則上：以非貨幣性資產取得無形資產，應以公允價值衡量。 2. 例外：當換入及換出資產的公允價值均無法可靠衡量時，則應以換出資產的帳面價值衡量。
自行發展	1. 研究階段的支出，因尚未能為企業帶來經濟效益，故應於發生時認為為「研究發展費用」。 2. 發展階段的支出，若同時符合下列所有條件時，則可將此階段之支出資本化，列為「無形資產」： (1) 該無形資產的技術可行性已完成。 (2) 企業有意圖完成該無形資產，並加以使用或出售。 (3) 企業有能力使用或出售該無形資產。 (4) 此項無形資產將很有可能會產生未來經濟效益。 (5) 具充足的技術、財務及其他資源，以完成此項無形資產的發展專案計畫。 (6) 發展階段歸屬於無形資產的支出能可靠衡量。

二、負債

(一) 流動負債：

1. **流動負債的意義：**係指符合下列條件之一的負債：

   (1) 因營業所發生的債務，預期將於企業的正常營業週期中清償者。

   (2) 主要為交易目的而發生者。

   (3) 須於資產負債表日後十二個月內清償的負債。

   (4) 企業不能無條件延期至資產負債表日後逾十二個月清償的負債。

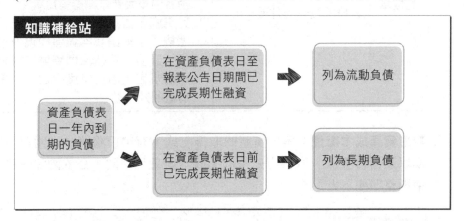

2. **流動負債的評價：**

   (1) **原則：**凡流動負債均應按「現值」評價。

   (2) **例外：**營業活動產生且到期日在不超過一年者，可以不計算現值，而以到期值入帳。至於因為營業活動而產生，到期日超過一

考點速攻

企業有權自主地將負債延至超過一年者，應列為長期負債。

   年以上的負債，如應付分期帳款，應按現值評價。非營業活動產生之流動負債，則均應按現值評價。

(二) 金融負債：

1. **金融負債的意義：**

   (1) 必須交付現金或其他金融資產給另一企業的義務（如：應付帳款）。

   (2) 按潛在不利於己的條件與另一企業交換金融資產或金融負債者（如：發行買權或賣權）。

   (3) 凡是合約規定企業必須交付變動數量自身權益工具，以換取固定（或變動）金額的現金或其他金融資產者。

2. **金融負債的評價**：金融負債的原始評價應按公允價值衡量，後續評價應按攤銷後成本衡量。

(三) **或有事項**：

1. **或有事項的定義**：

(1) 該事項係為資產負債表日以前已存在之事實或狀況。

(2) 該事項最後結果不確定，有賴未來某一事項之發生或不發生加以證實。

2. **或有事項的會計處理**：

(1) **或有損失的會計處理**：IFRS 將或有損失分為「負債準備」及「或有負債」，並將或有負債定義為不得入帳的負債。其會計處理原則依發生的機率大小可分為「負債準備」及「或有負債」，比較彙整如下表：

項目	負債準備	或有負債
定義	指符合下列條件的或有事項，必須估計入帳： 1. 過去事項的結果使企業負有現時義務。 2. 企業很有可能要流出含有經濟利益的資源以履行該義務。 3. 該義務的金額能可靠估計。	指因下列二者之一而未認列為負債者： 1. 屬潛在義務，企業是否有會導致須流出經濟資源的現時義務尚待證實。 2. 或屬於現時義務，但未符合IAS37所規定的認定標準（因其並非很有可能會流出含有經濟利益的資源以履行該義務，或該義務的金額無法可靠地估計）。
發生可能性	發生機率大於50%且金額能可靠估計者。	1. 發生機率大於50%，但金額不能可靠估計者。 2. 或發生機率小於50%，不論金額能否可靠估計。
常見於企業中的項目	產品或服務出售附有售後服務保證者、贈品等。	公司因訴訟賠償，金額尚未協議時所產生的或有損失、企業對他人債務提供保證可能造成違約時連帶賠償的損失等。

(2) **或有利益的會計處理**：基於收益實現原則，不得入帳。

3. **常見的項目：**

(1) **產品售後服務保證**：許多公司銷售產品（例如家庭電器製品）均附有保用期限。在保用期限內產品若有瑕疵或發生故障，由出售或製造的公司免費修理或置換零件。當銷售產品並附贈保證書時，免費修理的義務已存在，構成維修義務。而產品不可能完全沒有瑕疵，因此企業很有可能（幾乎可以確定）要免費修理。如果有幾年的經驗或參考同業，其金額也能可靠地估計，所以企業應認列服務保證準備。

(2) **贈品**：企業有時為了促銷產品，而舉辦贈品活動，亦即顧客集滿若干空盒或空蓋就可兌換贈品一份，通常會計年終時，企業應根據過去經驗估計應付贈品費。

(3) **顧客忠誠計畫**：企業為促銷商品（勞務）及吸引忠實客戶，於客戶購買商品或勞務時給與獎勵點數，用以獎勵顧客購買公司之商品或勞務，稱為「顧客忠誠計畫」。

A. 企業自己提供獎勵：銷售商品或勞務的金額，應依公允價值分攤給獎勵點數與其銷貨收入（即獎勵點數視為可被單獨銷售）。當企業履行獎勵優惠的預期成本大於分攤給獎勵點數所認列的收入，則企業有「虧損性契約」，應認列損失及負債。

B. 由第三人提供獎勵優惠：總額法：將分攤給獎勵點數的金額認列為收入，支付給第三人的款項認列為費用。

淨額法：將分攤給獎勵點數的金額與支付給第三人款項差額，認列為顧客忠誠計劃損益。

(四) **應付公司債：**

1. **應付公司債的意義**：公司債係指公司為籌措長期運用資金所舉借的債務。就發行公司而言，發行公司債產生了長期負債。

2. **發行價格**：發行價格等於其所支付本息市場利率之折現，可為平價發行、溢價發行及折價發行，彙整公司債發行價格與利率及面額之關係如下表：

公司債發行價格	市場利率及票面利率的關係	發行價格及債券面額的關係
平價發行	市場利率＝票面利率	發行價格＝債券面額
折價發行	市場利率＞票面利率	發行價格＜債券面額
溢價發行	市場利率＜票面利率	發行價格＞債券面額

3. **公司債溢折價的攤銷：**

攤銷方法		直線法		利息法	
		溢價	折價	溢價	折價
特性	1.各期攤提數	相等	相等	遞增	遞增
	2.各期利息費用	相等	相等	遞減	遞增
	3.各期實利率	遞增	遞減	相等	相等
	4.各期帳面價值	等額遞減	等額遞增	逐期加速遞減	逐期加速遞增

三、投資

(一) **金融資產的定義**：所謂金融資產，包括：

1. 現金（包括銀行存款）。
2. 其他企業的權益工具（如：股票投資）。
3. 具有下列二者之一的合約權利：
   (1) 自另一企業收取現金或其他金融資產。如：應收帳款等。
   (2) 按在有利於己的條件與另一間企業交換金融資產或金融負債。如：買入的買權或賣權等。

(二) **金融資產的分類：**

1. **以攤銷後成本衡量的金融資產：**

   當下列二條件均符合時，金融資產應按攤銷後成本衡量：
   (1) 該資產是在一種經營模式下所持有，該經營模式的目的是持有資產以收取合約現金流量。
   (2) 該金融資產的合約條款規定在各特定日期產生純屬償還本金及支付按照流通本金的金額所計算的利息的現金流量。

2. **以公允價值衡量的金融資產**：凡不符合以攤後成本衡量之條件的金融資產均應按公允價值衡量，包括所有權益工（無合約現金流量），獨於存在的衍生工具（其現金流量有槓桿作用）、可轉換公司債（合約現金流量非純屬還本付息）及所有非以按期收取合約現金流量為目的的債務工具等。又可分為「按公允價值衡量且公允價值變動計入其他綜合損益的金融資產」及「按公允價值衡量且公允價值變動計入損益的金融資產」二種金融資產。

(三) 金融資產的衡量與損益認列：

1. 以攤銷後成本衡量的金融資產：

種類	原始認列	資產負債表上評價	折溢價攤銷
債務證券	公允價值+交易成本	攤銷後成本－減損損失	要

2. 按公允價值衡量且公允價值變動計入其他綜合損益的金融資產：

種類	原始認列	資產負債表上評價	折溢價攤銷
權益證券	公允價值+交易成本	公允價值	要

3. 按公允價值衡量且公允價值變動計入損益的金融資產：

種類	原始認列	資產負債表上評價	折溢價攤銷
債務證券	公允價值（交易成本列為當期費用）	公允價值	均可
權益證券	公允價值（交易成本列為當期費用）	公允價值	不要

(四) 長期股權投資－權益法：

1. 權益證券投資之會計處理：依對所投資公司的影響力不同有不同的會計處理方法，彙整如下表：

持股百分比	對被投資公司	會計處理方法
低於20%	不具重大影響力	依IFRS9規定辦理
20%～50%	有影響力但無控制能力	權益法
50%以上	有控制力	權益法＋合併報表

2. 長期股權投資－分錄：

(1) **原始成本：**包括買價及一切必要而合理的支出。但借款買進時，其利息成本不得列入（應列為利息費用）。

(2) **權益法之會計處理：**

A. 購入股票時分錄：

採權益法之長期股權投資　　　XXX
　　　　現金　　　XXX

B. 期末評價時：被投資公司獲利時，投資公司應按持股比例認列投資收益：

例如，投資比例為25％，某年度被投資公司獲利$600,000時，則投資公司應作分錄如下：

採權益法之長期股權投資	150,000	
投資收益		150,000

$600,000 \times 25\% = 150,000$

C. 被投資公司發放現金股利時：由於被投資公司發放現金股利，將使其盈餘減少，而投資公司現金卻增加，但長期股權投資成本會減少。

例如，某年中投資公司收到被投資公司所發放的現金股利$50,000，應作分錄如下：

現金	50,000	
採權益法之長期股權投資票		50,000

四、 股東權益

(一) 股東權益的內容：

1. **投入資本**：指股東的投資及因資本性交易所產生的盈餘，亦即股東的投入資本應包括以下兩個科目：

   (1) **股本**：指股票的面額（值）或設立價值的總額。無面額或無設定價值者的股票則以發行價格入帳。

   (2) **資本公積**：通常包括股票發行溢價、庫藏股交易利益、股票收回註銷利益、他人的贈與……等等。

2. **保留盈餘**：

   (1) 指公司歷年所賺得的盈餘，而未以股利方式分配，並留存在公司部分。分為以下兩類：

   A. 已指定用途者：包括償債基金準備、固定資產重置準備及擴充廠房準備等。

   B. 未指定用途者：亦稱自由盈餘或未分配盈餘。

> **考點速攻**
>
> 1. 企業對保留盈餘進行提撥時，不影響權益餘額的變化。
> 2. 依我國公司法，已提撥保留盈餘又包括「法定盈餘公積」及「特別盈餘公積」二科目。

(2) **保留盈變動的原因：**

減少項目	增加項目
純損 股利 前期損失調整 庫藏股票交易損失	純益 前期利益調整

3. **其他項目：**

主要為持有金融資產的未實現損益及外幣資產或負債因匯率變動而產生的累積換算調整數。此外還包括庫藏股。

考點速攻

1. 期末保留盈餘＝未指定用途保留盈餘＋已指定用途保留盈餘。
2. 期末保留盈餘＝期初保留盈餘＋本期淨利－宣告股利。

(二)**股份的種類與發行：**

1. **股份種類：**

(1) **普通股**：指每股具有相同的表決權之股票。

(2) **特別股：**

A. 特別股之意義：係指享有某些普通股所未有之特殊或優先權利的股票，故亦稱優先股。特別股享有股利的優先權之外，在公司清算時，亦有較普通股股東優先受償的權利。此外，有些特別股的發行條件，尚享有股利累積及參加普通股股利分配的權利。

B. 特別股之分類：

a. 累積特別股：指公司因無盈餘所積欠的特別股利，其積欠總額應在公司有盈餘年度優先發放的股票。

b. 非累積特別股：指公司因無盈餘所積欠的特別股利，在公司有盈餘年度也不補發，僅發給當年度股利的股票。

c. 完全參加特別股：指當普通股利分配的股利率超過特別股的股利率時，而能與普通股享有相同股利率分配的股票。

d. 不完全參加特別股：指當普通股利分配的股利率超過特別股的股利率時，而其參加程度亦只能有一定限制股利率的股票。

e. 不參加特別股：指股東僅能享有股票上所載定額或定率股利分配的股票，不能參加普通股股東之分配。

2. **股利分配：**

(1) **先計算測試股利率：**

$$測試股利率 = \frac{(宣告股利-特別股積欠股利)}{股本總額}$$

(2) **當測試股利率＜特別股票面利率：**

特別股股利＝特別股股本×特別股票面利率

(3) **當測試股利率＞特別股票面利率：**

特別股股利＝積欠股利＋特別股參加股利

(三) **股票分割：**

1. **意義：**

將股票面額降低，股數等比例增加。

2. **股票分割與股票股利的比較：**

項目	股票分割	股票股利
股東權益總額	不變	不變
流通在外股數	增加	增加
股本	不變	增加
每股面值	降低	不變
保留盈餘	不變	減少
目的	提高股票流通性	盈餘轉增資
會計處理	備忘記錄	正式分錄

(四) **庫藏股票：**

1. **意義：**係指公司已發行，經收回而尚未註銷或出售的股票。

2. **產生原因：**公司收購自己的股票，必然損害債權人的權益，因此必須有法律上允許的原因才可以收購庫藏股票。公司收購庫藏股票的原因，通常有以下五點：

(1) 員工認股計畫的需要。

(2) 以股票抵償債務。

(3) 維持或提高股票市價。

(4) 股東捐贈。

(5) 防禦惡意併購。

3. **庫藏股票的會計處理**：公司取得庫藏股票的方法，大約可分為「出價取得」及「無償取得」兩種，兩者的觀念及分錄做法整理如下表：

方法	出價取得	無償取得
取得	庫藏股票　　　　　　　xxx 　　現金　　　　　　　　　xxx	庫藏股票　　　　　　　xxx 　　資本公積－受領贈與　　xxx
再發行： 出售價格＞ 原取得價格	現金　　　　　　　　　xxx 　　庫藏股票　　　　　　　xxx 　　資本公積－庫藏股票交易xxx	現金　　　　　　　　　xxx 　　庫藏股票　　　　　　　xxx 　　資本公積－受領贈與　　xxx
出售價格＜ 原取得	現金　　　　　　　　　xxx 資本公積－庫藏股票交易xxx 保留盈餘　　　　　　　xxx 　　庫藏股票　　　　　　　xxx	現金　　　　　　　　　xxx 資本公積－受領贈與　　xxx 保留盈餘　　　　　　　xxx 　　庫藏股票　　　　　　　xxx

---

牛刀小試

(　　) **1** 採用何種折舊方法，於估計耐用年數屆滿時，所提的累計折舊額最大？
(A)直線法　　　　　　　　(B)定率遞減法
(C)年數合計法　　　　　　(D)各種方法均相同。

(　　) **2** 下列何者不屬於資產負債表上之無形資產？
(A)商譽　　　　　　　　　(B)商標權
(C)開辦費　　　　　　　　(D)特許權。

(　　) **3** 乙酉公司進行新產品的開發，自95年至99年間，共支付研究發展費用$800,000，100年初研究成功並支付專利權申請及登記費$150,000，則專利權之入帳成本為：
(A)$650,000　　　　　　　(B)$150,000
(C)$800,000　　　　　　　(D)$950,000。

(　) **4** 企業發行金融負債時,因而產生直接可歸屬之交易成本,則會計處理應為何?

(A)屬「以公允價值衡量且公允價值變動計入損益者」認列為當期費用;屬「以攤銷後成本衡量者」從發行對價中減除

(B)屬「以公允價值衡量且公允價值變動計入損益者」從發行對價中減除;屬「以攤銷後成本衡量者」認列為當期費用

(C)不論該金融負債屬何種分類,交易成本均認列為當期費用

(D)不論該金融負債為何種分類,交易成本均從發行對價中減除。

(　) **5** 下列敘述何者錯誤? 　(A)不附息票據應將應付票據折價列為應付票據減項 　(B)附息票據之面額即等於現值 　(C)不附息票據即代表無須支付利息 　(D)應付票據折價即代表票據之隱含利息。

(　) **6** 有關「估計產品保證負債」之敘述,下列何者正確?

(A)一定為流動負債科目

(B)為客戶提供維修服務時,即借記「估計產品保證負債」

(C)客戶將產品送來維修時始貸記入帳,俟客戶拿回產品時即借記「估計產品保證負債」

(D)為一費用科目。

(　) **7** 依據IAS 37之規定,企業對或有負債與或有資產之會計處理,下列敘述何者正確?

(A)符合一定條件時,或有負債須加以認列;但或有資產均不得認列

(B)不論或有負債與或有資產,於符合一定條件時均須加以認列

(C)無論何種條件下,或有負債與或有資產均需加以揭露

(D)無論何種條件下,或有資產與或有負債均不得認列。

(　) **8** 當市場利率為6%,公司債發行的合約利率為5%,則該公司債會: 　(A)折價發行 　(B)溢價發行 　(C)照面額發行 　(D)不一定。

(　) **9** 保留盈餘將因下列何種情況而減少? 　(A)現金股利宣告 　(B)前期費用高估之更正 　(C)當年度淨利 　(D)公司債折價發行。

(　　)**10** 企業進行股票股利宣告之影響為： 　(A)資產減少　 (B)負債增加
　　　　　 (C)股東權益總數減少　 (D)股東權益總數不變。

解答與解析

1 (D)。
(1)將取得該項服務的成本，以合理而有系統的方式分攤到享受服務的各
　期，作為費用處理。這種分攤成本的程序叫做提列折舊，而每期所分
　攤的費用就是折舊費用。
(2)累計折舊實際上就是固定資產更新準備金的合計數。每一個會計期間
　都應計算這一期應計提的折舊金額。固定資產的折舊方法有很多種，
　具體分為直線法、定率遞減法、年數合計法等。而無論採用何種折舊
　方法，於估計耐用年數屆滿時，所提的累計折舊額均相同，累計折舊
　額均等於成本－殘值。

2 (C)。開辦費應列入營業費用。

3 (B)。自行研發成功的專利權，只有申請及登記費可資本化，所以專利權
　之入帳成本為150,000。

4 (A)。企業發行金融負債，因而產生直接可歸屬之交易成本時，若屬「以
　公允價值衡量且公允價值變動計入損益者」認列為當期費用；若屬「以
　攤銷後成本衡量者」從發行對價中減除。

5 (C)。不附息票據不代表無須支付利息。

6 (B)。本題為客戶提供維修服務之分錄如下：
估計產品保證負債 　　　　　　　　　　　xxx
　　產品保證負債準備 　　　　　　　　　 xxx

7 (D)。
(1)或有負債係指因下列二者之一而未認列為負債者：
　A.屬潛在義務，企業是否有會導致須流出經濟資源的現時義務尚待
　　證實。
　B.或屬於現時義務，但未符合IAS 37所規定的認定標準（因其並非很
　　有可能會流出含有經濟利益的資源以履行該義務，或該義務的金額
　　無法可靠地估計）。
(2)依據IAS 37之規定，無論何種條件下，或有資產與或有負債均不得
　認列。

8 (A)。

(1) 有關公司債發行價格與利率及面額之關係如下表：

公司債 發行型態	市場利率和票面利率	發行價格和債券面額
平價發行	市場利率＝票面利率	發行價格＝債券面額
折價發行	市場利率＞票面利率	發行價格＜債券面額
溢價發行	市場利率＜票面利率	發行價格＞債券面額

(2) 綜上，本題票面利率＜市場有效利率→折價發行。

9 (A)。現金股利宣告的分錄為借記：保留盈餘。貸記：應付現金股利。該分錄會使保留盈餘減少。

10 (D)。企業進行股票股利宣告，對股東權益不生影響。

精選範題

( )　**1** 下列哪些為以本益比法評估普通股價值的缺點？甲.未考量不同產業特性，難以比較；乙.未考量不同階段的盈餘成長；丙.未考量盈餘品質的好壞　(A)僅甲、乙　(B)僅甲、丙　(C)僅乙、丙　(D)甲、乙、丙。　【107年普業】

( )　**2** 下列哪一項與基本分析有關？　(A)交易量　(B)本益比　(C)移動平均　(D)股市熱絡程度。　【107年普業】

( )　**3** 下列何者為靜態報表？　(A)資產負債表　(B)綜合損益表　(C)權益變動表　(D)現金流量表。　【107年普業】

( )　**4** 下列科目何者非屬於資產？　(A)應收帳款　(B)預收收入　(C)商譽　(D)租賃權益。　【107年普業】

( )　**5** 與決策有關，具有改變決策的能力，以及對問題預測解決有幫助，我們稱之為：
(A)忠實表述　　　　　(B)攸關性
(C)可比較性　　　　　(D)時效性。　【107年普業】

( )　**6** 下列何者為窗飾之作法？　(A)低列備抵呆帳　(B)將去年底已進貨的交易今年才入帳　(C)去年出貨給關係人，今年則有大筆的銷貨退回　(D)選項(A)(B)(C)皆是。　【107年普業】

( )　**7** 公司減少提列備抵呆帳，將導致根據會計資料計算之營運資金（Working Capital）：　(A)增加　(B)減少　(C)不變　(D)選項(A)(B)(C)皆非。　【107年普業】

( )　**8** 資產負債表中的流動項目，不應該包括以下哪一項？　(A)賒帳過期一年以上，但尚未收回的應收帳款　(B)購買短期債券投資的溢價部分　(C)非以再出售為目的進行購併其他公司而認列的商譽　(D)應收客戶帳款有貸方餘額者。　【107年普業】

( ) **9** 在定期盤存制下，計算銷貨成本的方式為： (A)期初存貨＋本期進貨 (B)期初存貨＋期末存貨＋本期進貨 (C)期初存貨－期末存貨＋本期進貨 (D)期末存貨－期初存貨＋本期進貨。 【107年普業】

( ) **10** 下列哪一項交易不論是現金基礎還是應計基礎，都會導致本期淨利降低？
(A)現金購入存貨商品
(B)賒購商品存貨一批
(C)現金支付兩個月的房租押金
(D)開即期支票一張支付本月份水電費。 【107年普業】

( ) **11** 豐田公司向銀行借款$5,000,000，並以廠房作擔保，這項交易將在現金流量表中列作： (A)來自營業活動之現金流量 (B)來自投資活動之現金流量 (C)來自籌資活動之現金流量 (D)非現金之投資及籌資活動。 【107年普業】

( ) **12** 企業編製財務預測應基於適當的基本假設，在評估假設的適當性時，應考慮哪些因素？
甲.總體經濟指標；乙.產業景氣資訊；丙.歷年營運趨勢及型態
(A)僅甲和乙　　　　　　(B)僅乙和丙
(C)僅甲和丙　　　　　　(D)甲、乙和丙。 【107年普業】

( ) **13** 以間接法編製之現金流量表，處分不動產、廠房及設備利益應列為： (A)營業活動本期淨利之加項 (B)營業活動本期淨利之減項 (C)投資活動之加項 (D)投資活動之減項。 【107年普業】

( ) **14** 若以有效利息法（Effective Interest Method）攤銷應付公司債之溢價，則每期之利息費用為： (A)遞增 (B)遞減 (C)不變 (D)不一定。 【107年普業】

( ) **15** 下列何者屬於不能明確辨認，無法單獨讓售之無形資產？ (A)專利權 (B)商標權 (C)特許權 (D)商譽。 【107年普業】

( ) **16** 下列何者屬於無形資產？ (A)應收帳款 (B)預付費用 (C)商標權 (D)研究支出。 【107年普業】

(　) **17** 溢價發行之公司債,若採直線法攤銷其溢價,則流通初期之利息費用
將: 　(A)較採有效利率法攤銷溢價之利息費用為高 　(B)較採有效
利率法攤銷溢價之利息費用為低 　(C)與採有效利率法攤銷溢價之利
息費用相等 　(D)較依票面利率計算之利息費用為高。 　【107年普業】

(　) **18** 下列敘述何者不正確?
(A)無形資產皆不能與企業分離,亦不能獨立轉讓 　(B)自行發展的
商譽不應該入帳 　(C)開辦費應列為當期費用 　(D)重大修繕支出若
能增加設備使用年限,應作資本支出。 　【107年普業】

(　) **19** 淨值為正之公司,舉借長期負債購買不動產、廠房及設備將使負債
比率: 　(A)提高 　(B)降低 　(C)不一定 　(D)不變。 　【107年普業】

(　) **20** 負債比率提高,將使權益報酬率如何變動? 　(A)提高 　(B)降低
(C)不一定 　(D)不變。 　【107年普業】

(　) **21** 宣告現金股利對總資產報酬率之影響為: 　(A)增加 　(B)減少
(C)不變 　(D)不一定。 　【107年普業】

(　) **22** 下列何種情況下,邊際貢獻率一定會上升? 　(A)損益兩平銷貨收入
上升 　(B)損益兩平銷貨單位數量降低 　(C)變動成本占銷貨淨額百
分比下降 　(D)固定成本占變動成本的百分比下降。 　【107年普業】

(　) **23** 如果大武航空公司的融資決策很成功,能適度運用財務槓桿原理,
則其權益報酬率應該: 　(A)低於其毛利率 　(B)高於其毛利率
(C)低於其總資產報酬率 　(D)高於其總資產報酬率。 　【107年普業】

(　) **24** 有些企業的毛利率會比較高,其可能的原因不包括下列何者?
(A)產品市場處於加速成長期 　(B)產業內價格競爭和緩 　(C)產
品之寡占、獨占性強 　(D)機器設備使用較短之耐用年限攤銷折
舊費用。 　【107年普業】

(　) **25** 公司賣出庫藏股票價格如果較原先取得價格高時,對於財務報表之
影響為何? 　(A)將產生利益 　(B)將增加損失 　(C)將使權益增加
(D)可作為股本加項。 　【107年普業】

( ) **26** 普通股每股損失$2，分配20%股票股利將使每股損失：　(A)減少　(B)增加　(C)不變　(D)不一定。　　　　　　　　　　　【107年普業】

( ) **27** 甲、乙兩公司資本結構、產品相同，則當甲公司每股盈餘大於乙公司每股盈餘，則甲公司價值會與乙公司的價值相比？　(A)甲大於乙　(B)甲小於乙　(C)甲乙相等　(D)資訊不足，無法比較。【107年普業】

( ) **28** 某公司股票之本益比原為20倍，下列何種原因可能使本益比降為10倍？　(A)股價下跌　(B)每股盈餘降低　(C)負債變大　(D)股本變大。　　　　　　　　　　　　　　　　　　　　　【107年普業】

( ) **29** 其他條件相同，下列哪種事件最可能降低股票的本益比？　(A)投資人的風險規避傾向降低　(B)股利發放率增加　(C)國庫券殖利率增加　(D)通貨膨脹預期下跌。　　　　　　　　　　　【107年普業】

( ) **30** 企業提供期中財務報表主要在滿足下列何種目標？　(A)提供攸關的資訊　(B)提供可供比較的資訊　(C)提供可靠的資訊　(D)提供及時的資訊。　　　　　　　　　　　　　　　　　　　　【107年普業】

( ) **31** 營業週期等於下列何者？　(A)存貨週轉天數　(B)應付帳款償還天數　(C)存貨週轉天數＋應付帳款償還天數　(D)存貨週轉天數＋應收帳款收回天數。　　　　　　　　　　　　　　　　　【107年普業】

( ) **32** 下列何者不屬於流動性比率（衡量短期償債能力之比率）？　(A)速動比率　(B)現金比率〔（現金＋短期投資）／流動負債〕　(C)流動比率　(D)負債比率。　　　　　　　　　　　　　　　【107年普業】

( ) **33** 企業編製財務預測時採用的「基本假設」，是指企業針對關鍵因素未來發展的何種結果所作的假設？　(A)最樂觀的結果　(B)最悲觀的結果　(C)最可能的結果　(D)和最近一期相同的結果。【107年普業】

( ) **34** 長期營業用有形資產須於何時作資產減損之測試？　(A)每年之資產負債表日　(B)每五年之資產負債表日　(C)資產耐用年限屆滿時　(D)客觀證據顯示資產價值有減損可能時。　　　　　　　　【107年普業】

( ) **35** 現行我國公司之員工紅利於財務報表中係列為：　(A)薪資　(B)營業成本或費用　(C)盈餘分配　(D)非流動資產。　　　【107年普業】

（　）**36** 下列何種資產減損損失不得迴轉？　(A)商標權　(B)商譽　(C)採加速折舊法之不動產、廠房及設備　(D)天然資源。　【107年普業】

（　）**37** 應付公司債溢價之攤銷，將：　(A)增加利息收入　(B)減少利息收入　(C)減少利息費用　(D)增加利息費用。　【107年普業】

（　）**38** 當公司淨值為正時，支付已宣告之現金股利對權益比率之影響為：(A)增加　(B)減少　(C)不變　(D)不一定。　【107年普業】

（　）**39** 股利支付率愈低，表示企業之保留盈餘增加愈：　(A)少　(B)多(C)不一定　(D)沒有影響。　【107年普業】

（　）**40** 每股盈餘之計算公式為：　(A)普通股股利／普通股期末流通在外股數　(B)保留盈餘／普通股期末流通在外股數　(C)普通股享有之淨利／加權平均流通在外普通股股數　(D)普通股享有之淨利／普通股期末流通在外股數。　【107年普業】

（　）**41** 下列何種財務報表潛在使用者會最重視流動性的分析？　(A)政府主管機關人員　(B)原料供應商　(C)提供長期貸款的信託投資公司(D)股東。　【107年普業】

（　）**42** 採用預期信用損失法提列壞帳費用，當實際壞帳發生時：　(A)淨利率減少　(B)應收帳款週轉率減少　(C)應收帳款週轉率增加　(D)速動比率不變。　【107年普業】

（　）**43** 甲公司給予客戶的銷貨授信條件為2/15，n/60，此乃相當於該企業負擔融資年利率為：
(A)18%　(B)16%　(C)14.4%　(D)10%。　【107年普業】

（　）**44** 在間接法下折舊是加在淨利上，以計算來自何種活動之現金流量？
(A)投資　(B)營業　(C)籌資　(D)管理。　【107年普業】

（　）**45** 採權益法評價之長期投資，若取得其現金股利，應借記現金，並貸記：
(A)股東權益　　　　　　(B)投資收益
(C)股權投資　　　　　　(D)營業收入。　【107年普業】

(　　) **46** 下列何項期後事件應調整財務報表之內容？
(A)火災導致廠房全毀
(B)短期投資市價之變動
(C)某顧客火災損失慘重，導致對該顧客應收帳款無法收回
(D)結帳日時結果未知之訴訟案確定敗訴。　　　　　【107年普業】

(　　) **47** 採用損益兩平（Breakeven）分析時，所隱含的假設之一是在攸關區間內：　(A)總成本保持不變　(B)單位變動成本不變　(C)單位固定成本不變　(D)變動成本和生產單位數間並非直線的關係。　【107年普業】

(　　) **48** 按面值發放股票股利給股東，會使公司：　(A)權益增加　(B)權益減少　(C)保留盈餘、股本及權益均不變　(D)保留盈餘減少，股本增加，權益不變。　　　　　　　　　　　　　　　【107年普業】

(　　) **49** 下列何者會影響盈餘的品質？甲.會計政策；乙.物價水準波動；丙.損益之組成；丁.折舊年限長短　(A)僅甲、乙　(B)僅甲　(C)僅甲、丙、丁　(D)甲、乙、丙、丁皆會。　　　　　　　　【107年普業】

(　　) **50** 每股盈餘2元，股票市價50元，本益比為：　(A)0.04　(B)25　(C)4　(D)100。　　　　　　　　　　　　　　　　　　【107年普業】

(　　) **51** 其它條件不變，對投資人而言本益比（P/E Ratio）通常：
(A)愈小愈好　　　　　　　(B)越高越好
(C)一定大於30　　　　　　(D)選項(A)(B)(C)皆非。　【107年普業】

(　　) **52** 其他條件相同，盈餘成長率愈高的公司，投資人對其股票可接受的本益比：　(A)不一定，視投資人風險偏好而定　(B)不一定，視總體環境而定　(C)愈低　(D)愈高。　　　　　　　　【107年普業】

(　　) **53** 下列何者非財務報告分析時之限制？　(A)沒有不動產、廠房及設備現值之資料　(B)各公司所採用的會計方法未必相同　(C)無法做量化的分析　(D)會計個體前後期不一致。　　　　　　【107年普業】

(　　) **54** 償還應付帳款將使流動比率：　(A)增加　(B)減少　(C)不變　(D)不一定。　　　　　　　　　　　　　　　　　　　【107年普業】

( ) **55** 假如羅東公司存貨實際流動的情況是舊的存貨先售出,則此公司財務報告中所選擇的成本流動假設必須為:
(A)先進先出法
(B)移動平均法
(C)加權平均法
(D)可選擇任何一種成本流動假設。　　　　　　　【107年普業】

( ) **56** 永樂公司存貨週轉率為12,應收帳款週轉率為24,假設一年以360天計算,永樂公司的「營業循環週期」為: (A)30 天 (B)45 天 (C)60 天 (D)90 天。　　　　　　　　　　　　　　【107年普業】

( ) **57** 企業出售無形資產所得的收入,應列為現金流量表上的哪一個項目? (A)籌資活動的現金流入 (B)投資活動的現金流入 (C)營業活動的現金流入 (D)其他調整項目。　　　　　【107年普業】

( ) **58** 其它條件不變下,公司購入庫藏股對其權益及每股盈餘有何影響?
(A)前者減少,後者增加 (B)前者減少,後者不變 (C)前者不變,後者增加 (D)二者均不變。　　　　　　　　　　　【107年普業】

( ) **59** 公司宣布並發放股票股利:
(A)利息保障倍數下降
(B)負債比率上升
(C)現金流量對固定支出倍數下降
(D)選項(A)(B)(C)皆非。　　　　　　　　　　　【107年普業】

( ) **60** 計算合併個體之負債比率時,非控制權益應:
(A)包含於權益中　　　　　(B)同時自資產及負債中扣除
(C)包含於負債中　　　　　(D)自資產中扣除。　　【107年普業】

( ) **61** 某公司的負債利率為10%,公司的總資產報酬率為6%,則該公司增加負債將: (A)降低權益報酬率 (B)增加權益報酬率 (C)權益報酬率不變 (D)不一定。　　　　　　　　　　【107年普業】

( ) **62** 麟洛公司投資所得增加,則: (A)普通股權益報酬率上升 (B)權益及長期負債報酬率不變 (C)權益成長率不變 (D)選項(A)(B)(C)皆是。　　　　　　　　　　　　　　【107年普業】

( ) **63** 待分配股票股利在資產負債表上,應列於: (A)流動資產 (B)流動負債 (C)權益 (D)長期負債。　　　　　　【107年普業】

( ) **64** 在計算稀釋每股盈餘時,何者非為「約當普通股」應考慮項目? (A)可轉換公司債 (B)可轉換特別股 (C)附認股權公司債 (D)長期公司債。　　　　　　【107年普業】

( ) **65** 以下哪一項沒有美化盈餘的效果? (A)提高退休金預估報酬率 (B)提早認列收益 (C)隱藏當期費用 (D)應收帳款讓售(Factoring)。　　　　　　【107年普業】

( ) **66** 預期以發行權益證券再融資之短期負債,於資產負債表中應列為: (A)流動負債 (B)長期負債 (C)權益 (D)權益減項。【107年普業】

( ) **67** 在公司營業呈穩定狀況下,應收帳款週轉天數的減少表示: (A)公司實施降價促銷措施 (B)公司給予客戶較長的折扣期間及賒欠期限 (C)公司之營業額減少 (D)公司授信政策轉嚴。　【107年普業】

( ) **68** 下列何種情況較適合採用毛利法估計期末存貨價值? (A)帳冊資料不全時 (B)會計師尋找盤點期末存貨的替代方案時 (C)成本加成比率經常變動時 (D)存貨失竊毀損的風險極高時。　【107年普業】

( ) **69** 償債基金在資產負債表上應列為: (A)非流動資產 (B)流動資產 (C)負債之加項 (D)權益。　　　　　　【107年普業】

( ) **70** 法定盈餘公積之性質屬於:
(A)營運資金之一部分 (B)特別準備負債之一部分
(C)保留盈餘之一部分 (D)資本公積之一部分。　　【107年普業】

( ) **71** 下列何事項不影響普通股每股帳面價值? (A)發放普通股股票股利,當時普通股市價與面額相等 (B)發放普通股股票股利,當時普通股市價高於面額 (C)普通股1股分割為2股 (D)發放已宣告之現金股利。　　　　　　【107年普業】

( ) **72** 下列敘述何者正確? (A)進行股票分割將使每股面額與流通在外股數增加 (B)已宣告未發放之現金股利為公司之流動負債 (C)發放股票股利將使現金減少 (D)發放股票股利將使權益總數減少。

　　　　　　【107年普業】

（　　）**73** 下列何者可作為公司分配股利能力之指標？　(A)淨利占資產總額之比率　(B)淨利占銷貨之比率　(C)淨利占淨值之比率　(D)淨利占資本額之比率。　【107年普業】

（　　）**74** 下列何者係在分析企業資產使用之效率？　(A)權益／平均資產總額　(B)流動資產／平均資產總額　(C)不動產、廠房及設備／平均資產總額　(D)銷貨收入淨額／平均資產總額。　【107年普業】

（　　）**75** 盈餘的創造主要來自於經常性活動，則其盈餘品質：　(A)愈低　(B)不變　(C)愈高　(D)不一定。　【107年普業】

（　　）**76** 小明買入市價65元之股票，假設該公司每股稅後盈餘為5元，請問其本益比為多少倍？　(A)10倍　(B)11倍　(C)12倍　(D)13倍。　【107年普業】

（　　）**77** 下列何種方法提列呆帳最能符合收入與費用配合原則？　(A)應收帳款餘額百分比法　(B)銷貨百分比法　(C)帳齡分析法　(D)直接沖銷法。　【107年普業】

（　　）**78** 製成品週轉率等於：　(A)製成品成本／在製品存貨　(B)製成品成本／製成品存貨　(C)銷貨成本／在製品存貨　(D)銷貨成本／製成品存貨。　【107年普業】

（　　）**79** 下列哪一項屬於流動資產？　(A)高階主管人壽保險現金解約價值（受益人為公司）　(B)意圖控制某一公司而購買的該公司股票　(C)指定用途為購買不動產、廠房及設備的現金　(D)應於18個月後收取的應收分期付款金額。　【107年普業】

（　　）**80** 關於存貨永續盤存制的平均成本法，下列何項敘述正確？　(A)在期末計算加權平均成本　(B)每次銷貨後即計算新的單位成本　(C)每次進貨後即計算新的單位成本　(D)每期期末盤點存貨後才算出銷貨成本金額。　【107年普業】

（　　）**81** 下列何者屬於現金流量表中的籌資活動部分？　(A)購買設備　(B)現金增資　(C)購買債券投資　(D)處分設備所得款項。　【107年普業】

（　　）**82** 編製現金流量表時，公司通常不需要下列哪一種資訊？　(A)去年之資產負債表　(B)去年之綜合損益表　(C)今年之資產負債表　(D)今年之綜合損益表。　【107年普業】

（　）**83** 應付公司債折價與應付公司債溢價：　(A)皆為遞延借項　(B)屬於損益科目　(C)兩者皆屬於負債類科目　(D)前者為資產科目，後者為負債科目。　【107年普業】

（　）**84** 發行五年期具有可轉換權利之公司債，在財務報表中應列為：　(A)流動負債　(B)長期負債　(C)權益　(D)其他負債。　【107年普業】

（　）**85** 不動產、廠房及設備之取得成本應包括購價，並：　(A)加計延遲付款之利息　(B)扣除現金折扣　(C)加計搬運不慎損壞修理之成本　(D)選項(A)(B)(C)皆正確。　【107年普業】

（　）**86** 財務槓桿指數大於1，則：　(A)表示普通權益報酬率小於總資產報酬率　(B)舉債經營有利　(C)負債比率大於1　(D)選項(A)(B)(C)皆是。　【107年普業】

（　）**87** 某公司相關資料如下：流動負債20億元、非流動負債30億元、流動資產50億元、非流動資產50億元，則該公司的負債比率為何？　(A)50%　(B)60%　(C)70%　(D)80%。　【107年普業】

（　）**88** 在計算稀釋每股盈餘時，何者非為「約當普通股」應考慮項目？　(A)可轉換公司債　(B)可轉換特別股　(C)附認股權公司債　(D)長期公司債。　【107年普業】

（　）**89** 「相同企業不同期間或不同企業相同期間的類似資訊能夠互相比較對資訊使用者才有意義」，係指會計資訊的品質特性之：　(A)完整性　(B)攸關性　(C)可行性　(D)比較性。　【107年普業】

（　）**90** 銀行人員審核企業之財務報表以決定是否核准短期貸款時，下列何種比率最不具重要性？　(A)每股股利　(B)存貨週轉率　(C)速動比率　(D)流動比率。　【107年普業】

（　）**91** 下列有關應收帳款之敘述，何者正確？　(A)應收帳款高，償債能力高　(B)應收帳款較大之公司，其應收帳款週轉率一定較低　(C)應收帳款之備抵呆帳評估應以稅法規定為準　(D)償債能力評估時亦應注意應收帳款之品質。　【107年普業】

（　　）**92** 中里公司採定期盤存制，2017年度該公司銷貨成本為$10,000，期初存貨$5,000，本期進貨$20,000，則期末存貨為：　(A)$10,000　(B)$15,000　(C)$25,000　(D)$35,000。　　　　　　　【107年普業】

（　　）**93** 下列哪一事項可能會導致資本公積之金額變動？
(A)發放現金股利　　　　(B)前期損益調整
(C)提撥法定盈餘公積　　(D)庫藏股票交易。　　　　　　　【107年普業】

（　　）**94** 依員工認股計畫買回之庫藏股，若逾期未轉讓予員工，則應如何處理？　(A)列為長期投資　(B)列為股本之減項　(C)辦理減資　(D)列為短期投資。　　　　　　　　　　　　　　　【107年普業】

（　　）**95** 下列有關資本公積之敘述，何者不正確？　(A)資本公積可用於彌補虧損　(B)資本公積可用於轉增資　(C)資本公積可用於配發現金股利　(D)企業合併溢額應列入資本公積。　　　　　　【107年普業】

（　　）**96** 下列有關綜合損益表之表達，何者不正確？　(A)應揭露稅後淨利　(B)原則上應以多站式方式表達　(C)公開發行公司應計算每股盈餘　(D)顯示特定期間之財務狀況。　　　　　　　　　【107年普業】

（　　）**97** 「相同企業不同期間或不同企業相同期間的類似資訊能夠互相比較對資訊使用者才有意義」，係指會計資訊的品質特性之：　(A)完整性　(B)攸關性　(C)可行性　(D)比較性。　　　　【106年普業】

（　　）**98** 財務報表係假設公司繼續經營，故應按何基礎入帳？　(A)變現價值　(B)淨變現價值　(C)售價　(D)取得成本。　　　　【106年普業】

（　　）**99** 財務比率分析並未分析下列公司何項財務特質？
(A)流動能力與變現性　　(B)獲利能力的速度
(C)購買力風險　　　　　(D)槓桿係數。　　　　　　　　【106年普業】

（　　）**100** 在閱讀以IFRSs編製的財報，應注意的要點為？　(A)IFRSs採用「公允價值」原則　(B)IFRSs採「合併報表」方式表達　(C)IFRSs是「原則基礎」，而非「細則基礎」　(D)以上皆是。　　【106年普業】

（　　）**101** 存貨計價若採先進先出法（FIFO），當物價上漲時，會造成：
(A)成本與毛利均偏高　(B)成本與毛利均偏低　(C)成本偏高，毛利偏低　(D)成本偏低，毛利偏高。　　　　　　　【106年普業】

( )**102** 某公司預付三個月保險費，則： (A)流動比率上升 (B)速動比率上升 (C)存貨週轉率下降 (D)選項(A)(B)(C)皆非。 【106年普業】

( )**103** 下列何項作法可增加流動比率（假設目前為1.3）？ (A)以發行長期負債所得金額償還短期負債 (B)應收款項收現 (C)以現金購買存貨 (D)賒購存貨。 【106年普業】

( )**104** 下列何者指標不具獲利能力分析價值？ (A)毛利率 (B)純益率 (C)營業費用對銷貨淨利之比率 (D)存貨週轉率。 【106年普業】

( )**105** 存貨週轉率愈低，則： (A)毛利率愈高 (B)有過時存貨的機會愈大 (C)缺貨的風險愈高 (D)速動比率愈高。 【106年普業】

( )**106** 下列有關應收帳款之敘述，何者正確？ (A)應收帳款高，償債能力高 (B)應收帳款較大之公司，其應收帳款週轉率一定較低 (C)應收帳款之備抵呆帳評估應以稅法規定為準 (D)償債能力評估時亦應注意應收帳款之品質。 【106年普業】

( )**107** 六合公司本年度存貨週轉率比上期增加許多，可能的原因為： (A)本年度存貨採零庫存制 (B)本年度認列鉅額的存貨過時跌價損失 (C)產品製造時程縮短 (D)選項(A)(B)(C)都是可能的原因。 【106年普業】

( )**108** 在計算淨現金流量允當比率時，分母包括最近五年度之：甲.資本支出；乙.存貨增加額；丙.現金股利 (A)僅甲、乙 (B)僅甲、丙 (C)僅乙、丙 (D)甲、乙、丙。 【106年普業】

( )**109** 何項財務比率較適合用以衡量企業來自營業活動的資金是否足以支應資產的汰舊換新及營運成長的需要？ (A)每股現金流量 (B)現金再投資比率 (C)現金流量比率 (D)現金流量允當流量。【106年普業】

( )**110** 下列何者會使保留盈餘增加？ (A)本期純損 (B)以資本公積彌補虧損 (C)股利分配 (D)庫藏股交易。 【106年普業】

( )**111** 高潭公司宣告股票股利，宣告前之流動比率為1.5，則宣告後： (A)流動比率下降 (B)保留盈餘減少 (C)權益總額減少 (D)流動比率、保留盈餘及權益均減少。 【106年普業】

(　)**112** 依據國際財務報導準則第七號「金融工具：揭露」，市場風險不包
括下列何者？　(A)信用風險　(B)匯率風險　(C)利率風險　(D)其
他價格風險。　　　　　　　　　　　　　　　　　　　【106年普業】

(　)**113** 企業進行資產減損測試時，未來現金流量估計應包括：　(A)預期
因未來重組所產生之未來現金流入　(B)因融資所產生之未來現金
流入　(C)因所得稅所產生之未來現金流入　(D)處分資產之淨現金
流量。　　　　　　　　　　　　　　　　　　　　　　【106年普業】

(　)**114** 如果沒有證據顯示其持股未具控制能力，則當投資公司直接或是間
接持有被投資公司有表決權之股份超過多少時，即應該認定對被投
資公司有控制能力？
(A)20%　(B)25%　(C)50%　(D)100%。　　　　　　【106年普業】

(　)**115** 下列何者非為舉債經營之好處？　(A)總資產報酬率可能大於借債
之成本　(B)權益報酬率可能大於總資產報酬率　(C)所得稅負可以
減輕　(D)舉債之成本可能大於權益報酬率。　　　　　【106年普業】

(　)**116** 九如公司收到應收帳款，則（考慮立即影響）：　(A)負債權益比
率上升　(B)盈餘對固定支出的保障比率上升　(C)現金對固定支出
的保障比率上升　(D)選項(A)(B)(C)皆是。　　　　　　【106年普業】

(　)**117** 應付公司債轉換為普通股，將使普通股權益報酬率：　(A)增加
(B)減少　(C)不變　(D)增減不一定。　　　　　　　　　【106年普業】

(　)**118** 採用損益兩平（Breakeven）分析時，所隱含的假設之一是在攸關
區間內：
(A)總成本保持不變
(B)單位變動成本不變
(C)單位固定成本不變
(D)變動成本和生產單位數間並非直線的關係。　　　　【106年普業】

(　)**119** 下列哪些屬於綜合損益表上營業外費用的一種？　(A)會計政策變
動影響數　(B)不動產、廠房及設備之處分損失　(C)促銷期間的贈
品費用　(D)銷貨折讓。　　　　　　　　　　　　　　　【106年普業】

(　)**120** 下列何者會使保留盈餘增加？　(A)公司重整沖銷資產　(B)股利分
配　(C)前期收益調整　(D)選項(A)(B)(C)皆非。　　　　【106年普業】

(　)**121** 股票評價可以利用下列何種方法？甲.本益比倍數還原法；乙.股價淨值比還原法；丙.股利殖利率法　(A)僅甲　(B)僅甲、乙　(C)僅甲、丙　(D)甲、乙、丙皆是。　【106年普業】

(　)**122** 相同經濟事實的兩公司同一年的折舊方式皆採用年數合計法，係強化哪項品質特性？　(A)忠實表述　(B)攸關性　(C)比較性　(D)重大性。　【106年普業】

(　)**123** 共同比（Common-size）分析是屬於何種分析？甲.趨勢分析；乙.結構分析；丙.靜態分析；丁.動態分析　(A)乙和丙　(B)甲和丁　(C)甲和丙　(D)乙和丁。　【106年普業】

(　)**124** 假設前期期末存貨高估$1,000，本期期末存貨又高估$1,000，則本期銷貨毛利將：　(A)高估$2,000　(B)低估$2,000　(C)高估$1,000　(D)無影響。　【106年普業】

(　)**125** 已知小熊公司賒銷淨額為$10,000，平均應收帳款$2,000，則其應收帳款收款期間為幾天（一年365天）？　(A)60天　(B)63天　(C)70天　(D)73天。　【106年普業】

(　)**126** 下列有關「零用金」之敘述何者正確？　(A)設立零用金時，企業之現金餘額減少　(B)動支零用金時應立即認列相關之費用　(C)撥補零用金時不需認列相關之費用　(D)撥補零用金時帳載現金餘額會減少。　【106年普業】

(　)**127** 企業進行轉投資，執行購入長期股票的控股策略，請問就現金流量表之分析，這項交易應屬下列何種活動？　(A)籌資活動　(B)營業活動　(C)購併活動　(D)投資活動。　【106年普業】

(　)**128** 皇后公司向銀行借款$5,000,000，並以廠房作擔保，這項交易將在現金流量表中列作：　(A)來自營業活動之現金流量　(B)來自投資活動之現金流量　(C)來自籌資活動之現金流量　(D)非現金之投資及籌資活動。　【106年普業】

(　)**129** 下列何者會使保留盈餘增加？　(A)本期純損　(B)以資本公積彌補虧損　(C)股利分配　(D)庫藏股交易。　【106年普業】

（　）**130** 合併綜合損益表之合併總損益應歸屬於：　(A)合併商譽　(B)合併商譽及長期股權投資之減損　(C)母公司業主　(D)母公司業主及非控制權益。　【106年普業】

（　）**131** 甲公司與乙公司相比較，營業槓桿度比為2：1，財務槓桿度比為2：3，則當兩公司銷貨量變動幅度一樣，則甲公司每股盈餘變動幅度為何？　(A)較高　(B)較小　(C)一樣　(D)無法比較。　【106年普業】

（　）**132** 流動負債是指預期在何時償付的債務？　(A)一年內　(B)一個正常營業循環內　(C)一年或一個正常營業週期內，以較長者為準　(D)一年或一個正常營業週期內，以較短者為準。　【106年普業】

（　）**133** 將信用條件由1/10，n/30改為1/15，n/30，假設其他因素不變，則應收帳款週轉率將：　(A)提高　(B)降低　(C)不變　(D)無法判斷。　【106年普業】

（　）**134** 編製現金流量表時，公司通常不需要下列哪一種資訊？　(A)去年之資產負債表　(B)去年之綜合損益表　(C)今年之資產負債表　(D)今年之綜合損益表。　【106年普業】

（　）**135** 長期營業用資產須於何時作資產減損之測試？　(A)每年之資產負債表日　(B)每五年之資產負債表日　(C)資產耐用年限屆滿時　(D)客觀證據顯示資產價值有減損可能時。　【106年普業】

（　）**136** 下列何者是測驗一企業短期償債能力之最佳比率？　(A)速動比率　(B)普通股每股盈餘　(C)本益比　(D)純益比。　【106年普業】

（　）**137** 下列哪個部門的成本，最不可能被計入永達電腦的營業成本項下？　(A)封裝作業部　(B)職工福利委員會　(C)主機板測試作業組　(D)機器加工作業組。　【106年普業】

（　）**138** 所得稅費用應列為：　(A)盈餘分配項目　(B)營業外支出　(C)營業費用　(D)本期稅前淨利之減項。　【106年普業】

（　）**139** 按面值發放股票股利給股東，會使公司：　(A)權益增加　(B)權益減少　(C)保留盈餘、股本及權益均不變　(D)保留盈餘減少，股本增加，權益不變。　【106年普業】

(　)**140** 下列何者為有價證券評等選用之指標？　(A)資本結構　(B)每股盈餘　(C)股價穩定性　(D)選項(A)、(B)、(C)皆是。　【106年普業】

(　)**141** 財務報表之資料可應用於下列哪些決策上？　(A)信用分析（授信）　(B)合併之分析　(C)財務危機預測　(D)選項(A)、(B)、(C)皆是。　【106年普業】

(　)**142** 上市公司資產負債表上的會計科目均為：　(A)實帳戶　(B)虛帳戶　(C)混合帳戶　(D)實帳戶、虛帳戶皆有。　【106年普業】

(　)**143** 將綜合損益表中之銷貨淨額設為100%，其餘各損益項目均以其占銷貨淨額的百分比列示，請問是屬於何種財務分析的表達方法？　(A)水平分析　(B)趨勢分析　(C)動態分析　(D)垂直分析。　【106年普業】

(　)**144** 下列哪一項負債的金額，不代表將來需動用該金額的現金清償（選出最佳的答案）？　(A)應付帳款　(B)應付所得稅　(C)應付薪資　(D)預收租金。　【106年普業】

(　)**145** 在何種成本流動假設之下，依永續盤存制與定期盤存制所算出的存貨價值一定會相同？　(A)移動平均法　(B)加權平均法　(C)先進先出法　(D)選項(A)、(B)、(C)皆是。　【106年普業】

(　)**146** 某公司於12月30日以起運點交貨方式賒購一批商品存貨，該筆貨品於12月31日並未運達該公司，故公司並未記錄此進貨交易，此錯誤將造成流動比率：　(A)高估　(B)低估　(C)沒有影響　(D)不一定。　【106年普業】

(　)**147** 其他條件相同下，有舉債的公司，當銷貨收入下降，則其稅後淨利會較沒有舉債公司稅後淨利的降幅：　(A)大　(B)小　(C)一樣　(D)不一定。　【106年普業】

(　)**148** 某年遺漏提列折舊之調整，將對該年淨利及年底資產造成何種影響？　(A)淨利：高估；資產：無影響　(B)淨利：高估；資產：高估　(C)淨利：低估；資產：低估　(D)淨利：低估；資產：無影響。　【106年普業】

(　)**149** 毛利率係以銷貨毛利除以下列何者？　(A)銷貨總額　(B)銷貨淨額　(C)銷貨成本　(D)進貨。　【106年普業】

（　）**150** 以下哪個部門的成本，最不可能被計入永達電腦的營業成本項下？　(A)封裝作業部　(B)職工福利委員會　(C)主機板測試作業組　(D)機器加工作業組。　【106年普業】

（　）**151** 評估公司獲利能力之指標通常為：　(A)每股市價　(B)每股盈餘　(C)每股股利　(D)每股帳面金額。　【106年普業】

（　）**152** 下列何者通常並非財務報告分析人員常用的工具？　(A)趨勢分析　(B)隨機抽樣分析　(C)共同比分析　(D)比較分析。　【106年普業】

（　）**153** 下列何者為虛帳戶？　(A)資產　(B)負債　(C)權益　(D)收益。　【106年普業】

（　）**154** 存貨評價採用下列何種方式時，企業最容易操縱當年度的銷貨成本？　(A)先進先出法　(B)移動平均法　(C)個別認定法　(D)選項(A)、(B)、(C)皆非。　【106年普業】

（　）**155** 下列何者對速動比率無任何影響？
(A)宣告現金股利
(B)支付前所宣告的現金股利
(C)沖銷呆帳
(D)以成本價賒銷出售存貨。　【106年普業】

（　）**156** 出售長期投資，成本$20,000，售價$25,000，對營運資金及流動比率有何影響？　(A)營運資金增加，流動比率不變　(B)營運資金不變，流動比率增加　(C)二者均增加　(D)二者均不變。【106年普業】

（　）**157** 企業進行轉投資，執行購入長期股票的控股策略，請問就現金流量表之分析應屬下列何種活動？　(A)籌資活動　(B)營業活動　(C)購併活動　(D)投資活動。　【106年普業】

（　）**158** 應付公司債轉換為普通股，將使普通股權益報酬率：　(A)增加　(B)減少　(C)不變　(D)增減不一定。　【106年普業】

（　）**159** 某公司X6年度每股市價為150元，每股盈餘為15元，每股帳面價值為10元，則該公司的本益比應為：　(A)20　(B)15　(C)10　(D)5。　【106年普業】

（　）**160** 舉債經營有利時，財務槓桿指數應：　(A)大於1　(B)小於1　(C)等於1　(D)不一定。　【106年普業】

（　）**161** 公司採用完工比例法或全部完工法，工程結束後，何者會使其累計每股盈餘較大？（假設不考慮稅，且其他條件不變下）　(A)完工比例法　(B)全部完工法　(C)不一定　(D)二法相等。【106年普業】

（　）**162** 現金股利發放率愈大，預估本益比：　(A)愈大　(B)愈小　(C)不變　(D)不一定愈大或愈小。　【106年普業】

（　）**163** 萬安公司在共同比財務分析中，若比較基礎為資產負債表者，應以何項目作為100%？　(A)負債總額　(B)權益總額　(C)資產總額　(D)不動產、廠房及設備總額。　【106年普業】

（　）**164** 下列敘述何者正確？　(A)流動資產科目間之轉換，對營運資金與流動比率均無影響　(B)存貨高估將使酸性測驗比率提高　(C)獲利能力強之企業，償債能力亦必定良好　(D)由淨值之成長可看出企業之獲利能力。　【106年普業】

（　）**165** 賒銷$1,000並代顧客支付運費$40，付款條件2/10，n/30，若顧客於10天內將貨款與運費一併支付，則應收現金若干？　(A)$1,020　(B)$1,019.2　(C)$940　(D)$940.8。　【106年普業】

（　）**166** 在間接法編製的現金流量表中，應單獨揭露哪些項目之現金流出？　(A)利息支付金額　(B)所得稅支付金額　(C)選項A、B皆須單獨揭露　(D)選項A、B皆不須單獨揭露。　【106年普業】

（　）**167** 下列何項證券投資於期末應按公允價值評價？　(A)持股比例20%以下之股權投資　(B)持有至到期日證券投資　(C)持股比例超過50%之股權投資　(D)採權益法之長期股權投資。　【106年普業】

（　）**168** 依員工認股計畫買回之庫藏股，若逾期未轉讓予員工則應如何處理？　(A)列為長期投資　(B)列為股本之減項　(C)辦理減資　(D)列為短期投資。　【106年普業】

（　）**169** 應付員工之退休金負債，應如何計提？　(A)按權責基礎　(B)按現金基礎　(C)於到職及退休時各計提一半　(D)依情況而定。　【106年普業】

(　　)**170** 下列何者非為舉債經營之好處？　(A)總資產報酬率可能大於借債之成本　(B)權益報酬率可能大於總資產報酬率　(C)所得稅負可以減輕　(D)舉債之成本可能大於權益報酬。　　　【106年普業】

(　　)**171** 下列何者不會影響當年度總資產報酬率？　(A)由短期銀行貸款取得現金　(B)發放股票股利　(C)發行股票取得現金　(D)宣告並發放現金股利。　　　【106年普業】

(　　)**172** 公司決定提高股利支付率，將使未來年度本益比：　(A)不變　(B)無法判斷　(C)上升　(D)下降。　　　【106年普業】

(　　)**173** 下列何者為動態分析？　(A)同一報表科目與類別的比較　(B)不同期間報表科目互相比較　(C)相同科目數字上的結構比較　(D)比率分析。　　　【106年普業】

(　　)**174** 光輝公司存貨週轉率為12，應收帳款週轉率為24，假設一年以360天計算，光輝公司的「營業循環週期」為：　(A)30天　(B)45天　(C)60天　(D)90天。　　　【106年普業】

(　　)**175** 償還應付帳款將使流動比率：　(A)增加　(B)減少　(C)不變　(D)不一定。　　　【106年普業】

(　　)**176** 吉強公司以其全部應收帳款為質押向銀行融資借款，此事件對該公司的影響為：　(A)減少營運資金　(B)流動資產不變　(C)速動資產增加　(D)速動資產不變。　　　【106年普業】

(　　)**177** 出售長期投資，成本$20,000，售價$25,000，對營運資金及流動比率有何影響？　(A)營運資金增加，流動比率不變　(B)營運資金不變，流動比率增加　(C)二者均增加　(D)二者均不變。　　　【106年普業】

(　　)**178** 若依我國企業實務慣用分類方式編製現金流量表，下列何者屬於因營業活動而產生之現金流量？　(A)發行公司債　(B)出售房屋　(C)發放現金股利　(D)收到存貨保險賠償款。　　　【106年普業】

(　　)**179** 以間接法編製之現金流量表，在計算現金流量時處分不動產、廠房及設備利益應列為：　(A)營業活動本期純益之加項　(B)營業活動本期純益之減項　(C)投資活動之加項　(D)投資活動之減項。　　　【106年普業】

(　　)**180** 下列何項期後事件應調整財務報表之內容？　(A)火災導致廠房全毀　(B)短期投資市價之變動　(C)某顧客火災損失慘重，導致對該顧客應收帳款無法收回　(D)結帳日時結果未知之訴訟案確定敗訴。　　　　　　　　　　　　　　　　　　　　【106年普業】

(　　)**181** 將部分公司債轉換為普通股將使利息保障倍數：　(A)降低　(B)提高　(C)不變　(D)不一定。　　　　　　　　　　　　　　　【106年普業】

(　　)**182** 合併綜合損益表之合併總損益應歸屬於：　(A)合併商譽　(B)合併商譽及長期股權投資之減損　(C)母公司業主　(D)母公司業主及少數股權。　　　　　　　　　　　　　　　　　　　　　　　【106年普業】

(　　)**183** 下列有關綜合損益表之表達，何者不正確？　(A)應揭露稅後淨利　(B)原則上應以多站式方式表達　(C)公開發行公司應計算每股盈餘　(D)顯示特定期間之財務狀況。　　　　　　　　　　　　【106年普業】

解答與解析

1 (D)。以本益比法評估普通股價值的缺點有：
(1) 未考量不同產業特性，難以比較。
(2) 未考量不同階段的盈餘成長。
(3) 未考量盈餘品質的好壞。

2 (B)。財報分析又稱為基本分析，本益比與基本分析有關。

3 (A)。資產負債表為靜態報表，其餘選項為動態報表。

4 (B)。預收收入屬於負債。

5 (B)。與決策有關，具有改變決策的能力，以及對問題預測解決有幫助，我們稱之為「攸關性」。

6 (D)。窗飾財報的主要目的，是讓銷售額和利益看起來比實際更加美好。低列備抵呆帳、將去年底已進貨的交易今年才入帳、去年出貨給關係人，今年則有大筆的銷貨退回皆是窗飾之作法。

7 (A)。公司減少提列備抵呆帳，會使流動資產增加，將導致根據會計資料計算之營運資金增加。

8 (C)。非以再出售為目的進行購併其他公司而認列的商譽屬於非流動項目。

9 (C)。期初存貨－期末存貨＋本期進貨=銷貨成本

10 (D)。開即期支票一張支付本月份水電費，不論是現金基礎還是應計基礎，都會導致本期淨利降低。

11 **(C)**。向銀行借款$5,000,000，並以廠房作擔保，這項交易將在現金流量表中列作來自籌資活動之現金流量增加$5,000,000。

12 **(D)**。企業編製財務預測應基於適當的基本假設，在評估假設的適當性時，應考慮總體經濟指標、產業景氣資訊、歷年營運趨勢及型態。

13 **(B)**。以間接法編製之現金流量表，處分不動產、廠房及設備利益應列營業活動本期淨利之減項。

14 **(B)**。若以有效利息法（Effective Interest Method）攤銷應付公司債之溢價，則每期之利息費用為遞減。

15 **(D)**。商譽屬於不能明確辨認，無法單獨讓售之無形資產。

16 **(C)**。商標權屬於無形資產。

17 **(B)**。溢價發行之公司債，若採直線法攤銷其溢價，則流通初期之利息費用將較採有效利率法攤銷溢價之利息費用為低。

18 **(A)**。無形資產能與企業分離，亦能獨立轉讓。

19 **(A)**。淨值為正之公司，舉借長期負債購買不動產、廠房及設備將使負債比率提高。

20 **(C)**。負債比率提高，將使權益報酬率的變動則不一定，視其是否為有利的財務槓桿。

21 **(C)**。宣告現金股利→保留盈餘減少→總資產報酬率不影響。

22 **(C)**。邊際貢獻率＝（銷貨淨額－變動成本）／銷貨淨額
當變動成本占銷貨淨額百分比下降時，邊際貢獻率一定會上升。

23 **(D)**。如果大武航空公司的融資決策很成功，能適度運用財務槓桿原理，則其權益報酬率應該高於其總資產報酬率。

24 **(D)**。機器設備使用較短之耐用年限攤銷折舊費用→折舊費用較大→企業的毛利率會比較低。

25 **(C)**。公司賣出庫藏股票價格如果較原先取得價格高時，對於財務報表之影響將使權益增加。

26 **(A)**。普通股每股損失$2，分配20%股票股利→股本增加→將使每股損失減少。

27 **(D)**。甲、乙兩公司資本結構、產品相同，則當甲公司每股盈餘大於乙公司每股盈餘，則甲公司價值會與乙公司的價值相比，因資訊不足，無法比較。

28 **(A)**。本益比是每股市價／每股盈餘，當股價下跌，會使本益比下跌。

29 **(C)**。國庫券殖利率增加，會影響市場利率上升，因此股價會下跌，使得本益比降低。

30 **(D)**。企業提供期中財務報表主要在滿足提供及時的資訊目標。

31 (D)。營業週期＝存貨週轉天數＋
應收帳款週轉天數

32 (D)。負債比率屬資本結構分析，
不屬於流動性比率。

33 (C)。企業編製財務預測時採用的
「基本假設」，是指企業針對關
鍵因素未來發展的最可能的結果
所作的假設。

34 (D)。長期營業用有形資產須於客
觀證據顯示資產價值有減損可能
時作資產減損之測試。

35 (B)。現行我國公司之員工紅利
於財務報表中係列為營業成本或
費用。

36 (B)。商譽如有減損，應認列減損
損失或沖銷商譽。但特別須注意的
地方，商譽的減損損失不得轉回。

37 (C)。應付公司債溢價之攤銷，將
減少利息費用。

38 (A)。當公司淨值為正時，支付已
宣告之現金股利使負債及資產等
額減少，負債比率下降，權益比
率相對上升。

39 (B)。股利支付率愈低，表示企業
之保留盈餘增加愈多。

40 (C)。每股盈餘＝（本期淨利－特
別股股利）／加權平均流通在外
普通股股數

41 (B)。愈短期之債權人愈重視企業
之流動性，故本題選(B)。

42 (D)。實際預期信用減損損失發生
時，分錄為
借：備抵損失－應收帳款，貸：
應收帳款
故應收帳款帳面價值不變，速動
比率不變。（請注意壞帳已更換
名稱）

43 (B)。

$$年息＝2\%\times\frac{360}{(60-15)}=16\%$$

44 (B)。在間接法下折舊是加在淨利
上，以計算來自營業活動之現金
流量。

45 (C)。採權益法評價之長期投資，
若取得其現金股利，應借記：現
金，並貸記：股權投資。

46 (D)。期後事項發生之原因於結帳
日即已存在者，應調整財務報表
之內容。如結帳日時結果未知之
訴訟案確定敗訴即屬之。

47 (B)。採用損益兩平（Breakeven）
分析時，所隱含的假設之一是在
攸關區間內單位變動成本不變。

48 (D)。按面值發放股票股利給股
東，會使公司保留盈餘減少，股
本增加，權益不變。

49 (D)。會計政策、物價水準波動、
損益之組成、折舊年限長短皆會
影響盈餘的品質。

50 (B)。本益比=50/2=25

51 (A)。其它條件不變，對投資人而
言本益比（P/E Ratio）通常愈小
愈好。

52 (D)。其他條件相同，盈餘成長率愈高的公司，投資人對其股票可接受的本益比愈高。

53 (C)。無法做量化的分析非財務報告分析時之限制。

54 (D)。償還應付帳款將使流動比率會使流動資產及流動負債同額減少，將使流動比率的變動不一定，端視原流動比率是否大於一而定。

55 (D)。假如羅東公司存貨實際流動的情況是舊的存貨先售出，則此公司財務報告中所選擇的成本流動假設可選擇任何一種成本流動假設。

56 (B)。營業循環週期＝360/12＋360/24＝45（天）

57 (B)。企業出售無形資產所得的收入，應列為現金流量表上的投資活動的現金流入項目。

58 (A)。公司購入庫藏股→權益減少。
購入庫藏股→流通在外股數減少→每股盈餘增加。

59 (D)。公司宣布並發放股票股利，不影響利息保障倍數、負債比率及現金流量對固定支出倍數。

60 (A)。計算合併個體之負債比率時，非控制權益應包含於權益中。

61 (A)。本題負債利率10%＞總資產報酬率6%，則該公司增加負債將降低權益報酬率。

62 (A)。公司投資所得增加，會使公司淨利增加→普通股權益報酬率上升。

63 (C)。待分配股票股利在資產負債表上，應列於「權益」。

64 (D)。在計算稀釋每股盈餘時，長期公司債非為「約當普通股」應考慮項目。

65 (D)。應收帳款讓售（Factoring）並無法增加收益，沒有美化盈餘的效果。

66 (B)。預期以發行權益證券再融資之短期負債，於資產負債表中應列為長期負債。

67 (D)。在公司營業呈穩定狀況下，應收帳款週轉天數的減少表示公司授信政策轉嚴。

68 (A)。帳冊資料不全時較適合採用毛利法估計期末存貨價值。

69 (A)。償債基金在資產負債表上應列為非流動資產。

70 (C)。法定盈餘公積之性質屬於保留盈餘之一部分。

71 (D)。發放已宣告之現金股利不影響普通股每股帳面價值。

72 (B)。(A)進行股票分割不影響每股面額。(A)錯誤。(B)已宣告未發放之現金股利為公司之流動負債。(B)正確。(C)發放股票股利不影響現金。(C)錯誤。(D)發放股票股利不影響權益總數。(D)錯誤。

73 (D)。淨利占資本額之比率可作為公司分配股利能力之指標。

74 (D)。企業資產使用之效率即總資產週轉率，總資產週轉率=銷貨收入淨額／平均資產總額。

75 (C)。盈餘的創造主要來自於經常性活動，則其盈餘品質愈高。

76 (D)。本益比=65/5=13（倍）

77 (B)。採銷貨百分比法提列呆帳最能符合收入與費用配合原則。

78 (D)。製成品週轉率＝銷貨成本／製成品存貨。

79 (D)。應收分期付款金額屬於流動資產。

80 (C)。關於存貨永續盤存制的平均成本法，每次進貨後即計算新的單位成本。

81 (B)。現金增資屬於現金流量表中的籌資活動部分。

82 (B)。編製現金流量表時，公司通常不需要去年之綜合損益之資訊。

83 (C)。應付公司債折價與應付公司債溢價，兩者皆屬於負債類科目。

84 (B)。發行五年期具有可轉換權利之公司債，在財務報表中應列為「長期負債」。

85 (B)。不動產、廠房及設備之取得成本應包括購價，並扣除現金折扣。

86 (B)。財務槓桿指數大於1，則舉債經營有利。

87 (A)。(20＋30)/(50＋50)＝50%

88 (D)。在計算稀釋每股盈餘時，長期公司債非為「約當普通股」應考慮項目。

89 (D)。「相同企業不同期間或不同企業相同期間的類似資訊能夠互相比較對資訊使用者才有意義」，係指會計資訊的品質特性之「比較性」。

90 (A)。銀行人員審核企業之財務報表以決定是否核准短期貸款時，每股股利最不具重要性。

91 (D)。償債能力評估時亦應注意應收帳款之品質。

92 (B)。期初存貨＋本期進貨淨額－期末存貨＝銷貨成本
$5,000＋$20,000－期末存貨＝$10,000
期末存貨＝$15,000

93 (D)。庫藏股票交易可能會導致資本公積之金額變動。

94 (C)。依員工認股計畫買回之庫藏股，若逾期未轉讓予員工，則應辦理減資。

95 (C)。資本公積不可用於配發現金股利。

96 (D)。顯示特定期間之財務狀況係指財務狀況表。

97 (D)。「相同企業不同期間或不同企業相同期間的類似資訊能夠互相比較對資訊使用者才有意

義」，係指會計資訊的品質特性之比較性。

98 (D)。財務報表係假設公司繼續經營，故應按取得成本入帳。

99 (C)。財務比率分析並未分析公司購買力風險財務特質。

100 (D)。在閱讀以IFRSs編製的財報，應注意的要點為IFRSs採用「公允價值」原則、IFRSs採「合併報表」方式表達、IFRSs是「原則基礎」，而非「細則基礎」等。

101 (D)。先進先出法（FIFO）係指先購入先出售轉銷貨成本、後購入轉期末存貨，當物價上漲時，會造成成本偏低，毛利偏高。

102 (D)。某公司預付三個月保險費，則流動比率不變，速動比率下降，不影響存貨週轉率。

103 (A)。以發行長期負債所得金額償還短期負債，會使流動資產增加，流動負債減少→流動比率增加。

104 (D)。存貨週轉率係表示資本運用效率，表示存貨越低，資本運用效率也越高。

105 (B)。存貨週轉率愈高，表示存貨愈低，資本運用效率也愈高，但比率過高時，也有可能表示公司存貨不足，導致銷貨機會喪失。但存貨週轉率愈低，則有過時存貨的機會愈大。

106 (D)。償債能力評估時亦應注意應收帳款之品質，評估應收帳款呆帳的可能性。

107 (D)。本年度存貨週轉率比上期增加許多，可能的原因本年度存貨採零庫存制、本年度認列鉅額的存貨過時跌價損失、產品製造時程縮短等。

108 (D)。現金流量允當比率=最近五年度營業活動淨現金流量／最近五年度（資本支出＋存貨增加額＋現金股利）

109 (B)。現金再投資比率較適合用以衡量企業來自營業活動的資金是否足以支應資產的汰舊換新及營運成長的需要。

110 (B)。以資本公積彌補虧損，會使資本公積流入保留盈餘，會使保留盈餘增加。

111 (B)。宣告股票股利→保留盈餘減少。

112 (A)。依據國際財務報導準則第七號「金融工具：揭露」，市場風險不包括信用風險。

113 (D)。企業進行資產減損測試時，未來現金流量估計應包括處分資產之淨現金流量。

114 (C)。如果沒有證據顯示其持股未具控制能力，則當投資公司直接或是間接持有被投資公司有表決權之股份超過50%時，即應該認定對被投資公司有控制能力。

115 (D)。舉債之成本可能大於權益報酬率→舉債經營之風險。

116 **(C)**。九如公司收到應收帳款，則現金增加→現金對固定支出的保障比率上升。

117 **(D)**。應付公司債轉換為普通股，會造成利息費用減少，但普通股數增加，將使普通股權益報酬率增減不一定。

118 **(B)**。採用損益兩平（Breakeven）分析時，所隱含的假設之一是在攸關區間內單位變動成本不變。

119 **(B)**。不動產、廠房及設備之處分損失屬於綜合損益表上營業外費用。

120 **(C)**。前期收益調整→保留盈餘增加。公司重整沖銷資產、股利分配→保留盈餘減少。

121 **(D)**。股票評價可以利用本益比倍數還原法、股價淨值比還原法、股利殖利率法。

122 **(C)**。相同經濟事實的兩公司同一年的折舊方式皆採用年數合計法，係強化比較性。

123 **(A)**。共同比報表反映了同一報表內有關項目之間的比例關係，顯示了各項目的相對重要地位，以利於分析比較同一報表內各項目變動的適當性。共同比分析是屬於結構分析及靜態分析。

124 **(D)**。前期期末存貨高估\$1,000→本期期初高估\$1,000又本期期末存貨又高估\$1,000→銷貨成本不變→本期銷貨毛利無影響。

125 **(D)**。應收帳款週轉率＝

$$\frac{賒銷收入淨額}{(期初應收帳款＋期末應收帳款)/2}$$

$$=\frac{10,000}{2,000}=5$$

應收帳款平均收回天數＝

$$\frac{365天}{應收帳款週轉率}=\frac{365天}{5}=73天$$

126 **(D)**。撥補零用金時，借記：各項費用，貸記：現金，撥補零用金時帳載現金餘額會減少。

127 **(D)**。由題幹所稱「企業進行轉投資」可知企業或公司轉投資，是指其對其他公司、企業或經濟組織進行實質、有效出資的民事法律行為，也就是公司以現金、實物、無形資產或者購買股票、債券等有價證券的方式向其他單位的投資。所以是一種「投資活動」，答案選(D)。

128 **(C)**。由題幹所稱「皇后公司向銀行借款」，而向銀行借款是屬於舉借長短期債務，屬於一種籌資活動的現金流入。答案選(C)。

129 **(B)**。以資本公積彌補虧損，會使資本公積流入保留盈餘，會使保留盈餘增加。

130 **(D)**。合併綜合損益表之合併總損益應歸屬於母公司業主及非控制權益。

131 **(A)**。甲公司與乙公司相比較，營業槓桿度比為2：1，財務槓桿度比

為2：3，則當兩公司銷貨量變動幅度一樣，但營業槓桿度較大，則甲公司每股盈餘變動幅度大。

132 (C)。流動負債是指預期在一年或一個正常營業週期內，以較長者為準需償付的債務。

133 (B)。將信用條件由1/10，n/30改為1/15，n/30，假設其他因素不變，則應收帳款週轉率將降低。

134 (B)。編製現金流量表時，公司通常不需要去年之綜合損益表。

135 (D)。長期營業用資產須於客觀證據顯示資產價值有減損可能時，作資產減損之測試。

136 (A)。速動比率是測驗一企業短期償債能力之最佳比率。

137 (B)。職工福利委員會非屬營業成本。

138 (D)。所得稅費用應列為本期稅前淨利之減項。

139 (D)。發放股票股利給股東，會使公司保留盈餘減少，股本增加，權益不變。

140 (D)。資本結構、每股盈餘、股價穩定性皆為有價證券評等選用之指標。

141 (D)。財務報表之資料可應用於信用分析（授信）、合併之分析、財務危機預測等決策上。

142 (A)。上市公司資產負債表上的會計科目均為實帳戶。

143 (D)。將綜合損益表中之銷貨淨額設為100%，其餘各損益項目均以其占銷貨淨額的百分比列示，是屬於財務垂直分析的表達方法。

144 (D)。預收租金已收取現金而尚未提供的勞務也是公司的負債。

145 (C)。在先進先出法成本流動假設之下，依永續盤存制與定期盤存制所算出的存貨價值一定會相同。

146 (D)。某公司於12月30日以起運點交貨方式賒購一批商品存貨，該筆貨品於12月31日並未運達該公司，故公司並未記錄此進貨交易，造成流動資產少計，流動負債亦少計，其對流動比率的影響不一定，視原流動比率是否大於一而定。

147 (A)。其他條件相同下，有舉債的公司，當銷貨收入下降，因槓桿效果，則其稅後淨利會較沒有舉債公司稅後淨利的降幅大。

148 (B)。某年遺漏提列折舊之調整，將對該年淨利高估，年底資產高估。

149 (B)。毛利率係以銷貨毛利除以銷貨淨額。

150 (B)。職工福利委員會屬於營業費用項目。

151 (B)。評估公司獲利能力之指標通常為每股盈餘。

152 (B)。隨機抽樣分析並非財務報告分析人員常用的工具。

153 (D)。收益及費用科目為虛帳戶。

154 (C)。存貨評價採用個別認定法時，企業最容易操縱當年度的銷貨成本。

155 (C)。沖銷呆帳不影響資產及負債，對速動比率無任何影響。

156 (C)。出售長期投資，成本$20,000，售價$25,000，對營運資金增加$25,000及流動比率增加。

157 (D)。企業進行轉投資，執行購入長期股票的控股策略，屬於投資活動。

158 (D)。應付公司債轉換為普通股，將使利息費用減少，股本增加，對普通股權益報酬率的影響則不一定。

159 (C)。本益比＝150/15＝10

160 (A)。舉債經營有利時，財務槓桿指數應大於1。

161 (D)。不論採用完工比例法或全部完工法，工程結束後，累計每股盈餘均相等。

162 (D)。本益比＝每股市價÷每股盈餘
股利發放率愈大，會使投資人願意付的市價提高，但盈餘也會降低，所以對本益比的影響不一定。

163 (C)。在共同比財務分析中，若比較基礎為資產負債表者，應以資產總額作為100%。

164 (A)。流動資產科目間之轉換，流動資產不變，對營運資金與流動比率均無影響。

165 (A)。$1000 \times 0.98 + 40 = 1,020$

166 (C)。在間接法編製的現金流量表中，利息支付金額、所得稅支付金額皆須單獨揭露。

167 (A)。持股比例20%以下之股權投資於期末應按公允價值評價。

168 (C)。依員工認股計畫買回之庫藏股，若逾期未轉讓予員工則應辦理減資。

169 (A)。應付員工之退休金負債，應按權責基礎計提。

170 (D)。舉債之成本可能大於權益報酬是舉債經營的風險。

171 (B)。發放股票股利，不影響股東權益→不會影響當年度總資產報酬率。

172 (B)。本益比＝每股市價÷每股盈餘
提高股利支付率，會使投資人願意付的市價提高，但盈餘也會降低，所以對本益比的影響不一定。

173 (B)。不同期間報表科目互相比較為動態分析。

174 (B)。營業循環週期＝360/12＋360/24＝45（天）

175 (D)。償還應付帳款會使流動資產及流動負債同額減少→對流動比率影響不一定。

176 (C)。吉強公司以其全部應收帳款為質押向銀行融資借款，會使流動資產、速動資產及營運資金均增加。

177 (C)。出售長期投資，成本$20,000，售價$25,000，對營運資金增加$25,000及流動比率增加。

178 (D)。若依我國企業實務慣用分類方式編製現金流量表，收到存貨保險賠償款屬於因營業活動而產生之現金流量。

179 (B)。以間接法編製之現金流量表，處分不動產、廠房及設備利益應列為營業活動本期純益之減項。

180 (D)。結帳日時結果未知之訴訟案確定敗訴會影響投資人對財務報表的判斷，屬於應調整財務報表之內容。

181 (B)。將部分公司債轉換為普通股，會使利息費用減少，將使利息保障倍數提高。

182 (D)。合併綜合損益表之合併總損益應歸屬於母公司業主及少數股權。

183 (D)。財務狀況表係顯示特定期間之財務狀況。

第五篇

歷屆試題與解析

111年 第3次證券商業務員資格測驗

證券交易相關法規與實務

( )　**1** 股份有限公司董事之報酬，未經章程訂明者，得以何種方式議定？
(A)自行議定　(B)由常務董事會議定　(C)由監察人決定　(D)由股東會議定。

( )　**2** 欲變更公司章程，應有代表已發行股份總數多少比例以上股東出席之股東會，及出席股東表決權過半數之決議？　(A)二分之一　(B)三分之一　(C)三分之二　(D)四分之三。

( )　**3** 下列對監察人之敘述何者有誤？　(A)監察人須共同行使監察權　(B)監察人得列席董事會陳述意見　(C)董事發現公司有受重大損害之虞時，應立即向監察人報告　(D)監察人不得兼任公司董事、經理人或其他職員。

( )　**4** 「證券交易法」所謂「利用他人名義持有股票」，有關具備之要件下列何者錯誤？　(A)直接或間接提供股票與他人或提供資金與他人購買股票　(B)對該他人所持有之股票，具有管理、使用或處分之權益　(C)受贈他人所持有之股票　(D)該他人所持有股票之利益或損失之全部或一部歸屬於本人。

( )　**5** 依「證券交易法」規定發行股票之公司，於增資發行新股時，主管機關得規定其：　(A)股權統一標準　(B)股權保管標準　(C)股權集中標準　(D)股權分散標準。

( )　**6** 依現行法令規定，公開發行公司董事會應至少多久召開一次？
(A)每月　(B)每季　(C)每半年　(D)每星期。

( )　**7** 公開發行公司獨立董事兼任其他公開發行公司獨立董事不得逾多少家？　(A)1家　(B)3家　(C)5家　(D)10家。

（　）**8** 何種重大消息係指「證券交易法」第一百五十七條之一第五項所稱「涉及該證券之市場供求，對其股價有重大影響之消息」？ (A)公司辦理重整　(B)發生集體抗議、罷工等情事，造成公司重大損害　(C)公司股票被進行公開收購者　(D)公司董事受停止行使職權之假處分裁定，致董事會無法行使職權者。

（　）**9** 內部人短線交易之規定，不適用於下列哪一種類公司？　(A)上市公司　(B)上櫃公司　(C)非上市、上櫃之公開發行公司　(D)第一上市公司。

（　）**10** 證券經紀商為辦理對客戶交割款項之收付，應於金融機構設立何種性質之帳戶為交割專戶？　(A)活期存款　(B)定期存款　(C)支票存款　(D)未規定。

（　）**11** 證券商經營在集中交易市場受託買賣有價證券業務者，於開始營業前，應向臺灣證券交易所繳存交割結算基金基本金額新臺幣多少？　(A)五百萬元　(B)一千萬元　(C)一千二百萬元　(D)一千五百萬元。

（　）**12** 證券商流動負債總額，不得超過其流動資產總額之多少？　(A)百分之五十　(B)百分之百　(C)百分之一百五十　(D)百分之二百。

（　）**13** 對證券商從事有關外國衍生性金融商品交易規範，下列敘述何者正確？　(A)結匯事宜應向銀行局申報　(B)得擇定任何外國金融機構辦理　(C)應向中央銀行許可或指定之國內外金融機構辦理交易　(D)應向投審會申報交易月報表。

（　）**14** 證券交易所之董事、監察人或受僱人，對於職務上之行為，要求期約或收受不正利益者，處何種刑罰？　(A)處七年以下有期徒刑，得併科新臺幣三百萬元以下罰金　(B)處一年以下有期徒刑，得併科新臺幣一百二十萬元以下罰金　(C)處二年以下有期徒刑，得併科新臺幣一百八十萬元以下罰金　(D)處五年以下有期徒刑、拘役或科或併科新臺幣二百四十萬元以下罰金。

（　）**15** 證券交易所備供證券買賣一方不履行交付義務時之代為支付，而就其證券交易經手費提存之準備金稱之為：　(A)賠償準備金　(B)損失準備金　(C)交割結算準備金　(D)盈餘準備金。

(　) **16** 公司買回股份之數量比例，不得超過該公司已發行股份總數的多少
比例？　(A)百分之五　(B)百分之十　(C)百分之十五　(D)百分之
三十。

(　) **17** 私人間直接讓受上市有價證券，其數量不得超過一個成交單位，且
前後兩次之讓受行為相隔不少於多少期間？　(A)2個月　(B)3個月
(C)5個月　(D)6個月。

(　) **18** 仲裁庭認定仲裁達於可為判斷之程度者，依當事人聲明之事項，應
於幾日內作成判斷書？　(A)7日　(B)10日　(C)14日　(D)20日。

(　) **19** 依公司法規定，除部分特例外，公司投資總額不得超過其實收股本
多少比率？　(A)50%　(B)40%　(C)30%　(D)10%。

(　) **20** 下列何者非公司重整時，關係人會議之任務？　(A)審議及表決重整
計畫　(B)決議其他有關重整之事項　(C)聽取關於公司業務與財務
狀況之報告及對於公司重整之意見　(D)選派重整人。

(　) **21** 除經主管機關核准者外，公開發行公司監察人間或監察人與董事間
應至少幾席以上，不得具有配偶關係？　(A)1席　(B)2席　(C)3席
(D)席次過半。

(　) **22** 公開發行有價證券之公司，應於每會計年度終了後多久內公告並申
報年度財務報告？　(A)2個月　(B)3個月　(C)5個月　(D)6個月。

(　) **23** 關於發行申報、公告之財務報告內容有虛偽或隱匿情事時之民事賠
償責任，其賠償對象為下列何者？　(A)所有因而受有損害之投資
人　(B)限於因而受有損害之善意取得人、出賣人或持有人　(C)限
於因而受有損害之善意取得人或出賣人　(D)限於因而受有損害之
善意出賣人。

(　) **24** 證券商若未如期提出主管機關命令所需提供之帳簿，可處多少元
之罰鍰？　(A)十二萬元以上二百四十萬元以下　(B)二十四萬元
以上一百二十萬元以下　(C)二十四萬元以上二百四十萬元以下
(D)二十四萬元以上四百八十萬元以下。

( ) **25** 違反內線交易規定，損害賠償額度之計算標準，就消息未公開前或
公開後多少小時內，其買入或賣出該股票之價格與消息公開後10
個營業日收盤平均價格的差額？　(A)15小時　(B)18小時　(C)24
小時　(D)13小時。

( ) **26** 企業籌措資金之管道可分為「直接金融」與「間接金融」兩種，下
列何者是屬於「直接金融」？甲.發行新股；乙.發行轉換公司債；
丙.向銀行借款；丁.辦理私募　(A)甲、丙、丁　(B)甲、乙、丙
(C)甲、乙、丁　(D)甲、乙、丙、丁。

( ) **27** 發行人募集與發行有價證券處理準則所稱「營業日」係指：　(A)人
事行政局所公布之上班日　(B)非國定假日　(C)證券市場交易日
(D)證券商營業日。

( ) **28** 依公司法規定，發行人募集發行有價證券，有下列情事者不得公
開發行新股（包括具有優先權利之特別股）？甲、公司連2年虧
損；乙、資產不足抵償債務者；丙、最近三年稅後淨利不足以支
付已發行特別股股息　(A)僅甲、乙　(B)僅甲、丙　(C)僅乙、丙
(D)甲、乙、丙。

( ) **29** 申報日前幾個月之股價變化異常者，證券主管機關得退回上市公司
現金發行新股案件？　(A)一個月　(B)二個月　(C)三個月　(D)六
個月。

( ) **30** 發行人經金融監督管理委員會停止申報生效後，自停止申報生效送
達即日起屆滿多少日，仍未就停止申報生效之原因提出補正，申
請解除停止申報生效，金融監督管理委員會即可退回該申報案？
(A)五個營業日　(B)七個營業日　(C)十二個營業日　(D)十個營業
日。

( ) **31** 有關證券商以經紀業務辦理定期定額ETF，下列敘述何者正確？
(A)需要另外開立帳戶　(B)投資標的以中長期投資之ETF為限
(C)投資標的含槓桿反向ETF　(D)可進行信用交易及借券賣出。

( ) **32** 有關國際債券之敘述，以下何者有誤？　(A)採專業板與一般板兩類
分級管理　(B)專業板僅銷售予專業投資人　(C)於一般板發行須經
金管會申報生效　(D)一般板無須債券信評要求。

(　　) **33** 有關委託書徵求人之相關規定，以下何者為非？　(A)徵求人應依股東委託出席股東會　(B)委託人應親自填具徵求人姓名　(C)徵求人違反主管機關處分已逾三年者　(D)徵求人於委託書簽章後，即可轉讓他人使用。

(　　) **34** 上市公司股東向公司辦理股票事務，若以書面為之者，依法應如何辦理？　(A)出示股東名簿　(B)出示股東證明　(C)簽名於文件　(D)簽名或加蓋留存印鑑。

(　　) **35** 關於鉅額配對交易之成交資料公告，下列何者正確？　(A)即時經由交易資訊揭示系統公告　(B)收盤後統一公告　(C)開市前之成交資料於開市前公告之　(D)毋須公告。

(　　) **36** 客戶與證券經紀商因委託買賣證券所生之爭議，得向何者申請調處？　(A)金管會證期局　(B)證交所　(C)櫃買中心　(D)證券商業同業公會。

(　　) **37** 採集合競價期間，可用何種方式下單？　(A)限價且當日有效　(B)市價且當日有效　(C)限價立即成交否則取消　(D)市價立即全部成交否則取消。

(　　) **38** 盤中某上市股票零股買賣之交易應採何種方式進行？　(A)連續競價　(B)一律以申報當日收盤價為準　(C)採議價方式　(D)集合競價。

(　　) **39** 證交所辦理集中交割，一律採下列何者之方式為之？　(A)現金交割　(B)餘額交割　(C)信用交割　(D)實物交割。

(　　) **40** 櫃檯買賣之證券經紀商受託買賣得以下列方式為之？　(A)當面委託　(B)電話委託　(C)網路委託　(D)選項(A)(B)(C)皆是。

(　　) **41** 現行櫃檯證券經紀商受託買賣股票，一般向委託人收付款券採下列何者方式？　(A)客戶與客戶自行支付　(B)由買方證券商向賣方證券商辦理　(C)由賣方證券商向買方證券商辦理　(D)帳簿劃撥。

(　　) **42** 下列哪一行業在有價證券申請上櫃前，必須先取得目的事業主管機關之同意函，櫃買中心始予受理？　(A)保險業　(B)證券業　(C)金融業　(D)選項(A)(B)(C)皆是。

( ) **43** 櫃檯買賣股票之發行人應於每月幾日以前,於證券櫃買中心指定之網際網路資訊申報系統申報上月份營運情形? (A)5日 (B)7日 (C)10日 (D)15日。

( ) **44** 證券商經營櫃檯買賣,下列敘述何者正確? (A)證券承銷商不得自行買入或賣出,但得代客買賣 (B)證券自營商,應自行買入或賣出,亦得代客買賣 (C)證券經紀商,應自行買入或賣出,但不得代客買賣 (D)兼具證券自營商及經紀商者,於每次買賣時之書面文件區別自行或代客買賣。

( ) **45** 證券櫃檯買賣中心交易系統予以等價或等殖成交者,股票每筆輸入應小於幾個交易單位? (A)一百 (B)三百 (C)五百 (D)一千。

( ) **46** 辦理融資融券信用交易業務證券商,必須有經營哪一種證券業務? (A)經紀 (B)公債 (C)自營 (D)承銷。

( ) **47** 得向證券金融事業辦理融資融券事項者有哪些? (A)證券投資人 (B)證券商 (C)證券金融公司 (D)選項(A)(B)(C)皆是。

( ) **48** 股票有下列何種情形,得不核准其為融資融券股票? (A)股價波動過於劇烈者 (B)股權過度集中者 (C)成交量過度異常者 (D)選項(A)(B)(C)皆是。

( ) **49** 下列何者不得融資融券? (A)零股交易 (B)鉅額交易 (C)全額交割股票 (D)選項(A)(B)(C)皆是。

( ) **50** 有關證券經紀商手續費敘述,以下何者正確? (A)只對賣出收取 (B)收取上限為千分之三 (C)買進與賣出時各計算一次 (D)為固定費率,無折扣空間。

解答與解析 答案標示為#者,表官方曾公告更正該題答案。

1 (D)。「公司法」第196條:董事之報酬,未經章程訂明者,應由股東會議定,不得事後追認。

2 (C)。「公司法」第277條:公司非經股東會決議,不得變更章程。前項股東會之決議,應有代表已發行股份總數三分之二以上之股東出

席，以出席股東表決權過半數之同意行之。

3 (A)。「公司法」第221條：監察人各得單獨行使監察權。

4 (C)。依據「證券交易法施行細則」第2條，本法所定利用他人名義持有股票，指具備下列要件：一、直接或間接提供股票與他人或提供資金與他人購買股票。二、對該他人所持有之股票，具有管理、使用或處分之權益。三、該他人所持有股票之利益或損失全部或一部歸屬於本人。

5 (D)。「證券交易法」第22-1條：已依本法發行股票之公司，於增資發行新股時，主管機關得規定其股權分散標準。

6 (B)。「公開發行公司董事會議事辦法」第3條：董事會應至少每季召開一次，並於議事規範明定之。

7 (B)。「公開發行公司獨立董事設置及應遵循事項辦法」第4條：公開發行公司之獨立董事兼任其他公開發行公司獨立董事不得逾三家。

8 (C)。依據「證券交易法第一百五十七條之一第五項及第六項重大消息範圍及其公開方式管理辦法」，本法第一百五十七條之一第五項所稱涉及該證券之市場供求，對其股票價格有重大影響，或對正當投資人之投資決定有重要影響之消息，指下列消息之一：一、證券集中交易市場或證券商營業處所買賣之有價證券有被進行或停止公開收購者。二、公司或其控制公司股權有重大異動者。三、在證券集中交易市場或證券商營業處所買賣之有價證券有標購、拍賣、重大違約交割、變更原有交易方法、停止買賣、限制買賣或終止買賣之情事或事由者。四、依法執行搜索之人員至公司、其控制公司或其符合會計師查核簽證財務報表規則第二條之一第二項所定重要子公司執行搜索者。五、其他涉及該證券之市場供求，對公司股票價格有重大影響，或對正當投資人之投資決定有重要影響者。

9 (C)。內部人短線交易之規定，不適用於非上市、上櫃之公開發行公司。

10 (A)。「證券商辦理客戶委託保管及運用其款項管理辦法」第4條：證券商為辦理客戶委託保管及運用其款項業務之款項收付，應於銀行開立專用之新臺幣活期存款帳戶，帳戶名稱為「○○證券商之客戶現金管理專戶」。

11 (D)。依據「證券商管理規則」第10條，證券商經營在集中交易市場受託買賣有價證券業務者，依下列規定，向證券交易所繳存交割結算基金：一、開始營業前，應繳基本金額新臺幣一千五百萬元，並於開始營業後，按受託買賣上市有價證券成交淨收淨付金額一定比率，於每季終了後十日內繼續繳存至當年底，其比率由

本會另訂之。二、開業次一年起，其原繳之基本金額減為新臺幣三百五十萬元，並逐年按前一年受託買賣上市有價證券成交淨收淨付金額依前揭比率併計，於每年一月底前就已繳存基金不足或多餘部分向證券交易所繳存或領回。

12 (B)。「證券商管理規則」第13條：證券商除有特殊需要經專案核准者或由金融機構兼營者另依有關法令規定辦理外，其對外負債總額不得超過其淨值之六倍；其流動負債總額不得超過其流動資產總額。

13 (C)。「證券商管理規則」第19-2條：證券商自行買賣以外幣計價之有價證券及從事有關外國衍生性金融商品交易，其結匯事宜應依外匯收支或交易申報辦法之規定辦理。證券商應僅能以客戶身分向經中央銀行許可辦理衍生性外匯商品業務之指定銀行或國外金融機構辦理前項交易。

14 (D)。「證券交易法」第172條：證券交易所之董事、監察人或受僱人，對於職務上之行為，要求期約或收受不正利益者，處五年以下有期徒刑、拘役或科或併科新臺幣二百四十萬元以下罰金。

15 (A)。依據「證券交易法」第153、154條，證券交易所備供證券買賣一方不履行交付義務時之代為支付，而就其證券交易經手費提存之準備金稱為賠償準備金。

16 (B)。「證券交易法」第28-2條第2項：公司買回股份之數量比例，不得超過該公司已發行股份總數百分之十；收買股份之總金額，不得逾保留盈餘加發行股份溢價及已實現之資本公積之金額。

17 (B)。依據「證券交易法」第150條，私人間之直接讓受，其數量不超過該證券一個成交單位；前後兩次之讓受行為，相隔不少於三個月。

18 (B)。「仲裁法」第33條第1項：仲裁庭認仲裁達於可為判斷之程度者，應宣告詢問終結，依當事人聲明之事項，於十日內作成判斷書。

19 (B)。「公司法」第13條第2項：公開發行股票之公司為他公司有限責任股東時，其所有投資總額，除以投資為專業或公司章程另有規定或經代表已發行股份總數三分之二以上股東出席，以出席股東表決權過半數同意之股東會決議者外，不得超過本公司實收股本百分之四十。

20 (D)。「公司法」第301條，關係人會議之任務如下：一、聽取關於公司業務與財務狀況之報告及對於公司重整之意見。二、審議及表決重整計劃。三、決議其他有關重整之事項。

21 (A)。依據「證券交易法」第26-3條第4項，公司除經主管機關核准者外，監察人間或監察人與董事間，應至少一席以上，不得具有配偶、二親等以內之親屬關係。

22 (B)。「證券交易法」第36條第1項：已依本法發行有價證券之公司，除情形特殊，經主管機關另予規定者外，應依下列規定公告並向主管機關申報：一、於每會計年度終了後三個月內，公告並申報由董事長、經理人及會計主管簽名或蓋章，並經會計師查核簽證、董事會通過及監察人承認之年度財務報告。二、於每會計年度第一季、第二季及第三季終了後四十五日內，公告並申報由董事長、經理人及會計主管簽名或蓋章，並經會計師核閱及提報董事會之財務報告。三、於每月十日以前，公告並申報上月份營運情形。

23 (B)。依據「證券交易法」第20-1條第1項，發行申報、公告之財務報告，其主要內容有虛偽或隱匿之情事，下列各款之人，對於發行人所發行有價證券之善意取得人、出賣人或持有人因而所受之損害，應負賠償責任：一、發行人及其負責人。二、發行人之職員，曾在財務報告或財務業務文件上簽名或蓋章者。

24 (D)。依據「證券交易法」第21-1條第5項及第178條，證券商若未如期提出主管機關命令所需提供之帳簿，處新臺幣二十四萬元以上四百八十萬元以下罰鍰，並得命其限期改善。

25 (B)。依據「證券交易法」第157-1條，違反內線交易規定，損害賠償額度之計算標準，就消息未公開前或公開後十八小時內，其買入或賣出該股票之價格與消息公開後十個營業日收盤平均價格的差額。

26 (C)。直接金融指資金需求者不透過中間機構，而直接與資金提供者籌資，向銀行借款是透過金融中介機構間接進行為間接金融。故選(C)。

27 (C)。「發行人募集與發行有價證券處理準則」第3條第4項：營業日指證券市場交易日。

28 (D)。「公司法」第270條：公司有下列情形之一者，不得公開發行新股：一、最近連續二年有虧損者。但依其事業性質，須有較長準備期間或具有健全之營業計畫，確能改善營利能力者，不在此限。二、資產不足抵償債務者。「公司法」第269條：公司有下列情形之一者，不得公開發行具有優先權利之特別股：一、最近三年或開業不及三年之開業年度課稅後之平均淨利，不足支付已發行及擬發行之特別股股息者。二、對於已發行之特別股約定股息，未能按期支付者。故選(D)。

29 (A)。依據「發行人募集與發行有價證券處理準則」第8條，申報日前一個月之股價變化異常者，證券主管機關得退回上市公司現金發行新股案件。

30 (C)。「發行人募集與發行有價證券處理準則」第16條：發行人於停止申報生效送達日起，得就停止申報生效之原因提出補正，申請解

除停止申報生效,如未再經本會通知補正或退回案件,自本會及本會指定之機構收到補正書件即日起屆滿第十三條規定之申報生效期間生效。發行人經本會依前條規定停止其申報生效後,自停止申報生效函送達即日起屆滿十二個營業日,未依前項規定申請解除停止申報生效,或雖提出解除申請而仍有原停止申報生效之原因者,本會得退回其案件。

31 (B)。證券商以經紀業務辦理定期定額ETF:以中長期投資之ETF為限,但不含槓桿反向ETF。投資人免另開立帳戶,統一由證券商以財富管理信託專戶進行定期定額之買賣。僅限於現股交易,不可進行信用交易、當沖交易及借券賣出。

32 (D)。專業板與一般板皆須債券信評要求。

33 (D)。「公開發行公司出席股東會使用委託書規則」第10條:委託書應由委託人親自簽名或蓋章,並應由委託人親自填具徵求人或受託代理人姓名。但信託事業或股務代理機構受委託擔任徵求人,及股務代理機構受委任擔任委託書之受託代理人者,得以當場蓋章方式代替之。徵求人應於徵求委託書上簽名或蓋章,並應加蓋徵求場所章戳,及由徵求場所辦理徵求事務之人員於委託書上簽名或蓋章,且不得轉讓他人使用。

34 (D)。「公開發行股票公司股務處理準則」第11條第1項:股東向公

司辦理股票事務或行使其他有關權利,凡以書面為之者,應簽名或加蓋留存印鑑。

35 (A)。「臺灣證券交易所股份有限公司上市證券鉅額買賣辦法」第16條:配對交易之成交資料即時經由交易資訊揭示系統公告之。但開市前之成交資料於開市後公告之。

36 (D)。「臺灣證券交易所股份有限公司證券經紀商受託契約準則」第21條:委託人與證券經紀商間因委託買賣證券所生之爭議,得依「證券交易法」關於仲裁之規定辦理或向同業公會申請調處。前項有關仲裁或調處之規定,應於委託契約中訂明。

37 (A)。現行集合競價僅接受限價當日有效(ROD)委託。

38 (D)。盤中零股交易上午9:10起第一次撮合,之後每1分鐘以集合競價撮合成交。

39 (B)。按應收應付相抵後之餘額結算。

40 (D)。「財團法人中華民國證券櫃檯買賣中心證券商營業處所買賣有價證券業務規則」第62條:證券經紀商受託買賣得以下列方式為之:一、當面委託。二、電話、書信、電報或其他經本中心同意之方式委託。三、語音、網際網路、專線、封閉式專屬網路等電子式交易型態之委託。

41 (D)。「有價證券集中交易市場實施全面款券劃撥制度注意事項」第

3條：證券經紀商受託買賣向委託人收付款券，均應透過委託人開設之款券劃撥帳戶，以帳簿劃撥方式為之。

42 (D)。「財團法人中華民國證券櫃檯買賣中心證券商營業處所買賣有價證券審查準則」第3條第3項：證券業、期貨業、金融業及保險業申請其股票為櫃檯買賣，應先取得目的事業主管機關之同意函，本中心始予受理。

43 (C)。依據「財團法人中華民國證券櫃檯買賣中心證券商營業處所買賣有價證券業務規則」第11條，櫃檯買賣股票之發行人應於每月十日以前於證券櫃買中心指定之網際網路資訊申報系統申報上月份營運情形。

44 (D)。「財團法人中華民國證券櫃檯買賣中心證券商營業處所買賣有價證券業務規則」第28條：證券商經營櫃檯買賣，應依左列規定辦理：一、證券自營商應自行買入或賣出，不得代客買賣。二、證券經紀商應代客買賣，不得自行買入或賣出。三、兼具證券自營商及證券經紀商者，應於每次買賣時之書面文件，區別其為自行或代客買賣。

45 (C)。「財團法人中華民國證券櫃檯買賣中心證券商營業處所買賣有價證券業務規則」第35條：證券經紀商接受客戶委託買賣股票或債券；或證券自營商非在營業處所直接與客戶議價而以自己之計算買賣

股票或債券，均應將其數量、價格或殖利率輸入本中心交易系統，予以等價或等殖成交，但股票每筆輸入股數應小於五百交易單位。等價成交系統之買賣申報，得自市場交易時間開始前之三十分鐘起輸入。

46 (A)。依據「證券商辦理有價證券買賣融資融券管理辦法」第3條第1項，證券商申請辦理有價證券買賣融資融券應經營證券經紀業務屆滿一年以上。

47 (D)。「證券金融事業管理規則」第2條：本規則所稱證券金融事業，指依本規則規定予證券投資人、證券商或其他證券金融事業融通資金或證券之事業。

48 (D)。依據「有價證券得為融資融券標準」第2條第4項，股票或臺灣存託憑證有下列各款情事之一者，得不核准其為融資融券交易：一、股價波動過度劇烈。二、股權過度集中。三、成交量過度異常。

49 (D)。零股交易、鉅額交易、全額交割股票皆不得融資融券。

50 (C)。「臺灣證券交易所股份有限公司營業細則」第94條：證券經紀商受託買賣成交後，須向委託人收取手續費，其費率由本公司申報主管機關核定之。證券經紀商收取證券交易手續費得按客戶成交金額自行訂定費率標準，另得訂定折讓及每筆委託最低費用，並於實施前透過「證券商申報單一窗口」申報本公司備查。

證券投資與財務分析

( ) **1** 何者不是貨幣市場的證券？ (A)國庫券 (B)銀行承兌匯票 (C)長期債券 (D)商業本票。

( ) **2** 下列何者為累積特別股的特性？ (A)允許特別股股東獲得比普通股股東更高的股利 (B)允許發行公司從股東手中以事先指定的價格買回股票 (C)在普通股發放股利以前，可先獲發放以前未分配的股利 (D)具有浮動的股利。

( ) **3** 一般而言，投資下列金融工具的風險狀況依序為何？甲.短期公債；乙.股票；丙.認購權證；丁.長期公債 (A)乙＞丁＞甲＞丙 (B)丙＞甲＞丁＞乙 (C)甲＞乙＞丙＞丁 (D)丙＞乙＞丁＞甲。

( ) **4** 假設一可轉換公司債的面額為100,000元，轉換價格為40元，可轉換公司債的市場價格為112,500元，請問標的股票的價格為多少時，轉換價值才會等於其市場價格？ (A)40元 (B)44元 (C)45元 (D)48元。

( ) **5** 何者「不是」持有某公司債券的系統風險？ (A)央行調高存款準備率 (B)央行調升利率 (C)發行公司的財務風險 (D)能源危機導致通貨膨脹。

( ) **6** 股利折現模式，不適合下列哪種公司的股票評價？ (A)銷售額不穩定的公司 (B)負債比率高的公司 (C)連續多年虧損的公司 (D)正常發放現金股利的公司。

( ) **7** 下列哪些為以本益比法評估普通股價值的缺點？甲.未考量不同產業特性，難以比較；乙.未考量不同階段的盈餘成長；丙.未考量盈餘品質的好壞 (A)僅甲、乙 (B)僅甲、丙 (C)僅乙、丙 (D)甲、乙、丙。

( ) **8** 何種物價指標的變化，是一般人民購買物品時最能感覺到的？ (A)躉售物價指數 (B)消費者物價指數 (C)進口物價指數 (D)出口物價指數。

( ) **9** 下列何者較不受中央銀行公開市場操作的影響？ (A)利率 (B)匯率 (C)貨幣供給 (D)貨幣流通速度。

( ) **10** 短期移動平均線向下突破長期移動平均線，且兩條平均線皆為下滑，稱為： (A)黃金交叉 (B)死亡交叉 (C)整理交叉 (D)換檔交叉。

( ) **11** 就技術分析而言，支撐水準（Support Level）的位置，通常表示： (A)買氣大於賣壓 (B)賣壓大於買氣 (C)買賣雙方勢均力敵 (D)股價將反轉下跌。

( ) **12** 在K線中，所謂陽線係指： (A)開低收高之紅K線 (B)開高收低之黑K線 (C)開收同價之十字線 (D)開、收、高、低皆相同之四合一線。

( ) **13** 有關套利定價理論（APT）之敘述何者正確？ (A)屬單因子模型 (B)屬多因子模型 (C)預期報酬僅只會受市場報酬率影響 (D)在市場達成均衡時，個別證券報酬率等於無風險報酬率。

( ) **14** 何者並非強式效率市場檢定中，公司內部人員檢定之對象？ (A)董事 (B)總經理 (C)重要股東 (D)基金經理人。

( ) **15** 一般而言，風險愛好者所投資之投資組合，其貝它（Beta）係數為： (A)0 (B)小於1 (C)小於0 (D)大於1。

( ) **16** 下列哪一項基金之風險最高？ (A)產業型基金 (B)指數型基金 (C)全球型基金 (D)平衡型基金。

( ) **17** 下列哪些公司債條款的權利在投資人身上？甲.可轉換公司債；乙.可贖回公司債；丙.可賣回公司債；丁.附認股權公司債 (A)僅甲、乙 (B)僅丙 (C)僅甲、丙、丁 (D)甲、乙、丙、丁皆是。

( ) **18** 公司在發行債券之後，央行公告調降利率，對該公司而言為何種風險？ (A)購買力風險 (B)利率風險 (C)系統風險 (D)違約風險。

( ) **19** 殖利率小於票面利率的債券稱為： (A)溢價債券 (B)平價債券 (C)折價債券 (D)以上皆非。

( ) **20** 當政治不穩定時，整體股市本益比將： (A)上漲 (B)下跌 (C)先漲後跌 (D)不受影響。

( ) **21** 下列哪種產業較不屬於利率敏感產業？ (A)銀行業 (B)營建業 (C)食品業 (D)保險業。

( ) **22** 請問在技術分析中出現M頭代表什麼訊號？ (A)買進訊號 (B)賣出訊號 (C)盤整訊號 (D)無法判斷。

( ) **23** 若過去5天H公司股票的收盤價分別為403、401、402、400、399，若今天其收盤價為403，請問其5天移動平均價格的變化會如何？ (A)上升 (B)不變 (C)下降 (D)無法計算。

( ) **24** 若排除市場風險，股票之個別風險為： (A)系統的、可透過投資組合分散的 (B)系統的、不可分散的 (C)非系統的、可透過投資組合分散的 (D)非系統的、不可分散的。

( ) **25** 所謂套利（Arbitrage）交易係指： (A)利用市場無效率，賺取無風險超額利潤 (B)預期市場價格變動，從中賺取差價 (C)以低價買進證券，待高價時賣出，賺取差價 (D)以上皆屬套利交易。

( ) **26** 下列何種科目不在資產負債表中？ (A)資產 (B)負債 (C)權益 (D)所得稅費用。

( ) **27** 一項比率欲於財務分析時具有意義，則： (A)此比率必須大於2年 (B)此比率必可與某些基年之比率比較 (C)用以計算比率之二數額皆必須以金額表示 (D)用以計算比率之二數額必須具備邏輯上之關係。

( ) **28** 製成品週轉率等於： (A)製成品成本／在製品存貨 (B)製成品成本／製成品存貨 (C)銷貨成本／在製品存貨 (D)銷貨成本／製成品存貨。

( ) **29** 存貨計價若採先進先出法（FIFO），當物價上漲時，會造成： (A)成本與毛利均偏高 (B)成本與毛利均偏低 (C)成本偏高，毛利偏低 (D)成本偏低，毛利偏高。

（　）**30** 下列有關流動比率之敘述，何者不正確？　(A)流動比率容易遭窗飾　(B)以流動資產償還流動負債，流動比率一定不變　(C)為衡量償債能力之指標　(D)流動比率大於或等於100%，較有保障。

（　）**31** 認列應收帳款的預期信用損失時，下列敘述何者錯誤？　(A)借記預期信用損失同時貸記備抵損失　(B)企業於實際發生損失時認列預期信用損失　(C)備抵損失為應收帳款總額的減項　(D)存續期間預期信用損失是指應收帳款在整個存續期間如果發生違約將導致的損失金額。

（　）**32** 下列那一項和現金有關的比率，可避免只考慮一個特定日期的資料而評估短期流動性所可能產生的缺點？　(A)本期現金增減數除以期末流動負債　(B)來自營業活動的現金流量除以期末流動負債　(C)來自營業活動的現金流量除以平均流動負債　(D)來自融資活動的現金流量除以平均流動負債。

（　）**33** 「已認股本」於資產負債表中應列為：　(A)非流動資產　(B)資本公積　(C)法定資本　(D)權益減項。

（　）**34** 公司發放股票股利將使：　(A)資產減少　(B)負債減少　(C)權益減少　(D)權益不變。

（　）**35** 下列何者屬於不能明確辨認，無法單獨讓售之無形資產？　(A)專利權　(B)商標權　(C)特許權　(D)商譽。

（　）**36** 非控制權益於合併資產負債表中應列於何項目之下？　(A)其他資產　(B)權益　(C)其他負債　(D)流動負債。

（　）**37** 花蓮公司的流動資產為$800,000，不動產、廠房及設備淨額為$2,400,000，此外無其他資產項目，流動負債為$500,000，此外無其他負債項目，權益為$1,500,000，則長期資金對不動產、廠房及設備的比為何：　(A)50%　(B)62.50%　(C)112.50%　(D)133.33%。

（　）**38** 高雄公司之總資產為$2,800,000，總負債為$1,200,000，總資產報酬率為8%（假設無利息費用），則財務槓桿指數為：　(A)0.45　(B)1.5　(C)1.75　(D)1.9。

( ) **39** 下列有關每股盈餘之敘述,何者不正確? (A)每股盈餘常用於衡量獲利能力 (B)每股盈餘係針對普通股而言 (C)特別股部分須另外計算其每股盈餘 (D)年中現金增資,須按全年加權平均股數計算每股盈餘。

( ) **40** 將綜合損益表中之銷貨淨額設為100%,其餘各損益項目均以其占銷貨淨額的百分比列示,請問是屬於何種財務分析的表達方法? (A)水平分析 (B)趨勢分析 (C)動態分析 (D)垂直分析。

( ) **41** 下列敘述何者正確? (A)會計政策一旦選定,即不得改變 (B)存貨計算方法由先進先出法改為加權平均法屬於一種會計政策變動 (C)折舊方法由直線法改為年數合計法屬於一種會計政策變動 (D)會計政策變動累積影響數應調整於當期損益。

( ) **42** 下列有關「零用金」之敘述何者正確? (A)設立零用金時,企業之現金餘額減少 (B)動支零用金時應立即認列相關之費用 (C)撥補零用金時不需認列相關之費用 (D)撥補零用金時帳載現金餘額會減少。

( ) **43** 當一個企業的繼續經營假設具有極大的不確定性時,其財務報表中的存貨金額應按何種基礎列示? (A)歷史成本 (B)成本與淨變現價值孰低法 (C)淨變現價值 (D)重置成本。

( ) **44** 認列應收帳款的預期信用減損損失,對財務分析比率的影響為何? (A)毛利率減少 (B)流動比率下降 (C)應收帳款週轉率下降 (D)速動比率不變。

( ) **45** 企業出售無形資產所得的收入,應列為現金流量表上的哪一個項目? (A)籌資活動的現金流入 (B)投資活動的現金流入 (C)營業活動的現金流入 (D)其他調整項目。

( ) **46** 應對企業財務預測負最終責任的是: (A)證券主管機關 (B)企業最高管理當局 (C)簽證會計師 (D)會計或財務經理。

( ) **47** 下列有關股份有限公司組織的敘述何者不正確? (A)公司較容易募集大量的資金 (B)公司是獨立的法律個體 (C)公司股東的義務僅限於他們投資的金額 (D)一般而言,公司的所有權很難移轉給他人。

( ) **48** 以下共有幾種無形資產需要作攤銷？a.有限耐用年限之無形資產；
b.非確定耐用年限之無形資產；c.發展中之無形資產；d.商譽
(A)四項 (B)三項 (C)二項 (D)一項。

( ) **49** 已知富源公司X7年度速動比率0.8，流動比率1，則該公司企業血壓
為： (A)100% (B)50% (C)20% (D)25%。

( ) **50** X9年基隆綜合損益表列報之利息費用$40,000，所得稅費用
$60,000，淨利$240,000；同年之資產負債表顯示總資產
$2,400,000，流動負債$300,000，非流動負債為$900,000，則財務
槓桿指數為何？ (A)0.36 (B)1.2 (C)1.77 (D)2.83。

解答與解析　答案標示為#者，表官方曾公告更正該題答案。

1 (C)。貨幣市場為短期資金供需之
交易場所，交易工具為一年期以下
短期有價證券，長期債券屬於資本
市場。

2 (C)。特別股優先於普通股之配息
及受償權。而累積特別股指約定發
行公司如在某一年度內，所獲盈餘
不敷分派約定股利時，對於未給付
之股利，於以後營業良好盈餘增加
之年度，應如數補發。

3 (D)。一般而言金融工具的風險狀
況依序為衍生性商品＞普通股＞特
別股＞公司債＞長期公債＞短期公
債。

4 (C)。可轉換股數為
=100,000/40=2,500
股票市價*2,500=112,500
股票市價=45

5 (C)。發行公司的財務風險為持有
某公司債券的非系統風險。

6 (C)。股利折現模式只能評估穩定
發放股利的公司，連續多年虧損的
公司無法發放股利。

7 (D)。
甲.未考量不同產業特性，難以比
較：不同產業的經營模式、市場狀
況、風險等因素都會對本益比造成
影響，因此直接比較不同產業的本
益比可能不具參考價值。
乙.未考量不同階段的盈餘成長：本
益比只考慮公司目前的盈餘水平，
但忽略了未來成長的可能性。一家
公司的盈餘可能正在加速增長，或
者正在放緩下來，這些因素都會影
響到本益比。
丙.未考量盈餘品質的好壞：公司的
盈餘可能受到會計處理方式、盈餘
管理等因素的影響，因此單純依靠
盈餘來評估公司價值可能會忽略這
些潛在風險。

8 (B)。消費者物價指數（CPI）是反映與居民生活有關的產品及勞務價格統計出來的物價變動指標。

9 (D)。貨幣流通速度是由經濟體的行為和制度因素所決定，與中央銀行的公開市場操作較不直接相關。

10 (B)。當短期移動平均線向下突破長期移動平均線，且兩條平均線皆為下滑時，稱為死亡交叉。

11 (A)。支撐水準是資產價格能夠反覆止跌反彈的價格水平，亦指買方力道較強。

12 (A)。收盤價高於開盤價時，也就是股價上漲時，以紅色來表示，稱為陽線。

13 (B)。套利定價理論：提出多個風險因素來解釋證券的報酬率，即證券報酬率為多個因素的線性函數，又稱為多因子模型。

14 (D)。強式效率市場檢定工具常以「隨機優勢理論」進行檢定，以了解基金經理人或公司內部人員的投資績效，是否優於一般投資人。若答案為否定，則強式效率市場成立；反之，則不成立。公司內部人員不包含基金經理人。

15 (D)。貝他係數大於1表示其波動性較總體市場大，風險較高。

16 (A)。產業型基金投資標的集中於單一產業，風險最高。

17 (C)。可贖回債券指發行人有權在特定的時間按照某個價格強制從債券持有人手中將其贖回，贖回權利是針對發行人而言的。

18 (B)。利率風險即在利率發生變動時，可能會發生資本損失或利得。

19 (A)。殖利率小於票面利率的債券稱為溢價債券。

20 (B)。政治不穩定時，投資人信心不足，股價較低，故整體股市本益比會下跌。

21 (C)。利率敏感產業指那些在市場利率發生變化時，收益率或利率能隨之發生變化的產業，例如金融業、營建業。食品業較不受利率影響。

22 (B)。M頭是技術分析中的一種圖表形態，通常出現在股票或其他資產的上升趨勢後，表示價格可能開始下跌，通常被視為是賣出信號。

23 (B)。刪除的價格與新增的價格一致，平均價不變。

24 (C)。市場風險即系統風險且不可分散，若排除市場風險，股票之個別風險為非系統風險，非系統風險可透過投資組合分散。

25 (A)。套利交易指利用市場無效率，賺取無風險超額利潤。

26 (D)。所得稅費用屬於損益表科目。

27 (D)。比率分析是將兩個或多個財務數據相互比較，以評估公司的財務狀況。在計算比率時，用於計算比率的兩個數據必須具有邏輯上的關係，例如，負債比率是負債與資產

或負債與權益的比率，這兩個數據具有邏輯上的關係。如果使用不具有邏輯上關係的數據來計算比率，將無法反映公司的真實財務狀況。

28 (D)。製成品週轉率是指企業一定時期的銷貨成本與平均製成品存貨價值的比率。

29 (D)。當採用先進先出法的存貨計價方法時，最先進入庫存的貨物會被先售出或用於生產。當物價上漲時，會使最早進入庫存的貨物成本較低，以致公司的毛利偏高。

30 (B)。以流動資產償還流動負債，當流動比率大於1時，流動比率增加；流動比率小於1時，流動比率減少；流動比率等於1時，流動比率不變。

31 (B)。用以估計未來可能發生的損失，非實際發生時認列。

32 (C)。現金流量比率＝營業活動現金流量／平均流動負債，營業現金流量係整年度之動態金額，而非特定時點之靜態金額。

33 (C)。已認股本於資產負債表中應列為法定資本。

34 (D)。發放股票股利為盈餘轉股本，權益不變。

35 (D)。商譽屬於不能明確辨認，無法單獨讓售之無形資產。

36 (B)。非控制權益於合併資產負債表中應列於權益。

37 (C)。長期資金＝長期負債＋股東權益
長期資金＝$800,000+$2,400,000－$500,000=$2,700,000
長期資金對不動產、廠房及設備的比＝$2,700,000/$2,400,000=112.50%

38 (C)。股東權益報酬率＝稅後淨利／股東權益×100%
總資產報酬率＝稅後淨利／平均總資產×100%
股東權益＝總資產－負債
財務槓桿指數＝股東權益報酬率／資產報酬率
＝（稅後淨利／股東權益）／（稅後淨利／平均總資產）
＝（稅後淨利／股東權益）×（平均總資產／稅後淨利）
＝平均總資產／股東權益
＝$2,800,000/($2,800,000－$1,200,000)
＝1.75

39 (C)。每股盈餘係針對普通股而言，特別股不須計算。

40 (D)。垂直分析係就同一年度財務報表不同項目加以比較，又稱縱向分析或靜態分析。

41 (B)。(A)會計政策可以變動。(C)折舊方法由直線法改為年數合計法屬於一種會計估計變動。(D)會計政策變動累積影響數應調整於前期損益。

42 (D)。(A)設立零用金時，企業之現金餘額不變。(B)動支零用金時不需認列相關之費用。(C)撥補零用金時應認列相關之費用。

43 (C)。當一個企業的繼續經營假設具有極大的不確定性時,其財務報表中的存貨金額應按淨變現價值列示。

44 (B)。認列應收帳款的預期信用減損損失會使應收帳款減少,流動資產減少流動比率就會下降。

45 (B)。無形資產出售所得的收入屬於企業的投資活動,應列為現金流量表上投資活動的現金流入。

46 (B)。應對企業財務預測負最終責任的是企業最高管理當局。

47 (D)。股份有限公司股東可以出售手中股票,將代表自己對公司所有權的利益轉讓給其他人。

48 (D)。僅有限耐用年限之無形資產需作攤銷。

49 (C)。企業血壓=(流動負債－速動資產)/流動負債*100%
速動比率=速動資產/流動負債
流動比率=流動資產/流動負債
速動資產/流動負債=0.8
流動資產/流動負債=1流動資產=流動負債
(流動負債－速動資產)/流動負債=0.2

50 (C)。財務槓桿比率=資產總額/股東權益總額
資產=負債+權益
權益＝$2,400,000－($300,000+$900,000)=$1,200,000
財務槓桿比率
=$2,400,000/$1,200,000=2

解答與解析

112年 第1次證券商業務員資格測驗

證券交易相關法規與實務

(　) **1** 股份有限公司業務之執行，由何機關決定之？　(A)股東會　(B)董事會　(C)董事　(D)審計委員會。

(　) **2** 持有已發行股份總數多少之股東得以書面向公司提出董事候選人名單？　(A)百分之一　(B)百分之三　(C)百分之五　(D)百分之十。

(　) **3** 我國「公司法」所稱公司組織之性質為何？　(A)以公益為目的之社團法人　(B)以營利為目的之社團法人　(C)營利之財團法人　(D)不以營利為目的之團體。

(　) **4** 下列關於「證券承銷」之敘述何者正確？　(A)可有「包銷」或「代銷」兩種方式　(B)證券自營商須經證券主管機關專案許可，始能例外從事承銷業務　(C)可分為發行市場上之承銷與流通市場之承銷兩種層次　(D)證券承銷商與發行人之間，係特定法律關係，而非屬契約關係。

(　) **5** 下列關於召集董事會之敘述，何者正確？　(A)每屆第一次董事會，由過半數當選之董事於改選後十五日內召開之　(B)過半數之董事得以書面記明提議事項及理由，請求董事長召集董事會　(C)董事會之召集，應於三日前通知各董事及監察人。但章程不同規定者，從其規定　(D)董事會召集之通知，經相對人同意，以電子方式為之者，得不載明事由。

(　) **6** 下列何者不是證券商應先報主管機關核准之情形？　(A)變更機構名稱　(B)變更資本額　(C)董事、監察人持股變動　(D)與其他證券公司合併。

(　) **7** 公開發行公司獨立董事兼任其他公開發行公司獨立董事不得逾多少家？　(A)1家　(B)3家　(C)5家　(D)10家。

( ) **8** 證券主管機關審核有價證券之募集與發行係採用何種制度？ (A)採申報生效制 (B)兼採申報生效及申請核准制 (C)採實質審查及申請核准制 (D)採申請核准制。

( ) **9** 下列何種證券商業務人員，不得辦理登記範圍以外之業務或由其他業務人員兼辦？ (A)辦理結算交割人員 (B)集保業務人員 (C)風險管理人員 (D)代理股務作業人員。

( ) **10** 有關證券商經營受託買賣外國有價證券業務，對專業投資人規定之敘述，何者正確？ (A)適用金融消費者保護法第四條之定義 (B)專業投資人應符合之資格條件，應由證券商盡合理調查之責任 (C)非專業投資人於未符合專業投資人資格前，得申請變更為專業投資人 (D)證券商針對專業投資人之評估方式，應納入瞭解客戶制度並報經股東會通過。

( ) **11** 外國證券商在中華民國設置分支機構，依規定不須具備之條件為：(A)具國際證券業務經驗 (B)財務結構健全 (C)在東京、倫敦、紐約任一交易所是會員 (D)最近二年在其本國未曾受主管機關處分。

( ) **12** 證券經紀商為辦理對客戶交割款項之收付，應於金融機構設立何種性質之帳戶為交割專戶？ (A)活期存款 (B)定期存款 (C)支票存款 (D)以上皆可。

( ) **13** 有價證券融資融券交易在暫停融資買進或融券賣出之前，由下列何機構執行分配？ (A)證券金融公司 (B)證券交易所及證券櫃檯買賣中心 (C)金融監督管理委員會 (D)證券商業同業公會。

( ) **14** 依法同意其上市之發行有價證券機構應與臺灣證券交易所訂立何種契約？ (A)使用集中交易市場契約 (B)使用有價證券店頭交易市場契約 (C)有價證券上市契約 (D)有價證券上櫃契約。

( ) **15** 下列有關臺灣證券交易所之敘述何者正確？ (A)為公司制證券交易所，可發行股票 (B)所發行之股票，可於其他交易所掛牌上市 (C)得發行無記名股票 (D)為會員制證券交易所，不得發行股票。

( ) **16** 證券商辦理有價證券買賣融資融券，對每種證券之融資總金額，不得超過其淨值的多少比例？ (A)5% (B)10% (C)15% (D)25%。

( ) **17** 有價證券交易爭議之仲裁，除依「證券交易法」之規定外，依何法之規定為之？ (A)公司法 (B)票據法 (C)仲裁法 (D)民法。

( ) **18** 公司應於申請設立登記時或設立登記後多久內，檢送經會計師查核簽證之文件？ (A)10日內 (B)15日內 (C)20日內 (D)30日內。

( ) **19** 「證券交易法」規範何種型態之公司？ (A)有限公司 (B)無限公司 (C)兩合公司 (D)股份有限公司。

( ) **20** 股份有限公司讓與全部營業或財產，依「公司法」第一百八十五條規定，應有代表已發行股份總數三分之二以上股東出席之股東會，以出席股東表決權超過多少比例之同意行之？ (A)三分之一 (B)二分之一 (C)三分之二 (D)四分之三。

( ) **21** 證券集中保管事業於我國之組織型態為： (A)財團法人 (B)股份有限公司 (C)有限公司 (D)合作社。

( ) **22** 證券商受理委託人開立信用帳戶，每人以幾戶為限？ (A)可於每家證券金融公司各開一戶 (B)可開立二戶 (C)並無限制 (D)僅限開立一戶。

( ) **23** 若公開說明書之主要內容有虛偽或隱匿之情事，下列何者無須對於善意之相對人因而所受之損害，就其所應負責部分與公司負連帶賠償責任？ (A)該有價證券發行公司之股務代理機構 (B)發行人之職員，曾在公開說明書上簽章，以證實其所載內容之全部或一部者 (C)會計師、律師、工程師或其他專門職業或技術人員，曾在公開說明書上簽章，以證實其所載內容之全部或一部，或陳述意見者 (D)該有價證券之證券承銷商。

( ) **24** 依「證券交易法」之規定，得請求懲罰性民事賠償的是： (A)短線交易行為 (B)內線交易行為 (C)人為炒作股票行為 (D)不實公開說明書。

( ) **25** 某證券商（非由金融機構兼營）之稅後盈餘為二十億元，依規定須提列多少特別盈餘公積？ (A)2億元 (B)4億元 (C)6億元 (D)8億元。

( ) **26** 公司會設立何種委員會定期針對氣候變遷做出評估與分析？ (A)風險管理委員會 (B)區域性委員會 (C)福利委員會 (D)薪酬委員會。

( ) **27** 下列何項屬「公開發行公司取得或處分資產處理準則」所定義之事實發生日？甲、簽約日；乙、委託成交日；丙、過戶日；丁、鑑價日 (A)僅甲、乙 (B)僅甲、乙、丙 (C)僅乙、丙、丁 (D)僅甲、乙、丁。

( ) **28** ESG中的S不包含以下何者？ (A)商業模式 (B)人權 (C)員工福利 (D)勞工關係。

( ) **29** 證券集中交易市場拍賣上市證券，其拍賣底價及競買申報價格均以何者為計算基準？ (A)每一千股 (B)每一百股 (C)每一萬股 (D)每一股。

( ) **30** ETF是否可以配息？ (A)僅分配現金股利 (B)可分配現金股利及股票股利 (C)僅分配股票股利 (D)不可參與配息。

( ) **31** 買賣加掛外幣ETF，下列選項何者為非？ (A)應先行開立外幣存款帳戶 (B)不得為融資融券交易 (C)不得為當日沖銷交易 (D)加掛外幣ETF得辦理申購及買回相關作業。

( ) **32** 以下有關股東開戶之說明，下列何者錯誤？ (A)公司不得對同一股東開列兩個以上戶號 (B)法人股東可使用其代理人職章 (C)未成年股東應加蓋法定代理人印鑑 (D)自然人股東可使用別號登記為戶名。

( ) **33** 關於ETF折溢價風險，何者錯誤？ (A)折價是市價低於淨值，可能因市場需求不足造成 (B)買賣前應注意ETF的折溢價，儘量避免交易市價偏離淨值過大的ETF (C)溢價是市價高於淨值，溢價表示買盤熱絡，應該趕快跟著搶購 (D)ETF達發行額度上限，發行人無法再受理申購時，ETF可能會持續溢價。

( ) **34** 有價證券之借券，應於幾個營業日逐筆歸還？ (A)次一營業日 (B)次五營業日 (C)次三營業日 (D)次四營業日。

( ) **35** 股票已在證券交易所上市或在證券商營業處所買賣之公司自辦股務事務者或代辦股務機構,多久時間應接受集保結算所之股務單位股務作業評鑑? (A)每年 (B)每兩年 (C)每三年 (D)每六個月。

( ) **36** 若今日(15日,星期一)撮合成交者,某證券經紀商之投資人出現有價證券違約交割時,證券商最遲應於何時向證交所申報違約? (A)16日下午6時前 (B)16日下午8時前 (C)17日上午11時前 (D)17日收盤前。

( ) **37** 委託人整戶擔保品中,如因其自行處理部分擔保品,使其整戶維持率低於130%時,證券金融公司應如何處置? (A)應依擔保維持率之規定辦理追繳 (B)應暫停委託人之融資融券交易 (C)應即處分委託人之擔保品 (D)應留置其應付款券,使擔保率維持在130%以上。

( ) **38** 集保結算所為我國金融市場的唯一後台機構,服務範圍並不包括: (A)權益商品 (B)固定收益證券 (C)中央公債 (D)基金。

( ) **39** 有關盤後定價交易之時間,下列何者正確? (A)13:00~14:30 (B)13:30~14:00 (C)14:00~14:30 (D)14:00~15:00。

( ) **40** 證券商經營櫃檯買賣,下列敘述何者正確? (A)證券承銷商不得自行買入或賣出,但得代客買賣 (B)證券自營商,應自行買入或賣出,亦得代客買賣 (C)證券經紀商,應自行買入或賣出,但不得代客買賣 (D)兼具證券自營商及經紀商者,於每次買賣時之書面文件區別自行或代客買賣。

( ) **41** 外國股票之買賣,其買賣申報之競價方式為: (A)集合競價及連續競價 (B)逐筆交易及連續競價 (C)集合競價及逐筆交易 (D)協議競價及逐筆交易。

( ) **42** 下列有關興櫃戰略新板交易制度之敘述何者錯誤? (A)與上櫃股票漲跌幅的限制相同均為10% (B)掛牌首5日無漲跌幅限制 (C)初次委託買進之自然人合格投資人須簽署戰略新板股票風險預告書 (D)戰略新板股票不得信用交易。

( ) **43** 以下對於「臺灣創新板」的敘述何者為非？
(A)為協助新創企業提早進入資本市場，取得長期股權資金支應業務發展
(B)屬於資本市場藍圖強化發行市場功能之一環
(C)依發行人身分區分創新板上市公司及創新板第一上市公司
(D)創新板漲跌幅限制為7%並採逐筆交易。

( ) **44** 當信用帳戶的擔保維持率不足，證券商通知補繳差額後幾個營業日內未補繳足夠金額，可能將面臨「斷頭」？　(A)1個　(B)2個　(C)3個　(D)5個。

( ) **45** 櫃檯買賣股票之報價單位與成交單位分別為幾股：　(A)1股；100股　(B)1股；1,000股　(C)1,000股；100股　(D)1,000股；1,000股。

( ) **46** 上市（櫃）公司現金增資計畫有重大變更時，其資訊應輸入下列哪一個系統？
(A)現金增資或發行公司債重大變更揭示系統
(B)發行人募集與發行有價證券資訊系統
(C)內部稽核作業媒體申報系統
(D)公開資訊觀測站。

( ) **47** 興櫃一般板股票交易漲跌幅度的限制為：　(A)7%　(B)10%　(C)20%　(D)沒有漲跌幅的限制。

( ) **48** 有關證券經紀商手續費敘述，以下何者正確？　(A)只對賣出收取　(B)收取上限為千分之三　(C)買進與賣出時各計算一次　(D)為固定費率，無折扣空間。

( ) **49** 證券金融事業應向何機關提存營業保證金？　(A)金融監督管理委員會證券期貨局指定之銀行　(B)中央銀行　(C)商業銀行　(D)銀行局。

( ) **50** 國內現行當日沖銷交易之股票課徵稅率為：　(A)千分之一　(B)千分之一點五　(C)千分之一點四二五　(D)千分之三。

解答與解析 答案標示為#者，表官方曾公告更正該題答案。

1 **(B)**。「公司法」第202條：公司業務之執行，除本法或章程規定應由股東會決議之事項外，均應由董事會決議行之。

2 **(A)**。「公司法」第192-1條第3項持有已發行股份總數百分之一以上股份之股東，得以書面向公司提出董事候選人名單，提名人數不得超過董事應選名額；董事會提名董事候選人之人數，亦同。

3 **(B)**。「公司法」第1條：本法所稱公司，謂以營利為目的，依照本法組織、登記、成立之社團法人。

4 **(A)**。「證券交易法」第10條：本法所稱承銷，謂依約定包銷或代銷發行人發行有價證券之行為。

5 **(B)**。「公司法」第203-1條第2項：過半數之董事得以書面記明提議事項及理由，請求董事長召集董事會。

6 **(C)**。「證券商管理規則」第3條，證券商有下列情事之一者，應先報經本會核准：一、變更機構名稱。二、變更資本額、營運資金或營業所用資金。三、變更機構或分支機構營業處所。四、受讓或讓與他人全部或主要部分營業或財產。五、合併或解散。六、投資外國證券商。七、其他經本會規定應先報經核准之事項。

7 **(B)**。「公開發行公司獨立董事設置及應遵循事項辦法」第4條第1項：公開發行公司之獨立董事兼任其他公開發行公司獨立董事不得逾三家。

8 **(A)**。「發行人募集與發行有價證券處理準則」第3條第1項：金融監督管理委員會審核有價證券之募集與發行、公開招募、補辦公開發行、無償配發新股與減少資本採申報生效制。

9 **(C)**。「證券商負責人與業務人員管理規則」第3條第3項：證券商之下列業務人員不得辦理登記範圍以外之業務或由其他業務人員兼辦，但其他法令另有規定者，從其規定：一、辦理有價證券自行買賣業務之人員。二、內部稽核人員。三、風險管理人員

10 **(B)**。「證券商受託買賣外國有價證券管理規則」第3條：本規則所稱專業投資人、專業機構投資人、高淨值投資法人及非專業投資人，適用境外結構型商品管理規則第三條第三項及第四項之規定。除專業機構投資人外，專業投資人得以書面向證券商申請變更為非專業投資人。但非專業投資人在未符合前項專業投資人之資格前，不得申請變更為專業投資人。有關專業投資人應符合之資格條件，應由證券商盡合理調查之責任，並向委託人取得合理可信之佐證依據。證券商針對專業投資人具備充分金融商品專業知識、

交易經驗之評估方式，應納入瞭解客戶制度並報經董事會通過。但外國證券商在中華民國設置分支機構無董事會者，由中華民國境內負責人同意。

11 **(C)**。「證券商設置標準」第28條：外國證券商在中華民國境內設置分支機構，應具備左列條件：一、對申請許可業務種類，具有國際證券業務經驗及財務結構健全者。二、最近二年在其本國未曾受證券有關主管機關之處分者。

12 **(A)**。「證券商辦理客戶委託保管及運用其款項管理辦法」第4條：證券商為辦理客戶委託保管及運用其款項業務之款項收付，應於銀行開立專用之新臺幣活期存款帳戶，帳戶名稱為「○○證券商之客戶現金管理專戶」。

13 **(B)**。依據「有價證券得為融資融券標準」第6條，有價證券融資融券交易在暫停融資買進或融券賣出之前，由證券交易所及證券櫃檯買賣中心執行分配，並報主管機關備查。

14 **(C)**。「臺灣證券交易所股份有限公司有價證券上市審查準則」第3條：依本準則規定同意其上市之有價證券，本公司應依證券交易法第一百四十一條規定，與發行有價證券之機構，訂立有價證券上市契約，並應報請主管機關備查。

15 **(A)**。臺灣證券交易所是一家依公司法成立的公司，為公司制證券交

易所，負責經營證券市場，提供股票、債券、基金、ETF等金融商品的交易與流通服務，並有自主發行股票的權利。

16 **(B)**。「證券商辦理有價證券買賣融資融券管理辦法」第15條：證券商辦理有價證券買賣融資融券，對每種證券之融資總金額，不得超過其淨值百分之十。

17 **(C)**。「證券交易法」第166條：依本法所為有價證券交易所生之爭議，當事人得依約定進行仲裁。但證券商與證券交易所或證券商相互間，不論當事人間有無訂立仲裁契約，均應進行仲裁。
前項仲裁，除本法規定外，依仲裁法之規定。

18 **(D)**。「公司法」第7條：公司申請設立登記之資本額，應經會計師查核簽證；公司應於申請設立登記時或設立登記後三十日內，檢送經會計師查核簽證之文件。

19 **(D)**。「證券交易法」第4條：本法所稱公司，謂依「公司法」組織之股份有限公司。

20 **(B)**。「公司法」第185條第1項：公司為下列行為，應有代表已發行股份總數三分之二以上股東出席之股東會，以出席股東表決權過半數之同意行之：一、締結、變更或終止關於出租全部營業，委託經營或與他人經常共同經營之契約。二、讓與全部或主要部分之營業或財

產。三、受讓他人全部營業或財產，對公司營運有重大影響。

21 (B)。「證券集中保管事業管理規則」第4條：證券集中保管事業以股份有限公司組織為限，其實收資本額不得少於新臺幣五億元，發起人並應於發起時一次認足之。

22 (D)。「證券金融事業管理規則」第8條：證券金融事業受理委託人開立信用帳戶，以一委託人開立一信用帳戶為限；委託人僅得於同一代理融資融券業務之證券商處，開立一信用帳戶。

23 (A)。依據「證券交易法」第32條，公開說明書應記載之主要內容有虛偽或隱匿之情事者，左列各款之人，對於善意之相對人，因而所受之損害，應就其所應負責部分與公司負連帶賠償責任：一、發行人及其負責人。二、發行人之職員，曾在公開說明書上簽章，以證實其所載內容之全部或一部者。三、該有價證券之證券承銷商。四、會計師、律師、工程師或其他專門職業或技術人員，曾在公開說明書上簽章，以證實其所載內容之全部或一部，或陳述意見者。

24 (B)。根據「證券交易法」第157-1條第1項，針對內線交易行為，賦予法院得對行為人作懲罰性賠償之權利。

25 (B)。「證券商管理規則」第14條：證券商除由金融機構兼營者另

依有關法令規定外，已依本法發行有價證券者，應依本法第四十一條規定，於每年稅後盈餘項下，提存百分之二十特別盈餘公積。但金額累積已達實收資本額者，得免繼續提存。

26 (A)。公司會設立風險管理委員會定期針對氣候變遷做出評估與分析。

27 (B)。「公開發行公司取得或處分資產處理準則」第4條第5項：事實發生日：指交易簽約日、付款日、委託成交日、過戶日、董事會決議日或其他足資確定交易對象及交易金額之日等日期孰前者。

28 (A)。ESG中S表示社會責任（Social），具體項目有：人權、社區關係、客戶福利、勞工關係、員工薪酬與福利、雇員健康安全。

29 (D)。依據「臺灣證券交易所股份有限公司受託辦理上市證券拍賣辦法」第5條，拍賣底價及競買申報價格均以每股為計算基準。

30 (A)。ETF僅分配現金股利。

31 (D)。加掛外幣ETF不得辦理申購及買回相關作業。

32 (D)。「公開發行股票公司股務處理準則」第18條第1項：公司之股東名簿，自然人股東除華僑及外國人得以居留證、護照或其他身分證明文件所記載之姓名為戶名外，應使用國民身分證記載之姓名為戶名；法人股東應使用法人登記之全銜名稱為戶名。

33 (C)。溢價是市價高於淨值，價格被高估，現在買進相對昂貴。

34 (A)。「臺灣證券交易所股份有限公司有價證券借貸辦法」第54條第1項：賣方證券商依第五十條規定辦理借券者，應於次一營業日逐日逐筆歸還。

35 (C)。「公開發行股票公司股務處理準則」第3-5條：股票已在證券交易所上市或在證券商營業處所買賣之公司自辦股務事務者或代辦股務機構，應每三年至少一次接受本會指定機構之評鑑。

36 (C)。依據「臺灣證券交易所股份有限公司證券經紀商申報委託人遲延交割及違約案件處理作業要點」第2條，證券經紀商經確認委託人發生違約情事時，應即行將違約資訊輸入本公司電腦，至遲不得逾成交日後第二營業日上午十一時。

37 (D)。「證券商辦理有價證券買賣融資融券業務操作辦法」第56條：因委託人了結部分融資融券買賣，致其信用帳戶之整戶擔保維持率不足時，證券商應於維持其擔保維持率百分之一百三十之必要範圍內，將應付款券全部或部分留作擔保。

38 (C)。集保結算所服務範圍不包括中央公債。

39 (C)。「臺灣證券交易所股份有限公司盤後定價交易買賣辦法」第3條：盤後定價交易由證券商受託或自行買賣，於下午二時起至二時三十分止申報，限當市有效。

40 (D)。「財團法人中華民國證券櫃檯買賣中心證券商營業處所買賣有價證券業務規則」第28條：證券商經營櫃檯買賣，應依左列規定辦理：一、證券自營商應自行買入或賣出，不得代客買賣。二、證券經紀商應代客買賣，不得自行買入或賣出。三、兼具證券自營商及證券經紀商者，應於每次買賣時之書面文件，區別其為自行或代客買賣。

41 (C)。「臺灣證券交易所股份有限公司外國股票買賣辦法」第12條：外國股票買賣申報之競價方式，準用本公司營業細則第五十八條之三規定。
「臺灣證券交易所股份有限公司營業細則」第58-3條：買賣申報之競價方式，分為集合競價及逐筆交易。

42 (A)。戰略新板股票漲跌幅的限制為20%。

43 (D)。創新板漲跌幅限制為10%並採逐筆交易。

44 (B)。依據「證券商辦理有價證券買賣融資融券業務操作辦法」第55條，證券商通知補繳差額後，委託人未於通知送達之日起二個營業日內補繳或僅補繳其部分者，除雙方另有約定者外，證券商應依下列規定處理：當日委託人整戶擔保維持率仍不足者，自次一營業日起準用第八十一條第三項規定處分其擔保品。

45 (B)。「財團法人中華民國證券櫃檯買賣中心證券商營業處所買賣有價證券業務規則」第55條第1項：股票之報價單位為一股，最低成交單位為壹仟股。其申報買賣之數量須為一交易單位或其整倍數。

46 (D)。上市上櫃公司現金增資計畫有重大變更時，其資訊應輸入公開資訊觀測站。

47 (D)。興櫃一般板股票交易沒有漲跌幅度的限制。

48 (C)。「臺灣證券交易所股份有限公司營業細則」第94條：證券經紀商受託買賣成交後，須向委託人收取手續費，其費率由本公司申報主管機關核定之。證券經紀商收取證券交易手續費得按客戶成交金額自行訂定費率標準，另得訂定折讓及每筆委託最低費用，並於實施前透過「證券商申報單一窗口」申報本公司備查。

49 (B)。「證券金融事業管理規則」第55條：證券金融事業應以相當於其資本額百分之五之現金、政府債券、金融債券或銀行保證之公司債繳存中央銀行作為保證金。

50 (B)。國內現行當日沖銷交易之股票課徵稅率為千分之一點五。

證券投資與財務分析

(　　) 1 一般而言，股價波動性對理性投資人的意涵在於：　(A)可以增加扣除風險以後的投資報酬率　(B)可使投資人的獲利趨近於無風險利率　(C)可以賺取價差　(D)可增加股價之可預測性。

(　　) 2 一般發行擔保公司債，擔保機構主要為：　(A)銀行　(B)承銷商　(C)投資信託公司　(D)票券公司。

(　　) 3 債券價格上漲的原因可能為：　(A)市場資金大幅寬鬆　(B)流動性下降　(C)發行公司債之公司信用評等下降　(D)違約風險提高。

(　　) 4 一個剛發行5年期債券，面額$100,000，票面利率10%，每半年付息一次，發行時殖利率為8%，發行價格為$108,111，若殖利率維持不變，試計算該債券半年後的價格約為多少？　(A)$106,760　(B)$107,435　(C)$111,760　(D)$112,435。

(　　) 5 某上市公司之股票發行量為1,000萬股，股價45元，本益比為15倍，該公司年度盈餘等於：　(A)15,000,000元　(B)30,000,000元　(C)45,000,000元　(D)60,000,000元。

(　　) 6 依據產業生命週期循環，投資屬於成熟階段產業的公司股票，屬於哪類投資？　(A)高風險高報酬　(B)低風險高報酬　(C)低風險低報酬　(D)高風險低報酬。

(　　) 7 下列何者較不受中央銀行公開市場操作的影響？　(A)利率　(B)匯率　(C)貨幣供給　(D)貨幣流通速度。

(　　) 8 下列何者風險不屬於系統風險？　(A)立法通過「溫室氣體減量及管理法」　(B)美中貿易戰　(C)事業風險　(D)日本採貨幣寬鬆政策，使日元走貶。

(　　) 9 資本資產訂價模型（CAPM）認為貝它（β）係數為1之證券的預期報酬率應為：　(A)期望報酬率　(B)市場報酬率　(C)負的報酬率　(D)無風險利率。

( ) **10** 假設滬深300指數單日大跌8.7%，則有關其反向型ETF的表現，下列何者正確？ (A)漲幅限制為10% (B)漲幅可能高於8.7%，但不會超過10% (C)漲幅可能低於8.7% (D)無漲跌幅限制。

( ) **11** 下列有關資本市場線（CML）的敘述，何者有誤？ (A)CML是無風險利率（risk-free rate）和市場投資組合（market portfolio）所連成的直線 (B)CML是可達到的最佳資本配置線（capital allocation line） (C)CML也稱為證券市場線（security market line） (D)CML的風險衡量為標準差（standard deviation）。

( ) **12** 下列哪些公司債條款的權利在投資人身上？甲.可轉換公司債；乙.可贖回公司債；丙.可賣回公司債；丁.附認股權公司債 (A)僅甲、乙 (B)僅丙 (C)僅甲、丙、丁 (D)甲、乙、丙、丁皆是。

( ) **13** twCCCf是中華信評何種類型的評等等級之一？ (A)長期債信評等等級 (B)短期債信評等等級 (C)債券型基金評等等級 (D)特別股評等等級。

( ) **14** 下列敘述何者不正確？ (A)債券價格與殖利率呈反向關係 (B)期限愈長的債券，價格波動幅度愈小 (C)票面利率與債券市場價格呈正向關係 (D)債券市場價格與面額兩者無關。

( ) **15** 應用固定成長股利折現模式時，降低股票的要求報酬率，則股票真實價值將： (A)提高 (B)降低 (C)不變 (D)可能增加或減少。

( ) **16** 投資股票所能賺取的所有現金流量的現值稱為： (A)股利發放率 (B)真實價值 (C)本益比 (D)保留盈餘率。

( ) **17** 貨幣供給中，M2與M1的組成成份差異為以下何者？ (A)定期存款 (B)信託公司的活儲 (C)流通貨幣 (D)支票存款。

( ) **18** 中央銀行在公開市場上購買國庫券，可能產生下列那種情況？甲.債券價格上升；乙.債券價格下跌；丙.利率上升；丁.利率下跌 (A)甲與丙 (B)甲與丁 (C)乙與丙 (D)乙與丁。

( ) **19** 下列關於V形反轉（V Reversal）的敘述何者不正確？ (A)V形反轉很難預測 (B)反轉的轉折點經常出現大成交量 (C)趨勢的變動是緩慢而漸進的 (D)股價迅速反轉下跌或上揚。

( ) **20** 當股價持續上漲,而OBV線卻下滑時,代表:甲.價量背離;乙.買進訊號;丙.價漲量增;丁.賣出訊號 (A)甲、乙 (B)甲、丁 (C)乙、丙 (D)丙、丁。

( ) **21** 下列有關「技術分析」的敘述中,何者為錯誤? (A)技術分析是利用過去有關價格與交易量等訊息來判斷股價走勢 (B)技術分析常使用圖形及指標來判斷價格走勢 (C)一般技術分析認為股價具有主要與次要趨勢 (D)如果股價報酬率為「隨機漫步」,使用技術分析才有意義。

( ) **22** 下列有關投資組合多角化(portfolio diversification)之敘述,何者較為正確? (A)適當的多角化可以消除系統性風險(systematic risk) (B)在購買了至少100個單獨的證券之前,多角化降低風險的好處不會有意義地出現 (C)由於多角化降低了投資組合的總風險,所以必然會降低投資組合的預期報酬率 (D)通常隨著更多證券被添加到投資組合中,預期投資組合的總風險將以遞減的速度下降。

( ) **23** 對一風險趨避投資者而言,下列敘述何者「正確」? (A)他只關心投資報酬率,而不關心風險 (B)他只關心風險,而不關心報酬率 (C)他同時關心報酬率與風險 (D)他關心報酬率或風險,視其風險趨避程度而定。

( ) **24** 甲資產組合和市場投資組合報酬率呈現負相關,則均衡時甲資產組合的期望報酬率應該: (A)小於無風險利率 (B)大於無風險利率 (C)大於市場組合報酬率 (D)以上皆可能。

( ) **25** 某公司公告其上一季之獲利超過市場上的預期,其股價因此一正面消息之揭露而大漲,此一現象乃為何種市場效率形式之表彰? (A)強式 (B)半強式 (C)弱式 (D)半弱式。

( ) **26** 計算各期某項目與基期相關項目之百分比關係,是屬於下列何種分析? (A)比較分析 (B)比率分析 (C)結構分析 (D)趨勢分析。

( ) **27** 下列何者為對國際財務報導準則的正確描述? (A)傾向「原則基礎」與「資產負債表法」 (B)傾向「規則基礎」與「損益表法」

(C)傾向「原則基礎」與「損益表法」　(D)傾向「規則基礎」與「資產負債表法」。

(　) **28** 四城公司期末盤點存貨時，並未將寄銷於二結公司的存貨列入，下列何者正確？　(A)銷貨成本將低估　(B)銷貨收入將高估　(C)銷貨毛利將低估　(D)銷貨收入與成本都不受影響。

(　) **29** 賒銷$1,000並代顧客支付運費$40，付款條件2/10，n/30，若顧客於10天內將貨款與運費一併支付，則應收現金若干？　(A)$1,020　(B)$1,019.20　(C)$940　(D)$940.80。

(　) **30** 永樂公司存貨週轉率為6，應收帳款週轉率為12，假設一年以360天計算，永樂公司的「營業循環週期」為：　(A)30天　(B)45天　(C)60天　(D)90天。

(　) **31** 公司減少提列備抵損失，將導致根據會計資料計算之營運資金（Working Capital）：　(A)增加　(B)減少　(C)不變　(D)選項(A)　(B)　(C)皆非。

(　) **32** 下列哪一個項目通常被分類在流動資產項下？　(A)十八個月後到期之定期存款　(B)不動產、廠房及設備　(C)兩年後始處分之備供出售金融資產　(D)存貨。

(　) **33** 現金流量比率為：　(A)淨現金流入÷流動負債　(B)營業活動現金流入÷流動負債　(C)營業活動現金流入÷銷貨　(D)淨現金流入÷銷貨。

(　) **34** 應付員工之退休金負債，應如何計提？　(A)按權責基礎　(B)按現金基礎　(C)於到職及退休時各計提一半　(D)依稅法規定提列。

(　) **35** 加祿企業一年的採購經費是8億元，透過網際網路進行採購，可以輕鬆省下2,000萬元。也就是說，網際網路採購服務，可以幫助降低加祿的：　(A)營業成本　(B)研究發展費用　(C)折舊費用　(D)推銷費用。

(　) **36** 「相同企業不同期間或不同企業相同期間的類似資訊能夠互相比較對資訊使用者才有意義」，係指會計資訊的品質特性之：　(A)完整性　(B)攸關性　(C)可行性　(D)可比性。

( ) **37** 財務資訊具備攸關性應具備哪些必要條件？　(A)完整、中立及免於錯誤　(B)可比性、可驗證性、時效性及可了解性　(C)預測價值或確認價值　(D)可比性、一致性或統一性。

( ) **38** 發行五年期具有可轉換權利之公司債，在財務報表中應列為：(A)流動負債　(B)長期負債　(C)權益　(D)其他負債。

( ) **39** 下列何者不屬於保留盈餘一部分？　(A)未分配盈餘　(B)法定盈餘公積　(C)特別盈餘公積　(D)資本公積。

( ) **40** 花蓮公司的流動資產為$800,000，不動產、廠房及設備淨額為$2,400,000，此外無其他資產項目，流動負債為$500,000，此外無其他負債項目，權益為$1,500,000，則長期資金對不動產、廠房及設備的比為何：　(A)50%　(B)62.50%　(C)112.50%　(D)133.33%。

( ) **41** 下列何種資訊不在綜合損益表上揭露？　(A)股本溢價　(B)本期淨利　(C)每股盈餘　(D)所得稅費用。

( ) **42** 發放股票股利，理論上將使本益比：（假設其他一切條件不變）(A)降低　(B)不變　(C)提高　(D)不一定。

( ) **43** 下列何種存貨成本流程假設，會讓期末存貨最接近其現時成本？(A)先進先出法　(B)加權平均法　(C)後進先出法　(D)個別認定法。

( ) **44** 現金流量表的「現金」係包含現金與約當現金，下列何者最不適合列入現金流量表的「現金」範圍？　(A)10天內到期之商業本票(B)1個月內到期之定期存款　(C)2個月內到期之國庫券　(D)客戶開立2個月內到期之附息票據。

( ) **45** 財務槓桿指數大於1，則：　(A)表示普通權益報酬率小於總資產報酬率　(B)舉債經營有利　(C)負債比率大於1　(D)對股東不利。

( ) **46** 下列何者為公司使用財務槓桿有利時須滿足之條件？　(A)舉債利率大於ROA　(B)舉債利率大於ROE　(C)舉債利率小於ROA　(D)舉債利率小於ROE。

( ) **47** 以下哪一個會計科目，不應在綜合損益表之營業費用項中出現？
(A)匯兌損失 (B)廣告費用 (C)薪資費用 (D)租金費用。

( ) **48** 普通股權益與流通在外普通股股數之比，可瞭解股票的： (A)帳面
金額 (B)票面價值 (C)市面價值 (D)清算價值。

( ) **49** 下列對費用分析的敘述，何者為是？ (A)應看其費用分類是否適當
(B)注意費用與收入兩者關係 (C)任意性費用較高的企業盈餘品質
較差 (D)選項(A)(B)(C)所述皆正確。

( ) **50** 下列何者會影響盈餘的品質？甲、會計政策；乙、物價水準波動；
丙、損益之組成；丁、公司治理 (A)僅甲、乙 (B)僅甲 (C)僅
甲、丙、丁 (D)甲、乙、丙、丁皆會。

解答與解析　答案標示為#者，表官方曾公告更正該題答案。

1 (C)。股價波動性指股票價格變動波幅有多大，對理性投資人可使用於賺取價差。

2 (A)。一般發行擔保公司債，擔保機構主要為銀行。

3 (A)。市場資金寬鬆表示取得資金容易，投資人較願意投資債券使價格上漲。

4 (B)。每期利息
=$100,000*10%/2=$5,000
$108,111*[1+(8%/2)]=$112,435
$112,435－$5,000=$107,435

5 (B)。本益比=股價／每股盈餘
每股盈餘=45/15=3
年度盈餘=3*1,000萬股=30,000,000元

6 (C)。成熟階段產業的公司股票，該產業的增長已經放緩，市場需

求趨於飽和，為低風險低報酬之投資。

7 (D)。貨幣流通速度是由經濟體的行為和制度因素所決定，與中央銀行的公開市場操作較不直接相關。

8 (C)。事業風險是指公司營運的風險屬於非系統風險。

9 (B)。貝它係數等於1，其波動性與總體市場波動性一致，證券的預期報酬率應為市場報酬率。

10 (D)。反向型ETF以國外指數為追蹤標的者，無漲跌幅度限制。

11 (C)。證券市場線為SML。

12 (C)。可贖回債券指發行人有權在特定的時間按照某個價格強制從債券持有人手中將其贖回，贖回權利是針對發行人而言的。

13 **(C)**。twCCCf是中華信評債券型基金評等等級。

14 **(B)**。期限愈長的債券，價格波動幅度愈大。

15 **(A)**。固定成長股利折現模式：股價＝明年股利／（預期報酬率－股利成長率）
預期報酬率下降股價上升。

16 **(B)**。投資股票所能賺取的所有現金流量的現值稱為真實價值。

17 **(A)**。M2＝M1B＋準貨幣
準貨幣＝定期存款＋定期儲蓄存款＋外匯存款＋郵政儲金＋附買回（RP）交易餘額＋外國人新臺幣存款＋貨幣市場共同基金。

18 **(B)**。中央銀行在公開市場上購買國庫券使貨幣供給增加，人們將使用多餘的貨幣購買債券，導致債券價格上升，利率下降。

19 **(C)**。V形反轉是力度極強的反轉形態，往往出現在市場劇烈波動之時，在價格底部或者頂部區域只出現一次低點或高點，隨後就改變原來的運行趨勢，股價呈現出相反方向的劇烈變動。

20 **(B)**。當股價持續上漲，而OBV線卻下滑時表示價格上漲時的成交量少於下跌時的成交量，屬於價量背離為賣出訊號。

21 **(D)**。股價報酬率為隨機漫步，表示市場具有效率性，故技術分析無效。

22 **(D)**。(A)適當的多角化可以消除非系統性風險。(B)購買低相關性證券即可降低投資組合風險。(C)多角化降低了投資組合的總風險，不一定會降低投資組合的預期報酬率。

23 **(C)**。風險趨避投資者同時關心報酬率與風險，其每多承擔一單位的風險，所要求的風險溢酬會愈來愈高。

24 **(A)**。投資組合期望報酬率=無風險利率＋風險係數×風險溢酬
風險係數為負時投資組合期望報酬率小於無風險利率。

25 **(B)**。當特定事件發生時，新資訊將能迅速反應於股價上，產生異常報酬，且不會有很長的遲延現象，此時市場具有半強式效率，基本分析無效。

26 **(D)**。趨勢分析指比較三期以上財務報表某一項目，以其中一期為基期，計算其餘各期百分比，瞭解該項目長期變動趨勢。

27 **(A)**。國際財務報導準則傾向「原則基礎」與「資產負債表法」。

28 **(C)**。期初存貨＋〔進貨－（進貨退出＋進貨折讓）〕＋進貨費用－期末存貨＝銷貨成本
銷貨毛利=銷貨收入－銷貨成本
未將寄銷存貨列入表示期末存貨低估，期末存貨低估使銷貨成本高估，銷貨成本高估使銷貨毛利低估，銷貨收入不受影響。

29 (A)。 付款條件2/10，n/30，指10天內付款之客戶享有2%現金折扣。
應收現金=$1,000×(1－2%)+40
=$1,020

30 (D)。 營業循環週期＝存貨週轉天數＋應收帳款週轉天數
存貨週轉天數=360天/存貨週轉率
=360/6=60
應收帳款週轉率=360天/應收帳款週轉率=360/12=30
營業循環週期=60+30=90

31 (A)。 營運資金=流動資產－流動負債
備抵損失為流動資產減項，減少提列備抵損失使流動資產增加，流動資產增加使營運資金增加。

32 (D)。 流動資產包括下列會計項目：現金及約當現金、短期性之投資、應收票據、應收帳款、本期所得稅資產、存貨、預付款項。

33 (B)。 現金流量比率=營業活動現金流入／流動負債

34 (A)。 應付員工之退休金負債，應按權責基礎計提。

35 (A)。 採購經費減少屬於營業成本降低。

36 (D)。 可比性指的是相同企業不同期間或不同企業相同期間的類似資訊能夠互相比較對資訊使用者才有意義。

37 (C)。 攸關性指與決策有關，具有改變決策之能力，亦即對問題之解決有幫助。攸關性包括預測價值、確認價值二項要素。

38 (B)。 期限超過一年的債務為長期負債。

39 (D)。 保留盈餘指由營業結果所產生之權益，包括下列會計項目：一、法定盈餘公積：指依公司法或其他相關法律規定，自盈餘中指撥之公積。二、特別盈餘公積：指依法令或盈餘分派之議案，自盈餘中指撥之公積，以限制股息及紅利之分派者。三、未分配盈餘（或待彌補虧損）：指未經指撥之盈餘（或未經彌補之虧損）。

40 (C)。 長期資金=長期負債+股東權益
長期資金=$800,000+$2,400,000－$500,000=$2,700,000
長期資金對不動產、廠房及設備的比=$2,700,000/$2,400,000=112.50%

41 (A)。 股本溢價應於資產負債表揭露。

42 (B)。 發放股票股利，不影響本益比。

43 (A)。 先進先出法愈早買入的存貨愈先結轉，存貨價值更接近於存貨的當前市場價格。

44 (D)。 2個月內到期之附息票據應列於應收票據項下。

45 (B)。 財務槓桿指數=股東權益報酬率／資產報酬率
財務槓桿指數大於1，股東權益報酬率大於總資產報酬率，當資金所

創造的利潤大於其成本時企業即可透過舉債方式來增加企業的股東權益報酬率，表示舉債經營有利。

46 (C)。舉債利率小於資產報酬率表示財務槓桿有利。

47 (A)。匯兌損失為營業外費用項目。

48 (A)。普通股股東權益除以流通在外普通股股數為每股淨值，或每股帳面價值。

49 (D)。(A)費用分析應看費用分類是否適當，例如利息費用或研發費用有時會以資產化而非費用化處理。(B)費用分析應注意費用與收入兩者關係，即符合配合原則。(C)任意性費用較高代表存在盈餘管理行為，則企業盈餘品質較差。選項(A)(B)(C)所述皆正確。

50 (D)。會計政策、物價水準波動、損益之組成和公司治理都可以影響企業盈餘的品質，這些因素在評估盈餘報告時需要被考慮。

解答與解析

112年 第2次證券商業務員資格測驗

證券交易相關法規與實務

(　　) 1 「證券交易法」規範何種型態之公司？　(A)有限公司　(B)無限公司　(C)兩合公司　(D)股份有限公司。

(　　) 2 有關「公司法」之公司，下列敘述何者正確？　(A)外國公司在中華民國境內營業須經我國政府許可　(B)公司以其本公司所在地為住所　(C)受本公司管轄之分支機構稱為子公司　(D)是否為外國公司，依負責人國籍定之。

(　　) 3 為促進我國與其他國家證券主管機關之國際合作，政府或其授權之機構得與外國政府、機構或國際組織，得就數種事項簽訂合作條約或協定，下列何者為非？　(A)資訊交換　(B)技術合作　(C)協助調查　(D)引渡違反證券交易法之行為人。

(　　) 4 關於股東會下列敘述何者為非？　(A)股份有限公司股東會原則上由大股東召集之　(B)股東常會每年至少召集一次　(C)股東常會應於每會計年度終了後六個月內召開　(D)董事違反股東常會召開期限之規定者將處以罰鍰。

(　　) 5 依「公司法」規定，公開發行股票公司之公司債發行總額，不得逾：　(A)公司現有資產之總價值　(B)公司現有全部資產減去全部負債之餘額　(C)公司淨資產之半數　(D)並無限制。

(　　) 6 對公開說明書之重要內容記載，能證明已經合理調查，並有正當理由確認其簽證或意見為真實者，而不負賠償責任者，係下列何人？　(A)發行人　(B)職員　(C)證券承銷商　(D)專門職業或技術人員。

( ) 7 關於公開發行公司私募有價證券對象之規定，下列敘述何者錯誤？
(A)得對銀行業、票券業、信託業、保險業、證券業或其他經主管機關核准之法人或機構私募，無家數限制　(B)得對符合主管機關所定條件之自然人、法人或基金私募，不得超過35人　(C)得對發行公司或其關係企業之董事、監察人及經理人私募，無人數限制
(D)私募股份時，無須保留給原有股東認購。

( ) 8 違反「證券交易法」第一百五十七條之一之內線交易行為，其刑事責任為何？　(A)七年以下有期徒刑、拘役或科或併科十五萬元以下罰金　(B)五年以下有期徒刑、拘役或科或併科新臺幣二百四十萬元以下罰金　(C)三年以上十年以下有期徒刑，得併科新臺幣一千萬元以上二億元以下罰金　(D)一年以下有期徒刑、拘役或科或併科新臺幣一百八十萬元以下罰金。

( ) 9 依證交法規定公司買回之股份，除為維護公司信用及股東權益所必要之買回，並辦理銷除股份者外，其餘情形所買回之股份，應於買回之日起幾年內將其轉讓？逾期未轉讓者，視為公司未發行股份，並應辦理變更登記。　(A)1年　(B)2年　(C)3年　(D)5年。

( ) 10 主管機關發現證券商有違反「證券交易法」者，除依法處罰外，得視情節之輕重，為下列處分，並得命其限期改善，何者錯誤？
(A)命令該證券商解除違法董事、監察人或經理人之職務　(B)對公司或分支機構就其所營業務之全部或一部為三個月以內之停業
(C)對公司或分支機構營業許可之撤銷或廢止　(D)警告。

( ) 11 當證券商經營證券業務時，禁止下列何項行為？　(A)代客戶保管有價證券、款項、印鑑或存摺　(B)於銀行設立專用之存款帳戶辦理對客戶交割款項之收付　(C)經客戶同意將客戶交割款項留存於證券商交割專戶　(D)於客戶成交後，製作買賣報告書。

( ) 12 某實收資本額二億元之證券經紀商轉型成為綜合證券商，其最低實收資本額與營業保證金總計需增加多少元？　(A)二億五千萬元
(B)四億五千萬元　(C)六億五千萬元　(D)八億五千萬元。

( ) 13 證券商稅後盈餘所提列之特別盈餘公積，得為以下何項行為？
(A)繳納稅捐　(B)填補公司虧損　(C)償還負債　(D)酬勞員工。

（　）**14** 證券經紀商實收資本額與提存營業保證金之金額，分別為新臺幣多少？　(A)二億元與四千萬元　(B)四億元與五千萬元　(C)二億元與五千萬元　(D)二億元與二千萬元。

（　）**15** 證券投資人及期貨交易人保護基金對每家證券商每一證券投資人一次之償付金額，以新臺幣多少為上限？　(A)一百萬元　(B)三百萬元　(C)一千萬元　(D)依其實際損失而定。

（　）**16** 某證券商淨值為一億元，自辦融資融券對某一證券融資總金額不得超過多少？　(A)五千萬元　(B)一千五百萬元　(C)一千萬元　(D)五百萬元。

（　）**17** 下列何項之有價證券得為融資融券之標的？　(A)政府債券　(B)上市股票　(C)上市公司債券　(D)上櫃公司債券。

（　）**18** 公司買回股份之數量比例，不得超過該公司已發行股份總數的多少比例？　(A)5%　(B)10%　(C)15%　(D)30%。

（　）**19** 股份有限公司發起人股份不得轉讓限制，於設立登記多久後才能解除？　(A)無限制　(B)1年　(C)3年　(D)5年。

（　）**20** 公司董事會設有常務董事者，其名額至少三人，最多不得超過董事人數多少比例？　(A)二分之一　(B)三分之一　(C)四分之一　(D)五分之一。

（　）**21** 「證券交易法」所謂之公開說明書，其應記載事項由何單位訂定之？　(A)證券商業同業公會　(B)金融監督管理委員會　(C)臺灣證券交易所　(D)證券承銷商。

（　）**22** 依「證券交易法」之規定，公開收購人與其關係人於公開收購後，持有被收購公司已發行股份總數超過該公司已發行股份總數達多少時，得以書面請求董事會召開股東臨時會？　(A)百分之五十　(B)百分之四十　(C)百分之三十　(D)百分之二十。

（　）**23** 公開發行公司取得或處分非上市櫃公司有價證券之交易金額達多少以上者，應洽請會計師就交易價格之合理性表示意見？　(A)實收資本額百分之十　(B)新臺幣二億元以上　(C)實收資本額百分之

二十或新臺幣三億元以上者 (D)實收資本額百分之三十或新臺幣四億元以上者。

( ) **24** 下列何者為對公開發行公司無義務申報持股變動之人？ (A)董事 (B)監察人 (C)檢查人 (D)經理人。

( ) **25** 公開發行公司之董事、監察人、經理人，其股票之轉讓，應依一定方式進行，下列方式何者正確？ (A)經向發行公司申報七日後，向非特定人為之 (B)依主管機關所定持有期間及每一交易日得轉讓數量比例，於向主管機關申報之日起五日後，在集中交易市場或證券商營業處所為之 (C)於向主管機關申報之日起三日內，向符合主管機關所定條件之特定人為之 (D)私下轉讓不受限制。

( ) **26** 發生下列何事項，上市公司無須發布重大訊息？ (A)上市公司負責人發生存款不足之退票 (B)董事及監察人之持股變動情形 (C)上市公司進行重整或破產之程序 (D)上市公司非屬簽證會計師事務所內部調整之變動簽證會計師者。

( ) **27** 發行人申報募集與發行有價證券，經發現下列情形時，主管機關得退回現金發行新股案件，以下何者有誤？ (A)發行有價證券計畫不具可行性 (B)發行計畫未提董事會或股東會討論並決議通過 (C)未依一般公認會計原則編製財務報告 (D)申報日前三個月股價變化異常者。

( ) **28** 發行人募集與發行有價證券，自申報生效通知到達之日起，逾一定時日尚未募足並收足現金款項者，金融監督管理委員會得撤銷或廢止其申報生效。其一定時日是指： (A)一個月 (B)二個月 (C)三個月 (D)半年。

( ) **29** 為強化證券期貨業健全永續發展經營，金管會發布「證券期貨業永續發展轉型執行策略」擬定27項具體措施，請問不包含下列何者？ (A)證券期貨業揭露碳盤查相關資訊 (B)定期評估核心營運系統及設備，確保營運持續、韌性之能力提報董事會 (C)將企業執行ESG及因應氣候變遷等情形列入自營選股、期貨交易、基金及全權委託投資考量因素 (D)舉辦「商業分析設計」之主題式推廣活動。

( ) **30** ESG涵蓋內容不包含以下何者？ (A)社會責任 (B)環境保護 (C)公司治理 (D)政府保護。

( ) **31** 下列何者非認購（售）權證得連結之標的？ (A)股票 (B)指數 (C)期貨 (D)虛擬貨幣。

( ) **32** 依據證券交易法規定，證券承銷方式不包含下列哪一種型態？ (A)全額包銷 (B)代銷 (C)居間銷售 (D)餘額包銷。

( ) **33** 下列哪一種有價證券不得列為定期定額買進之標的？ (A)股票 (B)原型證信託ETF (C)槓桿反向型ETF (D)原型期信託ETF。

( ) **34** 關於ETF折溢價風險，下列何者錯誤？ (A)折價是市價低於淨值，可能因市場需求不足造成 (B)買賣前應注意ETF的折溢價，儘量避免交易市價偏離淨值過大的ETF (C)溢價是市價高於淨值，溢價表示買盤熱絡，應該趕快跟著搶購 (D)ETF達發行額度上限，發行人無法再受理申購時，ETF可能會持續溢價。

( ) **35** 在證券集中交易市場上市之外國股票，其交易時間為： (A)準用證券集中交易市場之時間 (B)準用櫃檯買賣市場之時間 (C)準用零股交易時間 (D)準用鉅額證券交易時間。

( ) **36** 股票已在證券交易所上市或在證券商營業處所買賣之公司自辦股務事務者或代辦股務機構，多久時間接受集保結算所之股務單位股務作業評鑑？ (A)每年 (B)每兩年 (C)每三年 (D)每六個月。

( ) **37** 委託人委託證券經紀商買賣有價證券之委託方式為： (A)當面委託 (B)電報或書信 (C)電話 (D)選項(A)(B)(C)皆是。

( ) **38** 臺灣創新板漲跌幅限制為： (A)7% (B)10% (C)20% (D)無漲跌幅限制。

( ) **39** 盤中零股交易第一次撮合時間為： (A)09:00 (B)09:03 (C)09:05 (D)09:10。

( ) **40** 自民國111年12月19日起，電子下單進行盤中零股買賣時，撮合的間隔時間為： (A)30秒 (B)1分鐘 (C)3分鐘 (D)5分鐘。

( ) **41** 上櫃公司若經申請變更公司名稱經核准後，應於連續多長期間內將此訊息公告於證券櫃買中心指定網站之重大訊息？　(A)六個月　(B)三個月　(C)二個月　(D)一個月。

( ) **42** 證券商經營櫃檯買賣，下列敘述何者正確？　(A)證券承銷商不得自行買入或賣出，但得代客買賣　(B)證券自營商，應自行買入或賣出，亦得代客買賣　(C)證券經紀商，應自行買入或賣出，但不得代客買賣　(D)兼具證券自營商及經紀商者，於每次買賣時之書面文件區別自行或代客買賣。

( ) **43** 下列何者敘述不符合興櫃一般板股票交易制度？　(A)一般板股票交易雙方至少必有一方為該股票之推薦證券商　(B)投資人之間無法相互成交一般板股票　(C)一般板股票交易價格沒有漲跌幅的限制　(D)一般板股票與上櫃股票採相同的交易機制成交。

( ) **44** 證券商辦理融資融券業務，下列哪一敘述不正確？　(A)自然人開立信用帳戶，應檢具國民身分證正本　(B)委託人為自然人者，得申請開立二個以上之信用帳戶　(C)委託人為法人者，證券商應另函證委託人確認係屬授權開戶　(D)證券商受理開立信用帳戶，應詳實徵信。

( ) **45** 辦理融資融券信用交易業務證券商，必須有經營哪一種證券業務？　(A)經紀　(B)公債　(C)自營　(D)承銷。

( ) **46** 證券商辦理委託人融資買進與融券賣出沖抵之交易，下列敘述何者錯誤？　(A)應先與客戶簽定概括授權同意書　(B)目前為適用於上市、上櫃股票　(C)自動沖抵委託人不必逐筆申請　(D)資券相抵不必列入當日其融資融券限額內計算。

( ) **47** 下列何者不得融資融券？　(A)零股交易　(B)鉅額交易　(C)全額交割股票　(D)選項(A)(B)(C)皆是。

( ) **48** 國內現行當日沖銷交易之股票課徵稅率為：　(A)千分之一　(B)千分之一點五　(C)千分之一點四二五　(D)千分之三。

( ) **49** 證券商辦理有價證券借貸業務與辦理有價證券買賣融資融券業務，對每種證券出借與融券總金額合計不得超過其淨值： (A)3% (B)5% (C)6% (D)10%。

( ) **50** 股票交易之手續費是： (A)只對買進收取 (B)只對賣出收取 (C)買進、賣出均收取 (D)選項(A)(B)(C)皆非。

解答與解析 答案標示為#者，表官方曾公告更正該題答案。

1 (D)。「證券交易法」第4條第1項：本法所稱公司，謂依「公司法」組織之股份有限公司。

2 (B)。「公司法」第3條：公司以其本公司所在地為住所。本法所稱本公司，為公司依法首先設立，以管轄全部組織之總機構；所稱分公司，為受本公司管轄之分支機構。

3 (D)。「證券交易法」第21-1條第1項：為促進我國與其他國家證券市場主管機關之國際合作，政府或其授權之機構依互惠原則，得與外國政府、機構或國際組織，就資訊交換、技術合作、協助調查等事項，簽訂合作條約或協定。

4 (A)。「公司法」第171條：股東會除本法另有規定外，由董事會召集之。

5 (B)。「公司法」第247條第1項：公開發行股票公司之公司債總額，不得逾公司現有全部資產減去全部負債後之餘額。

6 (D)。依據「證券交易法」第32條第2項，會計師、律師、工程師或其他專門職業或技術人員，曾在公開說明書上簽章，以證實其所載內容之全部或一部，或陳述意見者，如能證明已經合理調查，並有正當理由確信其簽證或意見為真實者，免負賠償責任。

7 (C)。依據「證券交易法」第43-6條第2項，得對發行公司或其關係企業之董事、監察人及經理人私募，不得超過35人。

8 (C)。「證券交易法」第171條：有下列情事之一者，處三年以上十年以下有期徒刑，得併科新臺幣一千萬元以上二億元以下罰金：一、違反第二十條第一項、第二項、第一百五十五條第一項、第二項、第一百五十七條之一第一項或第二項規定。二、已依本法發行有價證券公司之董事、監察人、經理人或受僱人，以直接或間接方式，使公司為不利益之交易，且不合營業常規，致公司遭受重大損害。三、已依本法發行有價證券公司之董事、監察人或經理人，意圖為自己或第三人之利益，而為違背其職務之行

為或侵占公司資產，致公司遭受損害達新臺幣五百萬元。

9 **(D)**。依據「證券交易法」第28-2條第4項，證交法規定公司買回之股份，除為維護公司信用及股東權益所必要之買回，並辦理銷除股份者外，其餘情形所買回之股份，應於買回之日起五年內將其轉讓；逾期未轉讓者，視為公司未發行股份，並應辦理變更登記。

10 **(B)**。「證券交易法」第66條：證券商違反本法或依本法所發布之命令者，除依本法處罰外，主管機關得視情節之輕重，為下列處分，並得命其限期改善：一、警告。二、命令該證券商解除其董事、監察人或經理人職務。三、對公司或分支機構就其所營業務之全部或一部為六個月以內之停業。四、對公司或分支機構營業許可之撤銷或廢止。五、其他必要之處置。

11 **(A)**。依據「證券商管理規則」第37條，證券商經營證券業務時禁止代客戶保管有價證券、款項、印鑑或存摺。

12 **(D)**。依據「證券商設置標準」第3條，證券經紀商最低實收資本額為新臺幣二億元，綜合證券商最低實收資本額為新臺幣十億元。依據「證券商管理規則」第9條，證券經紀商營業保證金為新臺幣五千萬元，綜合證券商營業保證金為新臺幣一億元。

故證券經紀商轉型成為綜合證券商最低實收資本額與營業保證金總計增加：（十億－二億）＋（一億－五千萬）＝八億五千萬元。

13 **(B)**。「公司法」第239條第1項：法定盈餘公積及資本公積，除填補公司虧損外，不得使用之。

14 **(C)**。依據「證券商設置標準」第3條，證券經紀商最低實收資本額新臺幣二億元。
依據「證券商管理規則」第9條，證券經紀商營業保證金新臺幣五千萬元。

15 **(A)**。「證券投資人及期貨交易人保護基金償付作業辦法」第7條第2項：保護基金對每家證券商或期貨商之每一證券投資人或期貨交易人一次之償付金額，以新臺幣壹佰萬元為限。

16 **(C)**。「證券商辦理有價證券買賣融資融券管理辦法」第15條第1項：證券商辦理有價證券買賣融資融券，對每種證券之融資總金額，不得超過其淨值百分之十。
一億元×10％＝一千萬元

17 **(B)**。依據「有價證券得為融資融券標準」第2條，上市、上櫃股票、上市臺灣存託憑證，為融資融券之標的。

18 **(B)**。「證券交易法」第28-2條第2項：公司買回股份之數量比例，不得超過該公司已發行股份總數百分之十。

19 **(A)**。「公司法」第163條：公司股份之轉讓，除本法另有規定外，不得以章程禁止或限制之。

20 **(B)**。「公司法」第208條：董事會設有常務董事者，其常務董事依前項選舉方式互選之，名額至少三人，最多不得超過董事人數三分之一。

21 **(B)**。「證券交易法」第30條：公司募集、發行有價證券，於申請審核時，除依「公司法」所規定記載事項外，應另行加具公開說明書。前項公開說明書，其應記載之事項，由主管機關以命令定之。「證券交易法」第3條：本法所稱主管機關，為金融監督管理委員會。

22 **(A)**。「證券交易法」第43-5條第4項：公開收購人與其關係人於公開收購後，所持有被收購公司已發行股份總數超過該公司已發行股份總數百分之五十者，得以書面記明提議事項及理由，請求董事會召集股東臨時會，不受「公司法」第一百七十三條第一項規定之限制。

23 **(C)**。「公開發行公司取得或處分資產處理準則」第10條：公開發行公司取得或處分有價證券，應於事實發生日前取具標的公司最近期經會計師查核簽證或核閱之財務報表作為評估交易價格之參考，另交易金額達公司實收資本額百分之二十或新臺幣三億元以上者，應於事實發生日前洽請會計師就交易價格之合理性表示意見。

24 **(C)**。「證券交易法」第25條：公開發行股票之公司於登記後，應即將其董事、監察人、經理人及持有股份超過股份總額百分之十之股東，所持有之本公司股票種類及股數，向主管機關申報並公告之。
前項股票持有人，應於每月五日以前將上月份持有股數變動之情形，向公司申報，公司應於每月十五日以前，彙總向主管機關申報。必要時，主管機關得命令其公告之。

25 **(C)**。「證券交易法」第22-2條：已依本法發行股票公司之董事、監察人、經理人或持有公司股份超過股份總額百分之十之股東，其股票之轉讓，應依左列方式之一為之：
一、經主管機關核准或自申報主管機關生效日後，向非特定人為之。
二、依主管機關所定持有期間及每一交易日得轉讓數量比例，於向主管機關申報之日起三日後，在集中交易市場或證券商營業處所為之。但每一交易日轉讓股數未超過一萬股者，免予申報。三、於向主管機關申報之日起三日內，向符合主管機關所定條件之特定人為之。

26 **(B)**。依據「臺灣證券交易所股份有限公司對有價證券上市公司重大訊息之查證暨公開處理程序」第4條，董事及監察人之持股變動情形非上市公司重大訊息。

27 **(D)**。依據「發行人募集與發行有價證券處理準則」第8條，(D)應更正為申報日前一個月股價變化

異常者主管機關得退回現金發行新股案件。

28 (C)。「發行人募集與發行有價證券處理準則」第11條，發行人募集與發行有價證券，自申報生效通知到達之日起，逾三個月尚未募足並收足現金款項者，金融監督管理委員會得撤銷或廢止其申報生效。

29 (D)。金管會發布「證券期貨業永續發展轉型執行策略」之27項具體措施，不包含舉辦「商業分析設計」之主題式推廣活動。

30 (D)。ESG分別是環境保護（Environment）、社會責任（Social）和公司治理（Governance）。

31 (D)。「發行人發行認購（售）權證處理準則」第8條：發行人發行認購（售）權證之連結標的範圍以下列為限：一、已在證券交易所上市或櫃檯買賣中心上櫃且符合證券交易所或櫃檯買賣中心所定條件之股票或其組合、指數股票型證券投資信託基金、指數股票型期貨信託基金、境外指數股票型基金及臺灣存託憑證。二、證券交易所或櫃檯買賣中心公告之指數。三、經本會指定之外國證券交易市場，並符合證券交易所或櫃檯買賣中心所定條件之外國證券或指數。四、其他經本會核准之連結標的。

32 (C)。「證券交易法」第10條：本法所稱承銷，謂依約定包銷或代銷發行人發行有價證券之行為。

33 (C)。定期定額投資標的以可中長期投資之股票及ETF為限，由證券商訂定標的選定標準，但不含槓桿反向指數股票型證券投資信託基金受益憑證及槓桿反向指數股票型期貨信託基金受益憑證。

34 (C)。溢價的情況可能由於市場情況、需求變化、ETF的持有人情況等多種因素造成，並不一定代表是一個好的投資選擇。

35 (A)。「臺灣證券交易所股份有限公司外國股票買賣辦法」第15條：外國股票交易時間準用本公司集中交易市場之時間。

36 (C)。「公開發行股票公司股務處理準則」第3-5條：股票已在證券交易所上市或在證券商營業處所買賣之公司自辦股務事務者或代辦股務機構，應每三年至少一次接受本會指定機構之評鑑。

37 (D)。「財團法人中華民國證券櫃檯買賣中心證券商營業處所買賣有價證券業務規則」第62條第1項：證券經紀商受託買賣得以下列方式為之：一、當面委託。二、電話、書信、電報或其他經本中心同意之方式委託。三、語音、網際網路、專線、封閉式專屬網路等電子式交易型態之委託。

38 (B)。臺灣創新板漲跌幅限制為10%。

39 (D)。零股盤中交易在9:00～13:30進行買賣，並於9:10起進行第一次撮合。

解答與解析

40 (B)。盤中零股交易每1分鐘以集合競價撮合。

41 (B)。依據「財團法人中華民國證券櫃檯買賣中心證券商營業處所買賣有價證券業務規則」第9-1條，上櫃公司申請變更公司名稱，該變更案經核准日起三年內，所有發行之有價證券及其他依規定應公開之資訊，均應以新舊名稱對照揭露，並應於更名後連續三個月，逐日輸入本中心指定之網際網路資訊申報系統之重大訊息予以公告。

42 (D)。「財團法人中華民國證券櫃檯買賣中心證券商營業處所買賣有價證券業務規則」第28條：證券商經營櫃檯買賣，應依左列規定辦理：一、證券自營商應自行買入或賣出，不得代客買賣。二、證券經紀商應代客買賣，不得自行買入或賣出。三、兼具證券自營商及證券經紀商者，應於每次買賣時之書面文件，區別其為自行或代客買賣。

43 (D)。上櫃股票採自動撮合成交，興櫃一般板股票由推薦證券商報價驅動之議價交易。

44 (B)。「證券商辦理有價證券買賣融資融券業務操作辦法」第36條第2項：證券商受理委託人開立信用帳戶，以每人一戶為限。

45 (A)。依據「證券商辦理有價證券買賣融資融券管理辦法」第3條，證券商申請辦理有價證券買賣融資融券，應經營證券經紀業務屆滿一年以上。

46 (D)。「信用交易資券相抵交割之交易作業要點」第3條：委託人資券相抵交割之交易，應列入單日買賣額度計算

47 (D)。零股交易、鉅額交易、全額交割股票皆不得融資融券。

48 (B)。國內現行當日沖銷交易之股票課徵稅率為千分之一點五。

49 (B)。「證券商辦理有價證券買賣融資融券管理辦法」第15條第2項：證券商辦理有價證券買賣融資融券與辦理有價證券借貸業務，對每種證券融券與出借之總金額，合計不得超過其淨值百分之五。

50 (C)。「臺灣證券交易所股份有限公司營業細則」第94條：證券經紀商受託買賣成交後，須向委託人收取手續費，其費率由本公司申報主管機關核定之。

證券投資與財務分析

( ) **1** 組合型基金至少需投資幾檔子基金？ (A)2檔 (B)3檔 (C)5檔 (D)8檔。

( ) **2** 若投資報酬率的機率分配形狀越集中，表示風險： (A)愈大 (B)愈小 (C)相等 (D)無關。

( ) **3** 若股票的變異數為0.64，變異係數為5，其平均報酬率為： (A)0.012 (B)0.12 (C)0.16 (D)0.35。

( ) **4** twCCCf是中華信評何種類型的評等等級之一？ (A)長期債信評等等級 (B)短期債信評等等級 (C)債券型基金評等等級 (D)特別股評等等級。

( ) **5** 關於馬凱爾（Malkiel）債券五大定理的敘述，何者不正確？ (A)債券價格與殖利率呈反向關係 (B)到期期間愈長，債券價格對殖利率之敏感性愈小 (C)債券價格對利率敏感性之增加程度隨到期時間延長而遞減 (D)低票面利率債券之利率敏感性高於高票面利率債券。

( ) **6** 應用固定成長股利折現模式時，降低股票的要求報酬率，則股票真實價值將： (A)提高 (B)降低 (C)不變 (D)可能增加或減少。

( ) **7** 下列何者非景氣同時指標（Coincident indicator）？ (A)製造業銷售量指數 (B)非農業部門就業人數 (C)實質貨幣總計數M1B (D)實質海關出口值。

( ) **8** 中央銀行在公開市場上購買國庫券，可能產生下列那種情況？甲、債券價格上升；乙、債券價格下跌；丙、利率上升；丁、利率下跌 (A)甲與丙 (B)甲與丁 (C)乙與丙 (D)乙與丁。

( ) **9** 請問在技術分析中出現M頭代表什麼訊號？ (A)買進訊號 (B)賣出訊號 (C)盤整訊號 (D)無法判斷。

( ) **10** K線實體的上方帶有細線時，稱之為上影線（Upper Shadow），上影線的上端，代表盤中的： (A)開盤價 (B)收盤價 (C)最高價 (D)最低價。

( ) **11** 下列有關投資組合多角化（portfolio diversification）之敘述，何者較為正確？ (A)適當的多角化可以消除系統性風險（systematic risk） (B)在購買了至少100個單獨的證券之前，多角化降低風險的好處不會有意義地出現 (C)由於多角化降低了投資組合的總風險，所以必然會降低投資組合的預期報酬率 (D)通常隨著更多證券被添加到投資組合中，預期投資組合的總風險將以遞減的速度下降。

( ) **12** 依據CAPM模式，若市場上之甲股票的預期報酬率為13%，且市場預期報酬率為15%，無風險利率為5%。則甲股票的貝它（β）係數為多少？ (A)0.8 (B)0.7 (C)0.65 (D)0.55。

( ) **13** 某公司公告其上一季之獲利超過市場上的預期，其股價因此一正面消息之揭露而大漲，此一現象乃為何種市場效率形式之表彰？ (A)強式 (B)半強式 (C)弱式 (D)半弱式。

( ) **14** 小何以每股40元買入甲股票1張，並以每股44元賣出，期間並收到其現金股利每股1.5元，請問小何得到的資本利得為何？ (A)5,500元 (B)4,000元 (C)1,500元 (D)5.5元。

( ) **15** 若某地方政府預算赤字增加，則投資該地方政府債券的投資者，其所面臨的違約風險會： (A)變大 (B)變小 (C)不變 (D)無法判斷。

( ) **16** 有關選擇權買賣雙方的權利與義務，何者不正確？ (A)買方須繳交保證金 (B)賣方可收權利金 (C)賣方之最大獲利即為權利金 (D)買方才有權利執行契約。

( ) **17** 何種風險通常包含於政府債券報酬當中？ (A)信用風險 (B)通貨膨脹 (C)到期風險 (D)違約風險。

( ) **18** 一般所稱的債券殖利率是指下列何者？ (A)當期收益率 (B)贖回收益率 (C)到期收益率 (D)票面利率。

( ) **19** 哪項資訊不屬於基本分析資訊？ (A)存款準備率 (B)公司新接訂單 (C)三大法人買賣超 (D)進出口順逆差數字。

( ) **20** 產業分析對股票分析的重要性在於： (A)不同產業的股票表現差異性大 (B)選對產業比選對個股重要 (C)選對產業比市場研判重要 (D)不同產業股票價格有齊漲齊跌現象。

( ) **21** 下降楔形（Falling Wedge）通常被視為連續型態（Continuation Pattern），但有時也可能成為： (A)頭部反轉型態 (B)底部反轉型態 (C)繼續整理型態 (D)間斷整理型態。

( ) **22** 根據道氏理論，次級波動係指： (A)股價長期波動趨勢 (B)每日的波動 (C)依股價長期趨勢線之中短期的波動 (D)低點跌破前次低點。

( ) **23** 投資組合理論關心的是：甲、非系統性風險的消除；乙、投資分散對投資組合風險的降低；丙、在相同風險下，提高預期報酬 (A)僅甲 (B)僅乙 (C)僅丙 (D)甲、乙、丙。

( ) **24** 根據CAPM模式，一個公平定價的證券之貝它（Beta）係數： (A)為正 (B)為負 (C)為零 (D)選項(A)(B)(C)皆有可能。

( ) **25** 若一資本市場已符合半強式效率市場，則： (A)亦符合強式效率市場 (B)亦符合弱式效率市場 (C)不符合弱式效率市場之條件 (D)此一市場最符合一般投資人之利益。

( ) **26** 一般而言，投資人在選擇投資計畫時： (A)應選擇風險最高的計畫 (B)報酬率最高的計畫通常風險程度最低 (C)報酬率最低的計畫通常風險程度最低 (D)風險程度和報酬率之間並無關係。

( ) **27** 共同比（Common-size）分析是屬於何種分析？甲、趨勢分析；乙、結構分析；丙、靜態分析；丁、動態分析 (A)甲和丙 (B)甲和丁 (C)乙和丙 (D)乙和丁。

( ) **28** 下列何者為對國際財務報導準則的正確描述？ (A)傾向「原則基礎」與「資產負債表法」 (B)傾向「規則基礎」與「損益表法」

(C)傾向「原則基礎」與「損益表法」 (D)傾向「規則基礎」與「資產負債表法」。

( ) **29** 關於存貨永續盤存制的平均成本法，下列何項敘述正確？ (A)在期末計算加權平均成本 (B)每次銷貨後即計算新的單位成本 (C)每次進貨後即計算新的單位成本 (D)每期期末盤點存貨後才算出銷貨成本金額。

( ) **30** 永樂公司存貨週轉率為6，應收帳款週轉率為12，假設一年以360天計算，永樂公司的「營業循環週期」為： (A)30天 (B)45天 (C)60天 (D)90天。

( ) **31** 冬山公司之流動比率2.5，營運資金淨額$120,000，則其流動資產為何？ (A)$120,000 (B)$150,000 (C)$180,000 (D)$200,000。

( ) **32** 有關三階段減損評估模式，下列衡量備抵損失之金額何者錯誤？ (A)信用風險並未顯著增加，應以12個月預期信用損失衡量 (B)信用風險已顯著增加，應以存續期間預期信用損失衡量 (C)一年內的應收帳款以存續期間預期信用損失衡量 (D)債務人逾期付款超過30日，以12個月預期信用損失衡量。

( ) **33** 吉利電腦公司產品單價原為$1,500，由於市場競爭激烈而降價至$1,000。假設所有成本均為變動成本，且原來的毛利率為50%，則降價後銷售數量需為降價前的多少比率，才能維持原有的銷貨毛利金額？ (A)600% (B)900% (C)300% (D)150%。

( ) **34** 甲公司X1年平均應收帳款為$360,000，平均存貨為$150,000，X1年銷貨收入為$3,600,000，銷貨毛利為$900,000，若一年以360天計算，則甲公司營業週期天數為多少天？ (A)36天 (B)56天 (C)60天 (D)96天。

( ) **35** 流川公司販售籃球用品，其X3年底之存貨成本為$92,000，估計售價為$94,600，估計銷售成本$5,000。按照成本與淨變現價值孰低法，流川公司須認列多少備抵存貨跌價損失？ (A)$0 (B)$2,400 (C)$2,600 (D)$7,600。

( ) **36** 現金流量比率等於：　(A)營業活動現金流量／現金　(B)營業活動淨現金流量／流動資產　(C)營業活動淨現金流量／流動負債　(D)營業活動現金流量／非營業活動現金流量。

( ) **37** 資產（商譽除外）如未依法令規定辦理重估價，當減損損失迴轉時應：　(A)視為利益　(B)視為費用減少　(C)視為資產成本增加　(D)視為累計折舊減少。

( ) **38** 企業編製合併財務報表時，備抵損失之提列：　(A)應以母公司之債權為基礎　(B)應以子公司之債權為基礎　(C)應以合併公司間互相沖銷債權債務後之債權為基礎　(D)應以母公司與子公司加總之債權為基礎。

( ) **39** 上月底東竹科技在海外發行全球存託憑證（GDR），預期這將可以：　(A)提高其自有資本比率　(B)提高其年度銷貨毛額　(C)提高其年度銷貨毛利　(D)提高其本益比。

( ) **40** 其他條件相同下，有舉債的公司，當銷貨收入下降，則其稅後淨利會較沒有舉債公司稅後淨利的降幅：　(A)大　(B)小　(C)一樣　(D)不一定。

( ) **41** 瑞源公司108年度稅前純益$45,000，所得稅率25%，利息費用$5,000，請問瑞源公司利息保障倍數為何？　(A)8.5　(B)10　(C)5.63　(D)12。

( ) **42** 發行公司債取得現金，會使得發行公司的：　(A)流動比率不變　(B)投資活動的現金流入增加　(C)淨值報酬率下降　(D)速動資產增加。

( ) **43** 下列何者為公司使用財務槓桿有利時須滿足之條件？　(A)舉債利率大於ROA　(B)舉債利率大於ROE　(C)舉債利率小於ROA　(D)舉債利率小於ROE。

( ) **44** 某公司X2年度每股市價為160元，每股盈餘為20元，每股帳面價值為10元，則該公司的本益比應為：　(A)16　(B)20　(C)7.5　(D)8。

（　）**45** 關於本益比（price to earnings ratio），下列敘述何者正確？　(A)本益比愈高可能表示投資人愈看好企業之未來發展　(B)本益比愈高可能表示投資人之風險愈低　(C)本益比不適用於分析虧損企業　(D)選項(A)(B)(C)皆正確。

（　）**46** 甲公司的本益比為12倍，權益報酬率為13%（假設期初權益帳面金額等於期末權益帳面金額），則市價淨值比為何？　(A)0.93　(B)1.11　(C)1.56　(D)1.64。

（　）**47** 雙溪公司的財務槓桿度為1.3倍，營運槓桿度為2.8倍，則公司綜合槓桿度為：　(A)2.05　(B)2.15　(C)3.64　(D)4.1。

（　）**48** 發放股票股利，理論上將使本益比：（假設其他一切條件不變）(A)降低　(B)不變　(C)提高　(D)不一定。

（　）**49** 償還應付帳款將使流動比率：　(A)增加　(B)減少　(C)不變　(D)不一定。

（　）**50** 下列何者會影響盈餘的品質？甲、會計政策；乙、物價水準波動；丙、損益之組成；丁、公司治理　(A)僅甲、乙　(B)僅甲　(C)僅甲、丙、丁　(D)甲、乙、丙、丁皆會。

解答與解析　答案標示為#者，表官方曾公告更正該題答案。

1 (C)。證券投資信託基金管理辦法第43條：每一組合型基金至少應投資五個以上子基金，且每個子基金最高投資上限不得超過組合型基金淨資產價值之百分之三十。

2 (B)。投資報酬率的機率分配形狀越集中，表示風險愈小。

3 (C)。變異係數＝標準差／平均報酬率

標準差＝$\sqrt{變異數}$

$5=\sqrt{0.64}$ /平均報酬率
平均報酬率＝0.16

4 (C)。twCCCf是中華信評債券型基金評等等級。

5 (B)。到期期間愈長，債券價格對殖利率的敏感性愈大。

6 (A)。固定成長股利折現模式：股價＝明年股利／（預期報酬率－股利成長率）
預期報酬率下降股價上升。

7 (C)。實質貨幣總計數M1B為景氣領先指標。

8 (B)。中央銀行在公開市場上購買國庫券使貨幣供給增加，人們將使用多餘的貨幣購買債券，導致債券價格上升，利率下降。

9 (B)。M頭是技術分析中的一種圖表形態，通常出現在股票或其他資產的上升趨勢後，表示價格可能開始下跌，通常被視為是賣出信號。

10 (C)。上影線的上端，代表盤中的最高價。

11 (D)。(A)適當的多角化可以消除非系統性風險。(B)購買低相關性證券即可降低投資組合風險。(C)多角化降低了投資組合的總風險，不一定會降低投資組合的預期報酬率。

12 (A)。預期報酬率=無風險利率＋貝它係數＊(市場預期報酬率－無風險利率)
13%=5%+貝它係數*(15%－5%)
貝它係數=0.8

13 (B)。當特定事件發生時，新資訊將能迅速反應於股價上，產生異常報酬，且不會有很長的遲延現象，此時市場具有半強式效率，基本分析無效。

14 (B)。(44-40)*1000股=4,000元

15 (A)。政府預算赤字增加指支出超過收入，違約風險會變大。

16 (A)。買方須支付權利金，賣方才須繳交保證金。

17 (B)。政府債券一般被認為是無風險債券，指無非系統風險，只存在系統風險，例如利率風險、通貨膨脹等。

18 (C)。債券的殖利率是投資人握有債券至到期日所應得的實際年度報酬。

19 (C)。三大法人買賣超屬於籌碼分析資訊。

20 (A)。不同的產業具有各自獨特的特點和因素，因此在產業分析中需要考慮不同的方面，以充分評估各個產業之間的差異。

21 (B)。下降楔形若是出現在一段空頭趨勢中，代表跌勢可能接近尾聲了，因兩條趨勢線開始收窄，且價格之間的高低點也越來越接近，代表空頭動能越來趨弱，將有大概率形成底部，造成空頭趨勢遭到反轉，並開啟一段上行趨勢。

22 (C)。次級波動：在基本波動下，會存在著數個次級波動，而這些次級波動通常稱為「技術修正」，也就是一般所謂的「盤整」，每一盤整可能持續數個星期或數個月。

23 (D)。投資組合理論指理性投資者如何利用分散投資來最佳化他們的投資組合，甲、乙、丙皆需要關心。

24 (D)。貝它（Beta）係數是衡量相對波動性的指標，衡量股票或投資組合與整個市場相比的系統性風險，可能為正、負或為0。

25 (B)。若市場已符合半強式效率市場則亦符合弱式效率市場。

26 (C)。一般情況下，較低的風險通常伴隨著較低的回報，而較高的風險通常伴隨著較高的回報。

27 (C)。共同比分析指以財務報表中某一總數作為100%，而其他構成項目之金額換算為該總數的百分比之方法。共同比分析屬財務報表內部結構分析，又稱為「結構分析」。共同比分析以當期資料進行比較，屬於「靜態分析」。

28 (A)。國際財務報導準則傾向「原則基礎」與「資產負債表法」。

29 (C)。永續盤存制平均成本法於售出時就認列銷貨成本，於每次進貨後即計算新單位成本。

30 (D)。營業循環週期＝存貨週轉天數＋應收賬款週轉天數
存貨週轉天數＝360天/存貨週轉率＝360/6=60
應收帳款週轉率＝360天/應收帳款週轉率＝360/12=30
營業循環週期=60+30=90

31 (D)。流動比率＝流動資產/流動負債=2.5
營運資金＝流動資產－流動負債＝$120,000
流動負債=$80,000
流動資產=$200,000

32 (D)。債務人逾期付款超過30日，應以存續期間預期信用損失衡量。

33 (C)。銷貨毛利：
$1,500*50%=$750
銷貨成本：$1,500－$750=$750
$750/($1,000－$750)=300%

34 (B)。銷貨成本＝銷貨收入－銷貨毛利＝$3,600,000－$900,000=$2,700,000
存貨週轉率＝銷貨成本／平均存貨＝$2,700,000/$150,000=18
應收帳款週轉率＝銷貨收入／平均應收帳款＝$3,600,000/$360,000=10
存貨週轉天數＝360天/存貨週轉率＝360/18=20
應收帳款週轉率＝360天/應收帳款週轉率＝360/10=36
營業週期＝存貨週轉天數＋應收帳款週轉天數=20+36=56

35 (B)。淨變現價值＝$94,600-$5,000=$89,600
成本與淨變現價值孰低法期末存貨以$89,600計價，故需認列備抵存貨跌價損失
$92,000－$89,600=$2,400

36 (C)。現金流量比率=營業活動淨現金流量／流動負債。

37 (A)。若資產未辦理重估價，則減損損失之迴轉全數認列為利益。

38 (C)。備抵損失之提列應以合併公司間互相沖銷債權債務後之債權為基礎。

39 (A)。發行全球存託憑證將提高自有資本比率。

40 (A)。有舉債的公司，當銷貨收入下降，其稅後淨利會較沒有舉債公司稅後淨利的降幅大。

41 (B)。利息保障倍數=稅前息前利潤／利息費用
($45,000+$5,000)/$5,000=10倍

42 (D)。發行公司債取得現金，會使得發行公司的流動比率增加，籌資活動的現金流入增加，淨值報酬率不變，速動資產增加。

43 (C)。舉債利率小於資產報酬率表示財務槓桿有利。

44 (D)。本益比＝每股市價／每股盈餘
160/20=8

45 (D)。本益比越高，代表市場對該公司的盈利前景越看好，所以相對有越多人願意支付更高的價格買進該公司的股票，也可能表示投資人之風險越低。本益比不適用於分析虧損企業。

46 (C)。市價淨值比=每股市價／每股淨值
本益比＝每股市價／每股盈餘
權益報酬率=稅後淨利／股東權益
=（稅後淨利／股數）／（股東權益／股數）
=每股盈餘／每股淨值
市價淨值比／本益比=權益報酬率
市價淨值比/12=13%
市價淨值比=1.56

47 (C)。綜合槓桿度=財務槓桿度*營業槓桿度
1.3*2.8=3.64

48 (B)。發放股票股利不影響本益比。

49 (D)。償還應付帳款，當流動比率大於1時，流動比率增加；流動比率小於1時，流動比率減少；流動比率等於1時，流動比率不變。

50 (D)。會計政策、物價水準波動、損益之組成、公司治理皆會影響盈餘的品質。

解答與解析

112年 第3次證券商業務員資格測驗

證券交易相關法規與實務

( ) **1** 如公開發行股票公司於股東會召開時，代表公司之董事拒絕提供股東名簿者，證券主管機關可處新臺幣多少罰鍰？ (A)二十四萬元以上二百四十萬元以下 (B)十二萬元以上二百四十萬元以下 (C)二十四萬元以上四百八十萬元以下 (D)四十八萬元以上四百八十萬元以下。

( ) **2** 下列何者非屬「證券交易法」規定之有價證券？ (A)新股認購權利證書 (B)附認股權憑證 (C)認購權證 (D)商業本票。

( ) **3** 公司應於申請設立登記時或設立登記後多久內，檢送經會計師查核簽證之文件？ (A)10日內 (B)15日內 (C)20日內 (D)30日內。

( ) **4** 依公司法股東提案權所明文的內容，下列敘述何者正確？ (A)符合規定股東所提案，由董事會審查決定是否列為議案 (B)符合規定股東所提案，除法定情事者外，董事會應列為議案 (C)董事會得不列為議案與否之裁量權 (D)相關增進公共利益或社會責任與公司營利目的與否之股東提案，不應列入議案。

( ) **5** 下列有關公開發行公司內部控制制度訂定過程之敘述，何者錯誤？ (A)以書面訂定 (B)應申報主管機關 (C)由經理人設計，董事會通過 (D)含自行評估作業之程序及方法。

( ) **6** 轉換公司債面額為： (A)15萬 (B)10萬 (C)5萬 (D)沒有限制。

( ) **7** 募集有價證券，未先向認股人或應募人交付公開說明書者，其法律責任如何？ (A)僅須對善意相對人負民事賠償責任 (B)六個月以下有期徒刑、拘役或科或併科新臺幣五萬元以下罰金 (C)二年以下有期徒刑、拘役或科或併科新臺幣十五萬元以下罰金 (D)處新臺幣二十四萬元以上四百八十萬元以下罰鍰。

( ) **8** 證券交易法對於公開說明書之規範，下列敘述，何者正確？ (A)證券承銷商對於公開說明書之不實記載，應負無過失責任，並與發行人負連帶賠償責任 (B)證券承銷商未交付公開說明書予認股人時，對於善意認股人因而所受之損害，應負賠償責任 (C)公開說明書之記載，無論其內容為何，只要有誤植，發行人即須對善意相對人因此所受之損害，負賠償責任 (D)公開說明書之不實記載，僅得向發行人及證券承銷商追究賠償責任。

( ) **9** 內線交易損害賠償額度之計算，應就消息未公開或公開後十八小時內，買入或賣出該股票之價格，與消息公開後幾個營業日收盤平均價格之差額限度內為之？ (A)3個 (B)5個 (C)7個 (D)10個。

( ) **10** 下列有關短線交易規定之敘述，何者錯誤？ (A)買進同一公司之普通股，賣出特別股，亦構成短線交易 (B)短線交易獲得利益之計算方式採最高賣價減最低買價法 (C)證券交易稅得自短線交易所得利益中扣除 (D)短線交易的期間為三個月。

( ) **11** 證券交易「歸入權」之行使係針對下列何項行為？ (A)內線交易行為 (B)短線交易行為 (C)製作不實財務報告 (D)人為炒作股票違法行為。

( ) **12** 證券商受領證券業務許可證照後，應於多久期間內開始營業，否則主管機關得撤銷其許可？ (A)1個月 (B)2個月 (C)3個月 (D)6個月。

( ) **13** 某實收資本額二億元之證券經紀商轉型成為綜合證券商，其最低實收資本額與營業保證金總計需增加多少元？ (A)二億五千萬元 (B)四億五千萬元 (C)六億五千萬元 (D)八億五千萬元。

( ) **14** 證券商稅後盈餘所提列之特別盈餘公積，得為以下何項行為？ (A)繳納稅捐 (B)填補公司虧損 (C)償還負債 (D)酬勞員工。

( ) **15** 證券商經營期貨交易輔助業務者，於從事業務對客戶所生之損害，與委任期貨商負何責任？ (A)證券商負責 (B)各負一半賠償責任 (C)委任期貨商為公司，應負較重責任 (D)連帶賠償責任。

( ) **16** 有關我國櫃檯買賣市場現行交易方式，下列何者正確？ (A)得採證券商營業處所集中撮合股票交易 (B)採等價成交系統議價 (C)採等殖成交系統交易債券 (D)撮合原則採集中競價。

( ) **17** 公司為特殊目的買回已經發行且未經註銷的股票，稱為： (A)公開收購 (B)募集發行 (C)員工認購權證 (D)庫藏股。

( ) **18** 證券交易所為維護市場之交易秩序，應採取之措施包括下列何者？ (A)建立股市監視制度 (B)設置給付結算基金 (C)提存圈存準備金 (D)設置存款保證。

( ) **19** 上市有價證券之發行公司發生有虛偽不實或違法情事，足以影響其證券價格，而有損害公益之虞時，下列何者非主管機關得為之措施？ (A)命令停止一部之買賣 (B)命令停止全部買賣 (C)限制證券經紀商之買賣數量 (D)解散公司。

( ) **20** 證券投資人如遭遇投資民事糾紛，可向證券投資人與期貨交易人保護中心所設立之調處委員會申請調處，委員會應於受理申請幾日內進行調處？ (A)5日 (B)7日 (C)10日 (D)15日。

( ) **21** 關於依「證券交易法」所為有價證券交易所生之爭議，下面敘述何者為正確？ (A)除證券商與證券交易所或證券商相互間外，當事人係依約定進行仲裁 (B)不論當事人之間有無訂立仲裁契約，均應進行仲裁 (C)不論當事人之間有無訂立仲裁契約，均不應進行仲裁 (D)當事人均得逕行提起訴訟，他造不得主張妨訴抗辯。

( ) **22** 甲上市公司8月份的營收為6億元。依證券交易法之規定，該公司8月份月營收報表最晚應在何時以前申報？ (A)9月10日 (B)9月15日 (C)9月20日 (D)9月30日。

( ) **23** 「證券交易法」與「公司法」之適用關係為： (A)「公司法」所指之公司為股份有限公司 (B)「公司法」優先適用 (C)「證券交易法」為「公司法」之特別法 (D)「證券交易法」規範範圍及於合夥契約。

( ) **24** 已依證交法發行之公司得於一定條件下對特定人招募有價證券，稱之為何種行為？ (A)私募 (B)公開募集 (C)發行 (D)掛牌。

( ) **25** 依「證券交易法」規定，下列有關私募有價證券之敘述，何者正確？　(A)私募普通公司債，其發行總額，除經主管機關徵詢目的事業中央主管機關同意者外，不得逾全部資產減去全部負債餘額之百分之二百　(B)私募對象有條件限制，且其人數不得超過30人　(C)有價證券私募之應募人2年內原則上不得再行賣出　(D)有價證券之私募及再行賣出，不得為一般性廣告或公開勸誘之行為。

( ) **26** 下列何種情形，上市（櫃）公司毋須委請承銷商出具評估報告？(A)辦理現金發行新股　(B)受讓他公司股份發行新股　(C)發行轉（交）換公司債　(D)補辦公開發行。

( ) **27** 依公司法規定，發行人募集發行有價證券，有下列情事者不得公開發行新股（包括具有優先權利之特別股）？甲、公司連2年虧損；乙、資產不足抵償債務者；丙、最近三年稅後淨利不足以支付已發行特別股股息　(A)僅甲、乙　(B)僅甲、丙　(C)僅乙、丙(D)甲、乙、丙。

( ) **28** 關於員工認股權憑證之發行，下列說明何者錯誤？　(A)員工認股權憑證自發行日起屆滿二年後，持有人除依法暫停過戶期間外，得依發行人所定之認股辦法請求履約　(B)員工認股權憑證不得轉讓，但因繼承者不在此限　(C)上市或上櫃公司申報發行員工認股權憑證，其認股價格不得高於發行日標的股票之收盤價　(D)員工認股權憑證之存續期間不得超過十年。

( ) **29** 為強化證券期貨業健全永續發展經營，金管會發布「證券期貨業永續發展轉型執行策略」擬定27項具體措施，請問不包含下列何者？　(A)證券期貨業揭露碳盤查相關資訊　(B)定期評估核心營運系統及設備，確保營運持續、韌性之能力提報董事會　(C)將企業執行ESG及因應氣候變遷等情形列入自營選股、期貨交易、基金及全權委託投資考量因素　(D)舉辦「商業分析設計」之主題式推廣活動。

( ) **30** 依公司法新修正與配合洗錢防制政策，公司應何時定期申報董事、監察人、經理人及持有已發行股份總數10％股東的個人資料至主管機關建置或指定之資訊平台？　(A)每年　(B)每半年　(C)每季(D)每月。

( ) **31** 證券商得為認購（售）權證發行人資格條件為： (A)證券自營商 (B)證券承銷商 (C)證券經紀商 (D)經營前三項業務之綜合證券商。

( ) **32** ETF可否進行零股交易？ (A)可以 (B)不可以 (C)僅國內成分證券指數股票型基金可以 (D)僅加掛外幣之ETF可以。

( ) **33** 下列哪一種有價證券不得列為定期定額買進之標的？ (A)股票 (B)原型證信託ETF (C)槓桿反向型ETF (D)原型期信託ETF。

( ) **34** 關於ETF折溢價風險，何者錯誤？ (A)折價是市價低於淨值，可能因市場需求不足造成 (B)買賣前應注意ETF的折溢價，儘量避免交易市價偏離淨值過大的ETF (C)溢價是市價高於淨值，溢價表示買盤熱絡，應該趕快跟著搶購 (D)ETF達發行額度上限，發行人無法再受理申購時，ETF可能會持續溢價。

( ) **35** 以下有關股東開戶之說明，下列何者錯誤？ (A)公司不得對同一股東開列兩個以上戶號 (B)法人股東可使用其代理人職章 (C)未成年股東應加蓋法定代理人印鑑 (D)自然人股東可使用別號登記為戶名。

( ) **36** 股票已在證券交易所上市或在證券商營業處所買賣之公司自辦股務事務者或代辦股務機構，多久時間應接受集保結算所之股務單位股務作業評鑑？ (A)每年 (B)每兩年 (C)每三年 (D)每六個月。

( ) **37** 零股交易之買賣，有應付有價證券者，證券商至遲應於何時辦理交割？ (A)成交日當日18:00前 (B)成交日後第一營業日12:00前 (C)成交日後第二營業日14:00前 (D)成交日後第二營業日10:00前。

( ) **38** 證券經紀商應於每月底編製對帳單，至遲於何時前分送客戶查對？ (A)次月7日前 (B)次月10日前 (C)次月12日前 (D)次月15日前。

( ) **39** 自民國111年12月19日起，電子下單進行盤中零股買賣時，撮合的間隔時間為： (A)30秒 (B)1分鐘 (C)3分鐘 (D)5分鐘。

( ) **40** 我國股市「開盤價」以何種方式決定及開盤時在同價位情況下，成交優先順序如何決定？ (A)採集合競價，同價位以時間決定 (B)採集合競價，同價位以電腦隨機排序決定 (C)採逐筆交易，同價位以時間決定 (D)採逐筆交易，同價位以電腦隨機排序決定。

( ) **41** 盤中零股交易第一次撮合時間為： (A)09:00 (B)09:03 (C)09:05 (D)09:10。

( ) **42** 若今日（15日）撮合成交者，某證券經紀商之投資人出現有價證券違約交割時，證券商最遲應於何時向證交所申報違約？ (A)16日下午6時前 (B)16日下午8時前 (C)17日上午11時前 (D)17日收盤前。

( ) **43** 於我國外幣計價國際債券市場架構中，何種計價幣別之債券可另稱為寶島債券？ (A)美元 (B)日圓 (C)人民幣 (D)澳幣。

( ) **44** 下列何種公開發行公司得申請為管理股票買賣？ (A)已上市之全額交割股 (B)已申請上市（櫃）輔導者 (C)上市公司於臺灣證券交易所終止上市者 (D)未上市（櫃）之公開發行公司。

( ) **45** 下列何者不得融資融券？ (A)零股交易 (B)鉅額交易 (C)全額交割股票 (D)選項(A)(B)(C)皆是。

( ) **46** 證券商辦理融資融券業務，下列哪一敘述不正確？ (A)自然人開立信用帳戶，應檢具國民身分證正本 (B)委託人為自然人得申請開立二個以上之信用帳戶 (C)委託人為法人者，證券商應另函證委託人確認係屬授權開戶 (D)證券商受理開立信用帳戶，應詳實徵信。

( ) **47** 櫃檯買賣證券商執行受託買賣發生錯誤，欲申請更正帳號時，若透過證券櫃買中心等價成交系統成交者，最遲應於何時辦理？ (A)成交當日15:00 (B)成交當日17:00 (C)成交次一營業日12:00 (D)成交次二營業日10:00。

( ) **48** 融券人遇標的證券公司有下列哪種情況不用強制回補？ (A)臨時股東會 (B)除權 (C)股東常會 (D)減資。

(　　) **49** 證券商辦理有價證券借貸業務與辦理有價證券買賣融資融券業務，對每種證券出借與融券總金額合計不得超過其淨值：　(A)3%　(B)5%　(C)6%　(D)10%。

(　　) **50** 證券經紀商代客買賣證券，應於下列何種交易時替政府收取證券交易稅？　(A)客戶買及賣股票時　(B)融資買進時　(C)客戶買入股票時　(D)客戶賣出股票時。

解答與解析　答案標示為#者，表官方曾公告更正該題答案。

1 (A)。「公司法」第210-1條第2項：代表公司之董事拒絕提供股東名簿者，處新臺幣一萬元以上五萬元以下罰鍰。但公開發行股票之公司，由證券主管機關處代表公司之董事新臺幣二十四萬元以上二百四十萬元以下罰鍰。

2 (D)。「證券交易法」第6條：本法所稱有價證券，指政府債券、公司股票、公司債券及經主管機關核定之其他有價證券。
新股認購權利證書、新股權利證書及前項各種有價證券之價款繳納憑證或表明其權利之證書，視為有價證券。

3 (D)。「公司法」第7條：公司申請設立登記之資本額，應經會計師查核簽證；公司應於申請設立登記時或設立登記後三十日內，檢送經會計師查核簽證之文件。

4 (B)。「公司法」第172-1條第4項：除有下列情事之一者外，股東所提議案，董事會應列為議案：一、該議案非股東會所得決

議。二、提案股東於公司依第一百六十五條第二項或第三項停止股票過戶時，持股未達百分之一。三、該議案於公告受理期間外提出。四、該議案超過三百字或有第一項但書提案超過一項之情事。

5 (B)。「公開發行公司建立內部控制制度處理準則」第4條：公開發行公司應以書面訂定內部控制制度，含內部稽核實施細則，並經董事會通過，如有董事表示異議且有紀錄或書面聲明者，公司應將異議意見連同經董事會通過之內部控制制度送各監察人；修正時，亦同。第3條：公開發行公司之內部控制制度係由經理人所設計，董事會通過，並由董事會、經理人及其他員工執行之管理過程，其目的在於促進公司之健全經營，以合理確保下列目標之達成：一、營運之效果及效率。二、報導具可靠性、及時性、透明性及符合相關規範。三、相關法令規章之遵循。第21條：公開發行公司執行評估，應於內部控

制制度訂定自行評估作業之程序及方法。

6 (B)。「臺灣證券交易所股份有限公司轉換公司債暨債券換股權利證書買賣辦法」第4條：轉換公司債以面額十萬元為一交易單位，其申報買賣之數量，以一交易單位或其整倍數為限。

7 (D)。「證券交易法」第31條第1項：募集有價證券，應先向認股人或應募人交付公開說明書。依據「證券交易法」第178條，違反第三十一條第一項者，處新臺幣二十四萬元以上四百八十萬元以下罰鍰，並得命其限期改善；屆期未改善者，得按次處罰。

8 (B)。「證券交易法」第31條：募集有價證券，應先向認股人或應募人交付公開說明書。違反前項之規定者，對於善意之相對人因而所受之損害，應負賠償責任。

9 (D)。依據「證券交易法」第157-1條，違反內線交易規定，損害賠償額度之計算標準，就消息未公開前或公開後十八小時內，其買入或賣出該股票之價格與消息公開後10個營業日收盤平均價格的差額。

10 (D)。依據「證券交易法」第157條，短線交易的期間為六個月。

11 (B)。「上市公司及其董事、監察人與大股東應行注意之證券市場規範事項」第4條第1項：歸入權－內部人短線交易：發行股票公司的內部人，對該公司的上市、上櫃股票或具有股權性質的其他有價證券，從事短線交易而獲有利益時，公司應請求內部人將其利益歸屬於公司，這就是歸入權。

12 (C)。「證券交易法」第59條：證券商自受領證券業務特許證照，或其分支機構經許可並登記後，於三個月內未開始營業，或雖已開業而自行停止營業連續三個月以上時，主管機關得撤銷其特許或許可。

13 (D)。依據「證券商設置標準」第3條，證券經紀商最低實收資本額為新臺幣二億元，綜合證券商最低實收資本額為新臺幣十億元。依據「證券商管理規則」第9條，證券經紀商營業保證金為新臺幣五千萬元，綜合證券商營業保證金為新臺幣一億元。
故證券經紀商轉型成為綜合證券商最低實收資本額與營業保證金總計增加：（十億－二億）＋（一億－五千萬）＝八億五千萬元。

14 (B)。依據「證券商管理規則」第14條第4項，特別盈餘公積除填補公司虧損，或特別盈餘公積累積已達實收資本百分之二十五，得以超過實收資本額百分之二十五之部分撥充資本者外，不得使用之。

15 (D)。「證券商經營期貨交易輔助業務管理規則」第7條：期貨交易輔助人代理委任期貨商與期貨交易人簽訂之受託契約中，應增訂約款明定期貨交易輔助人執行第三條第一項各款業務，所生之損害賠償責任，與委任期貨商連帶負賠償責任。

16 (C)。「財團法人中華民國證券櫃檯買賣中心證券商營業處所買賣有價證券業務規則」第32-1條：證券商櫃檯買賣有價證券依下列方式為之：一、股票得採在證券商營業處所議價以自營方式為之；或參加本中心股票等價成交系統、鉅額交易系統、盤後定價交易系統及零股交易系統以自營或經紀方式為之。但證券承銷商出售依「證券交易法」第七十一條第二項規定所取得之股票，應透過等價成交系統為之。二、債券得採在證券商營業處所議價或參加本中心債券等殖成交系統以自營方式為之。

17 (D)。公司為特殊目的買回已經發行且未經註銷的股票，稱為庫藏股。

18 (A)。「臺灣證券交易所股份有限公司營業細則」第9-1條：本公司應依證券交易所管理規則規定訂定實施股市監視制度辦法及其相關作業規定，以維護本公司市場交易秩序。

19 (D)。依據「證券交易法」第156條，主管機關對於已在證券交易所上市之有價證券，發生有虛偽不實或違法情事，足以影響其證券價格，而有損害公益之虞時，得命令停止其一部或全部之買賣，或對證券自營商、證券經紀商之買賣數量加以限制。

20 (D)。依據「證券投資人及期貨交易人保護法」第23條，委員會應於受理申請後十五日內進行調處。

21 (A)。「證券交易法」第166條：依本法所為有價證券交易所生之爭議，當事人得依約定進行仲裁。但證券商與證券交易所或證券商相互間，不論當事人間有無訂立仲裁契約，均應進行仲裁。

22 (A)。依據「證券交易法」第36條，依本法發行有價證券之公司，應於每月十日以前，公告並申報上月份營運情形。

23 (C)。「證券交易法」第2條：有價證券之募集、發行、買賣，其管理、監督依本法之規定；本法未規定者，適用「公司法」及其他有關法律之規定。所以「證券交易法」為「公司法」之特別法。

24 (A)。「證券交易法」第7條第2項：本法所稱私募，謂已依本法發行股票之公司依第四十三條之六第一項及第二項規定，對特定人招募有價證券之行為。

25 (D)。(A)依據「證券交易法」第43-6條，私募普通公司債，其發行總額，除經主管機關徵詢目的事業中央主管機關同意者外，不得逾全部資產減去全部負債餘額之百分之四百。(B)依據「證券交易法」第43-6條，私募對象有條件限制，且其人數不得超過35人。(C)依據「證券交易法」第43-8條，有價證券私募之應募人3年內原則上不得再行賣出。

26 (D)。「發行人募集與發行有價證券處理準則」第6條第2項：發行

人申報募集與發行有價證券，有下列情形之一，應分別委請主辦證券承銷商評估、律師審核相關法律事項，並依規定分別提出評估報告及法律意見書：一、上市或上櫃公司辦理現金發行新股、合併發行新股、受讓他公司股份發行新股、依法律規定進行收購或分割發行新股者。二、興櫃股票公司辦理現金增資並提撥發行新股總額之一定比率公開銷售者。三、發行人經證券交易所向本會申報其股票創新板上市契約後，辦理現金增資發行新股為初次上市公開銷售者。四、股票未在證券交易所上市（以下簡稱未上市）或未在證券商營業處所買賣之公司辦理現金發行新股，依第十八條規定提撥發行新股總額之一定比率對外公開發行者。五、募集設立者。六、發行具股權性質之公司債有委託證券承銷商對外公開承銷者。

27 (D)。「公司法」第269條：公司有左列情形之一者，不得公開發行具有優先權利之特別股：一、最近三年或開業不及三年之開業年度課稅後之平均淨利，不足支付已發行及擬發行之特別股股息者。二、對於已發行之特別股約定股息，未能按期支付者。「公司法」第270條：公司有左列情形之一者，不得公開發行新股：一、最近連續二年有虧損者。但依其事業性質，須有較長準備期間或具有健全之營業計畫，

確能改善營利能力者，不在此限。二、資產不足抵償債務者。

28 (C)。「發行人募集與發行有價證券處理準則」第53條第1項：上市或上櫃公司申報發行員工認股權憑證，其認股價格不得低於發行日標的股票之收盤價。

29 (D)。金管會發布「證券期貨業永續發展轉型執行策略」之27項具體措施，不包含舉辦「商業分析設計」之主題式推廣活動。

30 (A)。「公司法」第22-1條第1項：公司應每年定期將董事、監察人、經理人及持有已發行股份總數或資本總額超過百分之十之股東之姓名或名稱、國籍、出生年月日或設立登記之年月日、身分證明文件號碼、持股數或出資額及其他中央主管機關指定之事項，以電子方式申報至中央主管機關建置或指定之資訊平臺；其有變動者，並應於變動後十五日內為之。但符合一定條件之公司，不適用之。

31 (D)。「發行人發行認購（售）權證處理準則」第3條：本準則所稱發行人，係指標的證券發行公司以外之第三者且同時經營有價證券承銷、自行買賣及行紀或居間等三種業務者。

32 (A)。ETF可以進行零股交易。

33 (C)。定期定額投資標的以可中長期投資之股票及ETF為限，由證券商訂定標的選定標準，但不含槓桿

反向指數股票型證券投資信託基金受益憑證及槓桿反向指數股票型期貨信託基金受益憑證。

34 (C)。溢價的情況可能由於市場情況、需求變化、ETF的持有人情況等多種因素造成，並不一定代表是一個好的投資選擇。

35 (D)。「公開發行股票公司股務處理準則」第18條：公司之股東名簿，自然人股東除華僑及外國人得以居留證、護照或其他身分證明文件所記載之姓名為戶名外，應使用國民身分證記載之姓名為戶名；法人股東應使用法人登記之全銜名稱為戶名。

36 (C)。「公開發行股票公司股務處理準則」第3-5條第1項：股票已在證券交易所上市或在證券商營業處所買賣之公司自辦股務事務者或代辦股務機構，應每三年至少一次接受本會指定機構之評鑑。

37 (D)。「財團法人中華民國證券櫃檯買賣中心櫃檯買賣有價證券給付結算作業要點」第6條第4條：證券商及證券金融事業與本中心間，關於有價證券買賣應收付價款、有價證券之給付結算時限如下：1.應付本中心之有價證券為成交日後第二營業日上午十時前。2.應付本中心之價款為成交日後第二營業日上午十一時前。3.應收本中心之有價證券為成交日後第二營業日上午十一時後。4.應收本中心之價款為成交日後第二營業日上午十一時後。

38 (B)。「臺灣證券交易所股份有限公司證券經紀商受託契約準則」第9條：證券經紀商應於每月底編製對帳單，於次月十日前分送委託人查對。

39 (B)。盤中零股交易每1分鐘以集合競價撮合。

40 (B)。開盤價採集合競價，同價位以電腦隨機排序決定，開盤後採逐筆交易，同價位以時間決定。

41 (D)。盤中零股交易上午9:10起第一次撮合。

42 (C)。依據「臺灣證券交易所股份有限公司證券經紀商申報委託人遲延交割及違約案件處理作業要點」第2條，證券經紀商經確認委託人發生違約情事時，應即行將違約資訊輸入本公司電腦，至遲不得逾成交日後第二營業日上午十一時。

43 (C)。國內、外發行人於台灣募集發行並向櫃買中心申請上櫃之外幣計價債券稱為國際債券（International Bond），如果採人民幣計價發行時，另稱為寶島債券（Formosa Bond）。

44 (C)。「財團法人中華民國證券櫃檯買賣中心證券商營業處所買賣有價證券審查準則」第3-1條第1項：公開發行公司符合下列各款條件之一，且無本中心證券商營業處所買賣有價證券業務規則第十三條及第十三條之一之情事者，經二家以上證券商書面推薦，得向本中心申請

其股票為櫃檯買賣管理股票：一、依業務規則第十二條之二終止有價證券櫃檯買賣者。二、依臺灣證券交易所營業細則第五十條之一終止有價證券上市者。

45 (D)。零股交易、鉅額交易、全額交割股票皆不得融資融券。

46 (B)。「證券商辦理有價證券買賣融資融券業務操作辦法」第36條第2項：證券商受理委託人開立信用帳戶，以每人一戶為限。

47 (D)。依據「財團法人中華民國證券櫃檯買賣中心櫃檯買賣證券經紀商受託買賣錯帳及更正帳號處理作業要點」第2條，證券經紀商透過本中心等價成交系統受託買賣者，將錯帳或更正帳號資料依本中心指定之電腦輸入畫面所列事項逐一輸

入電腦，至遲不得逾成交日後第二營業日上午十時。

48 (A)。融券於臨時股東會不用強制回補。

49 (B)。「證券商辦理有價證券買賣融資融券管理辦法」第15條第2項：證券商辦理有價證券買賣融資融券與辦理有價證券借貸業務，對每種證券融券與出借之總金額，合計不得超過其淨值百分之五。

50 (D)。「證券交易稅條例」第2條：證券交易稅向出賣有價證券人按每次交易成交價格依左列稅率課徵之：一、公司發行之股票及表明股票權利之證書或憑證徵千分之三。二、公司債及其他經政府核准之有價證券徵千分之一。

解答與解析

證券投資與財務分析

(　　) **1** 違約風險又稱： (A)流動性風險 (B)價格風險 (C)時間風險 (D)信用風險。

(　　) **2** 上市公司買回自己之股份配給員工認購時，一定會使公司之： (A)每股淨值減少 (B)淨值總額增加 (C)發行股數不變 (D)每股淨值增加。

(　　) **3** 資本利得是指： (A)股利 (B)利息 (C)股利加利息 (D)賣價超過買價之金額。

(　　) **4** 下列何者不是普通股的特性？ (A)有股東會表決權 (B)有優先認購新股權利 (C)有優先清償權 (D)有盈餘分配權。

(　　) **5** 下列何者列有對債權人較為有利之條款？甲.可轉換公司債；乙.可贖回公司債；丙.附認股權公司債 (A)僅甲、乙 (B)僅乙、丙 (C)僅甲、丙 (D)甲、乙、丙。

(　　) **6** 其他條件相同下，無擔保公司債之殖利率應較有擔保公司債為： (A)低 (B)高 (C)相同 (D)不一定。

(　　) **7** 某上市公司之股票發行量為1,000萬股，股價45元，本益比為15倍，該公司年度盈餘等於： (A)15,000,000元 (B)30,000,000元 (C)45,000,000元 (D)60,000,000元。

(　　) **8** 在其他條件不變下，當通貨膨脹發生，下列何種類股最有利？ (A)資產股 (B)外銷概念股 (C)觀光產業股 (D)文化創意股。

(　　) **9** K線的實體部分，代表： (A)最高價與最低價的變動範圍 (B)開盤價與收盤價的變動範圍 (C)最高價與收盤價的變動範圍 (D)開盤價與最低價的變動範圍。

(　　) **10** 下列何者風險不屬於系統風險？ (A)立法通過「溫室氣體減量及管理法」 (B)美中貿易戰 (C)事業風險 (D)日本採貨幣寬鬆政策，使日元走貶。

( ) **11** 若一人對財富的看法是愈多愈好，且對財富的邊際效用為逐次遞減，則他對風險的態度之類型為： (A)風險規避者 (B)風險偏好者 (C)風險中立者 (D)其他皆有可能。

( ) **12** 資本資產定價模型（CAPM）預測一股票之期望報酬率高於市場投資組合報酬率，則貝它（Beta）係數： (A)小於1 (B)大於1 (C)大於0 (D)小於0。

( ) **13** 大型機構投資人採取的追漲殺跌是下列何種投資策略？ (A)反向投資策略 (B)動能投資策略 (C)預期投資策略 (D)效率投資策略。

( ) **14** 目前臺灣掛牌交易之反向型ETF倍數為可放空幾倍？ (A)1倍 (B)2倍 (C)3倍 (D)1.5倍。

( ) **15** 一般而言，市場報酬率利用何者計算而得？ (A)加權股價指數 (B)各上市公司的報酬率 (C)產業股價指數 (D)選項(A)(B)(C)皆非。

( ) **16** 何者為金融衍生性商品？ (A)外匯 (B)公司債 (C)遠期外匯 (D)存託憑證。

( ) **17** 下列何者為累積特別股的特性？ (A)允許特別股股東獲得比普通股股東更高的股利 (B)允許發行公司從股東手中以事先指定的價格買回股票 (C)在普通股發放股利以前，可先獲發放以前未分配的股利 (D)具有浮動的股利。

( ) **18** 可依淨值於任何交易時間準備接受投資人買進或賣出的共同基金稱為： (A)封閉型共同基金 (B)指數型共同基金 (C)開放型共同基金 (D)債券型共同基金。

( ) **19** 殖利率小於票面利率的債券稱為： (A)溢價債券 (B)平價債券 (C)折價債券 (D)以上皆非。

( ) **20** 假設某公司的股票每股每年固定發放3元的現金股利，直到永遠，則在折現率5%的情況下，該公司的股票每股值多少？ (A)$20 (B)$30 (C)$50 (D)$60。

（　）**21** 依據產業生命週期循環，投資屬於成熟階段產業的公司股票，屬於哪類投資？　(A)高風險高報酬　(B)低風險高報酬　(C)低風險低報酬　(D)高風險低報酬。

（　）**22** 其他條件相同，交易不活絡的股票，投資人可接受的本益比：(A)較高　(B)較低　(C)不一定，視總體環境而定　(D)不一定，視投資人風險偏好而定。

（　）**23** 一般而言，當RSI低於多少時為超賣訊號？　(A)30　(B)60　(C)20　(D)80。

（　）**24** 交易成本與稅：　(A)會促進市場效率　(B)會阻礙市場效率　(C)與市場效率無關　(D)是每一個股票市場都必須具有的。

（　）**25** 下列哪個因素會使證券市場線（SML）的斜率變緩？　(A)Ri變大　(B)Rf變小　(C)Rm變小　(D)β變小。

（　）**26** 雙溪公司在共同比財務分析中，若比較基礎為綜合損益表者，應以何項目作為100%？　(A)稅前淨利　(B)銷貨成本　(C)銷貨淨額　(D)銷貨折讓與退回。

（　）**27** 從短期債權人的角度來看，下列何者最沒有意義？　(A)應收帳款週轉率　(B)營運資金金額　(C)速動比率　(D)應付帳款占流動負債之比率。

（　）**28** 甲公司持有乙公司80%具投票權的普通股，甲公司及其子公司的合併財務報表中是否應包括乙公司？　(A)是，因為甲持有乙的股權已大於50%　(B)否，因為甲持有乙的股權未達100%　(C)否，因為甲和乙在法律上是不同的經濟個體　(D)是，假如甲和乙兩家公司的董事長是同一人。

（　）**29** 企業之流動性風險係指：　(A)未來市場價格變動而使金融商品價值波動之風險　(B)企業無法籌措資金以履行合約之風險　(C)貨幣性金融商品未來現金流量變動之風險　(D)交易相對人未履行合約規定而致企業發生損失之風險。

( ) **30** 和平公司的存貨平均銷售期間為30天，應收帳款平均收帳期間為16天，應付帳款週轉天數為22天，則和平公司的營業循環為幾天？
(A)68天　(B)46天　(C)42天　(D)40天。

( ) **31** 下列何者非導致存貨週轉率很高的原因？　(A)銷售天數縮短
(B)產品需求提高　(C)存貨不足　(D)存貨積壓過多。

( ) **32** 南澳公司現有流動資產包括現金$400,000，應收帳款$800,000，及存貨$300,000。已知該公司流動比率為2.5，則其速動比率為（假設無其他流動資產）：　(A)0.33　(B)1.33　(C)1.67　(D)2。

( ) **33** 龜山公司給予客戶的銷貨授信條件為2／15，n／60，此乃相當於該企業負擔融資年利率為：　(A)18%　(B)16%　(C)14.40%
(D)10%。

( ) **34** 存貨週轉率愈低，則：　(A)毛利率愈高　(B)有過時存貨的機會愈大　(C)缺貨的風險愈高　(D)速動比率愈高。

( ) **35** 對債權人而言，公司下列何項決策讓債權人認為相對有利？　(A)發放股票股利　(B)買回自家公司股票的庫藏股交易　(C)進行現金減資　(D)發放現金股利。

( ) **36** 一個正在成長中之企業，下列何項活動最可能產生負的現金流量？
(A)營業活動　(B)融資活動　(C)投資活動　(D)與顧客間之往來。

( ) **37** 甲公司以$1,000,000發行公司債，由乙公司購入，此項交易在兩公司分別被列為：　(A)甲公司：投資活動，乙公司：籌資活動
(B)甲公司：籌資活動，乙公司：投資活動　(C)甲、乙公司皆為投資活動　(D)甲、乙公司皆為籌資活動。

( ) **38** 若以有效利息法（Effective Interest Method）攤銷應付公司債之溢價，則每期之利息費用為：　(A)遞增　(B)遞減　(C)不變　(D)不一定。

( ) **39** 依IAS41規定，請問下列關於生物資產之原始認列基礎何者正確？
(A)一旦公允價值變成能可靠衡量時，應以公允價值衡量　(B)一旦採行成本減所有累計折舊與累計減損衡量則無法再改變衡量基礎

(C)企業可任意選擇採行公允價值或成本減所有累計折舊與累計減損為衡量基礎　(D)於原始認列時若無法取得市場公允價值時，可以概估的金額代替。

(　) **40** 花蓮公司的流動資產為$800,000，不動產、廠房及設備淨額為$2,400,000，此外無其他資產項目，流動負債為$500,000，此外無其他負債項目，權益為$1,500,000，則長期資金對不動產、廠房及設備的比為何：　(A)50%　(B)62.50%　(C)112.50%　(D)133.33%。

(　) **41** 下列何者不屬於保留盈餘一部分？　(A)未分配盈餘　(B)法定盈餘公積　(C)特別盈餘公積　(D)資本公積。

(　) **42** 舉債經營有利是指：　(A)財務槓桿指數小於1　(B)股東權益報酬率大於總資產報酬率　(C)總資產報酬率大於股東權益報酬率　(D)財務槓桿指數等於1。

(　) **43** 購置不動產、廠房及設備所需資金應由長期資金來支應，因此長期資金占不動產、廠房及設備之比率最好超過下列何者較為妥當？(A)50%　(B)70%　(C)90%　(D)100%。

(　) **44** 西勢公司應收帳款週轉率13，當年度平均應收帳款$50,000，平均不動產、廠房及設備餘額$500,000，則不動產、廠房及設備週轉率為：　(A)1　(B)1.2　(C)1.1　(D)1.3。

(　) **45** 甲公司的本益比為12倍，權益報酬率為13%（假設期初權益帳面金額等於期末權益帳面金額），則市價淨值比為何？　(A)0.93　(B)1.11　(C)1.56　(D)1.64。

(　) **46** 東海企業本期的營業收入是60億元，進貨成本是20億元，營業費用是10億元，銷貨毛利是30億元，則其營業利益的金額應該是：(A)10億元　(B)20億元　(C)30億元　(D)40億元。

(　) **47** 按面值發放股票股利給股東，會使公司：　(A)權益增加　(B)權益減少　(C)保留盈餘、股本及權益均不變　(D)保留盈餘減少，股本增加，權益不變。

( ) **48** 普通股每股損失$2，分配20%股票股利將使每股損失： (A)減少 (B)增加 (C)不變 (D)不一定。

( ) **49** 發放股票股利，理論上將使本益比：（假設其他一切條件不變） (A)降低 (B)不變 (C)提高 (D)不一定。

( ) **50** 菁桐咖啡每杯售價為$35，變動成本每杯為$7，固定成本每月約為 $56,000，如果預期下個月銷貨會成長$42,000，請問其淨利預期會 增加多少？ (A)$36,000 (B)$33,600 (C)$48,000 (D)$50,000。

解答與解析   答案標示為#者，表官方曾公告更正該題答案。

1 (D)。違約風險又稱為信用風險，是指發行債務者無法如期如數支付利息或本金的風險。

2 (C)。買回庫藏股配給員工認購不影響發行股數，淨值變化需視買回價格高低而定。

3 (D)。資本利得是指賣價超過買價之金額。

4 (C)。優先清償權為特別股之特性。

5 (C)。可贖回債券指發行人有權在特定的時間按照某個價格強制從債券持有人手中將其贖回，贖回權利是針對發行人而言的。

6 (B)。無擔保公司債之風險較有擔保公司債大，故殖利率會較高。

7 (B)。本益比=股價／每股盈餘
15=45/每股盈餘
每股盈餘=3
年度盈餘=3×1,000萬股=3,000萬元

8 (A)。資產類股具有保值和抗通膨的效果。

9 (B)。K線的實體為開盤價與收盤價的變動範圍。

10 (C)。事業風險是指公司營運的風險，屬於非系統風險。

11 (A)。風險趨避者為了避免風險，寧可犧牲部份預期報酬率，效用函數為凹性，即投資人的邊際效用遞減。

12 (B)。貝它係數大於1代表股票的波動幅度較市場大，股票之期望報酬率高於市場投資組合報酬率。

13 (B)。股票的動能投資策略主要是說明，將某證券交易所中交易的所有股票在過去一段時間內的報酬率，依報酬率的高低排列，股票投資人買進上期績效報酬表現較好的股票，賣出上期績效報酬表現較差的股票，以獲得超額報酬。即為市場上所謂的「追漲殺跌」或「汰弱留強」的作法。

14 (A)。目前臺灣掛牌交易之反向型ETF倍數為可放空1倍。

15 (A)。一般而言，市場報酬率利用加權股價指數計算。

16 (C)。基本的衍生性金融商品包含遠期、期貨、交換及選擇權等四種。

17 (C)。特別股優先於普通股之配息及受償權。而累積特別股指約定發行公司如在某一年度內，所獲盈餘不敷分派約定股利時，對於未給付之股利，於以後營業良好盈餘增加之年度，應如數補發。

18 (C)。可依淨值於任何交易時間準備接受投資人買進或賣出的共同基金稱為開放型共同基金。

19 (A)。殖利率小於票面利率的債券為溢價債券。

20 (D)。股價=股利／折現率
股價=3元/5%=$60

21 (C)。成熟階段產業的公司股票，該產業的增長已經放緩，市場需求趨於飽和，為低風險低報酬之投資。

22 (B)。交易不活絡的股票投資人會給予較低的本益比。

23 (C)。RSI低於20時為超賣訊號，高於80為超買訊號。

24 (B)。市場效率是指一個市場實現其相應的功能（促進交易和收集發佈信息）的效率，因此市場效率取決於轉移商品或者勞務的所有權的難易程度（也就是交易成本）和有關交易信息的質量，故交易成本與稅會阻礙市場效率。

25 (C)。市場預期報酬率減少（Rm變小），市場無風險利率上升（Rf變大）會使證券市場線（SML）的斜率變緩。

26 (C)。共同比分析在損益表中，以銷貨淨額為100%，在資產負債表中，以資產總額為100%。

27 (D)。應付帳款占流動負債比率無法衡量債務人短期償債能力。

28 (A)。合併財務報表應包含母公司所有控制之子公司。

29 (B)。未來市場價格變動而使金融商品價值波動之風險為價格風險。
企業無法籌措資金以履行合約之風險為流動性風險。
貨幣性金融商品未來現金流量變動之風險為現金流量風險。
交易相對人未履行合約規定而致企業發生損失之風險為信用風險。

30 (B)。營業循環=存貨銷售天數+應收帳款天數
30+16=46天

31 (D)。存貨積壓過多表示存貨週轉率低。

32 (D)。流動比率=流動資產／流動負債
2.5=($400,000+$800,000+$300,000)/流動負債
流動負債=$600,000
速動比率=速動資產／流動負債
=(400,000+$800,000)/$600,000
=2

33 (B)。該企業為了提早45天收款，支付2%利息，換算成年息為2%/45*360=16%

34 (B)。存貨週轉率愈低，公司太多存貨賣不出去，有過時存貨的機會愈大。

35 (A)。發放股票股利不影響公司資產，對債權人相對有利。

36 (C)。正在成長中之企業會有較多的錢被用於投資項目上，最可能產生負的投資活動現金流量。

37 (B)。發行公司債為籌資活動，購買公司債為投資活動。

38 (B)。有效利息法利息費用＝公司債帳面價值×市場利率×期數
公司債溢價帳面價值隨到期越趨近於面額，帳面價值遞減每期利息費用遞減。

39 (A)。(B)如果公允價值無法可靠衡量時，生物資產應以「成本減所有累計折舊及所有累計減損損失」衡量。當生物資產之公允價值變成能可靠衡量時，企業應以其公允價值減出售成本衡量。(C)當生物資產於原始認列時無法取得其市場決定之價格或價值，且決定公允價值之替代估計顯不可靠的情況下，生物資產應以「成本減所有累計折舊及所有累計減損損失」衡量之。(D)當生物資產於原始認列時，若無法取得市場之價格或價值，且決定公允價值之替代估計顯不可靠的情況下，生物資產應以「成本減所有累計折舊及所有累計減損損失」衡量之。

40 (C)。長期資金＝長期負債＋股東權益

長期資金＝$800,000+$2,400,000-$500,000=$2,700,000
長期資金對不動產、廠房及設備的比=$2,700,000/$2,400,000=112.50%

41 (D)。保留盈餘指由營業結果所產生之權益，包括下列會計項目：一、法定盈餘公積：指依公司法或其他相關法律規定，自盈餘中指撥之公積。二、特別盈餘公積：指依法令或盈餘分派之議案，自盈餘中指撥之公積，以限制股息及紅利之分派者。三、未分配盈餘（或待彌補虧損）：指未經指撥之盈餘（或未經彌補之虧損）。

42 (B)。財務槓桿指數=股東權益報酬率／資產報酬率
財務槓桿指數大於1，股東權益報酬率大於總資產報酬率，當資金所創造的利潤大於其成本時企業即可透過舉債方式來增加企業的股東權益報酬率，表示舉債經營有利。

43 (D)。長期資金占不動產、廠房及設備之比率小於100%表示公司有以短支長的情況，可能導致財務風險較高。

44 (D)。應收帳款週轉率=營收／平均應收帳款
13=營收/$50,000
營收=$650,000
不動產、廠房及設備週轉率=營收／平均不動產、廠房及設備
$650,000/$500,000=1.3

45 (C)。市價淨值比=每股市價／每股淨值

本益比＝每股市價／每股盈餘
權益報酬率=稅後淨利／股東權益
=（稅後淨利／股數）／（股東權益／股數）
=每股盈餘／每股淨值
市價淨值比／本益比=權益報酬率
市價淨值比/12=13%
市價淨值比=1.56

46 (B)。營業利益=銷貨毛利－營業費用
營業利益=30億－10億=20億元

47 (D)。發放股票股利會使保留盈餘減少，股本增加，權益不變。

48 (A)。每股損失=稅後損失／流通在外普通股
發放股票股利使流通在外普通股增加，流通在外普通股增加致每股損失減少。

49 (B)。發放股票股利不影響本益比。

50 (B)。$42,000/$35*7=$8400
$42,000－$8400=$33,600

113年 第1次證券商業務員資格測驗

證券交易相關法規與實務

( ) 1 「證券交易法施行細則」係由下列何機關所訂定？ (A)財政部 (B)行政院 (C)金融監督管理委員會 (D)經濟部。

( ) 2 有關股東會之決議，對公司已發行股份之總數及表決權數之計算，下列敘述何者正確？甲、無表決權股東之股份不算入已發行股份總數；乙、對表決事項有自身利害關係而不得行使表決權之股份數，不算入已發行股份總數 (A)僅甲對 (B)僅乙對 (C)甲、乙皆正確 (D)甲、乙皆錯誤。

( ) 3 下列選項中，何者可作為股份有限公司之發起人出資項目？ (A)對公司事業所需之技術 (B)對公司事業所需之財產 (C)現金 (D)選項(A)(B)(C)皆可。

( ) 4 關於公司申請停止公開發行之規範，下列敘述，何者正確？ (A)應有代表已發行股份總數二分之一以上股東出席之股東會，以出席股東表決權過半數之同意行之 (B)應有代表已發行股份總數三分之二以上股東出席之股東會，以出席股東表決權過半數之同意行之 (C)應由三分之二以上董事之出席，及出席董事過半數之同意行之 (D)全體董事三分之二以上同意行之。

( ) 5 依現行法規定，股份有限公司不得發行下列何種特別股？ (A)每股10表決權之特別股 (B)對於公司「董事選舉之結果」具否決權之特別股 (C)發行滿2年後，1股特別股得轉換為10股普通股之特別股 (D)無表決權，但具優先分派當年度得分派股息之特別股。

( ) 6 轉換公司債面額為： (A)15萬 (B)10萬 (C)5萬 (D)沒有限制。

( ) 7 在證券交易所上市之有價證券之市場價格，發生連續暴漲或暴跌情事，並使他種有價證券隨同為非正常之漲跌，而有影響市場秩

序或損害公益之虞者，主管機關得依法的權限，下列何者為非？
(A)得命令停止其一部或全部之買賣　(B)得命令終止其一部或全部
之買賣　(C)對證券自營商之買賣數量加以限制　(D)對證券經紀商
之買賣數量加以限制。

(　) **8** 公開發行公司董、監、經理人及大股東持有股數如有變動時，應於
每月幾日前將上月份持有股數變動之情形向公司申報；公司應於
每月幾日前彙總向主管機關申報？　(A)5日；10日　(B)5日；15日
(C)10日；15日　(D)10日；20日。

(　) **9** 甲為Z上市公司董事長，其於某年1月10日以每股10元買進Z公司股
票一萬股，又於同年3月15日以每股18元賣出Z公司股票一萬股。
甲之行為應負證券交易法上何種責任？　(A)沖洗買賣　(B)短線交
易　(C)內線交易　(D)甲並無任何法律責任。

(　) **10** 上市公司監察人請求內部人將短線交易之利益歸入於公司，自獲得
利益之日起幾年間不行使而消滅之？　(A)二年　(B)三年　(C)四
年　(D)五年。

(　) **11** 主管機關得因證券商之分支機構自行停止營業而撤銷其許可之期間
基準為何？　(A)連續1個月以上　(B)連續2個月以上　(C)連續3個
月以上　(D)連續4個月以上。

(　) **12** 為提升證券商國際化業務能力，開放證券商從事外幣計價或連結國
外標的之衍生性金融商品，證券商經營自行買賣外國有價證券業務
若非屬自有資金投資或避險需求者，就涉及資金匯出入部分，應經
下列何者許可？　(A)金融監督管理委員會　(B)中央銀行　(C)內
政部　(D)財政部。

(　) **13** 證券商受託買賣何種有價證券，應向非專業投資之客戶交付「風險
預告書」？　(A)上市股票　(B)上櫃股票　(C)政府公債　(D)外國
有價證券。

(　) **14** 某實收資本額二億元之證券經紀商轉型成為綜合證券商，其最低
實收資本額與營業保證金總計需增加多少元？　(A)二億五千萬元
(B)四億五千萬元　(C)六億五千萬元　(D)八億五千萬元。

( ) **15** 下列何者不能於證券集中保管事業開設保管劃撥帳戶，成為參加人？ (A)金融機構 (B)證券商 (C)投資人 (D)發行無實體有價證券之發行人。

( ) **16** 關於發行申報、公告之財務報告內容有虛偽或隱匿情事時之民事賠償責任，其賠償對象為下列何者？ (A)所有因而受有損害之投資人 (B)限於因而受有損害之善意取得人、出賣人或持有人 (C)限於因而受有損害之善意取得人或出賣人 (D)限於因而受有損害之善意出賣人。

( ) **17** 下列上櫃有價證券得為融資融券之條件何者有誤？ (A)股票上櫃滿6個月 (B)每股市場成交收盤價格在票面之上 (C)設立登記屆滿3年以上 (D)實收資本額達新臺幣3億元以上。

( ) **18** 證券商受託買進創新板有價證券，以其委託人為合格投資人及公司依法買回其股份者為限。上述所稱合格投資人，係指委託人符合以下何項條件者？ (A)專業機構投資人或具有半年以上證券交易經驗之法人 (B)依法設立之創業投資事業 (C)具有兩年以上證券交易經驗之自然人，且具有新臺幣一百萬元以上之財力證明 (D)具有兩年以上證券交易經驗之自然人，且最近一年度所得達新臺幣一百萬元。

( ) **19** 公司財務報告之主要內容有虛偽或隱匿之情事時，下列何者非應為此負賠償責任之人？ (A)公司董事長 (B)曾在財務報告上簽名的公司職員 (C)簽證會計師 (D)公司行銷經理。

( ) **20** 欲變更公司章程，應有代表已發行股份總數多少比例以上股東出席之股東會，及出席股東表決權過半數之決議？ (A)二分之一 (B)三分之一 (C)三分之二 (D)四分之三。

( ) **21** 個體或個別財務報告在下列何種情況下，公司依法應重編財務報告，並重行公告？ (A)更正損益金額在原決算營業收入淨額百分之一以上者 (B)更正綜合損益金額在新臺幣壹千萬元以上者，且達原決算營業收入淨額百分之一者 (C)更正損益金額在實收資本額百分之五以上 (D)更正損益金額在新臺幣壹千萬元以上者。

（　）**22** 依「證券交易法」之規定，公開收購人與其關係人於公開收購後，持有被收購公司已發行股份總數超過該公司已發行股份總數達多少時，得以書面請求董事會召開股東臨時會？　(A)百分之五十　(B)百分之四十　(C)百分之三十　(D)百分之二十。

（　）**23** 股份有限公司股息及紅利之分派之標準，除公司法另有規定外，下列敘述何者錯誤？　(A)以各股東之需要為準　(B)以各股東持有股份之比例為準　(C)公營事業不適用公司法規　(D)公司得另以章程規定之。

（　）**24** 公開發行公司第二季財務報告，除情形特殊，經主管機關另予規定者外，應公告並向主管機關申報之時間，下列敘述何者正確？　(A)第二季終了後3個月內　(B)第二季終了後2個月內　(C)第二季終了後45天內　(D)第二季終了後30天內。

（　）**25** 「證券交易法」第一百五十七條之一「內線交易」構成要件，指該消息明確後，未公開前或公開後多少小時內，不得買入或賣出？　(A)12小時　(B)18小時　(C)24小時　(D)36小時。

（　）**26** 發生下列何事項，上市公司無須發布重大訊息？　(A)上市公司負責人發生存款不足之退票　(B)董事及監察人之持股變動情形　(C)上市公司進行重整或破產之程序　(D)上市公司非屬簽證會計師事務所內部調整之變動簽證會計師者。

（　）**27** 發行人經金融監督管理委員會停止申報生效後，自停止申報生效送達即日起屆滿多少日，仍未就停止申報生效之原因提出補正，申請解除停止申報生效，金融監督管理委員會即可退回該申報案？　(A)五個營業日　(B)七個營業日　(C)十二個營業日　(D)十個營業日。

（　）**28** 我國全體上市櫃公司最晚須在何時完成溫室氣體盤查之確信資訊揭露？　(A)2023年　(B)2025年　(C)2027年　(D)2029年。

（　）**29** 何者非證券商「數位體驗專區」可提供之服務範圍？　(A)教導客戶運用數位工具　(B)提供客戶諮詢服務、金融商品相關活動訊息　(C)進行商品介紹與推廣　(D)代理客戶操作數位工具。

( ) **30** 我國全體上市櫃公司（含合併財務報告子公司）最晚須在何時揭露溫室氣體盤查之減碳目標？ (A)2023年 (B)2025年 (C)2027年 (D)2029年。

( ) **31** 何者非證券商「客戶服務中心」可提供之服務範圍？ (A)提供客戶諮詢服務 (B)處理客戶消費爭議 (C)主動向客戶推介金融商品 (D)被動提供客戶交易平台說明。

( ) **32** 對於證券商「客戶服務中心」與客戶間溝通過程紀錄保存規範，以下敘述何者錯誤？ (A)所有紀錄均至少須保存一年 (B)服務人員以電話提供服務須進行電話錄音 (C)以智能客服提供服務亦須保留紀錄 (D)有爭議或申訴之案件應至少保留紀錄十年。

( ) **33** 何者非證券商設置「客戶服務中心」需符合之條件？ (A)須設置在總公司或分支機構營業處所內 (B)須與營業處所有明顯區隔 (C)證券商應就「客戶服務中心」設備提供之服務，評估資通安全、個人資料風險，並訂定控管措施 (D)配置於客戶服務中心之業務人員，須於證券商申報單一窗口登記為數位服務職務。

( ) **34** 關於ETF折溢價風險，何者錯誤？ (A)折價是市價低於淨值，可能因市場需求不足造成 (B)買賣前應注意ETF的折溢價，儘量避免交易市價偏離淨值過大的ETF (C)溢價是市價高於淨值，溢價表示買盤熱絡，應該趕快跟著搶購 (D)ETF達發行額度上限，發行人無法再受理申購時，ETF可能會持續溢價。

( ) **35** 上市公司發放股票股利給股東，則下列敘述何者正確？ (A)會造成公司資產減少 (B)會造成公司之淨值減少 (C)會使負債增加 (D)會造成公司流通在外股數增加，每股盈餘被稀釋。

( ) **36** 假設履約價格為八十元，標的股票價格為七十元，則該認購權證處於： (A)價平（At-the-money） (B)價外（Out-of-the-money）(C)價內（In-the-money） (D)選項(A)(B)(C)皆非。

( ) **37** 公司因實施庫藏股制度而轉讓予員工之股份，得限制員工不得轉讓之期間，最長為幾年？ (A)1年 (B)2年 (C)3年 (D)無最長期限之規定。

(　　) **38** 有關發行人申報發行限制員工權利新股，自申報生效通知到達之日起超過多少年，未發行之餘額仍須發行時，應重行申報？　(A)半年　(B)一年　(C)二年　(D)三年。

(　　) **39** 公開發行股票公司召開股東臨時會，應於開會前幾日內辦理停止股票過戶？　(A)10日　(B)15日　(C)30日　(D)60日。

(　　) **40** 集中交易市場採逐筆交易之時段為：　(A)開盤　(B)盤中　(C)收盤　(D)夜盤。

(　　) **41** 在證券集中交易市場為第一上市之外國股票交易單位為何？　(A)1股　(B)100股　(C)1,000股　(D)外國股票原流通市場之交易單位。

(　　) **42** 證券所有人參加標借，應填寫標單，委託何者辦理？　(A)證券商　(B)證券金融事業　(C)證交所　(D)證券商業同業公會。

(　　) **43** 於我國外幣計價國際債券市場架構中，何種計價幣別之債券可另稱為寶島債券？　(A)美元　(B)日圓　(C)人民幣　(D)澳幣。

(　　) **44** 下列有關櫃檯買賣交易原則之敘述，何者有誤？　(A)櫃檯買賣之給付結算應以現款現貨為之　(B)證券商於客戶為櫃檯買賣時應慎重考量客戶之意向條件、投資經驗　(C)等價成交系統之買賣申報價格分為限價與市價　(D)等價成交系統之買賣申報有效期別均為當日有效。

(　　) **45** 櫃檯買賣證券經紀商對於以IC卡、網際網路等電子式交易型態列印之買賣紀錄及電腦檔案委託紀錄，對無爭議者應至少保存多久之期限？　(A)六個月　(B)一年　(C)三年　(D)五年。

(　　) **46** 證券商辦理融資融券業務，下列哪一敘述不正確？　(A)自然人開立信用帳戶，應檢具國民身分證正本　(B)委託人為自然人得申請開立二個以上之信用帳戶　(C)委託人為法人者，證券商應另函證委託人確認係屬授權開戶　(D)證券商受理開立信用帳戶，應詳實徵信。

(　　) **47** 得為融資融券之受益憑證，因受益人大會決議變更為開放式時，應自次幾個營業日起暫停融資融券交易？　(A)次一營業日　(B)次二營業日　(C)次三營業日　(D)次四營業日。

( ) **48** 下列何者不得融資融券？ (A)零股交易 (B)鉅額交易 (C)全額交割股票 (D)選項(A)(B)(C)皆是。

( ) **49** 證券商辦理有價證券買賣融資融券業務所需之有價證券，得以何種方式取得券源？ (A)向其他證券商申請標購 (B)洽臺灣證券交易所議借 (C)向證券金融事業轉融券 (D)以自營買進股票墊用。

( ) **50** 發行人要將其股票在交易所掛牌買賣，交易所因提供場所，每年依據發行有價證券之總面值，向發行人收取之費用稱為？ (A)掛牌費 (B)上市費 (C)場地費 (D)服務費。

解答與解析　答案標示為#者，表官方曾公告更正該題答案。

1 (C)。「證券交易法施行細則」第1條：本細則依證券交易法第一百八十二條之一規定訂定之。「證券交易法」第182-1條：本法施行細則，由主管機關定之。「證券交易法」第3條：本法所稱主管機關，為金融監督管理委員會。

2 (A)。依據「公司法」第180條，對表決事項有自身利害關係而不得行使表決權之股份數，不算入已出席股東之表決權數。故選(A)僅甲對。

3 (D)。「公司法」第356-3條第2項：發起人之出資除現金外，得以公司事業所需之財產、技術或勞務抵充之。但以勞務抵充之股數，不得超過公司發行股份總數之一定比例。

4 (B)。「公司法」第156-2條第1項：公司得依董事會之決議，向證券主管機關申請辦理公開發行程序；申請停止公開發行者，應有代表已發行股份總數三分之二以上股

東出席之股東會，以出席股東表決權過半數之同意行之。

5 (B)。依據「公司法」第157條，股份有限公司不得發行對於公司「董事選舉之結果」具否決權之特別股。

6 (B)。「財團法人中華民國證券櫃檯買賣中心轉換公司債、交換公司債暨債券換股權利證書買賣辦法」第5條：轉換公司債及交換公司債以面額新台幣十萬元為一交易單位，其申報買賣之數量，以一交易單位或其整數倍為限。

7 (B)。依據「證券交易法」第156條，證券交易所上市之有價證券之市場價格，發生連續暴漲或暴跌情事，並使他種有價證券隨同為非正常之漲跌，而有影響市場秩序或損害公益之虞者，主管機關得命令停止其一部或全部之買賣，或對證券自營商、證券經紀商之買賣數量加以限制。

8 (B)。「證券交易法」第25條：公開發行股票之公司於登記後，應即將其董事、監察人、經理人及持有股份超過股份總額百分之十之股東，所持有之本公司股票種類及股數，向主管機關申報並公告之。

前項股票持有人，應於每月五日以前將上月份持有股數變動之情形，向公司申報，公司應於每月十五日以前，彙總向主管機關申報。必要時，主管機關得命令其公告之。

9 (B)。「證券交易法」第157條第1項：發行股票公司董事、監察人、經理人或持有公司股份超過百分之十之股東，對公司之上市股票，於取得後六個月內再行賣出，或於賣出後六個月內再行買進，因而獲得利益者，公司應請求將其利益歸於公司。甲之行為應負證券交易法上短線交易責任。

10 (A)。依據「證券交易法」第157條第4項，上市公司監察人請求內部人將短線交易之利益歸入於公司，自獲得利益之日起二年間不行使而消滅。

11 (C)。「證券交易法」第59條第1項：證券商自受領證券業務特許證照，或其分支機構經許可並登記後，於三個月內未開始營業，或雖已開業而自行停止營業連續三個月以上時，主管機關得撤銷其特許或許可。

12 (B)。「證券商管理規則」第19-2條：證券商自行買賣以外幣計價之有價證券及從事有關外國衍生性金融商品交易，其結匯事宜應依外匯收支或交易申報辦法之規定辦理。證券商應僅能以客戶身分向經中央銀行許可辦理衍生性外匯商品業務之指定銀行或國外金融機構辦理前項交易。

13 (D)。「證券商受託買賣外國有價證券管理規則」第10條第1項：證券商受託買賣外國有價證券，除委託人為專業機構投資人及高淨值投資法人外，應於委託人開戶前指派業務人員說明買賣外國有價證券可能風險，且應交付風險預告書，並由負責解說之業務人員與委託人簽章存執。

14 (D)。依據「證券商設置標準」第3條，證券經紀商最低實收資本額為新臺幣二億元，綜合證券商最低實收資本額為新臺幣十億元。

依據「證券商管理規則」第9條，證券經紀商營業保證金為新臺幣五千萬元，綜合證券商營業保證金為新臺幣一億元。

故證券經紀商轉型成為綜合證券商最低實收資本額與營業保證金總計增加：（十億－二億）＋（一億－五千萬）＝八億五千萬元。

15 (C)。「有價證券集中保管帳簿劃撥作業辦法」第3條：證券交易所、證券櫃檯買賣中心、證券商及證券金融事業辦理有價證券買賣之集中交割，應以帳簿劃撥方式為之。為辦理前項帳簿劃撥，證券交

易所、櫃檯中心、證券商及證券金融事業應於保管事業開設保管劃撥帳戶，成為參加人。參加人辦理以前條有價證券為設質標的之設質交付，得以帳簿劃撥方式為之。發行人以帳簿劃撥方式交付無實體有價證券，應於保管事業開設保管劃撥帳戶，成為參加人。

16 (B)。依據「證券交易法」第20-1條，發行申報、公告之財務報告內容有虛偽或隱匿情事時，發行人及其負責人、發行人之職員、曾在財務報告或財務業務文件上簽名或蓋章者，對於發行人所發行有價證券之善意取得人、出賣人或持有人因而所受之損害，應負賠償責任。

17 (B)。依據「有價證券得為融資融券標準」第2條，(B)應更正為每股淨值在票面之上。

18 (B)。「臺灣證券交易所股份有限公司營業細則」第79-2條：證券商受託買進創新板有價證券，以其委託人為合格投資人及公司依法買回其股份者為限。前項所稱合格投資人，係指委託人符合以下條件之一者：
一、專業機構投資人或具有一年以上證券交易經驗之法人。
二、依法設立之創業投資事業。
三、依洽商銷售方式取得創新板初次上市有價證券之法人。
四、具有兩年以上證券交易經驗之自然人，且符合下列條件之一：

（一）新臺幣二百萬元以上之財力證明。
（二）最近兩年度平均所得達新臺幣一百萬元。

19 (D)。「證券交易法」第20-1條：公司財務報告之主要內容有虛偽或隱匿之情事，下列各款之人，對於發行人所發行有價證券之善意取得人、出賣人或持有人因而所受之損害，應負賠償責任：一、發行人及其負責人。二、發行人之職員，曾在財務報告或財務業務文件上簽名或蓋章者。前項各款之人，除發行人外，如能證明已盡相當注意，且有正當理由可合理確信其內容無虛偽或隱匿之情事者，免負賠償責任。會計師辦理前項財務報告或財務業務文件之簽證，有不正當行為或違反或廢弛其業務上應盡之義務，致第一項之損害發生者，負賠償責任。

20 (C)。「公司法」第277條：公司非經股東會決議，不得變更章程。前項股東會之決議，應有代表已發行股份總數三分之二以上之股東出席，以出席股東表決權過半數之同意行之。

21 (B)。「證券交易法施行細則」第6條：依本法第三十六條所公告並申報之財務報告，未依有關法令編製而應予更正者，應照主管機關所定期限自行更正，並依下列規定辦理：個體或個別財務報告有下列情

解答與解析

事之一，應重編財務報告，並重行公告：

(一)更正綜合損益金額在新臺幣一千萬元以上，且達原決算營業收入淨額百分之一者。

(二)更正資產負債表個別項目（不含重分類）金額在新臺幣一千五百萬元以上，且達原決算總資產金額百分之一點五者。

22 (A)。「證券交易法」第43-5條第4項：公開收購人與其關係人於公開收購後，所持有被收購公司已發行股份總數超過該公司已發行股份總數百分之五十者，得以書面記明提議事項及理由，請求董事會召集股東臨時會。

23 (A)。「公司法」第235條：股息及紅利之分派，除本法另有規定外，以各股東持有股份之比例為準。

24 (C)。「證券交易法」第36條第1項：已依本法發行有價證券之公司，除情形特殊，經主管機關另予規定者外，應依下列規定公告並向主管機關申報：

一、於每會計年度終了後三個月內，公告並申報由董事長、經理人及會計主管簽名或蓋章，並經會計師查核簽證、董事會通過及監察人承認之年度財務報告。

二、於每會計年度第一季、第二季及第三季終了後四十五日內，公告並申報由董事長、經理人及會計主管簽名或蓋章，並經

會計師核閱及提報董事會之財務報告。

三、於每月十日以前，公告並申報上月份營運情形。

25 (B)。依據「證券交易法」第157-1條，內線交易構成要件，指該消息明確後，未公開前或公開後十八小時內，不得買入或賣出。

26 (B)。依據「臺灣證券交易所股份有限公司對有價證券上市公司重大訊息之查證暨公開處理程序」第4條，董事及監察人之持股變動情形非上市公司重大訊息。

27 (C)。「發行人募集與發行有價證券處理準則」第16條第2項，發行人經金融監督管理委員會停止申報生效後，自停止申報生效送達即日起屆滿十二個營業日，仍未就停止申報生效之原因提出補正，申請解除停止申報生效，金融監督管理委員會即可退回該申報案。

28 (D)。為積極回應全球永續發展行動與國家淨零排放目標，金管會於2022年3月3日發布「上市櫃公司永續發展路徑圖」，分階段推動全體上市櫃公司於2027年完成溫室氣體盤查，2029年完成溫室氣體盤查之確信，營造健全永續發展（ESG）生態體系。

29 (D)。「證券商提供數位服務作業指引」第3條第3項：服務範圍：

(一)教導客戶運用數位工具，包含開戶作業、委託買賣系統操作及帳務作業。

(二)提供客戶諮詢服務、金融商品相關活動訊息及進行商品介紹與推廣。

(三)不得受託買賣有價證券及代理客戶操作數位工具。

30 (C)。為積極回應全球永續發展行動與國家淨零排放目標，金管會於2022年3月3日發布「上市櫃公司永續發展路徑圖」，分階段推動全體上市櫃公司於2027年完成溫室氣體盤查，2029年完成溫室氣體盤查之確信，營造健全永續發展（ESG）生態體系。

31 (C)。「證券商提供數位服務作業指引」第2條第3項：客戶服務中心：係指證券商透過網路智能客服、電話、電子郵件、書信或採用其他新興科技等方式，對客戶被動提供諮詢、證券業務活動推廣及商品說明服務，暨處理消費爭議與建言之營業處所。

32 (D)。「證券商提供數位服務作業指引」第4條第5項：證券商與客戶間溝通過程（包含電話錄音、與智能客服對話紀錄等）應至少保存一年，但有爭議或申訴者，應保留至該爭議消除或申訴結案為止。

33 (A)。「證券商提供數位服務作業指引」第4條第2項，客戶服務中心設置標準：

(一)場地：不限於總公司或分支機構所在縣市設置，但不得作為對外接洽客戶親臨之場所；若

於總公司或分支機構內設置，應與營業處所有明顯區隔。

(二)設備：1.證券商應就設備提供之服務，評估資通安全、個人資料風險，並訂定控管措施。2.資通安全機制應符合證券商內部控制制度標準規範。

(三)人員資格：1.證券商得配置適足之業務人員，或由總公司或分支機構熟悉證券相關法令及作業流程之人員兼任。2.配置於客戶服務中心之業務人員須於證券商申報單一窗口登記為數位服務職務，且兼任與兼辦職務行為應符合證券商負責人與業務人員管理規則之規定。

34 (C)。溢價是市價高於淨值，價格被高估，現在買進相對昂貴。

35 (D)。上市公司發放股票股利不影響資產及負債總額，會造成公司流通在外股數增加，每股盈餘被稀釋。

36 (B)。履約價格大於標的股票價格，認購權證處於價外。

37 (B)。「公司法」第167-3條：公司依第一百六十七條之一或其他法律規定收買自己之股份轉讓於員工者，得限制員工在一定期間內不得轉讓。但其期間最長不得超過二年。

38 (C)。依據「發行人募集與發行有價證券處理準則」第60-4條第3項，發行人申報發行限制員工權利新股，自申報生效通知到達之日起超過二年未發行之餘額仍須發行時，應重行申報。

39 (C)。「公開發行股票公司股務處理準則」第41條第1項：公司於股東常會開會前六十日內、股東臨時會前三十日內，或決定分派股息、紅利或其他利益之基準日前五日內，停止辦理股票過戶。

40 (B)。盤中時段（9:00～13:25）實施逐筆交易，開收盤時段為集合競價。

41 (C)。「臺灣證券交易所股份有限公司外國股票買賣辦法」第6條：第一上市之外國股票交易單位為一千股，且得為無面額或不受每股面額為新臺幣十元之限制。

42 (A)。「臺灣證券交易所股份有限公司有價證券借貸辦法」第58條第1項，證券所有人參加標借，應填寫標單，委託證券商辦理。

43 (C)。國內、外發行人於台灣募集發行並向櫃買中心申請上櫃之外幣計價債券稱為國際債券（International Bond），如果採人民幣計價發行時，另稱為寶島債券（Formosa Bond）。

44 (D)。「財團法人中華民國證券櫃檯買賣中心證券商營業處所買賣有價證券業務規則」第35-12條第3項：等價成交系統之買賣申報有效期別分為當日有效、立即成交否則取消、立即全部成交否則取消。

45 (D)。財團法人中華民國證券櫃檯買賣中心證券經紀商使用網際網路等電子式交易型態製作買賣委託紀錄之處理流程：櫃檯買賣證券經紀商對於以IC卡、網際網路等電子式交易型態列印之買賣紀錄及電腦檔案委託紀錄，對無爭議者應至少保存五年，有爭議者應保留至爭議消除為止。

46 (B)。「證券商辦理有價證券買賣融資融券業務操作辦法」第36條：證券商受理委託人開立信用帳戶，以每人一戶為限。

47 (B)。「證券商辦理有價證券買賣融資融券業務操作辦法」第77條：得為融資融券之受益憑證，依證券投資信託契約規定召開受益人大會後，其結果有下列情形時，應自證券交易所公告日之次二營業日起，暫停融資融券交易，但了結交易不受此限；對已融資融券者，應於終止上市前第一個營業日前償還或還券了結。

一、受益人大會決議變更為開放型基金者。

二、受益憑證因開放接受買回，致其基金規模達終止上市標準時。

48 (D)。「證券商辦理有價證券買賣融資融券業務操作辦法」第4條：證券商辦理上市（櫃）有價證券買賣融資融券，以接受委託人委託於證券交易所集中交易市場或櫃檯買賣中心等價成交系統，對於經證券交易所或櫃檯買賣中心公告得為融資融券之有價證券，所為普通交割之買賣成交後應行交割之款券為限。

49 (C)。「證券商辦理有價證券買賣融資融券管理辦法」第24條第1項：證券商辦理有價證券買賣融資融券業務所需之資金或有價證券，得向證券金融事業轉融通。

50 (B)。「臺灣證券交易所股份有限公司有價證券上市契約準則」第4條：發行公司、證券投資信託事業、期貨信託事業、境外基金機構之總代理人、受託機構、特殊目的公司、指數投資證券發行人、外國發行人、外國發行人暨其存託機構於上市契約生效後，應依證券交易所訂定之「有價證券上市費費率表」所列上市費標準，於初次上市時及以後每年開始一個月內，向證券交易所繳付有價證券上市費。

解答與解析

證券投資與財務分析

( )　1　假設甲股票的預期報酬率為15%，乙股票的預期報酬率為20%，丙股票的預期報酬率為30%，請問投資人應選擇哪一支股票？ (A)甲股票　(B)乙股票　(C)丙股票　(D)無法判斷。

( )　2　何者屬資本市場工具？　(A)國庫券　(B)可轉讓定期存單　(C)商業本票　(D)附認股權公司債。

( )　3　臺灣企業在美國發行的存託憑證稱為：　(A)EDR　(B)ADR　(C)TDR　(D)GDR。

( )　4　目前臺灣掛牌交易之反向型ETF倍數為可放空幾倍？　(A)1倍　(B)2倍　(C)3倍　(D)1.5倍。

( )　5　一般而言，投資下列金融工具的風險狀況依序為何？甲、短期公債；乙、股票；丙、認購權證；丁、長期公債　(A)乙＞丁＞甲＞丙　(B)丙＞甲＞丁＞乙　(C)甲＞乙＞丙＞丁　(D)丙＞乙＞丁＞甲。

( )　6　下列何項不影響公司之現金流量？　(A)發行公司債　(B)銀行借貸　(C)初級市場籌資　(D)次級市場交易。

( )　7　下列敘述何者正確？　(A)債券價格與殖利率是正向關係　(B)債券價格與票面利率呈反向關係　(C)到期期限愈長的債券，價格波動幅度愈大　(D)到期期限愈長的債券，票面利率愈高。

( )　8　採取免疫策略架構之債券投資組合，其背後之假設何者正確？I.收益率曲線為水平線；II.利率變動只會使得收益率曲線平行移動；III.發行者不會倒帳且債券沒有贖回條款　(A)僅I　(B)僅I、II　(C)僅II、III　(D)I、II、III皆正確。

( )　9　某一可轉換公司債每張面額12萬元，市價目前為16萬元，若轉換價格為40元，其標的股票市價為50元，則每張可轉換公司債可換得多少標的股票？　(A)2,400股　(B)3,000股　(C)3,200股　(D)4,000股。

( )　10　下列哪種產業較不屬於利率敏感產業？　(A)銀行業　(B)營建業　(C)食品業　(D)保險業。

(　) **11** 乙公司未來兩年均不發放股利，且市場評估未來第二年底股價為60元。若要求報酬率為10%，則乙公司目前每股之合理價格為多少？ (A)50.23元　(B)52.76元　(C)41.32元　(D)49.59元。

(　) **12** 貨幣供給中，M2與M1的組成成份差異為以下何者？　(A)定期存款 (B)信託公司的活儲　(C)流通貨幣　(D)支票存款。

(　) **13** 利用公司現在以及預測未來的獲利情況之各種資訊，來估計其合理股價，此種分析是屬於：　(A)信用分析　(B)基本分析　(C)系統分析　(D)技術分析。

(　) **14** 何者為財務分析中流動比率及速動比率間的差異？甲、存貨；乙、固定資產；丙、預付費用：　(A)僅甲　(B)僅甲、丙　(C)僅乙、丙　(D)甲、乙、丙。

(　) **15** 下列何者較不受中央銀行公開市場操作的影響？　(A)利率　(B)匯率　(C)貨幣供給　(D)貨幣流通速度。

(　) **16** 所謂總體經濟分析，不包括下列哪項？　(A)利率　(B)物價　(C)匯率　(D)公司接單情形。

(　) **17** 道氏理論認為後一浪頭較前一浪頭為高時，可斷言股價：　(A)將持續漲勢　(B)轉趨穩定　(C)將持續跌勢　(D)走勢不明。

(　) **18** 當「死亡交叉」出現時，顯示將有一段：　(A)多頭行情　(B)空頭行情　(C)橫向整理　(D)沒有特別意義。

(　) **19** 在制定資產配置決策時，主要考量哪些因素？甲、投資目標；乙、風險態度；丙、時間長度；丁、流動性　(A)僅甲、乙　(B)僅甲、丙　(C)僅甲、乙、丙　(D)甲、乙、丙、丁均需考量。

(　) **20** 投資組合理論關心的是：甲、非系統性風險的消除；乙、投資分散對投資組合風險的降低；丙、在相同風險下，提高預期報酬 (A)僅甲　(B)僅乙　(C)僅丙　(D)甲、乙、丙。

(　) **21** 何者屬於無效率之投資組合？　(A)位於效率前緣左上方　(B)位於效率前緣右下方　(C)位於效率前緣上　(D)市場投資組合。

（ ） **22** 由無風險資產報酬延伸與效率前緣相切的直線稱為： (A)證券市場線（SML） (B)資本市場線（CML） (C)效用曲線（Utility Curve） (D)無異曲線（Indifference Curve）。

（ ） **23** 資本資產訂價模型（CAPM）認為貝它（β）係數為1之證券的預期報酬率應為： (A)期望報酬率 (B)市場報酬率 (C)負的報酬率 (D)無風險利率。

（ ） **24** 某公司公告其上一季之獲利超過市場上的預期，其股價因此一正面消息之揭露而大漲，此一現象乃為何種市場效率形式之表彰？ (A)強式 (B)半強式 (C)弱式 (D)半弱式。

（ ） **25** 下列哪個因素會使證券市場線（SML）的斜率變緩？ (A)Ri變大 (B)Rf變小 (C)Rm變小 (D)β變小。

（ ） **26** 共同比（Common-size）財務報表中會選擇一些項目作為100%，這些項目通常包括：甲、總資產；乙、權益；丙、銷貨總額；丁、銷貨淨額 (A)甲和丙 (B)甲和丁 (C)乙和丙 (D)乙和丁。

（ ） **27** 認列應收帳款的預期信用減損損失，對財務分析比率的影響為何？ (A)毛利率減少 (B)流動比率下降 (C)應收帳款週轉率下降 (D)速動比率不變。

（ ） **28** 在何種成本流動假設之下，依永續盤存制與定期盤存制所算出的存貨價值會相同？ (A)移動平均法 (B)加權平均法 (C)先進先出法 (D)選項(A)(B)(C)皆是。

（ ） **29** 山水公司發給員工獎金是以淨利為基礎，則當物價上漲時，採用何種存貨成本流程會發放較多的獎金？ (A)個別認定法 (B)先進先出法 (C)先進後出法 (D)平均法。

（ ） **30** 若依我國企業實務慣用分類方式編製現金流量表，下列何者屬於因營業活動而產生之現金流量？ (A)發行公司債 (B)出售房屋 (C)發放現金股利 (D)收到存貨保險賠償款。

（ ） **31** 依據國際財務報導準則第7號「金融工具：揭露」，市場風險不包括下列何者？ (A)信用風險 (B)匯率風險 (C)利率風險 (D)其他價格風險。

( ) **32** 會計期間結束日，已發行普通股股數超過流通在外普通股股數，其可能原因為何？ (A)宣告股票股利 (B)購入庫藏股票 (C)股票經認購但尚未發行 (D)發行已認購之股票。

( ) **33** 關山公司應收帳款收現時，則（考慮立即影響）： (A)負債權益比率上升 (B)盈餘對固定支出的保障比率上升 (C)現金對固定支出的保障比率上升 (D)選項(A)(B)(C)皆是。

( ) **34** 甲公司X1稅後淨利為$85,000，所得稅率20%，利息保障倍數為6倍，且當期應付利息增加$3,000。甲公司在X1年以現金支付利息之金額為多少？ (A)$23,563 (B)$18,250 (C)$21,250 (D)$11,167。

( ) **35** 甲公司X1年度稅前盈餘為$2,400,000，該公司可享$100,000之投資抵減。假設所得稅率為25%，則甲公司X1年度之有效稅率（Effective Tax Rate）為： (A)20.83% (B)29.17% (C)23.96% (D)26.04%。

( ) **36** 公司賣出庫藏股票價格如果較原先取得價格高時，對於財務報表之影響為何？ (A)將產生利益 (B)將增加損失 (C)將使權益增加 (D)可作為股本加項。

( ) **37** 甲公司1月1日流通在外的普通股10,000股，5月1日發放20%股票股利，7月1日現金增資3,000股，11月1日做股票分割，1股分割成2股，試計算甲公司加權平均流通在外股數： (A)13,500股 (B)30,000股 (C)25,667股 (D)27,000股。

( ) **38** 下列何者會影響盈餘品質？ (A)管理者操縱報表 (B)景氣循環 (C)經濟因素 (D)選項(A)(B)(C)皆會影響。

( ) **39** 會計上採用應計基礎，是基於下列何項會計原則？ (A)一致性原則 (B)成本原則 (C)配合原則 (D)收入認列原則。

( ) **40** 美國子公司以美元表達之財務報表換算為本國貨幣財務報表前，若其財務報表係依照美國一般公認會計原則編製，與我國一般公認會計原則不盡相同，則： (A)不須按我國一般公認會計原則調整，可直接換算 (B)應先按我國一般公認會計原則調整 (C)應先按國

際會計準則調整　(D)選項(A)(B)(C)皆可，但各年度須一致採用相同處理方式。

(　) **41** 一般而言，企業的流動比率不小於2時，亦即企業的淨營運資金應不少於：　(A)存貨的總額　(B)長期負債　(C)權益淨值　(D)流動負債。

(　) **42** 吉利電腦公司產品單價原為$1,500，由於市場競爭激烈而降價至$1,000。假設所有成本均為變動成本，且原來的毛利率為50%，則降價後銷售數量需為降價前的多少比率，才能維持原有的銷貨毛利金額？　(A)600%　(B)900%　(C)300%　(D)150%。

(　) **43** 公司帳載銀行存款餘額為$80,000，發現下列事項：因進貨開立的支票$700，帳上記為$7,000；銀行代收票據$20,000，公司尚未入帳；未兌現支票$2,000。請問銀行存款正確的餘額應為多少？　(A)$91,700　(B)$93,700　(C)$104,300　(D)$106,300。

(　) **44** 公開發行公司編製財務預測所表達的項目，可以不包括下列哪一項？　(A)銷貨成本　(B)利息費用　(C)所得稅　(D)淨利。

(　) **45** 嘉義公司為保障現有之產品專利權，而購入可能嚴重威脅該產品之乙公司專利權，公司並不使用此購入之專利權，則所發生之成本應如何處理？　(A)列入當期之費用，不必攤銷　(B)列為新專利權，按其估計經濟年限及法定年限較短者攤銷　(C)列為原專利權之成本，按原專利權之經濟年限攤銷　(D)列為原專利權之成本，按原專利權之剩餘經濟年限攤銷。

(　) **46** 公司發放股票股利將使：　(A)資產減少　(B)負債減少　(C)權益減少　(D)權益不變。

(　) **47** 下列有關庫藏股的敘述，何者正確？　(A)庫藏股會影響公司的核准發行股數　(B)庫藏股會影響公司的已發行股數　(C)庫藏股會影響公司的每股盈餘　(D)庫藏股應視為公司的長期投資。

(　) **48** 假設甲公司X1年底平均資產總額為$3,000,000，平均負債總額為$1,600,000，利息費用為$140,000，所得稅率為20%，總資產

報酬率為12%，則權益報酬率為何？ (A)12.00% (B)13.33% (C)17.71% (D)18.67%。

( ) **49** 下列那些科目屬於「非」常續性？甲、營業收入；乙、停業單位損益；丙、會計政策變動追溯適用影響數；丁、營業費用 (A)僅甲 (B)僅甲、丁 (C)僅乙、丙 (D)甲、乙、丙、丁皆是。

( ) **50** 舉債經營有利是指： (A)財務槓桿指數小於1 (B)股東權益報酬率大於總資產報酬率 (C)總資產報酬率大於股東權益報酬率 (D)財務槓桿指數等於1。

解答與解析　答案標示為#者，表官方曾公告更正該題答案。

1 (D)。投資人選擇股票不僅需考量預期報酬率，還需衡量風險。

2 (D)。國庫券、可轉讓定期存單、商業本票屬於貨幣市場工具。

3 (B)。臺灣企業在美國發行的存託憑證稱為ADR。

4 (A)。目前臺灣掛牌交易之反向型ETF倍數為可放空1倍。

5 (D)。金融工具的風險狀況依序為：衍生性商品>股票>長期債券>短期債券。

6 (D)。次級市場交易為投資者相互之間買賣，不影響公司現金流量。

7 (C)。債券價格與殖利率是反向關係。
債券價格與票面利率呈正向關係。
到期期限愈長的債券，票面利率愈低。

8 (D)。債券免疫策略基本假設：(1)收益率曲線為水平線，即長短期的

殖利率曲線相同。(2)利率變動只會使得殖利率曲線平行移動，即長短期殖利率受利率之影響相同。(3)沒有違約及被贖回的風險。(4)債券可以任意分割至所需之購買單位。

9 (B)。轉換價格=公司債面額／轉換比率
40元=12萬元/轉換比率
轉換比率=3,000股

10 (C)。食品業較不受利率風險影響。

11 (D)。多期股利折現模式：股價=次年股利/(1+報酬率)+第二年股價/(1+報酬率)^2
股價=0/(1+0.1)+60/(1+0.1)^2
股價=60/1.21
股價=49.59

12 (A)。M2＝M1B＋準貨幣
準貨幣＝定期存款＋定期儲蓄存款＋外匯存款＋郵政儲金＋附買回（RP）交易餘額＋外國人新臺幣存款＋貨幣市場共同基金。

13 (B)。利用公司現在以及預測未來的獲利情況之各種資訊,來估計其合理股價,此種分析是屬於基本分析。

14 (B)。流動比率＝流動資產／流動負債×100%
速動比率＝速動資產／流動負債×100%
速動資產=流動資產－存貨－預付費用

15 (D)。貨幣流通速度是由經濟體的行為和制度因素所決定,與中央銀行的公開市場操作較不直接相關。

16 (D)。公司接單情形屬於個體經濟分析。

17 (A)。後一浪頭較前一浪頭為高屬於上漲趨勢,股價將持續漲勢。

18 (B)。死亡交叉指技術分析中,短期線向下突破長期線,屬於空頭行情。

19 (D)。在制定資產配置決策時,投資目標、風險態度、時間長度、流動性均需考量。

20 (D)。投資組合理論指理性投資者如何利用分散投資來最佳化他們的投資組合,甲、乙、丙皆需要關心。

21 (B)。位於效率前緣右下方屬於無效率之投資組合。

22 (B)。由無風險資產報酬延伸與效率前緣相切的直線稱為資本市場線。

23 (B)。貝它係數等於1,其波動性與總體市場波動性一致,證券的預期報酬率應為市場報酬率。

24 (B)。半強式效率市場:證券之市場價格,充分反映目前已公開資訊,如企業財報、股利發放,以及產業動態等,故投資人無法再利用已公開資訊,賺得超額報酬。

25 (C)。市場預期報酬率減少(Rm變小),市場無風險利率上升(Rf變大)會使證券市場線(SML)的斜率變緩。

26 (B)。共同比分析在損益表中,以銷貨淨額為100%,在資產負債表中,以資產總額為100%。

27 (B)。認列應收帳款的預期信用減損損失會使應收帳款減少,流動資產減少流動比率就會下降。

28 (C)。先進先出法下,不論採永續盤存制或定期盤存制,期末存貨金額相同。

29 (B)。先進先出法指公司按照商品購買的先後順序來計算銷貨成本和期末存貨成本。先買進的商品先賣出,因此銷貨成本是較早期的買入成本,期末存貨是較後期的買入成本。在物價上漲時,過去較低的成本會與現在較高的銷售收入搭配,進而產生較多的淨利。

30 (D)。發行公司債、發放現金股利屬於籌資活動現金流量,出售房屋為投資活動現金流量。

31 (A)。信用風險為非市場風險。

32 (B)。購入庫藏股票將使流通在外普通股股數減少。

33 (C)。應收帳款收現使現金增加，現金對固定支出的保障比率上升。

34 (B)。利息保障倍數＝（稅前淨利＋利息費用）／利息費用
稅前淨利＝稅後淨利／（1－稅率）
$85,000/(1－20)%=$106,250
6=($106,250+利息費用)/利息費用
利息費用=$21,250
$21,250-$3,000=$18,250

35 (A)。有效稅率＝應納稅額／綜合所得總額
應納稅額＝$2,400,000×25%－$100,000=$500,000
有效稅率=$500,000/$2,400,000=20.83%

36 (C)。取得利益列入資本公積（權益增加）。

37 (D)。股票分割、股票股利需追溯至期初調整。
普通股流通在外股數：
1月1日流通在外的普通股10,000股。
5月1日發放20%股票股利，10,000股×(1+20%)，流通在外的普通股12,000股。
7月1日現金增資3,000股，12,000股+3,000股，流通在外的普通股15,000股。
11月1日做股票分割，15,000股×2，流通在外的普通股30,000股。
加權平均流通在外股數：
1月1日至4月31日：
10,000股×(1+20%)×2×(4/12)=8,000股。

5月1日至6月31日：
12,000股×2×(2/12)=4,000股。
7月1日至10月31日：
15,000股×2×(4/12)=10,000股。
11月1日至12月31日：
3000股×(2/12)=5,000股。
8,000+4,000+10,000+5,000=27,000股。

38 (D)。管理者操縱報表、景氣循環、經濟因素皆會影響公司盈餘。

39 (C)。會計上採用應計基礎，是基於配合原則。

40 (B)。換算為本國貨幣財務報表應先按我國一般公認會計原則調整。

41 (D)。流動比率＝流動資產／流動負債
淨營運資本＝流動資產－流動負債
流動比率不小於2指流動資產>流動負債×2
故淨營運資金必大於流動負債

42 (C)。
銷貨毛利：$1,500×50%=$750
銷貨成本：$1,500－$750=$750
$750/($1,000－$750)=300%

43 (D)。未兌現支票是銀行對帳單的減項，與公司帳載銀行餘額無關。
$80,000－$700+$7,000+$20,000=$106,300

44 (B)。依據「公開發行公司公開財務預測資訊處理準則」，公開發行公司編製財務預測可以不包括利息費用。

解答與解析

45 (A)。專利權並不為公司所使用列入當期之費用，不必攤銷。

46 (D)。發放股票股利使保留盈餘減少，股本增加，權益不變

47 (C)。庫藏股會影響公司流通在外股數，流通在外股數影響每股盈餘。

48 (C)。總資產報酬率=[稅後淨利+利息費用×(1-稅率)]/平均總資產
股東權益報酬率=稅後淨利／股東權益
12%=[稅後淨利+$140,000×(1－20%)]/$3,000,000

稅後淨利=$248,000
股東權益報酬率
=$248,000/($3,000,000－$1,600,000)
=17.71%

49 (C)。停業單位損益、會計政策變動追溯適用影響數屬於一次性損益。

50 (B)。財務槓桿指數=股東權益報酬率／資產報酬率
財務槓桿指數大於1，股東權益報酬率大於總資產報酬率，當資金所創造的利潤大於其成本時企業即可透過舉債方式來增加企業的股東權益報酬率，表示舉債經營有利。

113年 第2次證券商業務員資格測驗

證券交易相關法規與實務

( )　**1** 「證券交易法」所謂「利用他人名義持有股票」，有關具備之要件下列何者錯誤？　(A)直接或間接提供股票與他人或提供資金與他人購買股票　(B)對該他人所持有之股票，具有管理、使用或處分之權益　(C)受贈他人所持有之股票　(D)該他人所持有股票之利益或損失之全部或一部歸屬於本人。

( )　**2** 下列針對股份有限公司分配員工酬勞之敘述，何者正確？　(A)公司應於章程訂明以當年度獲利狀況之定額或比率，分派員工酬勞。其不受公司該年度虧損狀況影響　(B)章程訂定之分派員工酬勞，僅能以現金為限　(C)員工酬勞分派需於董事會經董事半數以上出席，三分之二以上同意之決議　(D)可於章程中訂明符合條件之控制公司員工可分派員工酬勞。

( )　**3** 發行人為有價證券之募集或出賣，依「證券交易法」規定，向公眾提出之說明文書稱為：　(A)財務報告　(B)股東報告書　(C)公開說明書　(D)出售報告書。

( )　**4** 依公司法規定，除部分特例外，公司投資總額不得超過其實收股本多少比率？　(A)50%　(B)40%　(C)30%　(D)10%。

( )　**5** 有關股份有限公司股東會出席之委託，下列敘述何者有誤？　(A)一股東以出具一委託書，並以委託一人為限　(B)委託書應於股東會開會十五日前送達公司　(C)代理超過表決權限制之部分，不予計算　(D)委託書有重複時，以最先送達者為準。

( )　**6** 依公司法第156條之3規定，股份有限公司設立後得發行新股作為受讓他公司股份之對價，不受公司法第267條第1項至第3項之限制，但需經下列何種決議方法通過？　(A)應經股東會有代表已發行股

份總數過三分之二以上股東之出席，以出席股東表決權過半數之
同意行之　(B)應經股東會有代表已發行股份總數過半數股東之出
席，以出席股東表決權過半數之同意行之　(C)應經董事會三分之
二以上董事出席，以出席董事過半數決議行之　(D)應經董事會過
半數董事出席，以出席董事過半數決議行之。

(　) **7** Z公司為公開發行股票之公司，並非以投資為專業，且Z公司章程對
於轉投資並未另有規定投資限額，亦未經Z公司股東會決議投資限
額。若Z公司實收股本為新臺幣（下同）10億元，淨值為15億元，
則Z公司為他公司有限責任股東時，其所有投資總額不得超過多少
金額？　(A)2億元　(B)3億元　(C)4億元　(D)6億元。

(　) **8** 依「證券交易法」規定，私募之應募人自該有價證券交付之日起多久
後，可賣出私募之有價證券？　(A)1年　(B)2年　(C)3年　(D)5年。

(　) **9** 下列關於公開發行公司審計委員會召集之敘述，何者正確？　(A)審
計委員會應至少每半年召開一次　(B)審計委員會之召集，應載明
召集事由，於十日前通知委員會各獨立董事成員　(C)審計委員如
不能親自出席，得以視訊參與會議　(D)審計委員會之決議，應有
全體成員三分之二以上之同意。

(　) **10** 會計師辦理財務報告之查核簽證，若發生錯誤或疏漏，主管機關
得視情節之輕重，為何種處分？　(A)警告　(B)停止其二年以內
辦理「證券交易法」所定之簽證　(C)撤銷簽證之核准　(D)選項
(A)(B)(C)均可為之。

(　) **11** 法人及外國公司如違反證券交易法相關規定者，除另有規定外，依
該法規定之罰則，應如何處罰？　(A)處罰該法人　(B)處罰其董事
(C)處罰其為行為之負責人　(D)處罰其股東。

(　) **12** 對證券交易所、證券櫃檯買賣中心或證券集中保管事業之核心資通
系統，危害其功能正常運作者，處一年以上七年以下有期徒刑，
得併科新臺幣一千萬元以下罰金，試問下列何者為非？　(A)無故
輸入其帳號密碼、破解使用電腦之保護措施或利用電腦系統之漏
洞，而入侵其電腦或相關設備　(B)無故以電腦程式或其他電磁方
式干擾其電腦或相關設備　(C)意圖危害國家安全或社會安定，無

故取得、刪除或變更其電腦或相關設備之電磁紀錄　(D)製作專供犯證券交易法第174條之4第1項之罪之電腦程式，而供自己或他人犯前項之罪者。

(　) **13** 內線交易情節重大者，法院得提高賠償額之倍數為下列何者？ (A)3倍　(B)4倍　(C)5倍　(D)10倍。

(　) **14** 公司得對內部人為公司股票短線交易之獲利行使歸入權，其「獲利」之計算方式，下列何者正確？　(A)以最高賣價與最低買價相配，再取次高賣價與次低買價相配，依序計算差價　(B)對於差價利益之交易股票所獲配之股息不列入計算　(C)計算差價利益最後一筆交易日起至交付公司時，其法定利息，不列入計算　(D)計算差價利益買賣所支付證券商之手續費及交易稅，自利益中不扣除。

(　) **15** 試問公開發行公司除經主管機關核准者外，董事間應有如何比例之席次，不得具配偶或二等親以內之親屬關係？　(A)超過二分之一　(B)超過三分之一　(C)超過四分之一　(D)超過三分之二。

(　) **16** 經營有價證券之行紀或居間業務的證券商為：　(A)證券自營商　(B)證券承銷商　(C)證券經紀商　(D)選項(A)(B)(C)皆可。

(　) **17** 依「證券交易法」規定，受罰金以上刑之宣告者，其執行完畢、緩刑期滿或赦免未滿幾年者，不得充任證券商之董事、監察人或經理人？　(A)1年　(B)2年　(C)3年　(D)5年。

(　) **18** 有關證券商經營受託買賣外國有價證券業務，對專業投資人規定之敘述，何者正確？　(A)適用金融消費者保護法第四條之定義　(B)專業投資人應符合之資格條件，應由證券商盡合理調查之責任　(C)非專業投資人於未符合專業投資人資格前，得申請變更為專業投資人　(D)證券商針對專業投資人之評估方式，應納入瞭解客戶制度並報經股東會通過。

(　) **19** 臺灣證券交易所之章程所定之設立宗旨，下列敘述何者有誤？ (A)提倡企業投資　(B)促進經濟建設　(C)扶助工商事業　(D)推升台股股價。

(　　) **20** 證券交易所之職員對於職務上行為收受不法利益者，下列何者符合其法定刑之敘述？　(A)三年徒刑、拘役或科六十萬元罰金　(B)五年徒刑、拘役或科二百四十萬元以下罰金　(C)五年徒刑，拘役或科一百二十萬元以下罰金　(D)十年徒刑、拘役或科一百萬元罰金。

(　　) **21** Z股份有限公司共有甲、乙、丙三席董事，甲為董事長。甲因個人因素，拒絕召集董事會。依公司法規定，下列敘述何者正確？(A)甲為唯一召集權人，無人可替代甲召集董事會　(B)乙或丙各自以書面請求召集並經15日後即得召集董事會　(C)乙與丙共同以書面請求召集並經15日後即得召集董事會　(D)因甲怠於行使職務，監察人丁即可代甲行使召集權。

(　　) **22** 證券經紀商與委託人依約定進行仲裁時，得向下列何者申請辦理之？　(A)金融監督管理委員會　(B)證券交易所　(C)櫃檯買賣中心　(D)仲裁機構。

(　　) **23** 股份有限公司欲委任專業經理人，原則上需有董事會過半數出席及至少出席董事多少比例同意？　(A)二分之一　(B)三分之一　(C)四分之一　(D)五分之一。

(　　) **24** 公司召開股東會時，股東行使其表決權，下列敘述何者為非？(A)得以書面或電子方式行使其表決權　(B)得以公告方式行使其表決權　(C)得親自出席股東會行使其表決權　(D)得委託出席股東會行使其表決權。

(　　) **25** 關於約定共同行使股東表決權之規定，依現行法規定下列敘述何者正確？　(A)不限於書面約定　(B)不適用於公開發行股票之公司(C)不宜成立股東表決權信託方式　(D)現行公司法明文禁止。

(　　) **26** 發行人募集與發行有價證券處理準則所稱「營業日」係指：　(A)人事行政局所公布之上班日　(B)非國定假日　(C)證券市場交易日(D)證券商營業日。

(　　) **27** 證券暨期貨業者之內部控制制度，至少須包含以下何者之控制作業？　(A)對子公司之監督與管理　(B)客戶資料保密　(C)作業委託他人處理之管理　(D)以上皆是。

（　）**28** 我國全體上市櫃公司（含合併財務報告子公司）最晚須在何時揭露溫室氣體盤查之減碳目標？　(A)2023年　(B)2025年　(C)2027年　(D)2029年。

（　）**29** 下列何者屬「公開收購公開發行公司有價證券管理辦法」所稱公開收購之有價證券？　(A)未公開發行之公司股票　(B)未公開發行之新股權利證書　(C)附認股權公司債　(D)已依證券交易法發行之公開發行公司之股票。

（　）**30** 證券商設置「數位體驗專區」，以下哪種情況不符合規範？　(A)設置於分支機構之數位體驗專區，配置之業務人員為該分支機構具業務員資格者兼任　(B)專區設置之數位介面設備無網路下單功能　(C)所提供之數位介面設備，設置於辦理受託買賣證券之營業櫃檯旁邊　(D)以上皆是。

（　）**31** 何者非證券商設置「客戶服務中心」需符合之條件？　(A)須設置在總公司或分支機構營業處所內　(B)須與營業處所有明顯區隔　(C)證券商應就「客戶服務中心」設備提供之服務，評估資通安全、個人資料風險，並訂定控管措施　(D)配置於客戶服務中心之業務人員，須於證券商申報單一窗口登記為數位服務職務。

（　）**32** 目前上市上櫃公司董事會之多元化，在哪一方面已有強制規定董事至少有一定席次？　(A)性別　(B)年齡　(C)國籍　(D)以上皆是。

（　）**33** 下列何者非認購（售）權證得連結之標的？　(A)股票　(B)指數　(C)期貨　(D)虛擬貨幣。

（　）**34** 發行人募集與發行海外有價證券，應依規定檢齊相關書件，並取具外匯主管機關同意函後，向金管會申報生效。其中所指之外匯主管機關係指？　(A)金管會　(B)財政部　(C)經濟部　(D)中央銀行。

（　）**35** 何謂徵求委託書？　(A)係以利益交換委託書，代理出席股東會之行為　(B)係受股東之主動委託取得委託書，代理出席股東會之行為　(C)係向股東收購取得委託書，代理出席股東會之行為　(D)係以公告、廣告、牌示、廣播、電傳視訊等方式取得委託書，藉以出席股東會之行為。

（　）**36** 有關發行人申報發行限制員工權利新股，自申報生效通知到達之日起超過多少年，未發行之餘額仍須發行時，應重行申報？　(A)半年　(B)1年　(C)2年　(D)3年。

（　）**37** 公司因實施庫藏股制度而轉讓予員工之股份，得限制員工不得轉讓之期間，最長為幾年？　(A)1年　(B)2年　(C)3年　(D)無最長期限之規定。

（　）**38** 下列何種事業非為集中保管劃撥作業之參加人？　(A)證券交易所　(B)證券商　(C)證券金融事業　(D)散戶投資人。

（　）**39** 以下有關股東開戶之說明，下列何者錯誤？　(A)公司不得對同一股東開列兩個以上戶號　(B)法人股東可使用其代理人職章　(C)未成年股東應加蓋法定代理人印鑑　(D)自然人股東可使用別號登記為戶名。

（　）**40** 如果公司股東會未以實體召開，僅召開視訊會議，應經董事會以董事出席及出席董事同意？　(A)三分之二以上、過半數　(B)二分之一以上、三分之二以上　(C)全體、二分之一以上　(D)全體、三分之二以上。

（　）**41** 在證券集中交易市場為第一上市之外國股票交易單位為何？　(A)1股　(B)100股　(C)1,000股　(D)外國股票原流通市場之交易單位。

（　）**42** 公開發行公司其財務報告之淨利占年度決算之財報報告所列示股本比率，最近兩個會計年度均達多少以上比例，證交所得同意其股票上市？　(A)5%　(B)6%　(C)10%　(D)15%。

（　）**43** 在證券集中交易市場上市之外國股票，其交易時間為：　(A)準用證券集中交易市場之時間　(B)準用櫃檯買賣市場之時間　(C)準用零股交易時間　(D)準用鉅額證券交易時間。

（　）**44** 下列何者非買賣申報單有效期別？　(A)當日有效　(B)立即成交否則取消　(C)指定之日期內有效　(D)選項(A)(B)(C)皆可為有效期別。

（　）**45** 證券經紀商受投資人委託買賣上櫃股票，不可接受何種委託？　(A)限價委託　(B)市價委託　(C)議價委託　(D)選項(A)(B)(C)皆可。

( ) **46** 外國公司申請登錄興櫃併送申報辦理公開發行，須於多久後設置獨立董事及薪資報酬委員會？ (A)兩個月 (B)三個月 (C)六個月 (D)申請時須已完成設置。

( ) **47** 證券商辦理有價證券借貸業務與辦理有價證券買賣融資融券業務，對每種證券出借與融券總金額合計不得超過其淨值？ (A)3% (B)5% (C)6% (D)10%。

( ) **48** 證券金融事業辦理轉融通業務下列何者正確？ (A)證券商須開立轉融通帳戶 (B)轉融通費用由證券商支付 (C)應訂定轉融通業務操作辦法 (D)選項(A)(B)(C)皆是。

( ) **49** 當信用帳戶的擔保維持率不足，證券商通知補繳差額後幾個營業日內未補繳足夠金額，可能將面臨「斷頭」？ (A)1個 (B)2個 (C)3個 (D)5個。

( ) **50** 目前證券商營業處所受託買賣有價證券的交易手續費上限為多少？ (A)千分之一點四二五 (B)千分之一點五 (C)千分之一 (D)千分之二。

解答與解析　答案標示為#者，表官方曾公告更正該題答案。

1 **(C)**。「證券交易法施行細則」第2條：本法第二十二條之二第三項所定利用他人名義持有股票，指具備下列要件：一、直接或間接提供股票與他人或提供資金與他人購買股票。二、對該他人所持有之股票，具有管理、使用或處分之權益。三、該他人所持有股票之利益或損失全部或一部歸屬於本人。

2 **(D)**。「公司法」第235-1條：公司應於章程訂明以當年度獲利狀況之定額或比率，分派員工酬勞。但公司尚有累積虧損時，應予彌補。公營事業除經該公營事業之主管機關專案核定於章程訂明分派員工酬勞之定額或比率外，不適用前項之規定。前二項員工酬勞以股票或現金為之，應由董事會以董事三分之二以上之出席及出席董事過半數同意之決議行之，並報告股東會。公司經前項董事會決議以股票之方式發給員工酬勞者，得同次決議以發行新股或收買自己之股份為之。章程得訂明依第一項至第三項發給股票或現金之對象包括符合一定條件之控制或從屬公司員工。

3 (C)。「證券交易法」第13條：本法所稱公開說明書，謂發行人為有價證券之募集或出賣，依本法之規定，向公眾提出之說明文書。

4 (B)。「公司法」第13條第2項：公開發行股票之公司為他公司有限責任股東時，其所有投資總額，除以投資為專業或公司章程另有規定或經代表已發行股份總數三分之二以上股東出席，以出席股東表決權過半數同意之股東會決議者外，不得超過本公司實收股本百分之四十。

5 (B)。「公司法」第177條第3項：一股東以出具一委託書，並以委託一人為限，應於股東會開會五日前送達公司，委託書有重複時，以最先送達者為準。但聲明撤銷前委託者，不在此限。

6 (C)。「公司法」第156-3條：公司設立後得發行新股作為受讓他公司股份之對價，需經董事會三分之二以上董事出席，以出席董事過半數決議行之，不受第二百六十七條第一項至第三項之限制。

7 (C)。「公司法」第13條第2項：公開發行股票之公司為他公司有限責任股東時，其所有投資總額，除以投資為專業或公司章程另有規定或經代表已發行股份總數三分之二以上股東出席，以出席股東表決權過半數同意之股東會決議者外，不得超過本公司實收股本百分之四十。
10億元×40%=4億元。

8 (C)。依據「證券交易法」第43-8條，私募之應募人自該有價證券交付之日起滿3年，可賣出私募之有價證券。

9 (C)。依據「公開發行公司審計委員會行使職權辦法」第7條，審計委員會應至少每季召開一次，並於審計委員會組織規程中明定之。審計委員會之召集，應載明召集事由，於七日前通知委員會各獨立董事成員。
依據「公開發行公司審計委員會行使職權辦法」第8條，審計委員會之獨立董事成員應親自出席審計委員會，如不能親自出席，得委託其他獨立董事成員代理出席；如以視訊參與會議者，視為親自出席。審計委員會之決議，應有全體成員二分之一以上之同意。

10 (D)。「證券交易法」第37條第3項：會計師辦理財務報告之查核簽證，發生錯誤或疏漏者，主管機關得視情節之輕重，為左列處分：一、警告。二、停止其二年以內辦理本法所定之簽證。三、撤銷簽證之核准。

11 (C)。「證券交易法」第179條：法人及外國公司違反本法之規定者，除第一百七十七條之一及前條規定外，依本章各條之規定處罰其為行為之負責人。

12 (C)。依據「證券交易法」第174-4條，意圖危害國家安全或社會安定，無故取得、刪除或變更其電腦

或相關設備之電磁紀錄，處三年以上十年以下有期徒刑，得併科新臺幣五千萬元以下罰金。

13 (A)。依據「證券交易法」第157-1條第3項，內線交易情節重大者，法院得依善意從事相反買賣之人之請求，將賠償額提高至三倍。

14 (A)。依據「證券交易法施行細則」第11條，對於差價利益之交易股票所獲配之股息應列入計算。計算差價利益最後一筆交易日起至交付公司時，應依民法第二百零三條所規定年利率百分之五，計算法定利息。計算差價利益買賣所支付證券商之手續費及交易稅，得自利益中扣除。

15 (A)。「證券交易法」第26-3條第3項：公司除經主管機關核准者外，董事間應有超過半數之席次，不得具有下列關係之一：一、配偶。二、二親等以內之親屬。

16 (C)。依據「證券交易法」第15、16條，證券經紀商是經營有價證券買賣的行紀與居間的業務

17 (C)。依據「證券交易法」第53條，受罰金以上刑之宣告者，其執行完畢、緩刑期滿或赦免未滿三年者，不得充任證券商之董事、監察人或經理人。

18 (B)。「證券商受託買賣外國有價證券管理規則」第3條：本規則所稱專業投資人、專業機構投資人、高淨值投資法人及非專業投資人，適用境外結構型商品管理規則第三條第三項及第四項之規定。

除專業機構投資人外，專業投資人得以書面向證券商申請變更為非專業投資人。但非專業投資人在未符合前項專業投資人之資格前，不得申請變更為專業投資人。

有關專業投資人應符合之資格條件，應由證券商盡合理調查之責任，並向委託人取得合理可信之佐證依據。證券商針對專業投資人具備充分金融商品專業知識、交易經驗之評估方式，應納入瞭解客戶制度並報經董事會通過。但外國證券商在中華民國設置分支機構無董事會者，由中華民國境內負責人同意。

19 (D)。「臺灣證券交易所股份有限公司章程」第1條：本公司以提倡企業投資、促進經濟建設、扶助工商事業，並保護投資人權益為宗旨。定名為臺灣證券交易所股份有限公司。

20 (B)。「證券交易法」第172條第1項：證券交易所之董事、監察人或受僱人，對於職務上之行為，要求期約或收受不正利益者，處五年以下有期徒刑、拘役或科或併科新臺幣二百四十萬元以下罰金。

21 (C)。「公司法」第203-1條：董事會由董事長召集之。過半數之董事得以書面記明提議事項及理由，請求董事長召集董事會。前項請求提出後十五日內，董事長不為召開時，過半數之董事得自行召集。

22 **(D)**。「臺灣證券交易所股份有限公司營業細則」第123條：證券經紀商或委託人依約定進行之仲裁，得向仲裁機構申請，由仲裁庭辦理之。

23 **(A)**。依據「公司法」第29條，股份有限公司欲委任專業經理人，應由董事會以董事過半數之出席，及出席董事過半數同意之決議行之。

24 **(B)**。依據「公司法」第177條，公司召開股東會時，股東不得以公告方式行使其表決權。

25 **(B)**。「公司法」第175-1條：股東得以書面契約約定共同行使股東表決權之方式，亦得成立股東表決權信託，由受託人依書面信託契約之約定行使其股東表決權。股東非將前項書面信託契約、股東姓名或名稱、事務所、住所或居所與移轉股東表決權信託之股份總數、種類及數量於股東常會開會三十日前，或股東臨時會開會十五日前送交公司辦理登記，不得以其成立股東表決權信託對抗公司。前二項規定，於公開發行股票之公司，不適用之。

26 **(C)**。「發行人募集與發行有價證券處理準則」第3條第4項：營業日，指證券市場交易日。

27 **(D)**。「證券暨期貨市場各服務事業建立內部控制制度處理準則」第8條第1項：各服務事業之內部控制制度，除視事業之性質訂定各種營運循環類型之控制作業外，尚應視其需要包括對下列作業之控制：一、印鑑使用之管理。二、票據領用之管理。三、預算之管理。四、財產之管理。五、背書保證之管理。六、負債承諾及或有事項之管理。七、職務授權及代理人制度之執行。八、財務及非財務資訊之管理。九、關係人交易之管理。十、財務報表編製流程之管理，包括適用國際財務報導準則之管理、會計專業判斷程序、會計政策與估計值變動之流程等。十一、對子公司之監督與管理。十二、法令遵循制度。十三、金融檢查報告之管理。十四、金融消費者保護之管理。但依金融消費者保護法第三條第二項排除適用之事業，不在此限。十五、客戶資料保密。十六、重大事件（如：重大違規、遭受重大損失之虞等）處理及通報機制之管理。十七、檢舉制度。十八、作業委託他人處理之管理。十九、其他經主管機關指定之事項。

28 **(C)**。為積極回應全球永續發展行動與國家淨零排放目標，金管會於2022年3月3日發布「上市櫃公司永續發展路徑圖」，分階段推動全體上市櫃公司於2027年完成溫室氣體盤查，2029年完成溫室氣體盤查之確信，營造健全永續發展（ESG）生態體系。

29 **(D)**。「公開收購公開發行公司有價證券管理辦法」第2條第2項：公開收購有價證券之範圍係指收購已依本法辦理或補辦公開發行程序公司之已發行股票、新股認購權利證書、認股權憑證、附認股權特別

股、轉換公司債、附認股權公司
債、存託憑證及其他經金融監督管
理委員會核定之有價證券。

30 (C)。依據「證券商提供數位服務
作業指引」第3條，數位體驗專區
之設置限於總公司或分支機構營業
處所內設置，須與專供辦理受託買
賣證券之營業櫃檯及專門受理非當
面委託之交易室有明顯區隔。

31 (A)。依據「證券商提供數位服務
作業指引」第4條，客戶服務中心
之設置不限於總公司或分支機構所
在縣市設置，但不得作為對外接洽
客戶親臨之場所；若於總公司或分
支機構內設置，應與營業處所有明
顯區隔。

32 (A)。為提升上市櫃公司董事性別多
元化，金管會2023年發布「上市櫃
公司永續發展行動方案」，要求自
2023年起申請上市櫃掛牌公司董事
會須包含至少一名不同性別董事，
自2024年起已上市櫃公司應依董事
屆期改選委任至少一名不同性別董
事，自2025年起上市櫃公司董事會
任一性別董事席次未達1/3者，應在
年報具體揭露原因與採行措施。

33 (D)。「發行人發行認購（售）權
證處理準則」第8條：發行人發行
認購（售）權證之連結標的範圍以
下列為限：一、已在證券交易所上
市或櫃檯買賣中心上櫃且符合證券
交易所或櫃檯買賣中心所定條件之
股票或其組合、指數股票型證券投
資信託基金、指數股票型期貨信託

基金、境外指數股票型基金及臺灣
存託憑證。二、證券交易所或櫃檯
買賣中心公告之指數。三、經本會
指定之外國證券交易市場，並符合
證券交易所或櫃檯買賣中心所定條
件之外國證券或指數。四、其他經
本會核准之連結標的。

34 (D)。「發行人募集與發行海外有
價證券處理準則」第6條第1項：發
行人募集與發行海外有價證券，應
依規定檢齊相關書件，並取具中央
銀行同意函後，向本會申報生效。

35 (D)。「公開發行公司出席股東會
使用委託書規則」第3條第1項：本
規則所稱徵求，指以公告、廣告、
牌示、廣播、電傳視訊、信函、電
話、發表會、說明會、拜訪、詢問
等方式取得委託書藉以出席股東會
之行為。

36 (C)。「發行人募集與發行有價證
券處理準則」第60-4條第3項：發
行人申報發行限制員工權利新股，
自申報生效通知到達之日起超過二
年未發行之餘額仍須發行時，應重
行申報。

37 (B)。依據「公司法」第167-3條，
公司因實施庫藏股制度而轉讓予員
工之股份，得限制員工不得轉讓之
期間，最長為二年。

38 (D)。「有價證券集中保管帳簿
劃撥作業辦法」第3條：證券交易
所、證券櫃檯買賣中心、證券商及
證券金融事業辦理有價證券買賣之
集中交割，應以帳簿劃撥方式為

之。為辦理前項帳簿劃撥,證券交易所、櫃檯中心、證券商及證券金融事業應於保管事業開設保管劃撥帳戶,成為參加人。參加人辦理以前條有價證券為設質標的之設質交付,得以帳簿劃撥方式為之。發行人以帳簿劃撥方式交付無實體有價證券,應於保管事業開設保管劃撥帳戶,成為參加人。

39 (D)。「公開發行股票公司股務處理準則」第18條第1項:公司之股東名簿,自然人股東除華僑及外國人得以居留證、護照或其他身分證明文件所記載之姓名為戶名外,應使用國民身分證記載之姓名為戶名;法人股東應使用法人登記之全銜名稱為戶名。

40 (A)。「公開發行股票公司股務處理準則」第44-9條第3項:公司召開股東會視訊會議,除本準則另有規定外,應以章程載明,並經董事會決議,且視訊股東會應經董事會以董事三分之二以上之出席及出席董事過半數同意之決議行之。

41 (C)。「臺灣證券交易所股份有限公司外國股票買賣辦法」第6條第1項:第一上市之外國股票交易單位為一千股,且得為無面額或不受每股面額為新臺幣十元之限制。

42 (B)。依據「臺灣證券交易所股份有限公司有價證券上市審查準則」第4條,公開發行公司其財務報告之淨利占年度決算之財報報告所列示股本比率,最近兩個會計年度均

達百分之六以上,證交所得同意其股票上市。

43 (A)。「臺灣證券交易所股份有限公司外國股票買賣辦法」第15條:外國股票交易時間準用本公司集中交易市場之時間。外國股票原流通市場,暫停交易時,本公司集中交易市場之外國股票仍然繼續交易。

44 (C)。「臺灣證券交易所股份有限公司營業細則」第58-8條:買賣申報有效期別分為當日有效、立即成交否則取消、立即全部成交否則取消:一、當日有效係指買賣申報如未能一次全部成交,其餘量未撤銷,當市有效。二、立即成交否則取消係指買賣申報輸入時,如未能於當次撮合全部成交,其餘量取消。三、立即全部成交否則取消係指買賣申報輸入時,如未能於當次撮合全部成交,該筆申報取消。

45 (C)。議價委託為興櫃股票使用。

46 (D)。興櫃市場整併自113年起實施,並開放發行公司申請登錄興櫃得選擇併送一般公開發行或簡易公開發行機制,外國發行公司申請登錄興櫃,其申請時須已完成設置獨立董事及獨立董事成員過半數之薪資報酬委員會。

47 (B)。「證券商辦理有價證券買賣融資融券管理辦法」第15條第2項:證券商辦理有價證券買賣融資融券與辦理有價證券借貸業務,對每種證券融券與出借之總金額,合計不得超過其淨值百分之五。

48 **(D)**。「證券金融事業管理規則」第22條第1項：證券金融事業辦理對證券商之轉融通，應與證券商訂立轉融通契約，並開立轉融通帳戶。

「證券金融事業管理規則」第27條：證券金融事業對證券商轉融通證券之申請，於券源不足時，應依第五十六條第一項第四款及第五款規定方式取得證券予以融通。融通證券之費用，應由證券商支付。

「證券金融事業管理規則」第28條第1項：證券金融事業辦理對證券商之轉融通，應擬訂轉融通業務操作辦法，報經主管機關核定之。

49 **(B)**。「證券商辦理有價證券買賣融資融券業務操作辦法」第55條：證券商通知補繳差額後，委託人未於通知送達之日起二個營業日內補繳或僅補繳其部分者，除雙方另有約定者外，證券商應依下列規定處理：一、當日委託人整戶擔保維持率仍不足者，自次一營業日起準用

第八十一條第三項規定處分其擔保品。二、當日委託人整戶擔保維持率回升至百分之一百三十以上，得暫不處分其擔保品；但嗣後任一營業日又不足，且委託人未於當日下午自動補繳者，自次一營業日起準用第八十一條第三項規定處分其擔保品。三、委託人於依前款規定處分擔保品前，陸續繳納差額，合計達到所通知之補繳差額者，取消其追繳紀錄。四、委託人整戶擔保維持率回升至百分之一百六十六以上者，取消其追繳紀錄。

50 **(A)**。「證券經紀商受託買賣有價證券辦法」第6條：受託買賣有價證券手續費，依主管機關核定之費率收取之；自八十九年七月一日起，得於不超過客戶成交金額千分之一‧四二五之上限自行訂定，並於實施前及日後調整前應向臺灣證券交易所及中華民國證券櫃檯中心書面申報。

證券投資與財務分析

(　　) **1** 下列何者為金融衍生性商品？　(A)外匯　(B)公司債　(C)遠期外匯　(D)存託憑證。

(　　) **2** 在景氣蕭條時期，利率會走跌，慢慢地投資意願會增加，此時股價會開始上揚，反之亦然。此種影響股價的方式屬於：　(A)系統風險　(B)公司風險　(C)事業風險　(D)產業風險。

(　　) **3** 當年利率為8%時，若一年後的投資報酬為1,000元，則現在的價值為：　(A)973.90元　(B)925.93元　(C)936.21元　(D)943.40元。

(　　) **4** 下列何項不影響公司之現金流量？　(A)發行公司債　(B)銀行借貸　(C)初級市場籌資　(D)次級市場交易。

(　　) **5** 一般債券會存在再投資風險，其原因為：　(A)利率的變動　(B)債券被發行公司提前贖回　(C)債息之支付　(D)選項(A)(B)(C)皆是。

(　　) **6** 可轉換公司債轉換價格愈高：　(A)轉換股數愈多　(B)轉換比率愈高　(C)轉換股數愈少　(D)不影響轉換比率及股數。

(　　) **7** 某特別股的每股股利是2元，投資人對該股票的要求報酬率是8%，則此特別股的真實價值應為：　(A)25元　(B)30元　(C)32元　(D)16元。

(　　) **8** 乙公司未來兩年均不發放股利，且市場評估未來第二年底股價為60元。若要求報酬率為10%，則乙公司目前每股之合理價格為多少？　(A)50.23元　(B)52.76元　(C)41.32元　(D)49.59元。

(　　) **9** 利率上升所造成的影響，以下敘述何者不正確？　(A)通常會造成股價的下跌　(B)公司的資金成本上升　(C)投資者會將資金抽離股市　(D)投資者的必要報酬率會下降。

(　　)**10** 央行何種政策會使貨幣供給減少？　(A)調升重貼現率　(B)買回國庫券　(C)調降存款準備率　(D)抑制新臺幣過度升值。

（　）**11** 公司內部人員無法藉由內線消息而獲取超額報酬時，表示此時市場屬於：　(A)半弱式效率市場　(B)弱式效率市場　(C)半強式效率市場　(D)強式效率市場。

（　）**12** 動能投資策略其假設投資人可以因為市場反應不足而獲得超額報酬，其策略類似於：　(A)買低賣高　(B)追漲殺跌　(C)被動式管理　(D)買低賣低。

（　）**13** 下列何者屬於資本市場工具？甲.可轉換公司債；乙.銀行承兌匯票；丙.可轉讓銀行定期存單；丁.特別股　(A)僅甲、乙　(B)僅丙、丁　(C)僅甲、丙　(D)僅甲、丁。

（　）**14** 資本市場可分為：　(A)匯率市場和股票市場　(B)股票市場和債券市場　(C)外匯市場與債券市場　(D)金融市場和不動產市場。

（　）**15** 有關衡量報酬率之幾何平均法與算術平均法，下列敘述何者正確？I.長期間或期間報酬率波動大時，算術平均法常會低估報酬率；II.當每期報酬率相同時，兩方法所算出來的報酬率一樣；III.當期間報酬率隨著期間而有不同時，幾何平均法所算出報酬率會低於算術平均報酬率　(A)I、II　(B)I、III　(C)II、III　(D)I、II、III皆正確。

（　）**16** 下列敘述何者正確？　(A)債券價格與殖利率是正向關係　(B)債券價格與票面利率呈反向關係　(C)到期期限愈長的債券，價格波動幅度愈大　(D)到期期限愈長的債券，票面利率愈高。

（　）**17** 一般債券的基本特性包含：甲.有到期期間；乙.投資風險較非固定收益證券小；丙.利息發放頻率固定　(A)僅甲、乙　(B)僅甲、丙　(C)僅乙、丙　(D)甲、乙、丙皆是。

（　）**18** 下列哪一種固定收益證券的信用風險最大？　(A)垃圾債券　(B)政府債券　(C)商業本票　(D)國庫券。

（　）**19** 央行調降存款準備率，則下列敘述何者正確？　(A)貨幣需求增加　(B)貨幣需求減少　(C)貨幣供給減少　(D)貨幣乘數（money multiplier）變大。

( ) **20** 下列敘述何者不屬於創業投資的特性？　(A)為取得潛在高收益，多投資於高新技術成長性公司　(B)屬長期投資，資本流動性較小　(C)為取得控制權　(D)經常會有很多回合的額外融資案。

( ) **21** 下列何者屬於非系統風險？　(A)違約風險　(B)利率風險　(C)政治風險　(D)戰爭風險。

( ) **22** 系統風險可用下列何者來解釋？　(A)高風險、高報酬　(B)天下沒有白吃的午餐　(C)覆巢之下無完卵　(D)雞蛋不要放在一個籃子裡。

( ) **23** 已知無風險利率為6%，預期市場報酬率為15%，若您預期甲股票的β係數為1.2且將提供13%的報酬率。請問：您應該採取下列何者投資策略？　(A)因為甲股票的價格被高估了，故應買入甲股票　(B)因為甲股票的價格被高估了，故應放空（sell short）甲股票　(C)因為甲股票的價格被低估了，故應放空（sell short）甲股票　(D)因為甲股票的價格被低估了，故應買入甲股票。

( ) **24** 有關效率前緣理論的敘述，下列何者「不」正確？　(A)在相同風險下，其預期報酬率最高者　(B)在相同預期報酬率下，風險最低者　(C)效率前緣可指出哪些投資組合是有效率的　(D)效率前緣右上方的投資組合都是無效率的。

( ) **25** 弱式效率市場表示無法以哪一項資料獲得超額報酬？　(A)技術分析　(B)財務報表分析　(C)盈餘宣告　(D)內線消息。

( ) **26** 財務資訊具備攸關性應具備哪些必要條件？　(A)完整、中立及免於錯誤　(B)可比性、可驗證性、時效性及可了解性　(C)預測價值或確認價值　(D)可比性、一致性或統一性。

( ) **27** 甲公司持有乙公司80%具投票權的普通股，甲公司及其子公司的合併財務報表中是否應包括乙公司？　(A)是，因為甲持有乙的股權已大於50%　(B)否，因為甲持有乙的股權未達100%　(C)否，因為甲和乙在法律上是不同的經濟個體　(D)是，假如甲和乙兩家公司的董事長是同一人。

( ) **28** 下列何者非財務報告分析時之限制？ (A)沒有不動產、廠房及設備現值之資料 (B)各公司所採用的會計方法未必相同 (C)無法做量化的分析 (D)會計個體前後期不一致。

( ) **29** 下列何者是衡量企業短期償債能力的動態指標？甲.流動比率；乙.速動比率；丙.現金流量比率 (A)僅甲 (B)僅丙 (C)甲和乙 (D)甲、乙和丙。

( ) **30** 對債權人而言，公司下列何項決策讓債權人認為相對有利？ (A)發放股票股利 (B)買回自家公司股票的庫藏股交易 (C)進行現金減資 (D)發放現金股利。

( ) **31** 已知頭城公司賒銷淨額為$10,000，平均應收帳款$2,000，則其應收帳款收款期間為幾天（一年365天）？ (A)60天 (B)63天 (C)70天 (D)73天。

( ) **32** 存貨週轉率愈高，則： (A)有過時存貨的機會愈小 (B)缺貨的風險愈低 (C)毛利率愈高 (D)流動比率愈高。

( ) **33** 山水公司發給員工獎金是以淨利為基礎，則當物價上漲時，採用何種存貨成本流程會發放較多的獎金？ (A)個別認定法 (B)先進先出法 (C)先進後出法 (D)平均法。

( ) **34** 公司帳載銀行存款餘額為$80,000，發現下列事項：因進貨開立的支票$700，帳上記為$7,000；銀行代收票據$20,000，公司尚未入帳；未兌現支票$2,000。請問銀行存款正確的餘額應為多少？ (A)$91,700 (B)$93,700 (C)$104,300 (D)$106,300。

( ) **35** 苗栗公司X1年底有現金$200,000，應收帳款$400,000，流動負債$600,000，另有以下資料：存貨之成本為$400,000，其淨變現價值為$360,000。該公司之速動比率為： (A)2.00 (B)1.67 (C)1.60 (D)1.00。

( ) **36** 甲公司採應收帳款餘額百分比法估計相關減損損失，預計當年度減損為應收帳款餘額3%。若本年年底應收帳款餘額為$300,000，而備抵損失為貸方餘額$3,000，請問甲公司當年度預期信用減損損失為： (A)$7,000 (B)$6,000 (C)$12,000 (D)$9,000。

( ) **37** 下列有關我國資產重估規定之敘述，何者正確？ (A)符合條件者不一定須辦理重估 (B)重估後價值等於淨變現價值 (C)重估後資產及負債均增加，權益不變 (D)重估後不影響折舊金額。

( ) **38** 現金流量比率等於： (A)營業活動現金流量／現金 (B)營業活動淨現金流量／流動資產 (C)營業活動淨現金流量／流動負債 (D)營業活動現金流量／非營業活動現金流量。

( ) **39** 下列何者可能不會影響每股現金流量？ (A)發放特別股股利 (B)發行普通股 (C)發行公司債 (D)收到利息。

( ) **40** 應付公司債折價於資產負債表中應列為： (A)負債之減項 (B)負債之加項 (C)資產 (D)資產之加項。

( ) **41** 玉里公司20X7年初購入機器一台，成本$190,000，估計殘值$10,000，可使用5年，採年數合計法提折舊，則至20X9年底累計折舊為： (A)$48,000 (B)$80,000 (C)$108,000 (D)$144,000。

( ) **42** 請問下列何者最能說明某無形資產可被企業控制？ (A)該無形資產可隨相關之負債與其他個體交換 (B)該無形資產非由合約產生 (C)該無形資產之未來經濟效益無法由其他個體所取得 (D)該無形資產未來經濟效益的所有權人不確定。

( ) **43** 花蓮公司的流動資產為$800,000，不動產、廠房及設備淨額為$2,400,000，此外無其他資產項目，流動負債為$500,000，此外無其他負債項目，權益為$1,500,000，則長期資金對不動產、廠房及設備的比為何？ (A)50% (B)62.5% (C)112.5% (D)133.33%。

( ) **44** 千帆公司X1年期初資產為$400,000，X1年期初負債為$120,000，並於X1年1月購買辦公設備支付$80,000與預收貨款$50,000。若僅考慮上述兩項交易，則X1年1月底的權益為多少？ (A)$200,000 (B)$330,000 (C)$320,000 (D)$280,000。

( ) **45** 甲公司X1稅後淨利為$85,000，所得稅率20%，利息保障倍數為6倍，且當期應付利息增加$3,000。甲公司在X1年以現金支付利息之金額為多少？ (A)$23,563 (B)$18,250 (C)$21,250 (D)$11,167。

( ) **46** 下列敘述何者錯誤？ (A)高成長的公司有較高的本益比 (B)高成長的公司有較高的總資產週轉率 (C)其他條件不變下，淨利率愈高，總資產報酬率愈大 (D)其他條件不變下，淨利率愈高，權益報酬率愈大。

( ) **47** 竹田公司的淨利率為2%，權益報酬率為10%，平均資產總額／平均權益比為2，則其總資產週轉率為： (A)2.5 (B)4.0 (C)5.0 (D)8.0。

( ) **48** 甲公司X1年度稅前盈餘為$2,400,000，該公司可享$100,000之投資抵減。假設所得稅率為25%，則甲公司X1年度之有效稅率（Effective Tax Rate）為： (A)20.83% (B)29.17% (C)23.96% (D)26.04%。

( ) **49** 甲公司1月1日流通在外的普通股10,000股，5月1日發放20%股票股利，7月1日現金增資3,000股，11月1日做股票分割，1股分割成2股，試計算甲公司加權平均流通在外股數： (A)13,500股 (B)30,000股 (C)25,667股 (D)27,000股。

( ) **50** 下列何者會影響盈餘的品質？甲.會計政策；乙.物價水準波動；丙.損益之組成；丁.公司治理 (A)僅甲、乙 (B)僅甲 (C)僅甲、丙、丁 (D)甲、乙、丙、丁皆會。

解答與解析 答案標示為#者，表官方曾公告更正該題答案。

1 (C)。基本的衍生性金融商品包含遠期、期貨、交換及選擇權等四種。

2 (A)。利率風險屬於系統風險。

3 (B)。1,000/(1+8%)=925.9元

4 (D)。次級市場交易為投資者相互之間買賣，不影響公司現金流量。

5 (D)。再投資風險指投資者在持有期間內，領取到的債息或是部份還本，再用來投資時所能得到的報酬率，可能會低於購買時的債券殖利率的風險，利率的變動、債券被發行公司提前贖回、債息之支付皆會造成此風險。

6 (C)。可轉換公司債轉換價格愈高轉換股數愈少。

7 (A)。真實價值/8%=2元
真實價值=25元

8 (D)。多期股利折現模式：股價=次年股利/(1+報酬率)+第二年股價/(1+報酬率)^2

股價=0/(1+0.1)+60/(1+0.1)^2

股價=60/1.21

股價=49.59

9 (D)。利率上升會使借貸成本增加，使投資者的必要報酬率提高。

10 (A)。調升重貼現率、賣出國庫券、調升存款準備率會使貨幣供給減少。抑制新臺幣過度升值，即央行賣出新台幣買入外匯，使貨幣供給增加。

11 (D)。無法透過內線消息獲取超額報酬為強式效率市場。

12 (B)。動能投資策指將某證券交易所中交易的所有股票在過去一段時間內的報酬率，依報酬率的高低排列，股票投資人買進上期績效報酬表現較好的股票，賣出上期績效報酬表現較差的股票，以獲得超額報酬。即為市場上所謂的「追漲殺跌」或「汰弱留強」的作法。

13 (D)。資本市場中主要之交易工具，包括企業發行之公司債、特別股股票、普通股股票及政府所發行之公債等。

14 (B)。資本市場可分為股票市場和債券市場。

15 (C)。長期間或期間報酬率波動大時，算術平均法常會高估報酬率。

16 (C)。債券價格與殖利率是反向關係。

債券價格與票面利率呈正向關係。到期期限愈長的債券，票面利率愈低。

17 (D)。有到期期間、投資風險較非固定收益證券小、利息發放頻率固定皆是債券之基本特性。

18 (A)。垃圾債券又稱高收益債，是信用評級甚低的債券。垃圾債券是由商業信用等級不佳的中小企業、新創企業、有呆帳紀錄的公司所發行，因其商業風險高而需要透過提高債券利息來吸引投資者。

19 (D)。央行調降存款準備率，將使貨幣供給增加，貨幣乘數變大。

20 (C)。創業投資的經營方針是在高風險中追求高回報，特別強調創業企業的高成長性；其投資對象是那些不具備上市資格的處於起步和發展階段的企業，甚至是僅僅處在構思之中的企業。它的投資目的不是要控股，而是希望取得少部分股權，透過資金和管理等方面的援助，促進創業公司的發展，使資本增值。

21 (A)。非系統風險為可分散風險，違約風險可藉由分散投資降低。

22 (C)。系統性風險，又稱市場風險、不可分散風險，是影響所有資產的、不能透過資產組合而消除的風險。這部分風險是由那些影響整個市場的風險所引起的，例如：戰爭、政權更迭、自然災害、經濟週期、通貨膨脹、能源危機和宏觀政

策調整。市場一旦發生系統性風險，每個人都無法倖存。

23 (B)。6%+1.2(15%－6%)=16.8%
16.8%>13%，價格被高估應放空此股票。

24 (D)。位於效率前緣右下方屬於無效率之投資組合。

25 (A)。弱式效率市場技術分析無效。

26 (C)。攸關性指與決策有關，具有改變決策之能力，亦即對問題之解決有幫助。攸關性包括預測價值、確認價值二項要素。

27 (A)。合併財務報表應包含母公司所有控制之子公司。

28 (C)。財務報告分析可以做量化分析。

29 (B)。流動比率及速動比率為企業短期償債能力的靜態指標。

30 (A)。發放股票股利不影響公司資產，對公司之債權人較為有利。

31 (D)。應收帳款週轉率：銷貨收入／平均應收帳款=$10,000/$2,000=5
應收帳款週轉天數：365/應收帳款
週轉率=365/5=73

32 (A)。存貨週轉率愈高，表示企業處理存貨的效率愈好，有過時存貨的機會越小。

33 (B)。先進先出法指公司按照商品購買的先後順序來計算銷貨成本和期末存貨成本。先買進的商品先賣出，因此銷貨成本是較早期的買入成本，期末存貨是較後期的買入成本。在物價上漲時，過去較低的成本會與現在較高的銷售收入搭配，進而產生較多的淨利。

34 (D)。未兌現支票是銀行對帳單的減項，與公司帳載銀行餘額無關。
$80,000－$700+$7,000+$20,000
=$106,300

35 (D)。速動比率=速動資產／流動負債
($200,000+$400,000)/$600,000

36 (B)。$300,000×3%－$3,000
=$6,000

37 (A)。資產重估規定符合條件者不一定須辦理重估。

38 (C)。現金流量比率=營業活動淨現金流量／流動負債

39 (C)。每股現金流量＝（營業業務所帶來的淨現金流量－特別股股利）／流通在外普通股股數
發行公司債不影響每股現金流量。

40 (A)。應付公司債折價為應付公司債減項，即負債之減項。

41 (D)。($190,000-$10,000)×(5+4+3)/(5+4+3+2+1)=$144,000

42 (C)。無形資產指企業擁有或者控制的沒有實物形態的可辨認非貨幣性資產。該無形資產之未來經濟效益無法由其他個體所取得。

43 (C)。長期資金=長期負債+股東權益
長期負債=$800,000+$2,400,000－$500,000－$1,500,000=$1,200,000

長期資金=$1,200,000+$1,500,000=$2,700,000
$2,700,000/$2,400,000=112.5%

44 (D)。購買辦公設備與預收貨款不影響權益科目。
$400,000－$120,000=$280,000

45 (B)。利息保障倍數=（稅前淨利+利息費用）／利息費用
稅前淨利=稅後淨利/(1－稅率)
$85,000/(1－20)%=$106,250
6=($106,250+利息費用)/利息費用
利息費用=$21,250
$21,250－$3,000=$18,250

46 (B)。高成長的公司不一定有較高的總資產週轉率。

47 (A)。權益報酬率=淨利率×總資產週轉率×權益乘數
10%=2%×總資產週轉率×2
總資產週轉率=2.5

48 (A)。有效稅率=應納稅額／綜合所得總額
應納稅額=$2,400,000×25%－$100,000=$500,000
有效稅率=$500,000/$2,400,000
=20.83%

49 (D)。股票分割、股票股利需追溯至期初調整。
普通股流通在外股數：
1月1日流通在外的普通股10,000股。
5月1日發放20%股票股利，10,000股×(1+20%)，流通在外的普通股12,000股。
7月1日現金增資3,000股，12,000股+3,000股，流通在外的普通股15,000股。
11月1日做股票分割，15,000股×2，流通在外的普通股30,000股。
加權平均流通在外股數：
1月1日至4月31日：10,000股×(1+20%)×2×(4/12)=8,000股
5月1日至6月31日：12,000股×2×(2/12)=4,000股
7月1日至10月31日：15,000股×2×(4/12)=10,000股
11月1日至12月31日：30000股×(2/12)=5,000股
8,000+4,000+10,000+5,000=27,000股

50 (D)。會計政策、物價水準波動、損益之組成、公司治理皆會影響公司盈餘。

信託業務│銀行內控│
初階授信│初階外匯│
理財規劃│保險人員推薦用書

暢銷上榜好書

2F021141	初階外匯人員專業測驗重點整理+模擬試題	蘇育群	530元
2F031111	債權委外催收人員專業能力測驗重點整理+模擬試題 👑 榮登金石堂暢銷榜	王文宏 邱雯瑄	470元
2F041101	外幣保單證照 7日速成	陳宣仲	430元
2F051131	無形資產評價管理師(初級、中級)能力鑑定速成(含無形資產評價概論、智慧財產概論及評價職業道德) 👑 榮登博客來、金石堂暢銷榜	陳善	550元
2F061131	證券商高級業務員(重點整理+試題演練) 👑 榮登博客來、金石堂暢銷榜	蘇育群	670元
2F071141	證券商業務員(重點整理+試題演練) 👑 榮登博客來、金石堂暢銷榜	金永瑩	590元
2F081101	金融科技力知識檢定(重點整理+模擬試題)	李宗翰	390元
2F091121	風險管理基本能力測驗一次過關 👑 榮登金石堂暢銷榜	金善英	470元
2F101131	理財規劃人員專業證照10日速成	楊昊軒	390元
2F111101	外匯交易專業能力測驗一次過關	蘇育群	390元

2F141121	防制洗錢與打擊資恐(重點整理+試題演練)	成琳	630元
2F151131	金融科技力知識檢定主題式題庫(含歷年試題解析) ♛ 榮登博客來、金石堂暢銷榜	黃秋樺	470元
2F161121	防制洗錢與打擊資恐7日速成　♛ 榮登金石堂暢銷榜	艾辰	550元
2F171131	14堂人身保險業務員資格測驗課 ♛ 榮登博客來、金石堂暢銷榜	陳宣仲 李元富	490元
2F181111	證券交易相關法規與實務	尹安	590元
2F191121	投資學與財務分析　　　　♛ 榮登金石堂暢銷榜	王志成	570元
2F201121	證券投資與財務分析　♛ 榮登金石堂暢銷榜	王志成	460元
2F211141	高齡金融規劃顧問師資格測驗一次過關 ♛ 榮登博客來、金石堂暢銷榜	黃素慧	近期出版
2F621131	信託業務專業測驗考前猜題及歷屆試題 ♛ 榮登金石堂暢銷榜	龍田	590元
2F791141	圖解式金融市場常識與職業道德 ♛ 榮登博客來、金石堂暢銷榜	金融編輯小組	550元
2F811131	銀行內部控制與內部稽核測驗焦點速成+歷屆試題 ♛ 榮登金石堂暢銷榜	薛常湧	590元
2F851121	信託業務人員專業測驗一次過關 ♛ 榮登博客來、金石堂暢銷榜	蔡季霖	670元
2F861121	衍生性金融商品銷售人員資格測驗一次過關 ♛ 榮登金石堂暢銷榜	可樂	470元
2F881121	理財規劃人員專業能力測驗一次過關 ♛ 榮登金石堂暢銷榜	可樂	600元
2F901131	初階授信人員專業能力測驗重點整理+歷年試題解析 二合一過關寶典　♛ 榮登金石堂暢銷榜	艾帕斯	590元
2F911131	投信投顧相關法規(含自律規範)重點統整+歷年試題 解析二合一過關寶典	陳怡如	480元
2F951131	財產保險業務員資格測驗(重點整理+試題演練) ♛ 榮登金石堂暢銷榜	楊昊軒	530元
2F121121	投資型保險商品第一科7日速成	葉佳洺	590元
2F131121	投資型保險商品第二科7日速成	葉佳洺	570元
2F991141	企業內部控制基本能力測驗(重點統整+歷年試題) ♛ 榮登金石堂暢銷榜	高瀅	近期出版

千華數位文化股份有限公司

■新北市中和區中山路三段136巷10弄17號　■千華公職資訊網 http://www.chienhua.com.tw
■TEL: 02-22289070　FAX: 02-22289076

國家圖書館出版品預行編目(CIP)資料

證券商業務員(重點整理+試題演練) / 金永瑩編著. -- 第四
版. -- 新北市：千華數位文化股份有限公司, 2024.09
　　面； 　公分

金融證照

ISBN 978-626-380-661-0(平裝)

1.CST: 證券投資　2.CST: 證券市場　3.CST: 證券法
規

563.53　　　　　　　　　　113012423

證券商業務員
[金融證照] 重點整理＋試題演練

編 著 者：金 永 瑩

發 行 人：廖 雪 鳳
登 記 證：行政院新聞局局版台業字第 3388 號
出 版 者：千華數位文化股份有限公司
　　　　　地址：新北市中和區中山路三段 136 巷 10 弄 17 號
　　　　　電話：(02)2228-9070　　傳真：(02)2228-9076
　　　　　客服信箱：chienhua@chienhua.com.tw

法律顧問：永然聯合法律事務所
編輯經理：甯開遠
主　　編：甯開遠
執行編輯：陳資穎
校　　對：千華資深編輯群
設計主任：陳春花
編排設計：蕭韻秀

千華官網
／購書

千華蝦皮

出版日期：2024 年 9 月 5 日　　第四版／第一刷

本書如有勘誤或其他補充資料，
將刊於千華官網，歡迎前往下載。